国家出版基金项目
NATIONAL PUBLICATION FOUNDATION

淮海战役史料汇编 9

追忆卷 下

淮海战役纪念馆 编

国家图书馆出版社

目录

第三篇　历史留言

第四篇　天地长存

淮海战役我们全胜了

——淮海战役日记摘要

庄　重

引言

抗日战争中，我在敌后抗日根据地办报。日本投降后，在江苏淮阴任《新华日报》（华中版）通讯部主任，同时任新华社华中总分社通讯部主任。1946 年 9 月 6 日，接替范长江任社长的恽逸群通知，我与陈笑雨被任命为新华社特派记者。不久，我与陈笑雨又被分别任命为新华社华东总分社通讯部主任和副主任。1946 年深秋，宿北战役胜利后，我奉命上前线，常驻华东野战军司令部，由粟裕副司令亲自领导，与新华社华东前线分社一起，负责华野前线军事报道。

三年解放战争中，我参加了鲁南、莱芜、孟良崮、洛阳、豫东（开封、睢杞）、济南、淮海、渡江、上海等著名战役，负责协助前线分社组织新闻报道，采写我军胜利消息和战役述评，完成总社、总分社和华野前委交与的任务。

在那极度紧张的战争岁月里，我除了采写新闻，向总社、总分社发稿以外，还随身携带着大大小小的本子，坚持天天写日记、随时随地做笔记。其中一本淮海战役时期的日记，是我用上等的道林纸亲手制作的硬皮"精装本"。道林纸是我华野解放军在开封战役中从敌人司令部缴获的战利品，我视为珍宝。为了节约纸张，我用比"蝇头小楷"还要小的字来写日记，从华野前委在山东曲阜召开前委扩大会议部署淮海战役前后写起，一直写到淮海战役结束，一天也没有遗漏。那时候，没有录音机，全靠笔记。许多事情，都是我亲身经历，随笔记下。

1957 年，我被打成了"右派"；"文革"中四次被抄家，图书资料几乎损失殆尽。这个淮海战役日记连同几个小小笔记本和手稿等，却被幸运地保存下来了；我这个九死一生的跨世纪老者也活了下来，成了历史的见证人。

淮海战役第一阶段：全歼黄百韬兵团

11月6日

淮海战役开始。首战重点是歼灭黄百韬兵团（即国民党军第七兵团）。我军迅猛进攻，黄百韬率部从陇海路新安镇西逃。华野参谋长陈士榘率部到第一线，直接指挥部队追击。第三天，黄百韬兵团即被我华野各路大军包围于运河站西北面碾庄圩为中心的一个狭小地区内。

11月8日

国民党冯治安部张克侠、何基沣两位军长在徐州东北贾汪、台儿庄地区率部起义，我军迅即兵临徐州城下，切断黄百韬兵团与徐州的联系。

11月10日午后

我军邯郸广播电台广播：徐州地区现有敌军4个兵团、22个军、46个师，共35万人。蒋介石慌忙调兵增援黄百韬。黄维兵团4个军东来，敌军之五十五军一八一师也自商丘向东，汉口地区也有几军正向徐州地区开进中。这样，徐州"剿总"总司令刘峙就集中8个兵团及其他直属部队，总兵力80万人，我军出动兵员60万，在豫皖苏边区，展开空前规模的战略决战。战场西起商丘，东到黄海，南抵淮河，北到临城，纵横千余平方里。

11月11日　曲阜

我军发起淮海战役不久，即已取得重大胜利。黄百韬兵团在运河站附近碾庄圩正被我军围歼中，增援的邱清泉兵团被我军打退。我军还在前数日解放了南阳、唐河、泌阳、商丘、海州、新浦、临城，收复了郯城。在商丘以东地区歼灭了敌五十五军之一八一师全部（生俘师长米文和），在郯城歼灭了王洪九部2000余人。在窑湾包围敌两个师，一部分敌人突围，我大军正在追击中。南京下令戒严，戒严区域南到杭州，北到蚌埠，西至安庆，东至上海。

11月12日　曲阜

今天听广播"国内一周"，谓二日我"东野"解放沈阳，从而解放了全东北，这是我军一次伟大的胜利。自9月12日至本月7日，我已在各条战线上歼敌60多万，加上7、8月份，则已歼敌95万人。现在敌人恐慌万状，美国大使馆已通知平、津、沪的美国侨民迅速撤退，并认为华北、华东将很快成为东北第二。

11 月 13 日　曲阜

淮海前线消息，黄百韬兵团部及其二十五军、一百军、四十四军、六十四军都被我军包围歼灭中。黄百韬兵团之六十四军两个师和一百军之四十四师已被我歼灭。

11 月 14 日　曲阜

总社广播一条好消息：中共中央负责人评论战局说，我军已获得优势。从现在起再过一年左右，即可从根本上打倒蒋介石。敌军现有 290 万左右，我军则已有300 多万了，在最近 4 个月中，我军歼灭敌 85 个师，其中包括 63 个整旅。故战争的进程大为缩短。

11 月 16 日

中野攻克徐州以南的宿县城，歼敌二十五军一个师，封死徐州南大门，徐州成了一座孤城。孙元良之十六兵团被我军包围在徐州南之符离集和夹沟地区。邱清泉之二兵团、李弥之十三兵团也被我阻击。黄百韬兵团大都被歼灭，剩下不足20 个团。

中共中央军委和毛主席电示：由刘伯承、陈毅、邓小平、粟裕、谭震林 5 人组成总前委，刘、陈、邓为常委，邓小平为书记。总前委统筹一切，统一领导。

今天重要消息有：我军收复连云港，歼敌徐继泰部 7000 多人，收复睢宁，歼灭逃敌孙良诚一〇七军大部。敌邱清泉、李弥两个兵团拼命增援黄百韬，在 30 里正面以 5 个师作集团冲锋，以大量坦克、火炮、空军配合。我击毁和缴获敌坦克五辆，击落敌飞机两架。黄百韬兵团之四十四军、一百军都被全歼了，二十五军、六十四军已半数被歼。

11 月 22 日　曲阜

昨天华野政治部钟期光副主任自前方来电，黄百韬兵团剩下不到 3 个团，不久即可全部解决。蒋介石命令邱清泉、李弥两个兵团增援，限期与黄会师。邱清泉害怕被消灭，撒谎说已击溃我军，与黄百韬兵团会师，共军已向东南逃。蒋介石、刘峙十分高兴，遂颁发奖章，并命令邱清泉兵团追击，一直追到宿迁附近。黄百韬大叫并没有会师，他的部队快被歼灭干净了，要求蒋介石快增援。中共中央就南京国民政府要求美国武装保护一事发表声明，指出美国对国民党实行任何军事保护，都是对我国武装侵略，我党我军为保护中国领土完整不受任何侵犯，一定要坚决的抵抗到底，一切后果都将由美国政府负责。

11 月 23 日　曲阜

黄百韬兵团 4 个军 10 个师已于 22 日 5 时在徐州以东的碾庄地区全部覆没，淮海战役第一阶段胜利结束。从 11 月 6 日到 22 日，人民解放军共歼灭国民党军 1 个兵团部、1 个绥靖区司令部、8 个军部、18 个师及一些地方游杂部队和特种部队等，共计 178010 人，真是战果辉煌。

现在徐州地区尚有李弥、邱清泉、孙元良和蚌埠的刘汝明、李延年兵团，以及自中原来增援的黄维兵团，共 6 个兵团，国民党军自华北继续调兵到华中来，华中敌军各部统一由白崇禧指挥，可能还要歼灭他们两三个兵团，才能打下徐州，迫使敌人退守淮河以南。明年 5 月以前大概可以基本上解决中原问题。钟期光、陈其五 20 日来信（他们已到邳县旧城以南）说，敌黄百韬兵团之六十四军、二十五军相当顽强，逐村逐屋与我争夺。攻打一个村子，敌往往反复冲锋四五次。那里地形与我不利，村庄都在高台子上，四周筑土墙和壕沟，水深约 1 米，沟外是开阔地，我军不好运动接近敌人。敌空军空前疯狂地轰炸扫射，我部队伤亡不少，但士气空前旺盛，我俘敌甚多，仅六纵即俘敌万余，真是发了"大洋财"。

淮海战役第二阶段：全歼黄维兵团和孙元良兵团

11 月 28 日

东来增援的敌人又一精锐主力兵团黄维兵团（辖十八军、十军、十四军、八十五军）进入我预伏的口袋阵宿县西南的双堆集、南坪集、白沙地区，被我军紧紧包围。敌八十五军的一个师在师长廖运周率领下起义加入我军。

12 月 1 日

我军解放徐州。守敌杜聿明率邱清泉、李弥、孙元良 3 个兵团和

▲ 11 月 24 日，中野某部在涡河阻击黄维兵团东进，进行小部队出击

党政机关人员及家属等共约 30 万人，向西逃跑，极为混乱，我军正追击和堵截中。

中共中央决定：我中原、华野两军要连续扩展攻势，不惜以伤亡 15 万人之代价，继全歼黄百韬兵团之后，全歼黄维、邱清泉、李弥、孙元良诸兵团于长江以北地区，不让敌人逃过长江，取得淮海战略决战的胜利。

我与华野政治部组织部长王文轩等同志乘专车（中吉普）开赴淮海前线。

12 月 9 日

我到达新华社华东前线分社驻地于庄，与分社战友们见面后，立即前往华野前线司令部向粟裕司令员报到，领受指示和任务。

12 月 11 日

早饭后，我一个人去襄王城。在此战役期间，我的任务是常驻华野前线司令部参谋处，负责发战报，写战役述评，领受前委的指示，完成部队首长交给的任务，了解战局情况，及时组织报道。任务很艰巨，但我有信心完成任务。下午，野战司令部和政治部召开了直属机关科长以上干部会议，动员后备力量充实到前线作战部队各连队，粟裕司令员亲自指示。他指出淮海战役的重要性，不仅要解决江北问题，而且要基本上解决中国革命问题。决心连续持久作战，打得敌人没有喘息机会。如果把黄维、邱清泉、李弥 3 个兵团都歼灭了，再歼灭可能来援的李延年兵团和宋希濂兵团，那么，在长江以北就没有仗可打了，一直到广东才有一场战役，故淮海战役是一场战略决战，我军在数量、质量、技术上都占优势，现在最需要的是干部。如果领导机关抽出大批干部下连队，则对部队是个很大的鼓励。部队有领导，打仗更加有决心、有信心。机关中的老成份抽出来到前方可以提升使用。机关经抽调以后，人少了，要一个人做两个人的事情，要提高工作效率。抽调了人要补充的，由政治部补充 70% 俘虏；另外 30%，自己抓俘虏补充。各部门在动员时，要克服右倾保命思想。采取打通思想，与组织决定和群众推荐的办法。粟裕还指示：前方直属队抽调 1000 人，定于 12 月 18 日以前集中。野政钟期光副主任也讲了话，他指出，这是关系我们部队的领导权问题。

12 月 12 日　襄王城

今天我发了两条新闻：

被包围在永城东北地区的国民党军 3 个兵团，自 2 日到 12 日，已经被我军消灭 8 万多人，其中包括孙元良第十六兵团两个军的全部。孙兵团 7 日突围时，即被歼灭大部，孙元良率残部往西奔逃，经解放军的追击和豫皖苏、冀鲁豫两区地方武装的截击，已全被捕获，共有 4600 多名，仅孙元良本人逃脱。我军对邱清泉、李弥两个兵团继续紧缩包围圈，将其压缩在青龙集、李石林、左寨等村庄，东西不到 20 里、南北不到 10 里的狭小地区内。

被人民解放军包围的杜聿明部邱、李两个兵团，现正面临着饥饿的严重威胁，每天只靠飞机投掷数量极少的粮食。每个村庄上拥挤着成千上万的士兵，平均每天只能吃上一顿山芋。在将居民的牛、驴、猪、羊、狗、鸡、鸭等宰食干净以后，9 日起他们开始杀战马充饥。有的村庄连井水都喝干了。

12 月 13 日　襄王城

今日我综合昨天消息，发出战报：我军对杜聿明部之大围歼战续有进展。12 日下午，我军经一个半小时的战斗，于 9 时攻占李石林东北之吴庄、李杨庄，歼敌第八军二三七师之七〇九团、四十军三十九师之一一七团及三十九师一个工兵连，同时攻占王花园、苗家、魏家楼等村庄。李弥之十三兵团已被歼过半，邱清泉之二兵团伤亡异常惨重。中原与华东两解放军司令部已再次发出劝降书，劝告被围之敌从速向我解放军投降。

12 月 14 日　襄王城

今日我又发出战报如下：

我军于 13 日黄昏攻克被围敌军杜聿明部固守的最大据点李石林（萧县以西）。并占领于庄、望庄、刘小窑、周庄、重姓庄等村庄。近日来，敌仍妄图突围，以第七十军在飞机坦克的掩护下，继续侵犯豆凹、鲁楼、李楼。采用"人海"与"肉弹"战术，反复冲锋，我军集中炮火予以极大杀伤。敌在我阵地前沿遗尸遍地。

我军为顺利歼灭敌人，于昨日下午前先后撤出豆凹、鲁楼、李楼。昨日午后，敌第七十军九十六师两个团进犯我郭楼阵地，激战至今晨 4 时半，我将敌全部击溃。该部被我炮火打死打伤极多，我军俘敌百余人，缴获轻重机枪 50 多挺。

很多俘虏痛哭流涕诉说，国民党军以"督战队"督战。当每次冲锋被我军打退时，"督战队"即以机枪向溃退之敌扫射，并将带队的军官杀死。仅进犯豆凹、鲁楼、李楼三村，即有营连长数名被"督战队"枪毙。俘虏哭诉道："我们被包围的官兵，不是饿死，就是被打死，冲锋也是死，后退也是死，不起义，不投降，只有死路一条。"

由于敌连续攻击我十纵队阵地（鲁楼、豆凹、李楼），企图突围，我十纵队任务艰巨。张震参谋长指示，要多表扬阻击战的范例，同时强调在战斗作风上要忍耐、要迅速、要顽强。因为我是《人民前线报》编委。我当即写信将张震的意见告诉《人民前线报》编辑部，谁知在半夜里，他们来了信要求我根据张震的意见，为该报写一篇社论，而且要求明天午前交卷，这使我很为难，因为手边没有材料，时间又太短促。

12 月 15 日　襄王城

早饭后开始看材料找范例，动手写社论，到 10 时许写成，约 2500 字。抄一遍可费时了，到下午两点才抄好。请粟裕、张震、刘瑞龙三位首长审改，他们改得很好。社论题目是《继续发扬英勇顽强的战斗作风，积极攻击，全歼当面蒋匪军！》。

下午，渤海纵队司令员袁也烈来此向粟裕司令员请示作战任务。袁谈了些徐州情况，谓敌退出徐州时太仓皇，来不及破坏。我收缴的重要物资有汽油约 2 万桶、火车头 60 多个，车厢无数，弹药甚多，飞机场及空军俱乐部尚完好。他们遗弃的造桥器材也很多，大大有利于铁路交通之恢复。

12 月 16 日　张家寨

拂晓，我一个人踏着晨霜去李凹，到庄西头的一个独立屋内，这便是作战室。袁参谋告诉我一个大大的捷报："敌黄维兵团于昨晚 6 时突围，至 12 时被我军全歼。"据说：黄维改穿便服乘一〇四号坦克（共 17 辆坦克）逃跑，谁知一〇四号坦克开到双堆集西南倾倒在河沟里，黄维等人下坦克逃走，估计逃不出我军的手中。这是伟大的胜利！黄维兵团覆没，预示着蒋介石的精锐主力将全部覆没，来增援的李延年兵团（辖五十四军、五十二军、三十九军、二十军）可能逃回蚌埠。

黄维兵团即十二兵团，除直属队外，共辖 4 个军、11 个师和 1 个快速纵队，共约 12 万人，是蒋介石最精锐的兵团之一。番号是：十八军（辖十一师、一一八师、四十九师），八十五军（辖三十二师、一一〇师、二一六师），汤恩伯系；十军（辖十八师、七十五师、一一四师），属李仙洲旧部；十四军（辖十师、八十五师），为卫立煌旧部，曾担任重庆卫成部队；第四快速纵队。其中，一一〇师两个团在师长廖运周率领下起义，二十三师两个团残部及军属野炮营在师长黄子华率领下投降，其余全部被歼灭。

我又发了一个战报：昨夜敌在我永城东北之夏寨与刘集放毒气，我有一个连的指战员中毒。在夏寨与夏庄之间，解放军攻克了 3 个无名庄，歼敌一部，缴获敌人破坏遗弃的山炮、野炮、榴弹炮共 20 门。

听说陈毅司令员今夜回来了，协同中野歼灭黄维兵团的几个纵队也回来了。

午时到前线分社去了一趟。分社驻地刘楼被敌机轰炸了，只余下一角。我们昨天的驻地襄王城，今晨遭敌机集中轰炸。

两天前，12月14日11时毛主席给粟裕的电报称："你们围歼杜、邱、李各部，提议就现阵地态势休息若干天，只作防御，不作攻击。待黄维歼灭后，集中较多兵力，再举行攻击。"

12月17日　蔡洼

今晚，华野前委在蔡洼开前委扩大会议，每个纵队来一位纵队首长，讨论如何落实毛主席指示、部署作战和休整问题。粟裕司令员来信让我去参加会。

谭震林副政委在会上说：现在敌人比较大的集团是北平，可能有10个师。北平已被我军完全包围，天津两天内也可能被我完全包围。华北敌军四五十个师，将被我军各个包围歼灭。除此之外，敌人尚有南京、汉口、西安3个小集团。黄维兵团被歼之后，蒋介石也可能再集中10个军来赌一把，但可能性不大。道理是敌军缺少骨干。只有桂系的张淦兵团，但白崇禧未必愿意拿来拼掉。现在，我们丝毫不怕敌人来增援，相反，欢迎敌人来增援。再过10天，我们有本钱歼灭敌人援军10个军；而杜聿明部再过10天可能饿死。我如果能再歼敌10个援军，则我军过长江以后，可能没有仗可打，因为敌人要打，部队分散，一时集中不了。彼时，敌军剩下不到100个师。最后决战战场在两广。杜聿明部一定要突围，一定被歼灭。我军究竟放好？还是打好？一放，敌人溃乱，像一窝蜂，就不成部队，容易歼灭。敌人企图向南突围，即使向西，也要向南。敌人的建制被打烂了，没有一个完整的连。突围也逃不出南边几条河。因此，我们可以休整10天。

前委扩大会议散会以后，将军们纷纷乘车回去。粟裕司令员把我和宣传部的两个部长留下，研究如何对敌人加强政治攻势。粟把一份电报交给我看，这是1948年12月16日24时毛主席给粟裕并告刘伯承、陈毅、邓小平的电报。全文如下："（一）黄维被歼，李延年全军退守淮河南岸。（二）我包围杜聿明各部，可以十天时间休息，调整并集中华野全力，然后发起攻击。（三）对杜、邱、李连续不断地进行政治攻势，除部队所做者外，请你们起草口语广播词，每三五天一次，依据战场情况，变更其内容，电告我们修改播发。"我将电报交回。粟裕对我说："对杜聿明的口语广播词起草任务，我就交给你了！"这是命令，我欣然表示接受。我说："我又写了一篇《劝杜聿明投降书》。"粟接过稿子连看两遍，说："好！合乎要求，就这样发了吧！"这篇劝降书，当天夜里新华社总社就全文广播了，题目改成《敦促杜聿明等投降书》，后边的署名也改了，内容有几处也做了技术性的修改。这是毛主席为我修改审发的第一篇稿子，他改得好。也是我写得最快、审发最快、总社广播最快的一篇稿子，所以我很高兴。

淮海战役第三阶段：最后全歼杜聿明集团

12月18日　徐楼

据前线司令部今日统计，自淮海战役开始至前天作战40天中，敌人共损失34个整师，即黄百韬兵团10个师，黄维兵团11个师，孙元良兵团4个师，冯治安部4个师，孙良诚部2个师，刘汝明兵团1个师，宿县1个师，灵璧1个师。其中，除何基沣、张克侠率3个半师起义，廖运周率1个师起义，孙良诚率1个师投诚，赵璧光、黄子华各率半个师投诚以外，其余27个半师全部被歼灭。

昨日消息：敌在陈官庄附近修了一个临时飞机场，昨天降下一架运输机，运走一部分人员。杜聿明仍企图突围，据说在等待空投给养，给养充实了即行突围。

12月19日　徐楼

下午，到后勤司令部刘瑞龙司令处，适逢他与万金培、周伯萍二同志谈支前工作，我旁听了许久。得知支前概况。此次山东、华中、豫皖苏区和冀鲁豫区共动员民工40万人。前线我军所需的粮食及油盐均已不成问题，3200万斤大米正自苏中区络绎运来，小米、白面也很多。现在要解决吃菜问题，要采办大批蔬菜、肥猪及纸烟。要争取少吃粗粮，多吃大米。随着战事向前发展，粮食要跟上去。口号是："哪里打炮向哪里运粮。"部队每人带3天口粮，米袋装满。各支前办事处运输4天粮食，共7天。

陇海路新安镇到洛阳间的火车通了。明天，津浦路宿县至济南也将通车。这是件大事情。苏中的大米由运河站装火车运来前线，将节省多少民力，多么便捷！

中央决定，发给此次参战部队每人猪肉一斤、香烟五包，进行慰劳。

有23个常备民工团（胶东10个团，渤海区8个团，鲁中南3个团，另参加三十五军的还有两个团），于本月底以前分批参加我军各部服务，限期6个月，每个常备民工团配500副担架、500个挑子，共3500人。部队准备欢迎，同时欢送复员的民工。

12月20日　徐楼

今天我发了3条消息。解放军总部今天公布淮海战役第一阶段总战绩，共歼敌17万多。

敌人第四次放毒气。据俘虏称：天晴时，准备来100架飞机放毒。

12月23日　徐楼

黄昏以后，突然降落鹅毛大雪，半小时后遍地皆白。在大雪的攻击下，将加速敌军杜聿明部的覆灭。自19日起，敌人即断绝空投了，将何以充饥？何以取暖？再下几天大雪，该部敌军不需我军攻击，也要饿死冻死。但敌人死到临头还不知死。据前线来人说，敌在所占村庄，不让老百姓逃出，将15岁到四五十岁的男子补充部队，青壮年妇女悉数被强奸。老百姓被集中起来看押。敌人到处抢劫钱财及粮食，把房子拆毁将棺材劈了当燃料做饭和取暖。敌人仍妄图在天晴时突围，组织"敢死队"冲锋，提出口号："谁参加'敢死队'给他一碗白米饭吃。"

12月25日　徐楼

津浦路徐州至济南段于22日下午4时起修复通车。

被围杜聿明部有空投时，一天吃一顿稀粥。19日每个人发两个馒头，后来每人只发3两米。没有空投已是第七天了，据说连树皮草根也吃尽了，敌人已临绝境，向我投降者甚多。有情报说，天晴时将有100架飞机来放毒，掩护杜部突围。

据陈士榘参谋长谈：敌军在双堆集投下的是炒过的高粱米和盐水煮过的豆子。

黄维于15日夜间被我军生俘。

12月26日　徐楼

今天踏雪回前线分社一趟，看到几份总社广播的电讯：（一）中共中央宣布蒋介石等43人包括杜聿明在内为头等战争罪犯。（二）淮海战役第一、第二两阶段的综合战绩，共消灭敌军黄百韬、黄维、孙元良3个兵团，重创打垮李延年、刘汝明两个兵团，重创并正在围歼邱清泉、李弥两个兵团。敌在11月6日至12月16日共40天中，损失3个兵团、1个快速纵队，共40万人。解放徐州、海州、淮阴、商丘等城市30多处。此次胜利对国民党统治具有决定性的打击，加速中国革命战争达到最后胜利。（三）淮海前线司令部发言人警告杜聿明停止放毒。前线司令部公报和发言稿都是粟裕指定我写的。

今天华野前委决定要我起草两个署名陈毅、粟裕、谭震林、陈士榘、张震、唐亮、钟期光的文件，一为《新年告全体指战员书》；一为《告全体伤病员书》。下午，我去请示粟裕司令员。

12 月 27 日　徐楼

午后回前线分社，准备晚上打电话给苏北兵团前线分社陈羽章，请他明日来此开会，讨论淮海战役第三阶段（大歼灭战）的报道工作。

12 月 28 日　徐楼

上午 10 时，敌机又来了。敌统帅部准备向杜聿明部空投 18 万只防毒面具，以飞机洒汽油再投燃烧弹和毒气弹，用毒气用火攻，助杜聿明部突围。

敌将放弃蚌埠。徐州"剿总"已自蚌埠移至滁县，五十五军、六十八军开往合肥、寿县地区，五十四军、三十九军开赴南京地区，九十九军、九十六军在蚌埠东西地区，二十一军、四军、五十一军在高邮、江都、兴化，东台以南。看样子，敌人将放弃守淮河，而去加强江防了。

现在除阎锡山、傅作义、杜聿明 3 个集团外，国民党在全国还剩下 55 个军，可能以其中的 20 个军守南京、上海，8 个军守汉口，还有西安胡宗南的 10 个军，其余都散在江南各省及边疆地区。蒋介石还有 100 多万军队，他还能打什么仗？国民党统治最后覆没的日子的确快到了！

在前线分社摄影组取了刘、邓半身相片，是 12 月 17 日刘、邓来华野司令部时照的。

12 月 29 日　徐楼

上午开始落雪，敌飞机仍不断地来，多在云雾中飞行，据悉，空投的大米，有一部分落到我军阵地上，为我们送来了新年礼物。

今天，华东前线分社讨论淮海战役第三阶段的报道工作。参加会的除我外，有邓岗、李扬、丁九、陈冰、包小白、顾耕初、季音、叶家林、毛履鄂、陆仁生等。苏北兵团前线分社编辑部主任陈羽章也来参加。他住在永城东南铁佛寺西北，离此约 90 里，星夜赶来。

12 月 30 日　徐楼

杜聿明要求蒋介石派飞机在突围方向，先浇汽油再投燃烧弹，掩护突围。突围方向仍然是向南。但今天落雪，敌机未能来。

12 月 31 日　徐楼

夜里下了一场大雪，清晨地上积雪厚约 3 寸。

昨晚敌七十军三十二师一个营在营长及三十二师司令部二科科长率领下向我

投降。一夜投降之敌共824名，造成新纪录。自12月16日到月终，邱清泉、李弥两兵团投降的官兵已达6000人，相等于敌军一个师的兵力。

因为过新年，中午吃大米饭（自12月11日以来，顿顿吃大米饭），肉烧栗子、红烧刀鱼、黄花菜炒猪肝。而包围圈里的敌人，被包围将近一个月，连麦苗树皮都吃光了，柴也烧尽了。今天，我写了两篇关于敌人投降的综合报道稿，请粟司令审查发表。

1949年1月1日　萧县　徐楼

早晨，我到粟司令那里拜年，他很愉快。桌子上堆了不少花生，他请我饮茶、吃花生。他要我再写一篇供总社广播的劝降书，也就是我写的第四封《劝杜聿明投降书》。我随即动手写了几百个字，很快就写好了，署名陈毅、粟裕，由粟审改签发。

晚上，读新华社社论《将革命进行到底》（1949年新年献词）。大家读了同声叫好，一致认为它可能是毛主席写的。社论的中心是揭露和打击敌人的"和平阴谋"。社论提出：1949年向长江以南进军，成立中华人民共和国和中央政府。

1月2日　徐楼

天晴。敌机从早到晚不断向杜聿明部投掷粮食。在敌二兵团司令部驻地陈官庄的飞机场上，上午8时敌人为抢大米，相互开枪打仗，兵力由一个营增加到3个团，步枪和机枪打个不停，直到下午2时才平息。

我军将于1月6日发起攻击，拟以一、四、七、十、十一纵队5个纵队加上冀纵，分割歼灭敌第八、九、七十二3个军，以八、九纵队歼灭敌第十二军。估计这样一打，邱清泉兵团可能向西向南突围。

1月3日　徐楼

我军决定于6日下午3时发起对杜聿明集团的攻击，先分割歼灭李弥兵团之八军、九军与邱清泉之七十二军和五十九军。

晚上，野政召集各直属单位60多人开会，野政唐亮主任讲话，他要求我们一切工作要为即将过江发展的形势作充分打算。我军一过江，部队即分散，以完成战略展开，在1亿以上人口的广大地区，追歼敌人与发动群众。故一切工作组织宜短小精悍，重质不重量。到半夜才散会。

1月4日　徐楼

根据昨日收缴到的两箱毒气弹，我又写了一条消息，以人民解放军淮海前线司令部发言人口气，警告杜聿明立即下令停止放毒，停止抵抗，向我军投降。

1月5日 徐楼

今天我连发两条总结性的消息：（一）自12月17日到本月5日20天中，敌杜聿明部降我官兵14000多人，内有江苏省保安二旅旅长耿继武等军官多人。（二）杜聿明一部从徐州西逃时带出来的24万人，至今已损失五分之二以上，约104000人（包括投降的14000在内）。

我军决定于明日下午3时，发起对杜聿明残部之攻击，先解决李弥兵团。我各部完成攻击准备。

1月6日 徐楼

我军各部于下午3时开始炮击，对敌军进行攻击。到深夜12时，已攻克豆凹、小阁庄、小辛庄、何庄、夏庄、郭营、魏小窑、李明庄、范庄、徐小凹、李楼，歼灭敌人约9个团，进展甚为迅速。

1月7日 徐楼

我军又克复刘园、吴楼、陈阁、万庄、孔楼、王庄、夏寨、左寨，连同5日收复的鲁老家、臧凹，共克复24个村庄据点，歼敌10多个团，左寨敌十二军一个团投降。下午7时，攻克王庄，歼敌军另一个团。敌邱清泉之二兵团司令部所在地陈官庄，李弥之十三兵团司令部所在地青龙集，均已暴露在我军的直接攻击之下。粟司令下令猛攻，迅速全歼邱、李两个兵团部。

1月8日 徐楼

半夜，参谋处作战股长秦叔瑾来叫门喊我，说青龙集等地敌十三兵团全部西逃。我立即前往作战室。天气阴黑，北风刺骨，奇寒，没有灯火，看不见路，我只得摸索着走路。核实情况后，我当即写了一个战报。这时候已拂晓，但还有一阵黎明前的黑暗。我摸进粟裕司令员的住处，他已睡，我请他审查了稿件，将它拿回来拍发了。

由于敌十三兵团的溃退，今天凌晨1时的敌我态势是：敌已后退到刘楼、穆楼、鲁楼、张庄、崔庄、胡庄、朱楼、朱小庄、丁枣园、刘庄、周庄、李庄、刘集、刘小楼、宋小窑一个小圈圈内。我军的包围圈比两天前缩小了一半以上。敌人十几万人挤在一起，极度混乱。

敌机昨天下午和今天下午2时在大回村附近我二纵、八纵阵地上大肆轰炸，并投下大量毒气弹。据可靠情报：敌人准备明天向西及西北方向突围。我军已布置了一个口袋阵地，让他突围，在他运动中歼灭他。另悉，敌军七十军军长高吉人6日被解放军炮弹打伤了胸口。

我军各部队进行土工作业，继续攻击敌人侧后，压迫敌人向我口袋阵地里钻。今天大战，九纵攻下寇庄，歼敌第五军二〇〇师六〇〇团一个营和一个骑兵连。骑兵已无马，因为马已被吃掉了。

1月9日 徐楼

今天是最紧张的一天了。敌人纷纷向西集中，大举进犯我左寨、王花园阵地，占了我左寨，这是敌人突围的行动，炸弹和炮声很密。我军准备下午2时从敌人侧后方一齐猛攻，压迫敌人非向西逃不可。粟司令、陈参谋长都亲自打电话传达命令，指挥作战。到夜间10时许，我攻击部队又克复了朱楼、朱小庄、胡庄、贾庄、崔庄、张庄、陆菜园、刘庄、王刘庄、陈楼、鲁楼、邓楼、竹安楼、罗庄、李庄等10多个村庄。至此，我军三天来已攻克54个村庄，歼敌（连投降在内）20多个团。我四纵、十纵像猛虎一样楔入敌人心腹阵地黄庄户，距敌人两个兵团司令部及杜聿明指挥所之陈庄、陈官庄极近。我各路大军即以陈庄为中心猛烈攻击前进，行动速如闪电，横扫敌成千成万个地堡、散兵坑及蛛网式交通沟。预计作战数日内可全部结束。因此，粟裕、陈士榘、张震等首长已在讨论徐州休整的事情了。作战室的气氛极为紧张，大家的情绪极其兴奋，作战参谋快忙死了！

1月10日 徐楼

战事发展出乎意外的快速。今晨7时我到作战室时，敌我态势已大变。我军于夜间12时总攻，迅速发展，已歼敌4个军，陈庄、陈官庄、黄庄户均已打下，残部被我军压缩在王庄、郭庄、宋窑、谢庄、赵庄、刘庄、大王庄、杨寨、宋小窑、刘小楼13个村庄内。我军以赵庄为作战目标的中心，各路大军趁胜猛攻，敌军已全部崩溃。我军遍地捉俘虏，一个人捉几十个甚至几百个，缴了枪，即叫俘虏卧在交通沟内不准动。敌军七十军军部投降了，五军五十四师师长也率部投降了（昨晚敌四十二师副师长在崔庄率3个团投降），李楼三十二师师长率部野炮营、辎重营投降了，带来了12门野炮、3门美式山炮。杜聿明已在10日早晨被我军生俘了！我马上发了一条消息。敌人是土崩瓦解了。粟司令对我说："中午12时，你可以发一个战报，说战争已接近最后解决。"我回前线分社传达情况，8点多钟我重到作战室，情况又变了：敌人的阵地只剩下6个村庄了，我军已在赵庄会师，正在捕捉大批俘虏。9点半钟，从最前线打来电话说，敌人只剩下两个村子了，大部分敌人已被解决，整个淮海战役基本上结束了。我说不出作战室的人们是如何热烈欢呼、紧张和高兴！陈士榘参谋长第一个跳起来把帽子抛得高高的呼喊："乌拉，我们胜利了！乌拉，我们胜利了！"紧接着每个人都跳起来，大声呼喊：淮海战役，我们全胜了！

（作者时任新华社华东总分社通讯部主任；新华社特派记者；新华社华东前线分社副社长）

淮海战役日记

（1948 年 10 月 26 日—1949 年 1 月 26 日）

沈定一

1948 年 10 月 26 日

午饭后，华东野战军政治部唐亮主任在曲阜城里作淮海战役动员报告。这个战役预定歼敌黄百韬兵团全部，将在徐州以东、连云港以西陇海路两侧的漫长战线上作战，并发展至歼两淮（淮阴淮安）、新（新浦）、海（州）之敌（这个战役方针是当时中央军委定的。后来由于战场形势发生变化，中原野战军东进与华东野战军会合，共同作战，淮海战役遂发展为解放战争中三个有决定意义的最大战役之一。歼灭黄百韬兵团于是成为淮海战役第一阶段的作战任务）。

▲ 华野随军记者在冰天雪地里合影。左起：康矛召、沈定一、戴邦、邓岗、丁九、庄重、季音

这是一场大规模的硬仗，以前没有打过，华野各纵队都将参战。

报告完毕天已黑，下雨，拎着新发的布鞋，赤足走回驻地。

邓岗（新华社华东野战军前线分社第一副社长——编者）和大家漫谈淮海战役的报道问题。觉得需进一步了解这个战役的具体部署，才能制订报道计划。现在可以确定的是，要发好战报，要连续报道，注意和中野部队的团结与协同。

10 月 28 日

东北又传来好消息。今晨我军于辽西黑山、打虎山地区全歼敌廖耀湘兵团的 12 个整师、2 个整团、4 个军部，1 个兵团部及重炮团等共 10 万余人。俘虏人山人海，缴获重炮、卡车及其他美国武器不计其数。俘虏中查明者已有 6 个师长（后查明廖耀湘亦被俘）。特别令人高兴的是此役中歼灭了蒋介石的"五大主力"中的新一军和新六军。这是蒋介石前几天三飞沈阳指挥的结果，断送了他的嫡系精锐第九兵团。现在东北残部正困守沈阳至营口一带，蒋介石已布置从营口出海"大撤退"。东北全部肃清国民党军之期当在不远。大家都望着东北战场之时，南方战场的一大战役行动也快开始了。

收集敌情资料及前进方向的军用地图，手头的材料已不够用。

10 月 29 日

分社急召邻近各支社负责人来开会，部署淮海战役的报道工作。

10 月 30 日

来稿又渐少，这几天仅向总社发稿数条。部队已向南运动，好多事情无法报道，又要有所报道来掩护这个战略行动，要主动发掘稿源。

10 月 31 日

晚看文工团演出《大翻身》。这是个取材于黄河北冀鲁豫边区土改复查的大秧歌剧。主要内容为反动地主关兆成以金钱美女拉拢农会主任，把持复查，杀复员军人，斗中农，最后又打伤农会主任。经积极分子四虎子、妇女会长的不断斗争，最后终将反动地主打倒。全剧三个半小时，除政策上有些问题外，总的是成功的。它吸取了北剧、秧歌、民间杂耍、话剧等方面的特点，健康活泼，典型人物刻画深刻。这个戏已演过 30 多场，不断修改，现在再演，也是战前动员。

11 月 3 日

东北我已攻克沈阳、营口。辽沈战役胜利结束，东北全境解放。此役历时 50 天，歼敌 47 万人，是至今为止最大的一个胜仗，将鼓舞我们打好淮海战役。

11 月 4 日

邓岗同志关于淮海战役报道工作的部署：

一、当前敌情：敌以徐州为中心集结 4 个兵团，企图与解放军决战。徐州中心为李弥兵团，以东为黄百韬兵团，以西为邱清泉兵团，以北为"第三绥靖区"冯治安部。孙元良兵团自郑州撤至徐州西南。胡琏兵团亦向北集中，拟堵我军于陇海线以北。

二、战役目标：在济南战役和中原胜利的基础上继续扩大胜利，歼敌大量有生力量，而不在收复城市。扩大秋季攻势，努力为解放全部华东和中原而战。这一战役将在徐州、海州之间进行，或发展至两淮。

三、战役意义：1.战役直接的结果将使敌大量有生力量（约10万至13万）被歼，对整个华东战局有重大影响，使华东反攻战线向南推进一步，使敌内部受到巨大震动，而对解放区军民是一个莫大的鼓舞。2.正确认识必然来到的胜利：不要孤立地去看待将来的胜利。这首先是毛主席、朱总司令的英明领导和全国各战场胜利的结果，而且将在战役行动上获得刘邓大军的支持、东北野战军的配合。在华野本身亦应联系济南之捷、各部队之协同作战、广大群众的支援。不要过高地估计这个胜利，防止轻敌速胜思想，不要为一时收复某些城市而冲昏头脑。敌尚有若干精锐嫡系部队可以集中，敌最后挣扎时亦必将疯狂，我必须付出相当代价。

四、野政指示确立几个思想：1.贯彻军队向前进的思想，反对家乡观念和太平观念，加强战争观念。2.认识战役的长期性和艰苦性。野战流动性较大，要战胜行军疲劳，坚持工作。3.坚持团结协同的思想。不但华野全军，而且与中原野战军、各种兵种在一个战场配合作战，必须强调团结协同。我分社内部工作也须体现此种团结协同精神。4.加强纪律性，坚决完成任务。反对工作中的游击习气，严格工作制度和工作秩序，严肃工作态度，注意保密，十分关心群众利益，保持军政团结、军民团结，坚持学习。

在战役报道上，东兵团分社、苏北兵团分社由华东前线分社统一领导、指挥。

战役即将开始，今日开始行军，东南下，行60余里，驻泗水城关。

11月5日至11月6日

连续行军，过平邑、历山，驻朱公铺。走起路来特别有劲，几乎是脚下生风。

11月7日

前方已经打响，继续奔向战场。一直沿大公路走，炮车、满载弹药的十轮大卡，疾驰而过，大部队快步赶路。有点进行大规模的正规战的感觉了。不过两年多，双方力量的消长竟如此之快。

11月9日

各路大军正追歼自新安镇西逃的黄百韬兵团。

11月11日

昨晚，在国民党"第三绥靖区"副司令何基沣、张克侠率领下，"第三绥靖区"冯治安部的七十七军一三二师全部及三十七师之一个团一个营、五十九军之三十八师、一八〇师全部起义，冯本人逃脱。起义行动于7、8日在徐州东北之临城、韩庄、台儿庄、贾汪地区开始。我军一部昨已穿过该防区，南下追堵黄百韬兵团。何、张起义对战役发展影响很大，已发消息。

昨整夜行军100余里，天明抵邳县小吴仓，口音大变，已是淮北腔调了，久违又闻，备感亲切。冷，两脚裂口密布，在街上买膏药、橡皮膏"修补"，烤火时又把棉大衣烧了个大洞。晚饭后续行15里，与先行之邓岗、丁九（华东前线分社副社长）会合。（野政宣传部）陈其五部长谈战役发动以来情况，要求大家艰苦顽强连续作战和工作。谈后再行40余里，至陇海路边炮车站附近，已接近敌军。

黄百韬兵团4个军及由黄指挥之四十四军（自海州西撤的）已被我军包围于碾庄（邳县西）、窑湾（邳县南东）一带。

11月12日

今天于窑湾歼黄百韬兵团之六十三军（缺一个团），一支社迅速作了报道。

行20余里，驻运河站附近，发战斗稿两篇，此地区为八纵追击逃敌处。

战役报道昨日正式开始，已报歼逃敌近两万，解放郯城、马头、连云港、枣庄等20多座城镇、车站，控制陇海路徐（州）海（州）段400余里。此次战役要打一仗报一仗，要随着战役的发展作连续报道。但部队运动极快，有些战斗报道可能跟不上。

11月13日

我军穷追逃敌时，涌现不少果敢歼敌的好战例（八纵侦察营全歼敌保安团全部1600人，而该营无一伤亡。惜写得简单些，只好留综，又怕错过时机）。

晚行军过运河铁桥。桥北被服、纸张满沟，桥边敌尸体横陈，几辆卡车仰翻于杂物之中。老百姓说，9日下午起，逃敌一直跑到晚上，人车拥塞，一片混乱，步行蒋军有被汽车碾死者，吉普车和卡车有被撞翻着火者，有被堵后开枪夺路者。人车尚未完全过完，敌即焚烧铁桥。但我军仍涉河猛追。现铁桥已修复。

驻古邳镇。

11月14日

连日行军，已靠近碾庄圩，炮声隐约，敌机也常见了。此地西距徐州约百里。

苏鲁豫皖边之穷苦是出名的。所到之处或是刚解放的或是刚收复的，都曾遭敌军蹂躏，所以群众更苦。宿营时常连门板铺草都借不到，只能垫着高粱秆席地而卧，群众居处窄小，常无法腾出房子来。今晚我们与一头调皮的小毛驴相对而卧，很有趣。

部队运动快，供应一时跟不上，或时断时续，这几天大都吃红薯或高粱，菜当然没有。领导说明，华东、中原和华北解放区人民全力支援淮海战役，供应会越来越好，现在后方送来的粮食、猪肉，已供应战斗部队，指挥机关应吃苦在先。这是当然的。

▲ 华野四纵攻击小牙庄时，友邻部队密切配合，监视国民党军的增援

11 月 15 日至 11 月 21 日

继续围歼碾庄圩一带之敌。他们凭地堡工事并出动坦克顽抗，战斗十分激烈。他们的飞机不断助战和空投弹药，已击落两架。这几天已歼碾庄外围国民党军第一百军（毙其四十四师师长刘声鹤）、六十四军、二十五军各一部，敌兵团司令部和 4 个军大部已被压缩在纵横不足 10 里的小圈子里。

由运动战转入村落攻坚战。这是第一阶段战斗的特点，研究报道上如何反映这一特点。

阻击打援部队也打得好，把自徐州向东增援之邱清泉、李弥两兵团打得动弹不得。但阻击战尚无报道，可能由于电台联络不上。

已开始向新建之华东新华人民广播电台发稿，供其向淮海战场上的国民党军展开政治攻势。还要同时向野政的《华东人民前线》、新华社、华东总分社、中原总分社发稿，头绪很多。与总社联络也不通畅，有些稿子迟发。已开始每天向总社发发稿的目录，便于检查。

已电分社、支社：报道工作上不能有丝毫轻敌的大意思想，围歼敌人时要打一仗报一仗，要立足部队，面向全国，要向《人民前线》和电台供稿。

11 月 22 日

向黄百韬兵团发起总攻，今下午将其全歼。

11 月 23 日

昨夜发全歼黄百韬兵团及淮海战役第一阶段战果稿。自 7 日战役开始至昨日的 16 天，共歼第七兵团（黄百韬兵团）之二十五军（缺一个师）、四十四军、六十三军、六十四军、一百军及苏北孙良诚之一〇七军（起义）等 6 个军 12 个整师，外加五十五军的一个师、五十九军全部及七十七军之一个师起义。中野部队在宿县歼灭敌二十五军之一四五师及交警十六总队全部。缴获尚未统计出来。

据说黄百韬自杀了。

这期间还收复和解放商丘、砀山、海州、宿县、永城等县城 17 座，矿区枣庄、贾汪及重要港口连云港。我军已控制陇海路东西两段约 720 里，津浦路南北两段约 350 里。

邓岗长驻野司搞战报，几个战报发得极快。

邱、李两兵团被我阻截在碾庄以西 40 多里处，可遥望黄百韬兵团全军覆灭。

淮海战役还要打下去，第二阶段将歼北上之敌第十二兵团（黄维兵团）。徐州之敌已陷于孤立，敌情可能发生变化。蒋介石急调杜聿明至徐州，任"徐州剿匪总司令部"副司令，代替其司令刘峙收拾残局。刘峙跑到蚌埠去了。

11 月 24 日至 11 月 29 日

领导通报，战役第二阶段的任务是围歼蒋军精锐第十二兵团（黄维兵团），由中原野战军主攻，华野一部参加。华野的重要任务是钳制、阻击北线之徐州杜聿明集团和南线蚌埠方向之李延年、刘汝明兵团，以保障中野在宿县以南歼灭黄兵团。两大野战军再次协同作战，已成立总前委统一领导。

由平汉线东犯的黄维兵团，已被我包围于宿县西南的忠义集、王家庄和双堆集地区。

分社已向总社建议，第二阶段关于歼黄维兵团的报道全部由中原野战分社负责。华野各参战纵队支社仍向我处发稿，我处不发战报，只向中野分社发战斗新闻和通讯、战俘情况、政策纪律报道。但我们还要报道北（徐州）南（蚌埠）两路的阻击战，第二阶段的报道任务是很重的。

11 月 26 日至 11 月 30 日

续赶发歼黄百韬兵团经过等后续报道，八、九支社都有些追歼敌人的好而短的战斗通讯，其中以黎明（九支社）的《十人桥》最能表现战士的英雄气概和高度觉悟。写典型确是我们记者的特长，去年发的《阎王鼻子山下》（八支社徐熊写沂蒙山区的阻击战）、《射击英雄魏来国》（戴邦写）和《喂春蚕》（四支社尹崇敬写我军爱民与蒋军害民的对比）等都很深刻生动。他们采访深入，熟悉部队，熟悉战争，能体会战士的思想感情，所以能生动表现出指战员的精神风貌。写作上粗糙些是可弥补的，发现和爱护这样的好报道我们责无旁贷。

自 11 日至今发稿已近百篇，有的后续报道还是跟不上。这是打野战、运动战中常有的现象（几乎是规律）。部队运动频繁，连续作战，采访和通讯联络都有困难。

12 月 1 日

想不到杜聿明昨天率部自徐州匆忙西撤。我军今晚占领徐州——蒋介石在南线和华东最重要的指挥中心和屯兵点。大家兴高采烈，几乎一夜未睡，议论第三阶段的歼敌任务可以提前完成了。

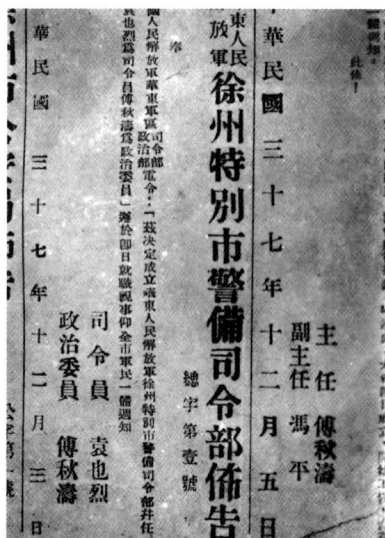

▲ 1948 年 12 月 3 日，徐州特别市警备司令部布告

12 月 2 日至 12 月 5 日

杜聿明率 3 个兵团（邱清泉的第二兵团、李弥的十三兵团、孙元良的十六兵团）自徐州一带向西南窜进，企图去解黄维兵团之围，然后一起南逃。我各路大军立即出动，或平行追击，或迎头赶上去，或中间插上去围拦堵截，边追边打，一路上消灭敌军成千上万。3 日已将杜聿明部约 30 万人马围堵于豫皖边之砀山、萧县、永城间的三角地带，4 日又将敌压缩于永城附近之陈官庄、李石林、孟集、古龙集等纵横各 20 里处。

南线来援之李延年、刘汝明两兵团撤回蚌埠去了。我阻击部队跟踪追击，在蚌埠西北之曹老集迫使其担任掩护任务之两个团投降。李、刘两兵团大概再也不敢动弹了。可以放心围歼黄维兵团，可以加强围歼杜聿明集团了。

已发"蒋匪徐州防线全部崩溃，我军勇猛追歼逃敌"等数稿。

12 月 7 日

敌军自徐州西撤，反映了蒋介石战略思想的大混乱、杜聿明组织指挥上的大混乱、国民党军心士气的大混乱。这30万乱军的覆没指日可待，真有些坐不住了。

随军追击的记者陆续发来片断报道。杜集团由徐州西撤其实是一场罕见的大溃退，一路上人、车、坦克拥塞，你抢我挤，自相践踏，弹药辎重、军用卡车、背包行李、卷宗文书遍地丢弃。蒋军官兵如惊弓之鸟，不堪一击（洛阳营营长张明率一个班与两个连敌军遭遇，蒋军全部就地跪下，缴枪投降）。记者阎吾等报道的此种情景极有代表性。

敌孙元良率两个军四个师昨夜突围，战至今夜，已被我八纵等歼其大部（另突围出来的少数残敌，被我冀鲁豫、豫皖苏部队歼灭）。已知俘四十一军副军长陈远湘以下万人。孙元良下落不明。

12月8日

总社来电指出，淮海战场上的大歼灭战，为全国、全世界读者密切关心的头等重大新闻。希望淮海前线的记者们能用久经锻炼的笔把这一伟大的歼灭战充分地、迅速地，同时也是合乎实际地在千千万万读者面前反映出来。总社要求多写简短的片断的战场通讯，从多方面多种多样地反映战争。当即进行了讨论，并将指示转发给各支社。

现在正在紧缩包围圈，不断歼灭外围据点之敌，确应多方面、连续地、大量地报道这场大歼灭战。不能墨守成规了。

12月9日

又一次奉命采访高级蒋军俘虏。野政安排各部准备收容20万国民党军俘虏（主要收容军官，士兵则是由参战部队即俘即教即补，不愿留者即遣资回乡）。野政已成立俘管处，收容、处理校以上蒋军军官。直属队都将抽干部做俘管工作。邓、丁交代，我和王殊等四同志参加工作。我的主要任务是采访师以上蒋军高级军官和组织其他四位同志进行采访报道，他们同时还要协助俘管处工作。在这空前的大歼灭战中，担任这个报道任务意义重大：要从战俘身上看出我军必胜，国民党反动派必败。

来俘管处后，即与胡、金科长商量报道事。傍晚又回分社一行，向老丁汇报报道计划，惜未及详细研究。

12月10日至12月15日

孙元良兵团"突围"时被我活捉的高级军官已陆续押来。连日采访了四十一军副军长陈远湘等一些军、师级俘虏。这些人大都作惊魂未定状。但都有问必答，极为恭顺。他们认为"突围"是上了蒋介石和杜聿明的当，国民党"气数"已尽，吃败仗在他们的意料之中。只有一个"少将"有点不服气，说"贵军太狡诈"，他们是"在糊糊涂涂中输掉的"，好像不能算数似的。采访时我都申明是新华社记者，但看来他们都不甚相信，幸亏自己还有点同国民党反动派和俘虏军官打交道的经验，可以耐着性子转弯抹角地和他们谈话，并留心不要把采访变成"审问"。

已写消息数篇送回，零碎了些。根据总社要求，不能求全等待了。

12月16日

昨天半夜中野全歼双堆集之黄维兵团。据说黄维已被我生俘，华野七、三、十三等纵队归中野指挥参加了歼击黄维兵团的战斗。此役如歼黄百韬兵团一样，基本上是一场持久的村落阵地攻坚战，战斗激烈。从全线总攻到全歼残余历时12天。

现在，在中野部队的保障下，华野可以全力围歼杜聿明集团了。

回分社一行。对杜聿明部的包围圈逐渐紧缩，已攻占李石林等重要据点，十几天里已陆续歼敌约30个团，成营成连国民党军投降者日多。杜集团已陷入外无援兵内无粮草的绝境。各支社对此都有连续报道。

12月17日

部队已开始战场休整，对敌围而不攻，全线展开政治攻势。这个时期，大概不会有什么新来的高级俘虏。现在尚待采访的对象还有很多。

东北野战军已入关，会同华北军区部队对北平、天津、张家口等之敌进行战略大包围。傅作义部有五六十万人，又是一场大歼灭战。看来淮海和平津两大战役是互相呼应的，我们的战役行动得配合平津战役的发展。这两大战役如大获全胜，长江以北之敌就可基本肃清了。和俘管处同志一起议论，高兴之至。

12月18日

日夜都见川流不息的支前民工、民兵队伍，赶着大车的粗壮汉子从渤海、冀鲁豫来，推着小车的、扛着担架的、挑着担子的大汉从鲁中南、胶东来，抬着绳床（作担架或放置支前物资用）、赶着毛驴的从淮北来。粮食、猪肉、被服、弹药……前方所需要的一切都是他们送来的，伤员是他们一路护理一路抬走的，俘虏是他们随解放军押送的。成百万支前大军在保障这场大歼灭战的胜利。华东、中原、华北解放区的人民都在保障这场大歼灭战的胜利。

一队民工在村边休息，一交谈，就听到熟悉的苏北口音。他们从宝应、高邮一带来，是给前线送大米来的，情绪高涨。

战役第一阶段后，后勤供应日益充足。现在更加充足，围困杜聿明集团的前线战士在战壕里经常吃到白面馒头、肉包子和大米饭，而且以此来"招待"对面阵地上跑来的国民党士兵。昨天这里给俘虏军官吃了顿大米饭，引起村里群众议论纷纷："还给反动派吃大米饭？"其实这些大米是蒋介石空投来的，俘管处同志不得不去反复解释。这里群众生活艰苦，又曾遭反动派掠夺，对蒋匪恨得要命。看来得注意点影响。

12 月 19 日

返分社一行，得到了两张珍贵的照片，一是总前委刘（伯承）、陈（毅）、邓（小平）、粟（裕）、谭（震林）的合影，一是粟裕和陈赓的合影，是陆仁生（华野宣传部摄影组长）或郝世保（分社摄影记者）去照的。当珍藏这两张有历史意义的照片（1948 年 11 月 16 日，中央军委决定由刘伯承、陈毅、邓小平、粟裕、谭震林组成总前委，邓小平为书记，领导华东野战军和中原野战军的行动，统筹淮海前线的一切事宜）。

12 月 20 日至 12 月 27 日

下了几天雪，天助我也。

包围圈越缩越小。圈内蒋军有冻死者、饿死者，有为争抢粮食自相残杀者。据俘虏讲，这几天因雨雪，飞机空投断绝，蒋军更加恐慌。多数高级军官感到"突围"无望，悲观消沉。最可怕的是饥寒交迫。现在还有成千上万人露宿在村边地头（包围圈内二三十个小村庄如何住得下 20 万人马装备），每天能争到一顿乱七八糟的东西吃已是大幸。杜聿明统治的是一座活地狱。

我军则是粮弹充裕，士气旺盛，在前沿阵地普遍发动政治攻势，向国民党官兵喊话、广播、散传单，招呼他们过来吃饭喝水，他们又带着传单和馒头回去。这段时间里虽是围而不攻，瓦解敌人却不少，前沿的国民党军陆续跑来投降的已达万余人。这是淮海战役的一大特色。

12 月 28 日

陆续查获敌孙元良兵团之四十七军军长汪匣锋、副军长李家英，四十一军军长胡临聪。汪、李是在俘虏群里查出的。胡在其军队被人民解放军歼灭后化妆潜逃至豫皖苏，被我民兵活捉。当跟踪采访。

12 月 29 日至 1949 年 1 月 2 日

接通知，准备接收大批敌军俘虏。帮俘管处同志忙了一阵。

要向敌人发动总攻了。龟缩于青龙集、陈庄、陈官庄一带的残兵败将不到 20 万人。邱清泉和李弥两兵团都残缺不全，还有未逃出的孙元良兵团残部。里面还有不少随军逃来的国民党官僚机构的公务员和被裹胁、诱骗来的学生、教员。但愿他们不要被抓"壮丁"。包围圈里的师以上蒋军高级军官还比较"整齐"，应有许多高级俘虏可以采访，有点力不从心。补救之道唯有多作准备，多发挥其他同志的作用，采访要抓重点抢时间（高级俘虏不会在前线多停留，要很快送到后方去）巧安排才行。与俘虏处同志谈了上述想法，他们答应大力协助。主要帮我选择对象，尽快安排采访，提供人物资料等。

1 月 7 日

一夜炮声紧密。急回分社了解情况：昨天下午开始向敌军发动总攻，至今天中午已攻占 20 多个村落、据点，歼灭国民党军约 11 个团兵力，已将残敌压缩在永城东北的狭小圈子内，残兵败将还在垂死挣扎。

1 月 11 日

昨天下午全歼包围圈内之敌，杜聿明集团已全军覆没。淮海战役的胜利，解放了长江中下游以北的广大地区，蒋介石在华东、中原战场的精锐师团已丧失殆尽。国民党反动派的统治中心南京和上海已完全暴露在我军的直接威胁之下，打过长江去，解放全中国就在眼前。

已抓住逃跑的杜聿明，击毙邱清泉，李弥还未查到，据说战场上俘虏人山人海，官兵混杂，参战部队正在清查中。

邱、李两兵团大部为美械装备，大炮、坦克、十轮大卡多，蒋纬国的一个战车（坦克）团大概还"完好"。此役特大丰收。

平津之敌在我军的分割包围中，华北全境解放为期不远了。

欣读总社播发的新年献词：我将获得解放战争之最后胜利，已无疑义。今年将向长江以南进军。现在要谨防蒋介石待机而动，要粉碎敌人的政治阴谋，把革命进行到底。

1 月 12 日

跟俘虏处的同志一起到战场上去接收俘虏军官。

俘虏集中在敌军核心阵地附近的空地上（可能就是他们的空投场和"飞机场"），远远望去是一片灰蒙蒙的人山人海；近看，则是一堆堆、一队队肮脏杂乱的"叫花子"兵。一堆堆的正在集合编队，一队队的正被解放军战士带着在人堆里穿行，押送到各处去。

俘虏队伍真是蔚为奇观：裹着各色棉被、毯子和麻袋的，挎着大小包裹的，拎着乌黑的洋铁罐、钢盔的（这些都是他们在包围圈里用来烧东西吃的，是须臾不能离开的，以至做了俘虏还舍不得丢掉），嘴巴里不断嚼着什么东西的……这些人大都形容枯槁、神情呆滞，或低头看脚，或茫然看天——这就是从"活地狱"里出来的蒋介石的"精锐之师"。俘虏处的同志在我耳边笑语：这个场面最好让蒋介石来看看。我于是按下照相机的快门。这是我第一次拍新闻照片。如此"壮观"的场面，很快就会解体，成千上万的俘虏将按不同身份分散到各个俘虏管理部门去（士兵则由原参战部队带回），我拍的这几张照片很可能成为"独家新闻"。

我们接收了一批包括几名军长、师长在内的高中级俘虏军官。这些人多数穿着肮脏的灰棉士兵服，有几个穿着黑色的棉袄棉袍，分不出谁是将官，谁是校官，只有排在第一个的与众不同，他戴着金边眼镜，一身黄呢子军大衣，斜挎包裹，不时从口袋里摸出一块柿饼啃着，不时用手帕擦着流个不停的清水鼻涕，一副寒酸相，神情却还自若。我马上对他产生了兴趣，和他边走边谈。他自称是邱清泉兵团的参谋长李汉萍。他说，解放军发起总攻后，1月9日夜他还同杜聿明、邱清泉和李弥躲在陈庄（邱兵团第五军司令部所在地）一个掩蔽部里，10日凌晨，解放军攻入陈庄，杜聿明等人一哄而散，他是最后一个跑出来的。他说："他们向西，我向东，躲在另一个掩蔽部里直到被俘。"他还说："我了解共产党的政策，我是准备做俘虏的。"我采访过很多俘虏军官，能如此"坦白"者少有。

俘管处同志证实，此人确是第二兵团少将参谋长，曾任国民党军伞兵副司令，是邱清泉兵团的核心人物，比较了解杜聿明集团的高层情况。决定明天去采访他。

1月13日

采访李汉萍，他几乎是有问必答，答必发挥，谈蒋介石要他们弃徐州救黄维兵团的错误决策甚详，谈杜聿明、邱清泉等在我军总攻时的慌乱情况甚详。他说，蒋介石"朝令夕改，出尔反尔，一会儿要我们坚守待援，一会儿要我们转移阵地，使军中乱上加乱，无所适从。徐州'剿总'的几个兵团就是他葬送的"。他的结论是："蒋老头糊涂透顶，必败无疑。"

李汉萍曾自诩邱清泉兵团是蒋介石"嫡系的嫡系"（邱兵团含蒋介石"五大主力"之一的第五军，杜聿明、邱清泉等蒋介石的亲信先后做过第五军军长）。但这个"嫡系"的参谋长却在共产党面前大骂"蒋老头"，怨愤乎，绝望乎？

1月20日至1月26日

从去年 12 月至今，先后采访俘虏军官十几人，包括兵团参谋长一人，正副军长 7 人，师长 5 人，徐州"剿总"的办公厅主任、政工处副主任和联勤总部第一补给区主任各一人。其中中将军衔 3 人，其余都是少将。他们中大多数人曾多次带兵侵犯解放区，是蒋介石的得力干将。

国民党军的败局已定。这些败军之将的思想情绪也发生了显著变化，表现为空前的驯服、空前的悲观和空前的怨愤（对蒋介石）。他们的谈话有几个共同点：一是抱怨蒋介石昏庸无能，乱决策，瞎指挥，使他们屡战屡败。他们认为，大势已去，失败已成定局，对蒋介石已经绝望。说到"伤心"处，几个军长、师长甚至大骂"蒋老头该死"。二是互相埋怨，军心涣散。多数败将指责杜聿明在放弃徐州时指挥失当，在包围圈的最后几天里放弃指挥，临阵脱逃。孙元良兵团的几个军师长抱怨他们兵团被杜聿明、邱清泉出卖了，大骂邱清泉横行霸道，他的第五军见死不救（孙元良兵团突围被歼，部分官兵逃回第五军阵地时，被开枪阻击）。邱兵团的高级俘虏军官则认为孙元良兵团突围是自己送死。三是表白自己不愿打不敢打了。一些军长、师长说在突围无望时，他们虽在勉强抵抗，但心里明白全线崩溃在即，所以都在准备自己的后路。许多高级军官把金银细软装在一个包裹里，随时准备逃跑或做俘虏。徐州"剿总"办公厅中将主任承认，他早已换了便衣，打算一走了之。

我问这些俘虏军官，是否收听新华广播电台的广播，大多数人回答经常听。他们对陕北权威人士关于惩办战犯的谈话听得非常仔细，并熟记了 43 个头等战犯的名字。他们表白，了解共产党和解放军的政策，没有做过什么坏事，也"毫无破坏行为"。以凶残出名的国民党军第八军军长对我说：在战场上"我没有杀过一个人，没有破坏一件武器"，姑妄听吧。

我分析这些俘虏"将领"们的讲话，他们能说国民党军失败已成定局，对蒋介石已经绝望。但说不出他们失败的根本原因在于与人民为敌，更不检讨自己的错误。他们承认自己屡战屡败，打得不好。但说不出解放军打得好、共产党领导得好。他们之中还有死硬的、不服气的。俘虏军官的这些说法，和他们的想法基本一致，他们的立场和观点不可能在一夜之间就改变了。

（作者时任新华社华东野战军前线分社编辑、记者）

淮海前线采访记

袁光强

今年是新中国诞生 60 周年，也是淮海战役胜利 60 周年。淮海战役连同辽沈、平津三大战役的伟大胜利，敲响了蒋家王朝反动统治的丧钟，为新中国的诞生铺平了道路。

淮海战役的伟大胜利，是在中央军委和总前委的指挥下，由我华东、中原两大野战军共同谱写的一曲壮丽凯歌。在这次大决战中，我作为华东野战军（以下简称华野）新华社的一名记者，在前线采访的经历，至今仍历历在目。

血汗筑成的战壕

最近我收集整理旧作，老伴帮我从国家图书馆的浩瀚藏书中，居然找到了 1949 年 5 月由第三野战军政治部编审、华东新华书店随军书店印行的《淮海大战》一书。正是此书曾选载了中原野战军（以下简称中野）记者吕梁和我合写的一篇战地通讯——《血汗筑成的战壕》。这篇篇幅不长的战地通讯，恰似我两支大军协同作战夺取胜利的一段小插曲。

当年我所在的部队华东野战军第七纵队，在胜利完成战役第一阶段各项战斗任务，包括配合友邻迅速切断黄百韬兵团退往徐州的道路，继而顽强阻击邱清泉、李弥两兵团东援，保证我东线各纵全歼黄百韬兵团之后，于 11 月 26 日奉华野首长命令，率先开赴南线，配合中野攻歼黄维兵团。此时黄维兵团已被我中野紧紧包围在宿县西南以双堆集为中心，纵横约 5 公里的狭小地区内。12 月 3 日晚，我纵到达双堆集以南地区，接替中野的一部分阵地。同日，华野十三纵也赶来接替中野一部分阵地，为我纵左邻，右邻为中野第六纵队。

当时我奉华野七纵新华支社领导艾煊同志的派遣，来到十九师五十六团采访。五十六团正面的国民党军是八十五军二十三师，据守在小王庄、小周庄、小马庄

▲ 在双堆集战场，中野六纵战士在紧张地挖战壕

等几个村落。经过 12 月 6 日人民解放军炮火猛烈轰击，国民党军的防御工事大部分被摧毁，伤亡惨重。接着我五十六团配合兄弟团连续对国民党军发起攻击，一天之内即歼灭国民党军近一个团，俘国民党军副团长以下 600 多人。

面对人民解放军强大攻势，国民党军军心动摇，士气低落。此时正是解放军对国民党军开展政治攻势的大好时机。一天，团政治处宣教股长王河去一营组织开展对国民党军的政治攻势，我随同前往。

王河同志是无锡人，举止文雅，说话、做事都不慌不忙。我和他来到一营三连的战壕，这是在几天前接替中野的，只见壕沟纵横交错，密如蛛网，四通八达。其宽度可供两个人并排通过，深度足可让人不弯腰来回走动。顺着沟走，每到岔路跟前都可见到明显的路标，箭头会把你引向你要去的地方。壕沟两边，每隔数米就有一座可供一班人使用的地堡和防空洞。在一座更大一点的地堡前，标着"俱乐部"字样，里面张贴着一些标语和漫画，还摆放着几件乐器。每个班都有一个厕所和扔垃圾的地方，壕沟内非常清洁……这样的战壕我从未见过，感到非常新鲜。我访问一些干部战士，他们都高兴地对我说："真像在家里一样。""第一次在这样的前沿阵地战斗、生活。"有的还一再称赞中野老大哥的优良作风。我把这些见闻写进了《血汗筑成的战壕》一文中。

中野老大哥把战壕筑成井然有序、方便舒适的"战地家庭"，这反映出他们是多么热爱生活。面对国民党军不断袭击，又正值天寒地

▲ 在陈官庄战场，解放军在坚固宽大的战壕里做饭和休整

冻，他们是怎样完成如此浩大的土方工程的？要付出多大的艰辛？这从中野记者吕梁的描述中可以得到答案。他在《血汗筑成的战壕》一文中是这样写的：

"黑夜用机枪封锁了国民党军的火力点，部队就以每人 5 步的距离，迅速向前跑，卧倒在国民党军阵地前，赶快挖成卧式工事，再加深挖成跪式，最后挖成齐胸的立式。然后拼力向前挖，两人一组，互相打通，一夜之间，几百米的交通壕就这样挖成了。""整个工程长达 20 里……"

华野部队接防这些战壕后，继续不断将它向国民党军阵地延伸，一直挖到离国民党军只有数十米甚至几米的地方。一天夜间，人民解放军挖掘纵深壕沟逼近国民党军，他们防备不及，被解放军施工战士抓到了一个名叫何企的团长。

政治攻势的威力

在离国民党军不到百米的前沿阵地上，竖立着一块门板，在面对国民党军阵地的那一面，张贴着一张斗大字的标语："优待俘虏，不杀不辱"、"欢迎起义、投诚"。

连日来，一营对国民党军的政治攻势开展得热火朝天，有声有色。一些战士手举用铁皮做成的喇叭筒，不断对国民党军喊话，有时还唱起小调。国民党军二十三师和一一〇师同属八十五军，在一一〇师师长廖运周率部起义后，这一义举更成为战士们对二十三师官兵喊话的主要内容，反复宣讲。包围圈内国民党军缺粮少水，常有国民党军士兵爬到人民解放军阵地来要吃要喝。当时解放军的伙食在苏鲁豫皖老区人民的全力支援下，比过去任何时候都好，指战员们几乎每天都能吃到白面馒头、红烧肉或肉包子。每当炊事员挑来热气腾腾的饭菜，战士们就叮叮当当敲起搪瓷饭碗，对着国民党军阵地高声叫喊："开饭啦，今天是肉包子，过来管你饱！"我们在战壕里见到，真有一些国民党军士兵爬过来伸手要包子。他们狼吞虎咽吃饱喝足后，还要带几个包子回去。王河从团部带来的各种宣传品及劝降信，也趁机通过这些士兵带回去。

持续不断的政治攻势显示了强大威力，不断有国民党军官兵弃暗投明。这些投诚者向人民解放军接待人员讲述了二十三师在国民党军中受歧视排挤的情况，以及他们当前的困难处境。

据他们说，二十三师被安排在蒋军五大主力之一的第十八军前面几个小村庄，

▲ 我军在陈官庄战场前沿阵地书写大标语，劝告被围困的国民党军投降

给十八军当挡箭牌。由于阵地重叠，上下失去联系，二十三师通往军部的电话都必须经过十八军转接，人员进出也要得到戒备森严的十八军的许可，他们实际是被监视。二十三师对空联络电台被禁止使用，造成他们无法与南京派来的飞机联络，以致有一天连他们的阵地也遭到轰炸和扫射，第六十七团副团长陈乃光被炸身亡。他们粮弹俱缺，起初没有粮食还可宰杀军马勉强充饥，以后逐渐陷于饥饿绝境，就只能仰望天空企盼空投接济。而空投的食物他们又往往抢不到手。

在淮海前线，只要是晴天，就会有国民党军飞机从南边飞来。其中肚子大大的灰色运输机，向包围圈内投掷弹药和食品。由于包围圈狭小，有时会落在人民解放军阵地。战斗轰炸机向解放军阵地扫射扔炸弹，进行骚扰。一天上午，我在五十六团指挥所采访，突然飞来一架国民党军飞机，向我驻地胡乱扫射。我急忙躲进附近一个白薯窖内，从入口处向外张望，看到飞机飞得很低，机翼上的国民党党徽清晰可见。随着一阵刺耳声响，一梭机关枪弹泛着白光倾泻而下，在几米远的地方掀起一溜尘土。飞机来回扫射好一阵，才转头向南飞去。

不论飞机是空投还是骚扰，都挽救不了黄维兵团覆灭的命运。

采访投诚师长黄子华

12 月 10 日夜 10 点左右，国民党军二十三师阵地上突然传出一阵喧哗声，有人朝天空放枪。该师官兵纷纷从掩蔽所里出来，扔掉手中的武器，快速奔向解放军阵地。人民解放军第五十六团也随即进入对方阵地。

在向解放军投诚的人群中，有一位中年军官，在人民解放军谈判代表王河陪同下来到人民解放军第五十六团阵地。他就是八十五军二十三师师长黄子华。解放军五十六团首长热情接待他，然后派人把他送到附近一个比较安全的村子里休息。

我得悉这一消息非常兴奋，连夜赶往那个村子去采访。在一间不大的农舍里，在昏暗的灯光下，我见到了身着军服一脸疲惫的师长黄子华。当我向他自我介绍我是记者时，他显得有点紧张，一再向我说："贵军代表答应了的，因我们的后方尚在武汉，军官

▲ 黄维兵团第八十五军二十三师师长黄子华（右）率部投诚，走进人民解放军阵地

眷属都还在那里，为免遭迫害，请暂时不要发表消息。"

我向他表示，我们会信守承诺，只是想请他随便聊聊包围圈内的情况。但他仍不肯细谈，只是一再重复说："伤亡太大，伤亡太大！这个仗不能再打了，真的不能再打了！"我想尽量使他放松，能心平气和地闲聊，但他总是躲躲闪闪，言不及义。我感到他仍有很大顾虑，这次采访难有收获，就向他告辞。

但是事后，我还是从侧面了解到黄子华在率部起义前的心路历程，以及他邀请人民解放军代表与他面谈投诚事宜的经过。

人民解放军强大的政治攻势加剧了二十三师军心动摇，也对师长黄子华逐渐产生影响。尤其在八十五军——〇师师长廖运周率部起义后，黄子华收到老部下何企（团长）被俘后写给他的一封劝降信，热诚希望他不要坐以待毙，并强调解放军真诚欢迎，不咎既往。这促使他终于打消顾虑，决心投诚。二十三师原是湖南部队，地方封建意识浓厚，上下一致都听师长的。在部队处于极度困难的情况下，黄子华同副师长周卓铭和各团团长一起研商后，决定派副官杨耀华先赴人民解放军处探明虚实。

12月8日傍晚，杨耀华手摇着一条白毛巾，爬到人民解放军五十六团阵地上来。他代表师长黄子华向人民解放军表示愿意和平解决、放下武器的意向，条件是：1. 保证全师官兵生命和财产安全；2. 允许带枪穿过解放军阵地，转移到安全地带再作处理；3. 提供充足的食物，并帮助医治他们众多的伤兵。人民解放军经请示上级后回答：第一和第三条完全同意，这也是解放军的一贯政策。但第二条不能同意，指出要和平解决，必须尽快放下武器。杨耀华答应回去转达人民解放军的意见。

第二天，黄子华又派六十七团团长杨正堂前来，要求人民解放军派一位代表去同他面谈。五十六团首长请示师首长后，决定派宣教股长王河担任解放军谈判代表。

王河随杨正堂进入国民党军阵地，抵达国民党军二十三师师部，师长黄子华一见到他这位解放军代表，就恳切地说："这仗不能再打了，伤亡太大！我实在不愿让跟随我多年的许多弟兄白白地牺牲。所以我请贵军代表来，商量一个和平解决的办法。"

王河不慌不忙地具体介绍了人民解放军对投诚人员的政策，表示欢迎黄师长率部弃暗投明。但黄子华考虑如何把队伍拉出去，免被兵团司令黄维发现，危及他们在武汉的家眷。他想用假打的办法来迷惑他的上级。王河向他指出，这种办法不可靠，假打会形成误会，造成真打，事与愿违。王河按照来前师、团首长的交代，一再坚持和平解决必须先放下武器。黄子华开始有些犹豫，但也没有更好的办法，最终也只好同意。接着他又向王河提出三点新的要求：1.他们有很多伤兵不能同走，要请解放军接收安置；2.他们的后方留守人员及军官眷属尚在武汉，请暂时不要发表消息；3.投诚后官兵的去留要根据各人的意愿。王河考虑了一下，觉得这三点要求不违背上级指示精神，便表示全部答应。他根据上级指示，要求对方一定在12月10日晚上10时以前行动，对方也一口答应。

黄子华送走解放军代表后，迅即采取相应措施，向几个团长交代意向，完成投诚安排。但双方约定的时间还未到，他所属的部队和临时归他指挥的第二一六师一个团残部，以及军直属部队辎重团、卫生大队各一部，共约一万人，已无法控制，他们纷纷提前放下了武器，奔向了解放军阵地。这是淮海战役中唯一一件国民党军整师建制向人民解放军投诚的事例。

二十三师投诚，敞开了国民党军主力第十八军的大门，更加速了整个黄维兵团的覆灭。在二十三师投诚后第五天，12月15日黄昏，黄维兵团向南突围，至当夜11时即被人民解放军全部歼灭，兵团司令黄维被俘。淮海战役第二阶段至此胜利结束。

王河同志作为人民解放军代表谈判，促成国民党军二十三师师长黄子华投诚，上级给他记了二等功。

我完成这一阶段采访任务后返回新华支社，到其他团采访的记者也陆续回来。我们高高兴兴地在一起总结工作，交流体会，并合影留念。经大家评议及上级批准，我荣立了一次小功。

1949 年 1 月 10 日淮海战役全部胜利结束后，我们每人都获得了一枚华东军区颁发的"淮海战役纪念章"，它成为我们永久珍藏的纪念品。

（作者时任华东野战军第七纵队新华支社记者）

淮海战役国民党军大溃灭目击记

阎　吾

历史性的大变化

1948 年秋天，中国人民解放军华东野战军在"打下济南府，活捉王耀武"以后，乘胜挥戈南下，参加了中国人民解放战争中三个具有决定意义的最大战役之一——淮海大战。当时我随横扫陇海路上蒋军的西路我军，向砀山一线进发。

进军时日，秋深风寒。各路大军沿着鲁西南运河两岸，日夜兼程前进，真是千军万马，铁流滚滚，所向无敌。一年前——1947 年 7 月，我随掩护刘邓大军举行外线出击的部队，曾在这一带天天同国民党军周旋。那时，优势尚在国民党军一边，人民解放军常被迫行军作战。有时刚驻下，国民党军追击的炮弹就打到村头来了。战士都愤愤不平地说他们是"虎落平阳受犬欺"。现在的情况已经大大不同了，国民党军完全处于被动挨打的困境。蒋家王朝末日已经临近了，这一点连国民党军的一部分官兵也预感到了。过去我曾经向被俘虏的蒋军五大主力之一的第五军的官兵采访过消息，那时，他们中有一些人对于当时几次战役中的失败，还不太服气。个别人甚至神气十足地为国民党军的失败辩解说："这算得什么？胜败乃兵家常事。"这次人民解放军一出现在陇海线上，国民党军纷纷落荒而逃，我又遇到一个国民党军第五军的被俘军官，当我问他现在是不是认输的时候，他低着头，久久不语，原来那种"王牌军"的傲慢的劲儿没有了。最后叹道："天意如此，一切听天由命吧！"

国民党军这种心理的变化，使其士气普遍低落。因此，在 11 月 6 日战役开始后不久，我曾经作了这样的报道："被人民解放军打得昏头昏脑的国民党军邱清泉兵团七十军三十二师九十六团二营，刚刚窜至王寨的南庄，枪声又响起来。营部的机枪连和第五连刚要进入工事抵抗，驻在庄西头的第四连已被解放军'吃掉'

了。少校代理营长余文正背起卡宾枪，到掩蔽部口和第四连联络的时候，解放军一颗手榴弹打来，将他头部炸伤。他丢掉部队就向庄外跑。当他跑出8里路时，枪声停下来，天也亮了，他一看后面还跑来了五连的林排长和十多个士兵，便回头说道：'回去吧！反正要当俘虏，何必再冒一次危险呢！'他的士兵也一齐嚷着：'对，回去向解放军投降。'于是，这批国民党军又回过头来，向解放军阵地跑去。"

进军沿途所见所闻，给我印象最深的一点是被国民党军称为"王牌"的所谓精锐部队，亦竟如此地士无斗志。这在我写的《解放军进驻砀山》的新闻里，充分地表现出来："17日晚，砀山城西门，突然拥进来一批清一色美式装备的国民党第五军四十六师的大队人马，吵吵嚷嚷地刚驻下，城西北角上空就升起了解放军的绿色信号弹。当官的立刻喊叫着'撤岗！撤岗！'接着，这群蒋介石的'王牌军'人嘶马叫地往东门外挤。随后，解放军沿着砀山城内大街搜索前进。市民们都悄悄地把耳朵贴在门板后听外面的动静，一位大娘突然看到一个持枪的解放军战士，她拉开门高声向战士说：'中央军都跑了，同志呀，快给我追！'约半小时后，砀山城东响起了解放军追击的激烈枪声……"

气数已定的失败情绪，首先发生在包括蒋介石在内的国民党军高级将领身上。从战场上缴获的国民党军文件中和被俘国民党军军官那里查明，早在10月间，蒋介石就在南京官邸召开有国防部长何应钦、参谋总长顾祝同和徐州"剿总"总司令刘峙等参加的军事会议。会上在研究作战大略时，有人主张退到淮河南岸，凭险据守；有的提出把中原战场上的所有国民党军，统统集结到徐州至蚌埠间的津浦路上，全力同人民解放军决战；有的妄想集中兵力北进，收复济南，以振作士气……面对着是打是守是退的蒋介石及其大员们，举棋不定，一筹莫展。因而，当解放军打来的时候，蒋介石的战争机器便乱了套，把驰援变成了待援，把死守变成了守死。一向为蒋介石卖命的悍将邱清泉，过去打仗，他大喊大叫，杀气汹汹，这时，他终日待在双方交战态势图前，垂头丧气，自言自语地叹息："真要崩溃了！真要崩溃了！"

▲ 国民党军第四十四师被消灭的报道

数十万国民党军夺路逃窜

▲ 在人民解放军追击下，沿萧永公路逃跑的杜聿明集团疲惫不堪，乱作一团

东线围歼国民党军黄百韬兵团的隆隆炮声，在深秋的冷风中，不停地传来。在整个战役中，人民解放军始终把战争的主动权操在自己手里，而置敌于"听从自己的指挥"。大战的开始，是人民解放军少数部队从徐州以西的陇海路沿线打响的，两天后——11月8日，陈粟大军的主力部队，乃以雷霆万钧之势，突然出现在徐州东面。当时，西线解放军猛攻猛打，摆出一副进攻徐州的架势，意在拖住国民党军主力，保证东线歼灭国民党军的胜利。国民党军果然上了当。徐州惊慌地向南京报告，说人民解放军有5个纵队的主力正从砀山一带向徐州挺进，直到东线人民解放军已完成了对黄百韬兵团的包围后，蒋介石才督令在徐州以西的邱清泉兵团急忙东援黄百韬。这时，西线解放军又奉命切断徐州国民党军的补给线津浦路。我随第三纵队的一个先头部队，直奔徐州南面的看将山一带，和其他兄弟部队一起，在津浦铁路两侧，不分昼夜地破冰土、筑阵地，准备同南犯的国民党军展开一场寸土必争的恶战。

12月1日，在打退国民党军最后一次来犯后，我从前沿阵地赶回师部，走到师指挥所驻地村头上，碰上了刘伟政委。我问他有什么新情况，他说："杜聿明的部队从徐州逃出来了，你快去吃饭，部队正在轻装集结，立刻出发，刘（伯承）陈（毅）首长命令我不顾一切疲劳，追过国民党军，要把国民党军迎头截住！"

原来，徐州国民党军向南正面突围遭到多次惨败，蒋介石在接到杜聿明的"继续正面进攻，徒增伤亡"的报告后，为了使徐州国民党军逃脱黄百韬兵团被全歼的命运，要杜聿明放弃徐州，率部向西南逃窜。但是，为着欺骗他们的士兵及全国人民，国民党中央社把这次杜聿明的逃跑说成是"战略转进"。我为了及时用事实向全国人民揭穿国民党的这种骗局，立刻到作战处抄了一份行军路线图，然后到伙房里拿了两块高粱窝窝，边吃边向人民解放军最先头部队追去，进行采访。

一夜急行军，我跑了100多里路，追过好几个不同建制的部队。黎明，来到敌人逃窜时走过的萧（县）永（城）公路上，一幅蒋家大军夺路逃窜的场景，顿时展现在我的面前：看吧：大路上、田野里，满是混乱的人群走过的足迹。被丢弃的公文、花名册、国民党党员证以及刘峙、杜聿明、邱清泉几个头目的名片，到处皆是。国民党军徐州"剿总"总部一些掉队被俘人员告诉我，他们从徐州撤逃时，人心惶惶，除枪炮、军毯、胶鞋带走外，其他如汽油、棉服、驮鞍、通讯器材等，均付之一炬，市内火光冲天，喊声遍地。各种车辆拥挤不堪，有的满载军官太太，有的装运家具等物资，甚至还挟带妓女，形形色色，不一而足。因之，解放军追来，蒋军乱作一团，各自争相逃命，仅在萧县的毛庄附近，被遗弃的国民党军官太太就有几百名，还有百余辆完好的美式汽车，丢在路旁和村头。我随手从地上拾起一本国民党军丢掉的日记，这是国民党军七十二军野炮营中尉排长李荣钧的。他在日记上写道："战炮二排杀了老乡要生牛犊的母牛，一刀两命；战炮一排牵来一头山羊，亦是怀孕的。弹药队把抓来拉车的牛，用斧头砍掉头，惨状不忍看，出发（指此次逃窜——笔者）时血淋淋的牛头挂在炮车上。"在追击路上，我还遇到一个被慌乱逃跑的坦克车轧断了腿的国民党军士兵张超尤，他是第五军骑兵独立团四连的士兵，他说："我们已经两天没有吃上饭，只是没头没脑地逃命！"

在快到中午的时候，我赶到萧县西南的瓦子口，遇到人民解放军"洛阳营"营长、战斗英雄张明同志。他正带着一个班到村北小山上看地形，我也赶到山上。站在山顶上一看，山下遍地都是窜逃的国民党军。坦克撞汽车，汽车冲队伍，人仰马翻，自相践踏。徒步人员在发现人民解放军后，就扔掉包袱和一切妨碍他们跑得更快的物件。张明同志要6个战士到山下打了几枪，就抓来了十几个国民党军。

在追击逃跑的国民党军中，人民解放军各路部队都派出许多战斗小分队，插进国民党军阵营，四下开花，搞得蒋军敌我不分，自相混战。3日夜黑后，人民解放军袭击部队的各种颜色的曳光弹，如同无数道流星似地在国民党军上空飞来飞去，炒豆般的密集枪声和不时轰隆隆的爆炸声，在清冷的寒风中响成一片。据后来被俘的国民党军供称：是夜杜聿明接到的报告，几乎各部队皆在战斗。这个军说"当面之敌攻击甚烈"，那个军说"共军已窜到我阵地后方"，连指挥部和第二兵团司令部驻地孟集（后来迁移至陈官庄）内外，亦发生了激战，有一次一直打到杜聿明住的房门口，黎明才查明被打死的全是国民党军的自己人。国民党军被打乱后的散兵游勇，到处乱窜乱喊"抓八路"，把军营惊扰得草木皆兵。巡逻的战车，胡乱开炮，有的炮弹竟打到孟集庄内；第十六兵团派一个团去接已被歼的第二兵团补充旅的防，进村后，猝不及防被解放军缴了械。尽管如此，蒋介石还严令要他们"分路前进，向敌出击"，搞得杜聿明连连回电叫苦："部队零乱，无法应战。"

蒋家"王朝"末日的缩影

经过人民解放军的穷追猛击，12月4日凌晨，徐州逃跑的国民党军杜聿明、邱清泉、李弥、孙元良及其所率领的几十万人马，全部落入解放军的大包围圈里。

黄百韬在自杀的前一天晚上，曾留下这样的遗言："将帅无才，累死三军。"它一针见血地点破了蒋介石的瞎指挥所带来的灾难。本来，逃到永城东北的杜聿明所部，若按原计划继续向淮河以南逃跑，或许能逃掉一部分人马。可是这时蒋介石突然变卦了。他硬要自身难保的杜聿明，改道向东南攻击，去救黄维兵团。杜聿明只得把部队停下来，重新部署战斗，从而使人民解放军赢得了对国民党军全军合围的时间。

▲ 在陈官庄战场，解放军战士在冰天雪地里严密围困杜聿明集团

我各路大军把国民党军层层包围后，立即掘壕作业，步步逼近。随着包围圈的日益缩小，这批庞大的人流和辎重，最后被压缩在一个方圆约15里的弹丸之地里。在包围圈里，国民党军人马拥挤不堪，绝大部分的人找不到房子住，只得露宿野地里和干涸的河沟里。他们的粮食不够了就喝米汤，米汤没有了就吃驴皮和青苗。炮兵和骑兵就杀战马吃。最后连地下的棺材和屋顶上的草，以及脚上穿的胶鞋和汽车的轮胎，也被用来烧水做饭。后来，俘虏们形容他们被困时的生活说："我们就好像一群大鱼，在一个快干涸的小水塘里乱蹦乱跳。"

直到现在，当我打开当年的采访本的时候，包围圈内蒋家"王朝"末日的景象，依然历历在目。

请看，这是包围圈内国民党军争抢空投下来的大米时所发生的一场激烈"争夺战"的情形。这个材料来自国民党军七十二军少尉李丰年的一项日记："今天去抢米，我连上刺刀的士兵，掩护着徒手的士兵到机场（包围圈内临时机场）上去抢米，谁知机场上早围满了人——每连、营、团都拨出三分之二的士兵来抢米。各部队占领一块空地围成圈。到处喊：'请走警戒线外！'当飞机掠过上空，米袋纷落时，人乱了。每包米都拥上成百的人去抢，结果弄得机枪声、冲锋枪声，夹杂着人们的喊打声乱成一片，由于互相抢打，把一块空降下来的大饼撕成碎片和土混合起来。人们拳脚交加，拼着刺刀。子弹从耳旁穿过，尘土满天飞，大家一无所得。有人被挤倒、被踩死，还有 3 个士兵被空投米袋砸死了。我连四班的左锡钧，亦被打得奄奄一息。""士兵们都因饥饿而成了疯狂的强盗，为了抢米集体殴打，要是一人抢到一包米，立刻又有数百人向他抢，甚至连身上的东西都被抢了。"

这个国民党军的日记，还记载着国民党军在人民解放军炮火日夜打击下如何的惶恐不安："村外仅有两棵杨树，因为没柴烧，白天夜间总有一大群士兵在那里砍。这一来给共军发现了目标，即用炮无情地射击着，可怕的炮弹，数日内不知伤亡多少人！？""由于炮火的猛烈，我和张副连长合力挖了一个避弹部，加上重重的厚盖。炮弹声把耳朵都震聋了。啊！未来的命运真使人不敢想象……我时刻充满了被杀了的影子和被俘心念。"

冬日的淮海战役战场上遍地冰雪。不管在早晨、晚上或者严寒的夜里，包围圈里的国民党军，总是三三两两，以至成群地向人民解放军跑来投诚，从他们口述中，我知道有几天因下大雪，国民党军飞机不能来空投，以致许多国民党军在饥寒中冻饿而死，仅七十军一二二师，在一夜之间，就有 300 多个士兵这样丧了命。他们还告诉我说，被这批逃兵挟持到包围圈里的老百姓更加痛苦。有一天雪夜里，郑州十二中学的一些师生，从背风的地方被国民党军赶到野地里，冻得实在难忍，就几个人合伙用手扒个坑，然后用被单盖在上面挡风雪。不料到了半夜，一群饿得互相啃尾巴吃的马，来吃他们的被单。由于马已瘦弱无力，掉进坑里起不来，因而连雪带马都压在一些人身上。幸存的师生听到呼救的惨叫声，忙起来搬开马，费了好大力气才救出一个人。

最使他们痛恨的，就是那些即将覆灭的国民党军军官们，还是不忘做生意，仍在想着大发横财。在陈官庄（在人民解放军节节进攻下，杜聿明的总部由孟集迁到这里）北面临时机场附近，出现了一个黑市。这里满地都是摊子，出出进进，居然热闹一时。当官的把抢来的麦子磨成面吃了之后，再用麸皮做成饼子，高价卖给士兵。在那里，一只大辣椒，卖到 15 块"金圆券"，一支香烟就得一块银元。他们愤懑地向我说："那边（包围圈里）简直是鬼的世界。当兵的饿得要死，当官的却囤积居奇，大发其财。最可恨的是，兵团部里的那些王八蛋，在我们部队三天没吃东西的时候，竟把剩余的粮食高价向外卖，一块银元只买两小碗……"

包围圈里的种种兽行，听了叫人发指。大官们把从徐州、开封、郑州等地撤逃时骗来的女学生，当做他们的"女文书"、"女护士"，天天和她们鬼混，饮酒跳舞，纵欲荒淫。邱清泉在被击毙前还无耻得意地说："我已48岁了，看够了，玩够了，什么都享受过，就是死也值得！"国民党军还把抓来的当地妇女，集中关在几间房子里奸污，甚至10多岁的女孩和50多岁的老年妇女也难幸免。

饥饿、死亡、兽行……成了包围圈——"人间鬼世界"里的一切。它是一个恐怖的世界；它是一个强盗的世界；它是蒋家"王朝"总崩溃的逼真缩影。

火线攻心战

在迎头痛击国民党军突围的战斗中，我在香山庙附近的一个战场上，看到一本国民党军溃退时丢下的日记。日记的主人是国民党军七十军三十二师九十六团二营军官李剑英。他在日记本里的秀美的山水漫画旁边写道："风景虽好，无奈我心绪郁郁，纵月宫仙子，亦不想望。"李剑英因何如此沮丧？从他写的这本《徐蚌会战记》里不难看出："大局日坏，军纪日糟，我军每到一地，一地遭殃。××提了一只鸡，老太太向他说好话，并述说仅此一小鸡，请老总留下，念我贫穷。××将鸡一提，将鸡头触地一摔摔死，两只凶神的眼睛一瞪：八路！拿去吧。""××部一兵见一民间闺女，年可十六七，貌颇姣好，遂生淫心。强奸不从，怒气勃发，竟开枪将女子打死……""此实惨无人道，即日本鬼子想亦不出此矣！怨！"

为了促使像李剑英这样的国民党军官兵尽早弃暗投明，从1948年12月16日到1949年1月5日的20天中，淮海战役全线人民解放军对包围圈里的国民党军暂停攻击，普遍利用广播、喊话、散发传单、送饭吃等方式，开展起对国民党军的政治攻势。无数的喇叭筒在向国民党军阵地呼唤着：

"蒋军弟兄们！你们都是被抓来的穷苦人，为什么给蒋介石在这里受冷挨饿？"

"喂，喂，喂！吃饭了，过来吧！解放军招待你们吃饭。"

怕对方因风大听不清楚，解放军还反复地喊着："你们听到话的，就朝天打一枪。"于是，国民党军阵地上就连续地向天空放枪。

每当夜深人静的时候，解放军的"麦克风"在给蒋军上完"夜课"后，还详细地告诉他们投诚的方法和路线，以及识别到"投诚官兵招待所"去的特制路标。

包围圈里的国民党军士兵由三三两两到成连成排地向解放军投诚。后来，

▲ 在围困杜聿明集团期间，华野某部将劝降标语挂到国民党军阵地前沿

连"誓死效忠党国"的"敢死队"里的人，也纷纷向解放军这边跑。

邱清泉梦想挽救这种土崩瓦解的局势，先是从嫡系部队里抽出军官到杂牌军里任主官，以加强对部队的控制；后又下令要团以上单位一律组织"军官督战队"，威逼其士兵继续卖命，但这一切只能激起国民党军广大官兵的更大愤怒。据投诚的国民党军说，12 月 7 日，国民党军"王牌"第五军四十六师一上阵就被解放军冲垮了，师长陈汉辅握着手枪前去堵截，反被溃兵开枪打成重伤。

为了及时报道这方面的情况，在 1949 年前夕，我随炮兵组成的慰问小组，到前沿阵地去慰问战斗在第一线上的步兵战友。我们穿过为前方运送弹药、物资的"立功门"，沿着宽敞的"英雄路"、"前进路"、"胜利路"等战壕前进。一路上，用不着专门访问就听到许多胜利的消息。这个阵地上刚播出"孙元良兵团四十一军独立第九团二营营长滕鸿臣带队来降"；那个阵地上又报告着："从昨晚天黑到今日天明，国民党军来到本团阵地上投降的有 90 多个，其中有七十二军二三三师军官队少校队员甫尚忠、张庆喜等。"

越往前走，那纵横交错的战壕，越是密如网织。若不是前沿阵地上派来的通讯兵来带路，尽管有路标也会迷路。虽说当时风雪交加，天寒地冻，但是战地生活却出人意料的欢快热闹。壕沟两侧地洞里，铺着厚厚的支前人民送来的麦秸，战士在里面甩扑克、下象棋、看慰问信。擦着枪的战士还唱着自编的快板："风卷雪花满天飞，战壕里面过新年，当年到处传捷报，今年更要打得好……"洞门两旁用棉花和麦秸片嵌出各式各样的春联，我曾记下这样一副对联：上联是"看我军

热烘烘过新年"，下联是"见敌人死沉沉干叹息"，横幅是"出门立功"。

到了最前沿阵地，我原先那种紧张的战斗心情，顿时被战士的乐观精神抛到九霄天外。这里同国民党军只有一条洞墙相隔。放哨的战士不是用眼睛来监视国民党军，而是把耳朵贴在洞墙上，监听国民党军的动静，防备国民党军挖通洞壁窜过来。地面上国民党军的活动，完全由后面"岗楼"（用泥土砌成的高出地面的碉堡）上炮火来负责对付。因之，前沿壕沟里的指战员，可以安心地起居。他们用木炮弹箱做柴火，用铁炮弹箱做锅烧水热饭。有的战士在那里洗头理发；有的战士你一言我一语地编写对国民党军的喊话稿。

中午，战士从"锅"里端出后方送来的香喷喷的肉包子，就餐前，一个战士用刺刀挑起一个包子放在洞墙上道："蒋军弟兄们，请尝尝我们的包子！"隔壁的蒋军一把抓了过去。另一个解放军战士再送上一个："好吃吗？再来一个吧！"

蒋军溃灭之夜

蒋介石使出所有解数，拼命挣扎。当黄维兵团陷入困境时，蒋介石慌忙要蒋纬国率战车二团，配合李延年兵团和刘汝明兵团，从蚌埠向北驰援。临行前，他一再勉励蒋纬国要像东晋的谢安、谢玄那样以少胜多，打出一个"淝水之战"来。可这位"二公子"一上来就缺乏信心，他抱着"尽人力以听天命"的情绪，上阵没几天，黄维兵团就被歼灭了。于是，蒋纬国也就只"听天命"而不"尽人力"地溜回南京，剩下孤军杜聿明部，坐以待毙。

1949年1月6日，解放军对包围圈里的国民党军，发起了强大的总攻。战前，人民解放军斗志昂扬，步军战士争着担任突击队的任务，炮兵要求"坚决打响1949年的第一炮"。开战后，人民解放军的大炮昼夜不停地轰鸣，轻重机枪和手榴弹声，一阵紧似一阵，包围圈里烈火照天，烟尘翻滚。遭到人民解放军这一致命打击的国民党军头目们，知道死到临头，再无顽抗的能力了。邱清泉被击毙前，无可奈何地拿起电话，向各军申明自己不再执行指挥职权，要各部队自寻生路；李弥撇下部队逃走时连声哀叹："炒豆子的时刻到了！我早就知道有今天！"

在1月10日，杜聿明集团全军覆灭的那天拂晓，天上的寒星还闪着寒光。不知是国民党军飞机扔下的炸弹把我轰醒了，还是一种几年来养成的前线记者的习惯，我再也睡不着了，从战壕里侧的"卧铺"上爬起来往外一看，一群黑压压的俘虏，正由前线带下来。紧接着，前方传来一片稠密的枪声。我立刻跑到营指挥所去摇电话，想问问战线上发生的情况。可是前沿已没有人接话。时间不允许我再有片刻的迟延，于是，我跳出壕沟，冒着飞鸣的炮弹，向着杜聿明总部所在地——陈官庄跑去。

在路上，我不时地向迎面来的俘虏问："你们是哪一部分？"他们总是回答："提不得啦，我们一个人一部分！"有时，没人押送的俘虏还问我："到你们俘虏营走哪条路？"我好容易挤过混乱的俘虏群，跑到鲁楼河西岸。这里，昨夜还是国民党军的阵地，今天，人山人海的国民党军败军，像潮水般地涌来，他们喊着："别打啦，我们缴枪！""到哪里去缴枪啊？""把枪缴给谁呀？"当时，只要人民解放军有人指定一个缴枪的地点，顿时就堆起无数枪支，这些长久陷在饥饿里的国民党军士兵，他宁肯摔掉自己的行李，却不愿丢掉小黑锅和熏黑了的钢盔（可以用来烧饭）。这些人偶尔发现地上有一块解放军掉下的干粮，立刻就有一群人拥上去争抢，有时还动手打起来。有一个俘虏只要求解放军给他一个馒头吃，就领着去从土中扒出 5 挺重机枪。

一路上，我见到一些国民党军技术兵种的士兵，在凛冽的寒风中还在守护各种辎重和武器，等到解放军前来接管后才离去。原来，昨晚国民党军决定突围时，曾下令毁掉一切带不动的物资装备。但由于他们知道解放军宽待俘虏的政策，都暗地里拒绝执行这个命令，这在我当时写的新闻中有这样的事例：

国民党军徐州"剿总"直属汽车一一〇连，突围前要他们将汽车炸毁，司机白勇华、吕生义等，冒着炮火抢出自己开的汽车，等到解放军打来后，就按指定地点，把汽车驶往解放区。

国民党军美式榴弹炮四团九连的炮手们，接到拆毁炮的命令后，偷偷把炮上的零件埋藏好，战斗刚一结束，他们就领着解放军去取出，并介绍该炮的性能。

国民党军七十二军军部电台报务员陈善华在听到要毁坏机器后，他向同伴们说："保管好，交给解放军，会受优待……"

天大亮了。我穿过无数大炮、坦克车群和一排排帐篷，到了陈官庄。有谁能知道此刻蒋介石这架罪恶的战争机器——徐州"剿总"总部是怎样停止转动的呢？由于人民解放军进攻得如此神速而勇猛，一群还没有来得及脱下蟒袍玉带的戏子，也做了解放军的俘虏，他们是国民党十三联勤部中山堂的京戏班。在这以前还在地下室里为一些国民党军军官们演唱《贵妃醉酒》呢！在地下密室里，报务员还在滴滴答答地向南京拍发着电报。直到解放军突然出现在他们面前，他们才知道自己已经被俘虏了。在另一个掩蔽部门口，我看到贾继平连长正在那里喊话，要

▲ 随军西撤的徐州"剿总"政工处演剧二十二队，被包围后，找不到机关，被哨兵赶出庄外，演员们露宿野外

里面的国民党军出来集合，里面的一群官太太还嚷着："四面都是共军（解放军），上哪集合？"当她们发觉向她们发出命令的是解放军的时候，大惊失色，连忙拍着巴掌，边向外走边喊："女人们没有枪呀！"

我到处搜查和访问，没有人能告诉我昨夜事件的全部经过。后来我通过一俘虏，查出了杜聿明的警卫营长杜宝惠（杜聿明的孙侄儿）。他告诉我说，在昨夜11点钟的时候，杜聿明按蒋介石命令要各部队突围。他带上这个装有美造白朗宁机枪和点〇三口径美式步枪的警卫营，慌忙地向东突围，突不动，转向北面；在北面遭到人民解放军的反击，又折向南面，南面照样碰得头破血流；就又向北，再向东……杜聿明这样来来回回转了几下子，便把自己指挥的部队，转得混乱一团，不成建制了。当解放军从四面八方杀将进来时，警卫营只剩得10多个人，可是这时，天已亮了，解放军已经出现在他们面前了。

这一夜，是国民党军溃灭之夜。这一夜，杜聿明的几十万大军，彻夜东奔西跑，混乱已极。师长找不到军长，连长找不到士兵，输送营抛掉了汽车，传令兵离开了指挥所，官太太们哭闹着找丈夫。后来，陈官庄一位陈瑞兴老先生，幽默地向我形容说："过去，我只是在书上看到'天崩地裂'这个字眼，这一夜，我可尝到'天崩地裂'的滋味了。"

上午9时许，我当场写了一则《杜聿明总部最后覆没的情景》，把新闻稿写好，正要叫通讯员送走的时候，蒋介石的空军又给我送来了一个生动的材料，我连忙在稿尾上增加了这样一段："当记者发稿时，国民党军飞机还在人民解放军打扫战场的上空，向下投送大批弹药、物资，一个身上挂着7支缴来的手枪的解放军战士，指着这些空投的国民党军飞机调皮地说：'别扔啦，我已拿不了啦！'"

（作者时任新华社华东野战军随军记者）

淮海战役的记忆

西蒙·托平著 陈家辉译

2009 年 9 月，我回到了徐州这片久别的土地。站在巍巍的淮海战役烈士纪念塔前，我回想起战争中的一幕幕，不禁潸然泪下。淮海战役纪念馆里的一幅幅照片，把我又带回了那个战火连天的岁月。

1948 年 10 月 11 日，当国民党的军队在东北的溃败已经接近尾声时，毛泽东向他的中野和华野两大野战军发出命令，做好淮海战役的准备。这场战役也许会变成内战的高潮战役。50 万国民党军队，驻扎在淮河以北封锁住了通往南京的道路。

这场决定南京和上海命运转变的淮海战役，在地跨江苏、山东、安徽和河南四省的广阔平原展开。距离南京 175 公里的徐州市是这次战役的中心。这座城市有人口 30 万，位于津浦线和西至开封东至东海的陇海线的中心。战役名称取自一条南京以北 100 公里东西走向的淮河的名称的第一个字"淮"（淮海战役的"淮"为淮阴、淮安地区——编者）和陇海线东线重镇海州的第一个字"海"。

蒋介石在 11 月 4 日至 6 日会见他的将军们，制订他们的作战计划。他的主要军事指挥官主张沿淮河建立防线。但蒋介石作出了致命性的错误决定，命国民党军队在徐州为中心的平原上正面固守。

毛泽东在 1948 年 10 月 11 日发布的《中央军委关于淮海战役部署的几点意见致饶漱石、粟裕、谭震林的电报》中写道："你们以亥戌两月完成淮海战役。明年一月休整，二月西兵团转移，三至七月与刘邓协力作战，将敌打至江边各点固守。秋季你们主力大约可以举行渡江作战。"

当我们在 11 月 25 日飞抵徐州时，共产党已经在三天前成功地完成了开始于 11 月 6 日的战役的第一阶段。毛泽东在这次战斗中投入了大约 60 万人，这些人隶属的纵队分别由陈毅、刘伯承和陈赓（应为刘伯承、邓小平、陈毅、粟裕和谭震林等指挥——编者）指挥。国民党军的兵力方面，共有 80 万人，分为 55 个师，由刘峙将军指挥。这些部队在以徐州为中心，东西走向的陇海线和徐州以南的铁路线上的固定位置分散排列开。陈毅指挥的纵队，由东开进，已经把碾庄圩合围，并且击败、消灭了黄百韬指挥的国民党军第七兵团的10个师。由徐州派出的救援部队，被陈毅阻击在西面30公里的地方。我们乘坐的中国军用运输机在靠近徐州的机场降落之前，徘徊在被毁坏的冒着黑烟的碾庄圩上空。这个古老的村庄被两道砖泥混合的围墙和深沟保护着，现在到处都散落着尸体和被破坏的装备。这个村庄曾是黄百韬将军的司令部。黄百韬也在战斗中受了致命伤。这些大概是发生在由坦克引导占领村庄的最后攻击中。黄百韬兵团的9万余人中只有3000余人逃脱，并与西边5公里处正在激战的救援部队会合。在碾庄圩的外围和被破坏的村庄附近，一些土房子映衬在豆子地和冬小麦地之中，我们瞥见了一些降落伞碎片，这些都是用于给这些注定一死的部队空中补给用的。

国民党军对他们不可动摇的制空权引以为傲，包括 C-47、C-46 运输机，P-51 野马式战斗机，以及 B-25 和 B-24 轰炸机在内的中国空军，从南京起飞，在徐州地区完成无数次出击任务。但是令美国的指挥官和顾问失望的是，中国的飞行员坚持只在安全的高度作战。正因为此，在碾庄圩的战斗中，空军并没有发挥决定性的影响，他们也更不可能对整个淮海战役的结果产生任何影响。

我们发现徐州是一个凌乱的旧城镇。到处都是布满车辙的道路和破旧的二层小楼，到处都是难民，医院里挤满了未被救治的伤员，飞机场挤满了恐慌的市民。这些运送补给的飞机即将离去，市民互相踩踏并试图通过贿赂收买登机的机会。一辆军用卡车把我们送到军事指挥部的李弥处，李弥是担任保卫徐州任务的十三兵团的司令。他们向我们简要介绍了国民党军在徐州迅速恶化的处境。"剿总"副参谋长章毓金少将，告诉我们人民解放军总司令朱德已经投入 27 个纵队和 6 个独立旅（人民解放军投入兵力为 23 个纵队另 1 个军——编者），共计 60 万人来进行徐州的争夺战。

我们拥挤在一辆卡车里，向东边和东北方向的前线进发。布满车辙的泥泞道路蜿蜒在村庄与村庄之间。尽管李弥的 75 毫米和 105 毫米火炮的炮弹在他们头上呼啸而过射向人民解放军占领的村庄，一些农民仍然为了他们的泥屋、几亩地和一两头猪而留下。不知不觉，我们就已经来到前线阵地的一个村庄。那里有很多国民党兵，戴着有护耳的冬季军帽，穿着束腰的黄色军装，腿上扎着绷带，很好奇地看着我们。村庄的前方有很多战壕和散兵坑，但是我们一直没有与敌人遭遇的感觉，直到我们走到了最前沿的阵地，有大约二十几个人民解放军士兵的尸体躺在那里。人民解放军在夜间袭击了村庄随后又被击退。他们的尸体被拖到战线外的吉普车和军马后面。这些尸体面色被冻得青黑，从他们的穿着和外貌上看，和这边的

▲ 徐州解放后，人民解放军入城

国民党士兵没有什么区别。《纽约时报》的通讯员亨利·R·利伯曼发现一些尸体有二次枪伤，是从背后用手枪射击致死的。他愤怒地询问这些人是不是被处决的。一个国民党军官耸耸肩，解释说，这里没有充足的医疗能力给国民党伤兵使用，当然更没有供从战场上找到的解放军士兵使用的医疗物资。当我们乘车从村庄回到徐州时，我们又经过一具躺在路边的尸体，他的头像罗马甜瓜一样被打裂开来，没有人知道他是国民党军还是人民解放军。

我们第二天就飞回了南京。也是在同一天，陈毅的纵队由碾庄圩向西南方向急进，与刘伯承会师包围了由黄维指挥的十二兵团。这个兵团由 11 个师和 1 个机械化纵队组成，共计 12.5 万人，他们的使命是援救徐州。人民解放军方面投入 13 个纵队，共计 25 万人，穿越徐州守军南线撤退路线并攻占了宿县。宿县是黄维兵团准备和李弥兵团会合的地方。黄维兵团被大炮包围着，遭受到了连续的重击。徐州的国民党军立刻放弃徐州，突出重围向西南 65 公里黄维兵团被围困的双堆集地区进发。

在 11 月 27 日，由孙元良指挥的国民党军镇守徐州南部防区的十六兵团，开始向南行军。第二天，淮海战役的国民党军总司令刘峙乘飞机到了更为安全的蚌埠。那里是淮河南岸一个铁路重镇。刘峙由蒋介石的儿子，也是装甲部队的司令蒋纬国陪同坐镇蚌埠。在接下来的两天中，装甲部队和李弥的十三兵团作为主力部队开始撤退，并且镇守徐州西区的邱清泉将军的第二兵团也开始移动。长长的行进队伍低头顶着凛冽的寒风在美制大卡车两侧缓慢向西南穿越荒凉的平原，期间他们还要遭受人民解放军游击队在他们两翼的袭扰。副总司令杜聿明没有被追

究在东北溃败的责任，被委以指挥后方守军撤退的重任。在第二天，也就是12月1日，人民解放军占领了徐州。与此同时，国民党守军背负着沉重的装备、大炮，并裹同随军家属、国民党文职人员和市民，跟跄地迈向了由陈毅指挥的人民解放军阻击部队，并与之发生了冲突。

当我回到南京后，我带着能使我重回前线的计划找到了哈罗德·米尔克斯。米尔克斯是美国中西部人，性格友好，爽直，并且是个很有天赋的资深新闻人，他抱着支持的态度听完了我的计划。

在淮河以南的蚌埠，那里有个意大利的耶稣会传教团。徐州撤下来的守军在接下来的几周注定会遭受毁灭，那时，共产党就会占领蚌埠。我的计划是先进入耶稣会传教团，一直等待共产党占领蚌埠，然后我再现身。我会请求共产党允许我报道他们向南京和上海推进的过程，并且用他们的电台系统把我的报道发布出去。曾经有过这样的先例，美联社的约翰·罗德里克在两年前被允许待在延安，他的报道被广播，并被美联社驻西海岸的监听站收听到。在战争的这个阶段，没有独立的西方记者在共产党那边。米尔克斯同意了我的观点，与此同时，我也把这个秘密吐露给了切斯特·朗宁，切斯特给我提供了些中国银元，这些银元在共产党统治区也同样能够使用。

12月12日，我27岁生日的后一天，我和米尔克斯上了一辆吉普车，我把我重重的行李扔在了后面。我们驱车穿过西北的大门到了南京在扬子江上的码头下关，又坐火车轮渡到了浦口。这里是从天津穿过徐州和蚌埠的铁路线在扬子江边的终点站。轮渡在阴郁的水面上行驶，经过废旧的机械垃圾和国民党停泊在黑暗中的炮舰。在火车站的候车大厅里，挤满了从北方来的衣衫褴褛的难民。大厅里充斥着汗和尿的气味。我向门卫出示了我的国内通行证并得到了一张客运火车的车票，但客运票近乎是无效的。运兵的火车有30个到40个车厢挂在喘着粗气的火车头后面从北方行驶而来，满载着士兵、病人和伤员以及从蚌埠沿线攀爬在火车上的无数难民。尽管有刺骨的寒风，妇女们仍穿着破旧的大衣，把孩子背在身后，坐在火车上。在她们旁边，他们的男人紧抓着一包仅有的财产。他们大多把包捆扎在自己身上。有些难民被卡在车厢之间的通廊中间。我亲眼见到一个负重的男人被"挂"在通廊外面，还抓着一个装满嘎嘎叫的白鸭的草笼子。一般都会有6个左右的难民"挂"在每个火车头前面的铁烟囱上。

通常，到蚌埠的火车车程一般只要5个小时，但是现在要花上20多个小时。

大部分的运兵专列还都是开往北方的。我在一个货运车厢里找到了一块地方。一些友好的士兵帮助我搬上了我的行李。这里有一袋袋的大米堆积在车厢的一侧。根据往常的惯例，如果共产党的游击队在夜间偷袭火车，那一袋袋的大米会吸引很多火力。火车向蚌埠方向行驶，尽管很冷，但车厢门都要保持半开。我们穿越村庄，在布满稻茬子的褐色农田以及布满雪花的冬小麦田里慢慢穿行。在沿途的小山上我们可以看到被铁丝网和壕沟保护的碉堡，这些都是保护火车免受游击队袭击的。我们经过很多人的尸体，有男人、女人以及儿童。他们就像破旧的布娃娃躺在铁路沿线。他们都是扒在火车上的难民，因为手被冻僵，没有抓牢从火车的上面和侧面滑落的。

黄昏中，我被眼前无边无际的平原而触动。一种陌生的感觉油然而生，让我感到恐惧并让我怀疑我是否还能见到我的朋友和我熟悉的故乡。士兵们开始吃晚餐，他们蹲坐着拿着碗筷，吃着撒上开胃调料的凉米饭。一个年轻的军官给我一碗，尽管是凉的，我也很感激，因为所有成员都在吃着凉米饭。在夜里，车厢的大门"砰"的一声关上了，我在自带的毛毯里蜷缩着，半醒半睡地度过了整个夜晚，黑暗中，士兵身上的酸臭味包围着我，并且车上每站都很拥挤。在黎明时分，我们到达了蚌埠，火车不敢越过仅仅是蚌埠城北边一点的淮河。从蚌埠，李延年已经率领他的第六兵团北进，刘汝明的第八兵团也协同北进，两兵团兵力共计 11 个师，他们试图打破在蚌埠西北 55 公里外，人民解放军在双堆集对黄维十二兵团的包围圈。

我必须努力地从成群的慌乱的难民中挤出车厢。这些难民都试图爬上车厢，好远离战区。士兵们用他们的来复枪枪托清理出一条道路，只有这样他们才能从车厢上搬下物资和武器。当我举起我的行李，穿过小路来到了一个又小又脏的候车厅，我回头看了一眼，看见潮水般的人流带着绝望的眼神涌向火车，一下就爬满了火车。女人们把她们哭泣的孩子推向车厢，很多人消瘦的脸上都布满了疮口和结痂。一些人已经爬上了火车，正把自己往车上捆。火车上每个钢铁的突出部分都捆扎上了人。

蚌埠是一个拥有 25 万人口的商业城镇。它是安徽省农作物的集散地。在和平时期，这里的商品通过火车北可以到达北京、天津，南可以到达南京和上海。农民用手推车把大米、小麦、玉米和尖叫的活猪送到集市，有些小车由一些瘦骨嶙峋的小公牛、小马和驴拉着。在露天的集市广场，农民可以从小贩或者鹅卵石小路两旁的二层简易小店那里买到廉价的手工制品、棉衣棉裤、帆布鞋和一些简单的农具。蚌埠附近有小的煤窑，城里有面粉厂和药草工厂，除此之外再没有什么工业的气息。

我上了一辆人力车，拉车的是个热情的中国青年。他头上裹着一条很脏的灰色毛巾，尽管很冷，脚上还穿着拖鞋。我让他把我拉到耶稣会传教团。一路小跑，他拉我穿过泥泞的街道前往传教团的驻地。那些建筑在灰色的高墙后面隐现出来。大院里大约有 20 多个建筑，大部分都是砖结构的，有少量的泥土房。这些建筑都簇拥在红砖砌成的哥特式的教堂周围。

"你害怕吗？"

"不，马上就会好了，等战争一结束，米价就会便宜了。"

我走进传教团，那里有个穿着黑色长袍的意大利神父向我问候并带我去见主教大人。他的办公室是个有些简单家具、阴冷而简陋的房间，墙上挂着很多神像。蚌埠的主教给我沏了杯很浓的黑咖啡，并很同情地听完了我的计划。他说："我们很欢迎你分享我们的面包和住地。"主教大人是一个很温和且有文化的人，他蓄着整洁的泛灰的胡须，带着黑色无檐小帽，长长的黑色长袍一直拖到地上，脖子上挂着沉重的十字架，他会讲意大利语、法语、中文和一些英语。他的名字叫希普利亚诺·卡西尼，来自圣雷莫。他不到 16 岁就来到了中国，并在 1936 年被梵蒂冈大主教任命为主教。

我也见过其他的天主教传教士，他们的生活都是孤单简朴的。同等地位的新教徒传教士的生活要比他们舒服得多。一次，在 1947 年的初春，我去中国西北部张家口旅行，这里是军阀傅作义将军的领地。接着我又到了内蒙古，这是一块贫瘠的平原。我和一个比利时天主教牧师住在一起，他的工作是把一些物资送给在内陆深处独居的牧师们。那些牧师除了教学和传教外，生活得就像普通农民一样。比利时牧师每天拂晓就把物资装运上船。一天半夜，我看到院子里有个灯笼在亮，发现他在刺骨的寒风中，正从一个井里往上提水。我马上出去，向他提供帮助，并问他如何忍受得了这样日夜不断的劳作。"哦，我有一个好消息。"他说，"梵蒂冈正在派另外一个牧师来帮我。""很好，你认为他什么时候能到？"我说。"大概他两年内能到吧。"牧师回答道。

蚌埠的牧师准备答应我留在传教团，并且让我不必担心现阶段的共产党会对一个美国人进行政治报复。他期望共产党不会打到淮河以南，但是如果他们成功了，他耸耸肩说："我们要相信上帝，我们在这已经看到很多了。"他领我到了餐厅，坐在主桌。他的位子在一个大十字架的下面，他让我坐在他旁边。牧师们坐在餐桌旁的长条凳上，大块的面包放在每个人盛有浓汤的盘子旁边。他们吃饭都很安静，如同一个牧师在阅读拉丁文的《圣经》一样。一共有52位牧师，其中意大利人占大多数，也有少数中国人在传教团。在传教团的大院里有一所小学供800个中国小孩上学，还有一所中学，供1000个男孩就读。在大院外面传教团拥有6所中学，总共可以让1万个男孩参加教会学校。另外还有个教会医院，共有12个医生，治疗150个病人，此外每天还要治疗大约800个门诊病人。其中的一所学校被国民党征用，当做监狱用来关押共产党。在大院小路的一头有一个修女院，他们管理一个孤儿院和一所女子中学。修女们收养了成百的女弃婴，他们都是被那些无力负担昂贵的抚养费用的贫困家庭所丢弃的。更有成千的弃婴被扔在野地里、垃圾堆里或者是街上，因为没被及时发现而死去。修女还经营一个护士学校和一个医院，12名来自欧洲的护士在那里值班。传教团就在这个拥有950万人口的地区开展他们的工作。"这里是这个地区的人口聚居区。"一位神父说。

在当天下午，我去拜访了淮海战役的"剿匪"总司令刘峙将军。他在11月28日从被围困的徐州乘机来到这里。他现在住在一栋被一个富有的粮商遗弃的灰色别墅里。将军穿着加厚的军装更显出了他的肥胖。他在一楼迎接我，闪烁着微笑。客厅里挂着战略地图和一个火盆，不均匀地润暖着这潮湿的房屋。"我们已经快要困住陈毅和刘伯承了"，将军边说边指着在墙上的时局地图。这个计划是第六兵团和第八兵团从蚌埠北进，与人民解放军展开战斗，在人民解放军围困十二兵团的包围圈上打开缺口。

两天后的12月15日，黄维的部队和坦克完全被包围圈外人民解放军的火炮打散，并且在他的12个步兵师的其中一个被击溃后，黄维将军放弃了十二兵团的残留部队而逃跑。在接下来的一天，李延年将军的六兵团和刘汝明将军的八兵团也掉头向蚌埠方向撤退。他们仅前进了17公里，期间还遭受到了人民解放军游击队在侧翼的严重打击。在淮河的岸边，我看到坦克和卡车的护送队飞奔着穿过铁路大桥，后面跟着长长的步兵队伍。他们奔向了安全的淮河南岸。

在西南方向也遭到阻击，孙元良将军指挥的十六兵团在撤退时，因遭到人民解放军阻击部队的包围而投降。孙元良将军后装成乞丐潜逃。

徐州守军的残留部队，包括二兵团、十三兵团和十六兵团残部以及装甲部队，共计 20 万人，由杜聿明将军指挥。他们向西撤退，被人民解放军一直追赶。最后在解放军的袭扰下，他们在永城东北的一个村庄，建立起一个防卫圈，这里距离蚌埠西北 100 多公里。在防卫圈的周围，杜聿明的部队把美制的大型六轮卡车埋在深棕色的泥土里，在后面又挖了战壕和掩体。坦克和火炮被布置在了中心，放弃了外围的保护火力圈。士兵的家人、政府官员、学生和一些其他市民和士兵蹲伏在一起，被 12 月刺骨的雨雪拍打着。

在 12 月 17 日，毛泽东发表了《敦促杜聿明等投降书》，保证他和他的军官以及士兵的生命安全："十几天来，在我们的层层包围和重重打击之下，你们的阵地大大地缩小了。你们只有那么一点地方，横只不过十几华里，这样多人挤在一起，我们一颗炮弹，就能打死你们一堆人。你们的伤兵和随军家属，跟着你们叫苦连天。你们的士兵和很多干部，大家都不想打了。你们当副总司令的，当兵团司令的，当军长、师长、团长的，应当体恤你们的部下和家属的心情，爱惜他们的生命，早一点替他们找一条生路，别再叫他们作无谓的牺牲了。"

但杜聿明没有回应。

我在传教团里等待共产党的到来。在这期间，我在镇上闲逛和镇上的人交流。那里没有太多的对共产党的担心，更多的担心来自淮河上的蚌埠大桥。已经获悉国民党守军已经派了爆破部队在长 1823 英尺、共 9 节的大桥上做好了炸桥准备。当人民解放军接近蚌埠的时候，他们就将炸桥以减缓人民解放军推进速度。这座桥建于 1910 年，与蚌埠的繁荣息息相关。它带来了铁路，使蚌埠成为了这一地区的市场中心，并把这个泥泞的小村庄发展成为了一个拥有 25 万人口的城镇。"如果它被炸掉了"，一个戴着皮帽长满胡须的看桥人告诉我，"我们将回到泥泞的生活中。这至少要花上一年时间重建大桥。大桥不属于国民党或者共产党，它属于我们。"很多市民希望共产党一夜之间就拿下蚌埠，不让爆破队有逃跑的机会。

时间缓慢地流逝，突然间就到了圣诞节。我通过唯一一条通往蚌埠以外的电话线给在南京的哈罗德·米尔克斯打了电话，并告诉他如果共产党还不到，我将试图穿过淮河找他们。那个晚上，米尔克斯发了份快报，其中他把我描述成平安夜全世界最孤单的美联社成员。但是并不是那么孤单，因为下午，在车站附近，我遇见了另外一位新闻记者，《伦敦每日邮报》的比尔·悉尼·史密斯。他是一个个子不高、话不多但是很精干的新闻记者。我以前在上海见过他，他和兰奇·麦克唐纳、帕特里克·奥多诺万一起来到蚌埠。兰奇是一个戴眼镜的新西兰人，他为《伦敦每日邮报》工作；帕特里克是个 31 岁很深沉的爱尔兰人，他为《观察者报》写美丽的散文。为庆祝这次相遇，我在一家中国的食品店，很幸运地买到了一瓶原价五分之一的尊尼沃加"黑牌"威士忌，为此我花费了大约 20 美元，并把它带回了传教团。在那里我们一直待到了夜里，给我们分配了四个阴冷卧室的其中一间，屋里还有神像在盯着我们。我打开威士忌倒在马克杯里分给大家，我们高呼"干杯！"猛喝一口，但所有人都迅速地呻吟着把它吐了出来。我拿起 Johnny Walker 的瓶子，发现它是被灌满某种难喝的茶水，然后重新封口的。接着有人在一个牧师那里拿来了一瓶意大利红酒，就这样，我们开始了我们的圣诞酒会。奥多诺万是个天主教徒，当主教问他是否要参加圣礼时，我陪他一直到晚上的弥撒。有 21 年历史的教堂，穿上了红色的节日盛装，里面挤满了 200 多位信徒，大部分是中国人，他们带上了他们的被子，准备在这里过夜。夜幕降临后镇上有宵禁。神经紧张的士兵会在覆满大雪的街上巡逻，哪怕一点点的挑衅他们就会开火。意大利的牧师们在冰冷的教堂里穿着长长的黑色外衣，他们其中的一个站在神台前，竖起一本上面标记了中国字的巨大乐谱，并引导众人用中文唱起了《真挚来临》。当主教做弥撒时，奥多诺万把粗大的手指放在红色的方格呢羊毛夹克里和中国人跪在一起。祭祀侍者穿着红色的法衣，摇摆着点着香的器皿。同时，我们还能听见远处镇上的枪声。就这样我们到了圣诞节的拂晓。

在圣诞节，一个军官给我送来刘峙将军的口信，催促我们乘他的火车迅速离开蚌埠。我的伙伴们决定离开蚌埠去南京。很明显国民党不打算在淮河一线做抵抗了，刘峙已经把他的指挥部南移到滁县。我告诉他们我将留下，并在车站与他们告别。他们乘坐装甲火车离开。每节车厢上都有坦克炮塔，火车头前面推着一个敞篷车厢，加固了钢板，上面坐着装备重型机枪的士兵。我步行回到传教团。我穿过拥挤的人群，这些人都是成群的难民和掉队的士兵，大部分的士兵都是伤兵或是拄着拐杖。我穿过一条条大街，感到很孤单。

在新年，经过一周无奈的等待，我决定穿过淮河到共产党统治区去。我从驻军司令部的一个军官那里哄骗到了一张通行证，他们是无暇关心一个疯狂的美国人的举动的。一位牧师帮我找来了两个铁路工人帮我搬运行李。他们要的工钱很低，因为他们很想回到淮河以北的家乡。我希望能和共产党一起待上几个月，因此我带上了足够的东西，包括衣物、打字机和照相机。后来又来了一位铁路工人，他也很期盼回家，于是他也加入了我们的队伍。

　　我们在 1 月 2 日早上出发离开了传教团。铁路工人穿着他们平时穿的黑色工作服，其中的两个人用木棍抬起我的行李，一人抬一头。我穿着美国军队的呢绒大衣，戴着羊毛的卡其黄帽子。我们到了淮河大桥，一位国民党军中尉检查了我们的通行证，他很好奇地看看我，并让我们通过关卡，去蚌埠北 10 公里最后的哨站曹老集。在我们前方的是无人区，这里是最为艰险的步行旅途，因为这里有很多土匪，大部分是逃亡的国民党军。他们抢劫村子和过路人，为了首饰和银元而杀人。这一区域从国民党防线一直延伸到第一个共产党的卡口。除了曹老集西北 90 公里处——现在正在开火的杜聿明被困的地区，人民解放军控制卡口以北的整个平原。

　　在我们往北的途中，一队国民党飞机从我们头上飞过，去给杜聿明的部队送给养或是攻击包围圈外的人民解放军。被包围的杜聿明的部队只要还存在，这些飞机就会天天出现在我眼前。

　　在淮北平原，深棕色的泥土覆盖着积雪，一望无垠，一直延伸到地平线。半公里或者不到半公里，就有一个村庄，每个村庄大概有 50 人到 100 人，在风雪的大地上，只能看见模糊的星星点点。当我们走近村庄就能听见杂种狗的叫声，我们每次在村庄附近停留休息时都能听见，好像我们侵占了它们的领地。

　　在曹老集北 5 公里，我们能够看到横在路中间的巨马，以及拿着枪的人拦住我们前面的农民。两个农民从关卡折返回来，从我们身边经过，其中一个人嘟囔着"坏蛋"什么的。我非常害怕，是土匪吗？我们折返回去已经太迟了，全副武装的人已经看见了我们。因此我们走得很慢。那些人其中有四个穿着农民的衣服，他们打头的一个人，脸上有一个疤，奇怪地戴着一个带褶皱的灰色轻呢帽。他手持美制的汤普森冲锋枪，枪口正对着我。当我用中文问他："你是谁？"他也大喊道："你是谁？"并把汤普森机枪对准了我。"我是个美国记者。"我说。他好像没听懂我说什么。又高声大喊道："你是谁？"一眨眼工夫，他拉动了汤普森机枪的枪栓，我睁大了眼睛盯着他放在扳机上的手指头。一个帮我抬行李的工人大喊道："他是美国记者。"于是那个脸上带疤的人搜我们，检查我们是否带武器了，然后让我们坐下。突然，两个穿制服的士兵在小路西边 150 米处站了出来。他们是用机枪掩护关卡的。我们现在到了共产党民兵的手中，我被其中一个穿军装的民兵带走。我给他看了一封我在南京准备的中文信。这封信证明我的身份以及我想留在中国共产党军队的请求，以及要求接近毛泽东的司令部并对主席进行采访。我还给他看了一张我于1946年10月在延安拍的照片。照片上是我当时在延安和叶剑英等多位领导在一起吃饭的情景。那个民兵是个脸很宽的农民，腰间用皮带挂着手枪，很不解地看着照片，看了看信，摇摇头，原来他不识字。

我在六个拿来复枪士兵的护送下，和三个帮我搬行李的工人，以及另外三个先前也被扣在哨卡的铁路工人，花了一下午的时间来到了他们指挥部的村庄。这一地区是民兵在国民党六兵团、八兵团退回蚌埠时，袭击其侧翼的地方。20多个腐烂的士兵的尸体扔在地里，成群的乌鸦和家狗撕咬着。这里到处都是国民党挖的战壕和散兵坑。一些偎依在村边的柳树，已经被锯断，以确保火力视线。农民们正在烧制重新建墙的泥砖，用茅草盖屋顶。这些都是被炮火毁坏的。我们看见成群的国民党伤兵，这些国民党兵都是在北方打败并被释放允许回家的，他们一路以期回到自己南方的家乡。

这个地区的所有村庄在淮海战役开始几个月前就在共产党的控制下了。一个民兵领导用手掌拍着自己的胸脯，骄傲地告诉我说，现在农民已经拥有了自己的土地，地主都被打倒了。

这个地区的村民做梦都想着有一天，共产党突然出现，从中国北方以及山东来到这。一开始，这里没有士兵，只有很多共产党干部、政工人员，其中很多都是学生。六个干部一个小组分散到各个村庄。他们没有讲马列主义，而是讲出了农民对国民党官员以及地主和士绅的不满。四分之一的土地被士绅控制。很多国民党官员和军队军官在抗日战争的混乱中，从贫苦的农民手中强取或豪夺土地。

对有钱人来说，土地是最好的抵御通货膨胀的手段。淮北平原的地主们根本不遵行国民党在1930年颁布的法律，法律规定地租只能在整个产量的37.5%以内。这一法律在中国其他地方同样也很难实行。地租大约都以50%为通行惯例，但很多拥有良田的地主把地租提到60%甚至70%。

▲ 国统区物价飞涨，货币贬值，老百姓不得不携带大捆钞票购买日用品

一些士绅用卑鄙的手段欺压农民，他们殴打缴不起地租的农民，或者给他们放高利贷。地主强迫农民做劳工，或者把他们的女儿强迫做丫鬟或者小妾用以偿还地租，这样的事情很常见。在南京委员长大谈三民主义，而封建主义却在全国蔓延。

一开始，淮北的农民很害怕共产党干部，担心与他们合作会招致士绅的报复，或者招来镇上国民党士兵的惩罚。然而农民身上的重负和仇恨远超越了他们的害怕。他们开始组织起来，暴力反抗地主的斗争爆发了，有大批的审判出现，很多地主因"反人民罪"被指控。在民兵指挥部所在的村庄，当地地主拥有 50 多英亩土地，他被告发并在审判中受到批斗。在邻村的一个地主被指控杀了他的一个佃户，于是被处死。共产党干部监督对地主土地的重新分配。那些拥有几英亩土地的富农还可以耕种自己的土地，不受侵扰。对土地的再次分配也参考土地的质量。但平均来讲，每个家庭的成年人能得到大约两亩地或者说是三分之一英亩。地主的房子是个三间大屋，但是跟村子里的其他房屋没有多大区别。现在被用作民兵指挥部办公室和会议室。地主和他的家人都已经去了南方的城市。

在土地改革后的几周，第一批共产党军队来到了各个村。他们不像国民党的军队那样向农民索要他们需要的，而是用共产党的货币购买他们的粮食补给。这些货币由中州农民银行发行，可以兑换民国币或银元。士兵们组织并训练自卫的民兵，而且还分发武器和一些军装。1948 年秋，当陈毅和刘伯承的纵队来到这一地区准备淮海战役时，所有的村庄都已经组织起来做好了准备，成千的农民自愿应征运送物资或挖战壕，用以阻击国民党军撤退。当国民党的六兵团、八兵团往北前去救援黄维的十二兵团的时候，民兵狠狠地打击了他们，延缓了他们的前进，直到包围圈内的国民党军被消灭。当我问一个民兵领导他们是如何对付李延年的坦克和大炮时，他说："这是我们的土地。"

▲ 翻身农民在丈量土地

在淮北平原进行的土改和在共产党统治区其他地方进行的土改基本一样。国民党忙于争夺城市，发动内战，而对减轻农民困境上什么也没做。

毛泽东找到了他在农村革命的原生力量。早在 1927 年，毛泽东就认为农民是革命的主力军，并发动了农民的"秋收起义"。中国共产党在斯大林主导的共产国际的方针下革命没有走向成功，而此时，农民起义却很好地组织起来了。随后，毛泽东在农村建立了他的革命根据地，突破了共产国际武断提出的列宁教条主义的束缚，摒弃了革命必须由城市工人阶级领导，农民只能列居次席的教条，他宣布了"革命的先锋"必须来自贫困农民的新学说，正是这个学说把中国共产党最终引向了成功之路。1946 年 5 月，在与国民党的战略同盟日渐瓦解的背景下，共产党开始了彻底的土地革命。在抗战期间和战后的很短一段时期，共产党在土地问题上实行合作制，用减租减息的方法缓解矛盾，鼓励建立人民的统一联盟。在 1946 年 5 月，正式恢复了对土地的重新分配和对士绅的阶级斗争。土地改革粉碎了共产党天然的政治敌对的阶级，并且让占人口多数的农民在共产党的胜利中得到可观的好处。土地革命进程并不是全部按照规范的方式进行的。毛泽东和其他领导人也承认在很多地方存在"左倾"问题。在南京以及我在去北方的途中，很多中国人就告诉我，在一些地区，他们就目睹了很多猖獗的恐怖活动，尤其是在河北和山东，成千的地主和富农被暴徒屠杀，他们的财产亦被暴徒占去，暴徒们不顾共产党的土地政策。因为政策规定那些没有以"反人民罪"定罪的地主有权力获得平均比例水平的土地，并且还规定要保护富农继续耕种他们原有的土地。

在 1950 年，整个中国大陆基本解放后，共产党让大约 1 亿农民参与了土地革命，其中 400 万地主家庭的租地被没收并重新分配。农民获得了土地，这也建立了毛泽东革命的基础。土地，而不是共产主义的思想意识，换来了广大农民的忠实。第二面旗帜是共产党通过反对外国在华特

▲ 翻身农民喜看土地证

权，以及在抗日战争中形成的爱国主义，团结了广大知识分子，这就如同用土地团结农民一样。

我在"解放区"的第一个夜晚是在民兵司令部的村庄度过的。我睡在一间用来储存谷物的小泥墙棚里。我睡在高粱麻袋上，铺开毯子盖在身上。在夜里，我

听见老鼠叫的声音，我感觉它们在我的毯子上爬过。我把我的美军羊绒毛帽盖在脸上，然而又被从我脸上爬过的老鼠弄醒。我很高兴早上终于来了！民兵用新鲜的鸡蛋、热腾腾的红高粱糕点（馒头）和茶水来宴请我。

第二天一整天我们都在向北前进。日落时，我们到了一个村庄，在那里我受到了刘伯承纵队中的一位指挥官的欢迎。这是我来到淮北以来，第一次接触到正规部队。那位指挥官没有戴徽章或军衔，是一位消瘦而强健的男人，他对我的态度很友善且富有同情心。他说："我们会把你护送到宿县，你们明天将骑马赶路。"他释放了和我一起的六个铁路工人，让他们想去哪就去哪里。第二天早上一个拿来复枪的士兵给我牵来了马，还准备了一匹马给我驮行李。我们骑马走出了村庄，一群少年从村里跑出来，男孩都剃着光头，他们聚在一起看我们出行。他们睁大黑眼睛好奇地看着我，这是他们第一次见到"洋鬼子"。那个指挥官向我们挥手道别。我很想再次见到他，他是我在解放区见到的所有人中最好的一个人。我们骑马前行，远离铁路线。国民党的战斗机和轰炸机在我们头上飞过，往返于西北 75 公里永城附近被包围的杜聿明部队处。每个村庄都很相似，我们的马也穿行在无变化的平原上，我们骑行在田间小路或沟渠的旁边。晚上，我们在宿县南 30 公里的一个村庄歇脚，我们以及其他士兵睡在一个小茅屋里。那些士兵晚上打牌或者围着篝火唱歌。其中一首歌讲的是蒋介石就像"美国人的走狗"，一个士兵笑着，用很友善的态度问我："为什么杜鲁门要帮助蒋介石？"我摇摇头，我的中文远远不能解释清楚这些。早上，我被屋外操练的士兵吵醒。他们唱着歌："打到南京，打倒蒋介石。"

我们继续前行，我们来到曾经包围黄维十二兵团地区的东边。三周前，黄维兵团就在这里被消灭。这里非常荒凉寂静，除了一些乌鸦栖息在没来得及焚烧的士兵的尸体上。在淡黄色的夕阳下，战场一直延伸到天际。这片土地，已经被炮弹和轰炸人民解放军包围圈的国民党 B-25 和 B-24 轰炸机炸出了很多大坑。被击落的美制战机在慌乱的田间只留下一些生锈的碎片，轮子和能用的部分都被拿走了。在猛烈炮火下幸存的成千的黄兵团士兵，排着绵延的长队走向战俘营。刘伯承和陈毅的大部分纵队都已经向北进军，参与包围杜聿明的战斗。杜聿明的部队已经削减至 13 万人。

这场近代历史上规模最大、最具有决定性的战役已经接近尾声，即将结束。在这里，我没有办法发快报。这样的报道能描述我所见的一些细节，并且也许能唤醒人们对毁灭的一些愤慨，或者是对成堆的尸体的怜悯，这些尸体现在已被冰冻在未耕种的棕色田地里。我没有见到任何人对在战场上的死人而哭泣，尽管我不能把痛苦甩在被遗忘的角落，但是我自己也没有眼泪哭泣。

1月5日，黄昏时候，我们到达了目的地——宿县西南10公里的一个司令部。我被护送到一个茅屋里。很快，一个圆脸姓吴的军官来向我询问，他穿着和其他人一样普通的军装，别人称他为副政委。他一边用中文提问我，一边用怀疑的目光打量我。他不告诉我他的任何信息，包括他的军衔，或部队，除了他来自河北省。他确实是个很聪明、受过良好教育的人。一个戴着黑框眼镜的中国年轻人进来了，他看上去像个学生。他检查了我的行李和文件，并带走了我的打字机和相机。吴说："我担当不起允许你留在解放区的责任，你的物品必须由我们保管。"他拿了我申请接近毛泽东司令部的信函，接着我被护送到另外一个房间，这是村子里最大的屋子之一，这里有两间房，其中一间用于储存谷物，那里的麻袋可以供我睡觉。

在清早，我发现我自己被三个拿美制卡宾枪的友善的士兵守卫着。我走出房门，看到寒冷但很美丽的早晨。田间的地面上闪烁着霜冻。没有任何警报，国民党的野马式战斗机就在我们头上俯冲扫射。我入迷地看着它的机枪在几百码外的田间打出一条条射线。我没有去躲闪以寻求掩护，我的卫兵也没有受伤，他给我端来鸭蛋、大米和茶作为我的早餐。吴回来了，他带着很有礼貌但仍然很怀疑的态度告诉我，我的信已经上报了，当回复到了我会被通知。

那天下午我过得很愉快，因为隔壁屋里有一场婚礼在进行。伴随着爆竹声，新郎把新娘带回了家。新娘腿交叉着坐在一个被红绸子装饰的平车上，这辆车被一头牛和一头驴拉着。新娘戴着绣花的帽子，穿着带着中式宽大袖口的棉礼服和绣花的缎子礼裙，她腼腆地微低着头。新郎穿着长长的羊毛领的中式礼服，戴着中式帽子。在晚上，有一场婚礼庆典，吃一种叫"馒头"的蒸的糕点，喝一种叫做"白干"的酒，这种酒类似烈性伏特加酒，是用高粱酿造的。

也是在这一天，共产党的军队对被困的杜聿明兵团，发起了总攻。在远方，我能听见隆隆的炮声，划过夜空。

第二天早上的11点，吴回来了，对我非常坚决地说："关于你的任务，我们请求你回去。这里是战区，没有机会让你采访。"我插嘴说："如果是因为安全原因，我不介意。"

"你不介意，但是我们很介意你在这里。"吴厉声说。

我即刻转身走向另外一个放谷物的房间。积聚的紧张和失望太巨大了，我依在一个谷物麻袋上，哭了。当我镇静下来，我回去再次面对吴，他站在那里不耐烦地等着。我要求是否他可以允许我前往山东的济南，然后再到青岛，那里还有美军海军驻扎。他拒绝了。当我要求写一份解释说明时，他摇摇头说："你已经提了够多的要求，我们也已经拒绝够多的了。"他说他不知道我要求采访毛泽东的申请是否已经直接送到了党中央。

被吴的强硬刺伤后我愤怒地说："你知道吗，我来到这里是为了站在你们的立场进行报道。"吴的立场第一次放松下来。"你不能帮助我们。"他轻轻地说："马已经准备好了。"

在茅草屋的外面一个卫兵已经骑在马上等着我。吴把我的打字机和照相机还给我。两个士兵把我的行李放在两匹马上，然后骑上了另外两匹马。当我骑上马后，吴走到我身边，把手放在我马鞍上，很有礼貌地用英语对我说："我希望能再次见到你，一路平安！再见。"这是他第一次用英语跟我说话。

当我们离开村庄，我开始感觉到西北面的炮声已经停止了。但是阴郁的气氛还笼罩着大地。我回头对我的卫兵军官说："炮声已经停止了，是不是徐州的守军已经解决了？"

"是的"，他回答，"就快结束了。"就在1月6日，共产党的军队开始进攻并穿透了杜聿明环形阵地的一个侧面。徐州国民党军守军幸存下来的13万人被30万的共产党军队包围。空投物资从2000英尺的高空落下，根本不能满足士兵的供给。很多降落伞被平原上猛烈的风给吹到了共产党的营地。马都被杀掉当食物吃了，士兵们到处搜寻地里的树皮和树根充饥。因为没有燃料取暖，妇女和儿童被冻死在拥挤的农村小茅屋里。在国民党军阵地的边缘，人民解放军用喇叭喊着只要国民党军士兵投降，就可以给他们提供食物和安全。"突围是不可能的。"当时被围的国民党军有传言，南京方面正在讨论要炸掉他们的武器装备，尤其是坦克和装甲部队，以防这些武器落到共产党手中。这样的传言使恐慌情绪在部队里迅速蔓延。第二兵团第一个投降，紧接着就是第十三兵团和装甲部队。在1月10日，共产党扫清了战场，淮海战役至此结束。

杜聿明化装成普通士兵，让他的贴身警卫穿上人民解放军的衣服，假装成是他警卫的俘虏。但当他们准备溜走时，被抓获。李弥将军，十三兵团总司令，化装成商人，坐在一个手推车里穿过人民解放军的重重防线。数年之后，我才又一次见到了他。

对于共产党，淮海战役从 1948 年 11 月 6 日持续到 1949 年的 1 月 10 日，共 66 天。他们在兵力规模上与国民党军可以抗衡，但是坦克、大炮以及汽车运输等装备方面远远落后于国民党军，尤其是国民党军完全控制着空中力量。但是共产党却完全取得了胜利。他们消灭了国民党军最精锐的 56 个师，

▲ 杜聿明被解放军俘虏，押解途中

其中包括装甲部队，共计 55.5 万人。他们共俘虏战俘 32.7 万人。四个半师投降到了共产党一边。缴获的武器装备更是数不胜数。只要共产党做好穿越扬子江的休整准备，通向南京和上海的道路就已经打开。

军事历史学家认为淮北平原的这场灾难都归因于蒋介石的领导问题。首先，他决定以徐州为中心死守，而不是守住淮河一线的据点。他没有任命当时最好的战略家、中原"剿总"司令白崇禧作为徐州兵力的总指挥，而是把权力交给了两个臭名昭著的无能将军——刘峙和杜聿明。在这个问题上，他又一次排挤桂系的白崇禧，而重用了蒋介石黄埔系的人。

在回去的旅途中，我还沿着来时的村庄往南走。在士兵的护送下，在下午 5 点 45 分，我到达了第一站。我们和一群士兵混在一起做饭。他们分给我们他们的大米和一小块猪肉。

在每个村庄，夜晚都好像被士兵高亢的歌声渲染得生机勃勃。每个人民解放军士兵都好像被他们的同志或政工干部介绍了淮海战役的战略意义和下一步在夏天打过长江的行动计划。

士兵们对美国的小机械十分感兴趣。他们围坐在我身边，看我操作打字机和照相机。一个年轻的步兵很惊奇地问我他在报纸上读过的关于自助餐厅的内容。"等到 20 年后，全中国都是共产主义了，我们也会有自己的自助餐厅的。"他说。

第二天，我们又行进了 17 公里，我回到了我第一次见到正规军指挥官的村庄的指挥所。我非常喜欢那位指挥官，他很同情地听着我的诉说。那个晚上，我们

围坐在篝火旁，分享着美味的烤鱼，上面还涂抹着辛辣的酱汁。他问我在美国的两党政治制度，以及黑人的生存现状。他告诉我，他自从 1936 年参加人民解放军，就见过他妻子和孩子一次。在早上，当我快要离去的时候，他在我日记的扉页上用中文写上："我们将为了民主、自由以及幸福和我们的美国朋友一起战斗到底。"他签上了自己的名字田武强（音译），但没有指明他的军衔。

又经过一天的旅途，在 1 月 10 日我被带到距淮河大桥 5 公里的地方。国民党的曹老集关卡撤退到河岸线以南。我的卫兵找到两个农民帮我搬运我的行李，挥手送别后，返回了北方。快接近国民党大桥卡口的时候，我摇动着白手绢。他们就把我带了过去。

我在耶稣会传教团过了夜，我很伤心地和主教及其他牧师告别。在车站，我上了一节车厢，车上挤满了难民和士兵。这些士兵丢弃了武器，准备逃往南京。

我在 1949 年 1 月回到南京，因为等待共产党，我的心中充满绝望和失落。蒋介石决定辞职，说要把政府权力移交给副总统李宗仁。在平安夜，蒋介石乘坐他的黑色的凯迪拉克来到"胜利之歌"教堂。这里原本是一个行政公馆，被蒋夫人改成了一处在政府中进行天主教仪式的场所。那里距离孙中山的陵寝很近，蒋介石在那里用他的浙江口音唱起了颂歌。第二天早上，他告诉他的下属，在新年，他将宣布他的辞呈。这里有足够的理由让他离去。

仅仅 1948 年一年，国民党的军事实力遭到重创，兵力由 272 万减少到 150 万，这 150 万人中其中有接近 50 万人是后勤部队。共产党方面，由于国民党大量投诚部队的补充，兵力大幅增加，由 115 万增加到 162 万，而且近乎全是有效作战部队。

最后一位美国联合军事援助团指挥官巴尔将军也在 1 月底离开了南京。

（作者西蒙·托平是美联社的记者。1921 年生于纽约。1946 年加入国际新闻社并派驻北平，1948 年在南京加盟美联社。译者陈家辉，现任职于中共徐州市委宣传部）

败兵自找俘管营

——淮海战役战场见闻

周积源

时间如梭，转眼 2009 年元旦来到。2009 年 1 月 10 日是淮海战役胜利 60 周年。60 年前的这一天，人民解放军胜利时的狂欢和国民党军失败时的悲哀，特别是国民党军被俘之后的各种场景又浮现在我的眼前。

1948 年 12 月 15 日，国民党军黄维兵团被人民解放军全歼，淮海战役第二阶段胜利结束，此时在淮海战役战场上的国民党军只剩下陈官庄地区杜聿明集团了。12 月 17 日毛主席发表《敦促杜聿明等投降书》，震撼了国民党军上上下下。杜聿明执迷不悟，但其高级将领们面对几十万官兵已处于人民解放军重重包围之中，插翅难飞的情况，认为他们步黄维的后尘已确信无疑，所以到处一片混乱，吵吵嚷嚷。有的说："生死之地，存亡之道，不可不察。事到如今，将在外，君令有所不受。"有的说："根据当前情况，明知不可待而待之，岂不睁眼跳崖，自己找死？"南京的蒋介石也如坐针毡，乱了方寸。

1949 年 1 月 8 日，人民解放军各路纵队从四面八方向杜聿明集团所在地陈官庄逼近，杜聿明命令各部队"自行突围，各奔前程"。此令一出，9 日夜间国民党军官兵各逃各的，官指挥不了兵，兵也不理睬官。10 日上午，陈官

▲ 人民解放军各路大军开赴淮海前线

庄地区"剿总"总部只剩下杜聿明所率的第五军仍在负隅顽抗，曾几何时还骄横跋扈的国民党军第二兵团中将司令（原第五军军长）邱清泉精神失常了，神色慌张地背着冲锋枪到处乱窜。当他窜到张庙堂阵地高声大叫"共产党来了"时，被人民解放军战士击中 6 弹而毙命。时至下午 4 点，在人民解放军强大的政治攻势和巨大军事力量打击下，国民党军兵败如山倒，战斗终于结束。顿时间，遍地是丢弃的武器装备，受惊无人看管的战马到处嘶叫乱窜。惊慌失措、丢盔弃甲、灰头土脸的国民党军举起白旗从各阵地的掩体里爬出来，有的求饶，有的讨吃，大惊失色的官太太们叫夫喊儿，所见之处一片狼藉。

淮海战役第三阶段共歼灭国民党军徐州"剿总"司令部及邱清泉第二兵团、李弥第十三兵团、孙元良第十六兵团共 252150 人。众多村庄、阵地、大路小径到处是衣冠不整、疲惫不堪的俘虏。押送、管理、教育、鉴别、遣送俘虏的任务非常之重，有时成百上千的俘虏就是几个持枪的解放军女兵或民兵押送；有的竟是俘虏中的带头人领着寻找俘管营。到处是俘虏，分不清是哪个单位、哪个部分的人。被俘的一些国民党军高级军官见此情景，摇头叹息可悲，有的说："天助解放军也！"

有位战地记者问一个被俘的军官："解放军对你们看管并不严，你们为什么不趁机逃跑呢？"这位被俘军官说："现在长江以北共军控制的几大地区已经连接成片，往哪里跑？就是跑了，前途又在哪里？"记者又问一个被俘的士兵："你们为

▲ 1 月 10 日拂晓，陈官庄飞机场上近 10 万国民党军俘虏集结，待命押出战场

什么不跑呢？"这个俘虏兵说："我是被国民党抓壮丁来的，当了他娘的两年兵，不知挨长官打骂多少次。现在当了俘虏，共军也没有打骂、侮辱我，饭不够吃，解放军还叫我们先吃。口口声声叫我们被俘的兄弟们，我为什么要跑？"又一个俘虏兵哭着向记者和周围的人诉说："俺在家给地主当长工，吃不饱，穿不暖，牛马似的干了一年，到头来还欠地主家田租，俺爹找地主老财评理，被地主的狗腿子毒打一顿，又强迫俺顶替地主的儿子当壮丁。当兵后又受当官的打骂。这个熊兵我早就不想当了！每次打仗，俺的枪口都抬得高高的。老天作证，俺没伤害过解放军，当了俘虏俺高兴，这条命算保住了，昨天送俺的解放军兄弟告诉俺，他也是穷人家的娃，他说若是俺愿意跟他们一起干，他们欢迎。一起干就不叫俘虏兵了，而叫解放战士。俺不想跑，也不会跑，俺要当解放战士。"这位俘虏，不，这位阶级兄弟的一席话赢得了一片掌声。

战斗结束四五天之后，还有零散的战俘因为没人收容而主动寻找人民解放军单位收留他们，或要求送他们到俘管营去。

有一天下午，我正在执勤，残雪未融的村头来了三个面黄肌瘦、披着半截军毯、身上长满虱子和疥疮的国民党军失散人员，他们见我是个解放军小兵，大胆

▲ 李延年兵团第三十九军独立团 2000 余人投降后向指定地点集结

向我走来。听口音，他们是两广（广东、广西）人，他们连讲带比划地和我说话，我也连猜带问地明白了他们说的意思。他们告诉我，他们被打败之后，被埋在掩体里，等他们爬出来的时候阵地上已见不到人了，现在他们没处去，也没有饭吃，要求解放军收容他们。他们中的一个人背着军用药箱，说自己读过医务学校，是卫生兵。我把他们领回单位，领导分别和他们谈话，最后确定把背药箱的卫生兵留下，另二人被送去俘管营。渡江战役后，那个卫生兵成为人民解放军野战医院的一位军医，若干年后成为受人尊敬的科主任。

进军福建时，我所在的连队，60% 以上的战士是解放入伍的，其他连队也差不多，后来许多解放入伍的战士成为人民解放军的领导干部。

60 年过去了，人民解放军宽待俘虏的政策是毛泽东军事思想的重要组成部分，也是新时期建设中国军队的组成部分，它是人民军队本质的体现，也是巨大的战斗力。

（作者时任华东野战军第十一纵队野战医院医务工作者）

解放战争中的华野总留守处

于　玲

老弱病残艰难北撤

1946 年 7 月 13 日至 8 月 31 日，粟裕指挥华中野战军 3 万余人，在江苏中部地区同 12 万国民党军展开激战，连续取得宣泰、如南、海安、李堡、丁林、邵伯、如黄路等 7 次战斗的胜利，歼灭国民党军 5 万余人。这就是我军历史上有名的苏中"七战七捷"。此后，战局向华中转移，中央军委决定调动山东野战军和华东野战军两大主力给进犯解放区的国民党军以迎头痛击。为保存人民解放军有生力量，1946 年 9 月华东野战军主动向山东北撤，引诱国民党军。

已瘫痪四年的原苏中军区二分区副司令乔信明原准备随徐海东、张爱萍、刘炎等同志到大连休养。但一纵叶飞司令员深知乔信明由于在郭村、黄桥等一系列战斗中的功绩，在一纵队干部中有相当的威望，就把他接到一纵队（叶飞纵队）后方留守处休养。叶飞司令员说，乔信明只要住在那里就行了，具体工作由顾复生负责。

当时一纵队的后方留守处驻在沂蒙山区蒙阴县的北楼村，离孟良崮不远。1947 年 2 月莱芜战役胜利后，华东战场进入一个新阶段。蒋介石被迫由全面进攻转变为重点进攻，开始向山东解放区进行重点进攻。蒙阴县一带即将成为战场，后方人员必须立即转移。后方人员奉令到渤海区，一纵队后方由乔信明负责带去。

由于蒙阴县在沂蒙山区，转移时留守处全体人员走的都是山区的泥沙小路。汽车之类的现代化交通工具自然没有，马车也没有，甚至马匹都不多，只有几辆牛车拖着行李和妇女儿童，能行走的人员都徒步行军，有的孩子和行李由民工用独轮车推着，有的孩子分别放在两个篮子里，请民工挑着走。乔信明因双腿瘫痪，只能骑马行军，上马下马都要警卫员抱上去。尽管自己病痛在身，他还不忘吩咐警卫员前后照顾有困难的同志。在准备过黄河的大路上他们突然遇到国民党飞机扫射，同志们立即散开。幸好只有行李车被打了几个洞，没有人员伤亡。跨过黄河后，留守处来到李庄。乔信明带领留守处的同志们参加了当地的土改，做了一些民运工作。

粟裕委重任留守支前线

1947年春夏之交，到渤海几个月后，华野司令部移到渤海。华东野战军粉碎国民党军重点进攻尚未结束，外线出击的新任务又开始了。一天，乔信明突然接到要他立即到华东野战军司令部谈工作的电报。他想，我不能打仗，还有什么工作可做呢？电报不会发错了吧？他又仔细看了一遍，没有错，立即坐着担架前去。经过一天一夜到达了司令部驻地。乔信明的担架刚进庄子，一个熟悉的声音就传了过来："把担架抬到这里来！"接着一只有力的手伸过来和他握手。"路上辛苦了吧？""粟司令！你还没休息？！""蒋介石不批准嘛！"粟裕同志诙谐地说。

▲ 1947年夏秋，粟裕司令任命已瘫痪5年的乔信明为华野后方总留守处负责人。这是他以马代步进行工作时的留影

"您还是要注意休息啊！我这个教训还不够吗？"乔信明深有体会地说。

"更重要的教训是怕贻误战机！"粟裕同志郑重地说。

"这倒是的。"乔信明想，真是几年不打仗，说话都跟不上形势了。他不由地自责起来。

粟裕同志看他在炕上坐定后，就说："你大概也很想快点谈工作吧？我们就抓紧时间吧，你不感到疲劳吗？"

"不疲劳，又没走一步路，倒是您累了。"

"我吗，抢着时间就是胜利！"他回头对站在一旁的警卫员交代说："谈完工作，你们首长立即就要回去，你们快去准备担架。"然后他就和乔信明亲切地谈了起来。

他说："我们主力已外线出击了，要打大仗，打恶仗，要和蒋介石进行决战，歼灭他的主力。司令部马上要走，这里留下一大摊后方机关，有几万人，其中有很大一部分可动员到前方去。现在各纵队和总部都有自己的后方，有的以师为单位，甚至还有以团为单位的。他们都各自为政，其中有小部分人员，思想也比较混乱：有的认为部队要开到冰天雪地的东北去了；有的则认为又要二万五千里长征了；还有极少数人有保命思想，不愿上前线；南方人过不惯山东的艰苦生活，想回江南去。诸如此类思想的产生，都是由于缺乏统一领导造成的。同时要注意到，这里是新解放区，还有国民党军特务在活动，环境极不安定，要和地方配合解决这方面的问题。因此决定成立一个华东野战军后方总留守处，由你负责，当然还要给你配备一些干部的。现在主要的任务是把分散在各地的后方机关迅速集中，整顿组织，整顿思想，减少前方后顾之忧。一段时期以后，还要办妇女大学，提高他们的文化水平。华东的女同志，一般都有一定的文化水平，她们原来都是各个工作岗位上的干部，不搞学习，她们会苦闷的，她们决不会愿意在后方坐等胜利。所以要办大学，为她们进入城市工作做准备……"

乔信明以前一直战斗在第一线，打仗是内行，却从来没有搞过后方工作。开始他也担心自己能否挑起这副重担，但粟裕同志鼓励他说，前方各部队的负责人都是他的老战友，他管理后方不仅能得到他们的支持，而且能使他们放心。乔信明就像过去接受艰巨的战斗任务那样，不怕困难，不畏艰险地开始了新的战斗。

1947 年 9 月在渤海正式成立了华野总留守处。乔信明任留守处负责人，资凤任政委。那是八九个纵队的后方。有一、二、三、四、六、八、十及两广纵队，还有总部及野卫留守处共 10 个大单位，共有 42000 多人。各纵队有医院、仓库、教导团、炮兵团、荣归团等。

当时后方的情况的确很复杂。首先是恶劣的环境。正如乔信明在自传中回忆的那样："我们的驻地所在地区是新解放区，驻地就有土匪特务活动。敌人占领小清河（小清河位于现在的山东滨州市附近）后，土匪特务、封建帮会更大肆活动起来。后来我们就与地方政府联合组织联防，巩固后方。"

其次是组织乱。各纵队后方各自为政，很分散。总留守处的领导机关成立仓促，没有基础。又限定了集中的时间，因而既要忙着建立总留守处，又要了解各纵队的后方情况，所以开始集中时是很混乱的。

在乔信明和总留守处其他领导同志的努力下，经过一个多月时间，将分散在渤海东南数县地区的各纵队后方机关全部向指定地点集中。总留守处召开了第一次行政会议，决定了当时总留守处的三个任务：

（1）整理各级组织。规定一律以纵队为单位组织留守处，每个纵队只有一个留守处，统一领导。把各纵队自己的医院、仓库、教导团、炮兵团、荣归团和以师为单位，甚至以团为单位的后方机构，统一重新组织整顿，形成以8个纵队为单位的后方留守处和华野直属机关后方和卫生部的后方医院等十大单位。

（2）清理登记各纵队仓库资财和各种弹药及其他物资。响应中央克服财政经济困难的号召。提出三个要求：第一，来路不明的经济收入还公；第二，贪污来的经济收入缴公；第三，刻苦节约下来的经济收入自愿献公。乔信明不仅自己带头捐献，还带领同志们做耐心细致的思想工作，动员有积蓄的同志捐献。最后小公家和私人经济收入及其他物资还公、缴公与献公的总和折算成本币为 16255942268 元即 162.5 亿多元。

（3）动员能去前方的指战员及事务人员去充实前方。总留守处提出要反对山头主义与本位主义，加强战争观念，一切为前方服务，尽量减少后方人员，减轻人民负担，充实前方。动员了大批同志到前方或

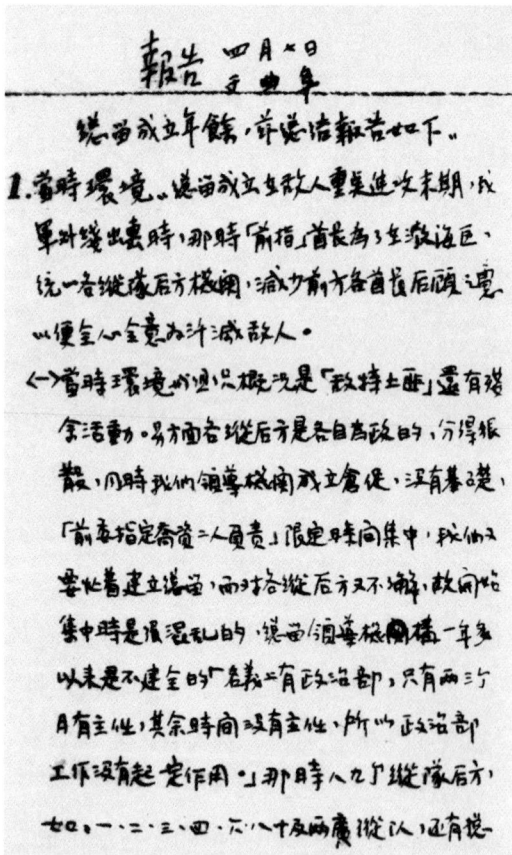

▲ 总留守处迁到山东曲阜时，对总留守处一年多工作进行了总结，反映了总留守处初创时期的艰难和他们做的大量工作。上图为该总结报告的第一页

到军队大学及随军学校学习，炮兵、教导团、医院、荣归团等全部到二梯队。结果，在三大方案结束时，总留守处全部人员还不到一万人（留下的只有女同志、小孩子、老弱残疾三种人）。

更要命的是当时一些同志思想混乱，一些人对战争形势认识不足，对党中央的战略部署不理解。对由苏中撤退到山东，特别是由鲁中撤到渤海，不理解，发牢骚。说什么"反攻，反攻，反到山东，吃煎饼包大葱"。想念南方的大米。那时很多同志怕过黄河，以为一过黄河，就又要长征了，准备到东北去了。有个别女同志产生了悲观情绪，想脱离革命，准备去上海。男同志中有些有保命思想，怕到前方去。部分女同志怕丈夫在前方被打死了，而拖后腿。

针对这种思想情况，乔信明和总留守处其他领导同志一起开展了"三查三整"的学习运动。当时有一、四、六3个纵队的家属在一起成立了一个家属队，上至司令员夫人下到营团家属都编在一起，就是"把妇女组织起来学习"。在"三查三整"运动中对家属中的一些错误思想进行批判学习。

经过三大方案和土改三查学习，改造和克服了许多不良思想以及对当前革命形势认识不清所发生的悲观失望情绪。不合理的随员按制度精简掉了，加强了劳动观念。后方人员开始集中在一起时，有些同志互相看不起，不团结，后来经过一年多时间的学习，对过去的许多坏思想有了些认识，大家都开始要求进步，要求学习，要求工作了。有一次战斗中有五个团级干部不幸牺牲，这些同志的亲属一时情绪波动很大，乔信明和总留守处同志做了细致的安慰工作，终使她们情绪稳定下来，也使部分女同志改变了怕丈夫在前方被打死了而拖后腿的情况。

当时总留守处有一些解放过来的残疾人员，自恃打仗负伤残疾了，就寻衅闹事。乔信明得知后，坐着担架赶去制止。他说，你们这点残疾有什么了不起，我都几年不能走路了，还照样工作，你们有什么资格闹事。闹事者一听，自知无理，便不敢再闹了。

兴教办学　培养儿童　教育妇女

当时后方有许多学龄儿童，尤其是两广纵队来了之后，有不少孩子都十二三岁了，却因为没有学校，而无法受到正规的教育。总留守处有许多可以当教员的

▲ 1947年4月于山东后方留守处召开第一次保育委员会时乔信明（后排骑马者）和毛维青、严永洁、于玲、朱一、王彤、王彤儿子（中间从左向右）以及乔信明女儿乔阿光（前排）合影

女同志想工作，却没有合适的工作。乔信明夫人于玲看到这种情况，便向乔信明建议办一个子弟小学。乔信明到前线向陈毅和粟裕同志汇报工作时，便提出了这一想法，二位首长非常赞成，并帮助他们解决了许多实际困难。但当乔信明提议子弟学校用陈毅同志的名字命名时，陈毅同志却谦虚地拒绝了。后来总留守处又办起了幼儿园。在聊城段家店时，子弟学校买了10亩地，给学生种大白菜。既加强了劳动观念，又解决了部分生活问题。到曲阜后，子弟学校搬进了孔林，幼儿园搬进了孔府花园，条件大大改善，还为孩子们搭建了秋千等娱乐设施。

　　那时，前方缴获的东西，凡是后方老弱病残和妇女儿童适用的，就都送到后方来。这样就使我们后方的同志在吃小米、高粱、窝窝头的同时，还能吃到

▲ 总留守处幼儿园的孩子们在曲阜孔林留影

5磅一听的美制铁罐奶粉；孩子在穿土布衣服的同时，还能穿上美制童装和羊毛线衣。

接着，又遵照粟裕同志的指示，准备开办妇女大学。当时女同志的文化程度差别很大，文盲、小学、初中、高中各个不同层次文化程度有1000多人，组成了文化大队。于是组织扫盲，高中生当老师。前方战斗很激烈，有时正上课，突然传来消息有人的丈夫牺牲了，于是哭成了一片。为了办好妇女大学，还增调了文学家黄源同志、数学家孙克定同志和会计学家顾准同志等有名的高级知识分子来当教员。但由于其他工作的需要，他们来了不久，就因新的任务而离开了。但是从这些行动中我们看到了粟裕同志办妇女大学的决心和要求。妇女大学终于在1948年秋正式办起来了，章蕴同志担任校长。

解放战争结束后，总留守处妇女大学改名为华东妇女干校。

后方办学，在战争年代是件新鲜事。前方的同志万万没有想到他们的妻子儿女在这样紧张的战争环境里还能上学读书、进幼儿园。所以，每当战争胜利的间隙，根据粟裕同志的指示，让他们夫妻儿女在驻地"会合"时，前方的同志看着提高了文化的妻子，拉着又会唱歌又会跳舞的孩子，抱着白白胖胖、逗人喜爱的小婴儿，无不深深地感到党组织的温暖和领导的关怀，在前方艰苦作战的辛劳，

▲ 总留守处子弟学校的孩子们在曲阜孔林留影

一下子都消散了。同志们把对组织的一片感激之情，化作了与敌人拼死决战的勇气和力量，又都意气风发、斗志昂扬地投入到了新的战斗之中。

华东野战军后方总留守处就这样在另一条战线上为解放战争的胜利作出了自己的贡献。

（作者时任华东野战军总留守处直属队协理员、华东野战军总留守处子弟学校副校长）

踏破淮海千里冰

——回忆华中支前工作

陈国栋　李千臣

1948 年 11 月 6 日，我人民解放军在以徐州为中心，东起海州，西迄商丘，北自临城（现名薛城），南达淮河的广大地区内，对国民党发起了淮海战役。这次战役解放军经过 66 天的浴血奋战，歼灭国民党 5 个兵团和 22 个军，计 55.5 万余人，粉碎了国民党军在江北的防线，基本上解放了长江以北的华东、中原广大地区，使国民党统治中心——南京，以及江南各省暴露在解放军面前。这次战役的伟大胜利，给国民党统治以沉重打击，与辽沈、平津战役的胜利一起为解放全中国奠定了基础。

淮海战役之所以能够取得如此伟大的胜利，其原因之一就是，在战役的整个过程中，有华东、中原、华北三大解放区的千百万人民的积极支援，为战役提供了巨大的人力、物力支持，使得这场战争成为一场真正的人民战争。在战役打响之前和战役进行过程中，党中央和中央军委及华中局、中原局、华北局都对战役的后勤和支前工作很重视，做出过许多指示和部署。我华中地区的支前工作在华东支前委员会和华中工委的领导下，和其他地区一样，也做了大量的工作，付出了很大的代价。

这次战役，由于集中的兵力多，战区广，时间长，规模大，部队转移频繁，所以战争中的后勤和支前工作与以往历次战争相比要求都高得多。过去，我华中地区的支前工作一般都是战争发生在哪里，就在哪里组织支前，范围较小，民工人数较少，各级政府也没有设立专门的支前机构，有任务时，往往临时组织突击一下，淮海战役时，这种做法已不能适应当时的形势和任务。战役发起不久，华中工委根据华东局"华中应全力支援前线，争取胜利"的指示，于 1948 年 11 月 13 日联合苏北军区、华中行政办事处发出了《华中支前总动员令》，要求华中各

▲ 华中支前司令部副司令员陈国栋　　　　▲ 华中支前司令部副政治委员李干臣

级党委、各级政府和全体人民都紧张地投入到淮海战役之中去，在各自的岗位上，拿出所有的力量，坚决完成自己在这次战役中所担负的光荣任务。为了统一领导苏北、江淮人民的支前工作，接着于23日正式成立了华中支前司令部，由华中行政办事处副主任贺希明任司令员，陈国栋、万金培、吕镇中任副司令员，李干臣任副政治委员。为了便于领导和开展支前工作，我们把司令部设在离战区较近的睢宁城西的宋楼（以后移宿县）。支前司令部下设政治、民力动员、财粮三个部及参谋处，在睢宁、房村还设立了前方办事处（随着战争的西移办事处转入江淮地区之时村、烈山）。派万金培为主任，李干臣和江淮三地委书记李任之为副主任，负责与前方各部队的联系。各地、县也相继成立了支前领导机构，地、县领导兼任支前组织的领导，首先做到从组织上保证全华中大规模的支前工作有组织、有计划地全面展开。支前司令部成立以后，我们即进行了紧张的工作，颁布指示、计划、条例与规定，指导支前工作的开展，领导同志也纷纷深入到支前工作的第一线。华中工委书记陈丕显和华中行政办事处副主任贺希明同志，从东海边合德镇赶来前线，了解支前工作情况，解决支前工作中的问题。华中行政办事处主任、江淮区党委书记曹荻秋同志在宿县东北八里张亲自给县以上干部作了动员，各地、县的领导同志更为这"第一位的工作"，奔波操劳，带头参加运粮队、担架队。如在五、六两分区（即盐阜、淮海两地区）里，从专员到县长、区乡负责干部先后约有二万人都曾亲自率领民工上过前线。

当时最重要最复杂的问题，就是如何动员和组织千千万万的民工支援前线。华中工委根据华东支前委员会的有关精神，首先在广大群众中进行了深入的思想动员工作，同时妥善解决了"人力合理负担，工具牲口合理顶工，照顾夫属家庭生产"三大问题，很快掀起了报名上前线的热潮，出现了许多父子争着当民工、妻子送夫当民工、小伙子推迟婚期当民工的动人事迹。民工动员集中以后，经过一个阶段的整训以后向他们说明形势和任务，同时精简老弱，配备工具，然后根据军队和战争的需要，分编成随军、常备民工，由各级支前司令部自己掌握，作为地方支前的基本力量；临时民工则是根据战场的需要，作为临时性突击的力量。整个淮海战役期间，华中共动员了107.5万人的民工队伍，其中除有6.8万人为南部一、二、九分区（即苏中地区）的外，其余均系靠近战区的五、六分区和淮北地区负担的。五、六分区所出民工，约占当时这两个分区总人口600万人的16%。在六分区绝大多数地区及五分区西部的涟东、滨海、阜东、阜宁等地区，在战役最紧张的第三阶段，是全民动员，所有全劳力几乎都参加了前方服务，不少妇女也上了前线。为了科学地组织和安排民力，以适应支援大规模战争的需要，支前司令部民力动员部设立了民站科，在各地建立起了民站，规定了民站的十项任务，解决了民工支前途中吃饭、住宿、粮草补给、工具修理以及伤员治疗的各种困难和问题。在民工队伍中，还注重开展思想政治工作，开展立功运动，发展民工中的积极分子入党，使民工队伍的政治素质有了很大的提高，队伍得到巩固，数以万计的人立了功，许多人加入中国共产党，不少人被提拔到各级领导岗位上来。如江淮三分区很多新区原来没有党员或只有一两个党员的乡，在支前工作中建立了支部与乡村政权。五分区发展了3600余名党员，提拔了区乡干部300余人。

筹集粮食也是支援前线的一个重要任务。淮海战役发起时，先后有12个纵队在徐州东南作战，每天需要供给原粮300万斤，随着战役的进展，参战部队和民工每天消耗的粮食增加到近400万斤之多。那年秋天，华中不少地方遭受了水灾，特别是靠近战场的五、六分区连年遭灾，存粮很少，加之苏北兵团从6月份开始即在这一地区连续作战达3个多月之久，人力物力异常枯竭。9月份战役发起前，我们先是在产粮地区一、二、九分区筹集粮食，用船运往五、六分区。战役打响后，粮食供应量增加，仅靠一、二、九分区的粮食远不能解决问题。12月13日，华中工委就粮食供应问题颁布了《关于筹借公粮确保战争供应的决定》。《决定》一方面指出要拿出一切力量来保证前线的给养，这是我华中党和人民当前最紧急也是最光荣而神圣的任务；另一方面规定了各筹粮任务。如：江淮地区借粮 25 万担，一分区 18 万担，二分区 17 万担，九分区 14 万担，五分区 20 万担，六分区 6 万担。淮海地区由于当时国民党军长期掠夺和连年涝灾，群众生活十分贫苦，粮食负担力薄弱。但是那里的人民为了早些打败国民党反动派，获得翻身解放，满怀激情地提出了"倾家荡产也要支援前线"的口号，想尽各种各样的办法，完成征粮、借粮任务。甚至不少人家宁可自己忍饥挨饿，留下口粮来支援前线。作为后方的一、二、九分区，也在"节衣缩食，支援前线"的口号鼓舞下，有的人家不买年货，省下来支援前线；有的人家为了支援战争，改年再娶媳妇。有一个老太太，一改过去烧香拜佛的习惯，为的是多借出些粮食支援战争。当战役发展到第三阶段时，粮食供应发生了困难。一是战场转向运河以西，粮食前运不继；一是战场需粮续有增加，在新区筹粮有限，不能满足战争的需要。鉴于粮食供应方面的复杂情况及战场要求，经中央军委批准，12 月 26 日至 29 日在徐州召开了华东、中原、冀鲁豫、华中四方代表参加的联合支前会议。会议由刘瑞龙、傅秋涛轮流主持。华中代表曹荻秋、贺希明、李干臣参加了会议。联合会议上，对支前工作进行了分工，徐州东、南两面的支前工作由华中负责。这个任务以后我们不折不扣地完成了。整个战役期间，仅华中、苏北地区就筹集了粮食 1.25 亿斤。

在筹集战争需要的其他物品时，也同样得到了人民的支持。比如打仗时战士们穿的鞋，大部分都由地方供给。妇女们在这方面作出了特殊的贡献。许多人家为了前方战士能穿着鞋打仗，在寒冷的冬天里，把自己的棉衣、棉被拆了用于做军鞋。六分区妇女仅在 11、12 两个月中，就做了 17393 双军鞋。妇女们还起早贪黑地碾米、磨面，紧张时还提出"歇人歇驴不歇磨"的口号，并力争做到米中无糠无壳，面里无沙无麸。

筹集来的粮食、打仗需要的弹药要运往前线，当时还没有多少现代化运输工具，主要是靠民工肩挑手推，只有少部分用汽车、船只运送。我们前后集中

▲ 微山湖水封冰，我河运大队在破冰开路

的小车约有 8 万辆。当时淮海大战正值千里冰封的隆冬季节，白天因有国民党飞机的轰炸，不能运输。太阳一落山，民工们就推起小车秩序井然地冒着严寒、踏着冰雪吱吱呀呀逶迤数里赶上前线，小车上的油灯在漆黑的原野上星星点点一望无际，煞是好看。被押送去后方的国民党俘虏见了都止不住感慨地说："国民党不完，没天理。"在这送粮食、弹药、物资过程中，民工们历尽艰辛，有着许多可歌可泣的动人事迹。华中五分区的民工，经过 700 里的长途跋涉运送一批大米到前方，他们的任务是将大米运到宿迁，到宿迁时部队西开了，要他们再运到睢宁。他们运到睢宁时，部队又西开了，他们就尾随部队到了符离集，最后运到睢溪口方才完成任务回去。宿迁县大兴区有一个 907 辆小车的运粮队，冒着风雪，踏着淤泥、薄冰，经过 16 里宽的大泥荡子，在艰难的路上奋战了 4 昼夜，才走完了 400 里风雪淤泥路。其中有一条仅一丈宽的旱河，就用了一夜加半天的时间才通过，圆满地将 9 万斤大米运到战地。淮阴县张集乡女英雄李兰贞是一名担架队员，在转运伤员中，她视伤员如亲人，精心照料护理，别人两人抬一头，她却一人抬一头，还不要别人换肩。到了驻地，别人休息了，她却烧茶、弄饭、喂伤员，从不叫苦叫累。在支前中，她立了两次一等功。在那英雄辈出的年代里，这种动人事迹真是屡见不鲜。

为了取得淮海战役的胜利，地方各级组织做到了前方需要什么，就不折不扣地支援什么，从不讲价钱，不讲困难。而干部和群众本身的生活却十分艰苦，吃不饱穿不暖，还要在冰天雪地中完成繁重的支前任务。当时，各级领导干部都加入了支前行列，不仅与群众同甘共苦，还尽可能地解决民工的困难，鼓舞和提高了群众支前的干劲。那时，人们常吃冰冷的高粱面、玉米面、小麦面掺和一起做的饼，我们美其名曰"三色冰淇淋"。有时连这种"三色冰淇淋"也吃不上。特别是在运粮途中往往会出现民工断粮的情况，这时民工们宁可自己挨饿，也不动用车上的一粒军粮。滨海县民工在运粮途中，

▲ 民工们在冰天雪地之中将大批弹药运往前方

干粮吃完了，他们就沿途讨饭回家，回家后又继续支前。不少民工因家境困难没有棉衣，他们仍冒着凛冽的寒风完成了一次又一次支前任务。鞋底磨穿了，就赤着脚踏在冰碴上继续前进。生病了，就咬咬牙还是坚持上前方。支前中，不少民工负了伤，有的甚至献出了宝贵的生命。陈毅同志说"淮海战役的胜利，是人民群众用小车推出来的"，确实是这样。

60 年过去了，淮海战役作为中国人民推翻国民党蒋介石集团黑暗统治的一场规模宏大的斗争，将永远载入革命的史册。当年人民群众手推肩挑支前物资，踏着淮海大战的冰雪，与中国人民解放军一起解放了的华中、中原广大地区，今天已成了一块生机勃勃的社会主义建设阵地。作为这场伟大斗争的历史见证人，每每想起当年轰轰烈烈的支前场景，都止不住激情满怀，思念不已。

（陈国栋时任华中支前司令部副司令员，李干臣时任华中支前司令部副政治委员）

忆徐州解放及其在支援前线中的作用

周　林

徐州，古称彭城，已有 4000 多年历史，解放时有人口 40 万。它地处江苏省西北部，扼江苏、山东、河南、安徽四省之咽喉，是津浦、陇海两大铁路干线的枢纽，且四面环山，地理位置险要。古往今来，徐州以其特殊的战略地位，一直是兵家必争之地，从楚汉相争就是逐鹿中原的战场。

抗日战争胜利后，徐州成为蒋介石进行反革命内战的重要军事基地，是国民党南京政府的门户。在这里，国民党反动派不仅有重兵据守，而且是他们发动全面内战、重点进攻山东和中原解放区的战略出发点及物资、兵源的重要供给站。1948 年，当国民党军队在东北、山东、河南等战场节节失利后，蒋介石孤注一掷，集结 80 万兵力于徐州地区，妄图与人民解放军决战，以挽回败局。徐州又一次成为国共双方决战淮海的焦点和中心。但是，人民解放军先发制人，解放济南后，迅速挥师南下，在碾庄全歼国民党军黄百韬兵团。淮海战役第一回合的胜利，彻底粉碎了蒋介石的战略计划。国民党军为了免遭被人民解放军四面包围、分割全歼的命运，将其主力杜聿明集团撤出徐州企图与黄维兵团会师。蒋介石一着之差，失去了具有重要战略地位的徐州古城，从而加速了黄维、邱清泉两个主力兵团的全军覆没。

徐州解放时，中国共产党、中国人民解放军迅速顺利地实行了接管，进而动员人民抢修铁路，恢复生产，全力以赴支援前线。光荣的徐州人民为此作出了巨大贡献。当年，我参与了接管徐州的工作，对这段历史作以下简要回顾。

1948 年 10 月底，我奉命从山东三地委到济南学习城市接管工作，准备南下。同年 11 月淮海战役打响。11 月底得知杜聿明集团西逃的消息后，华东局立即命我星夜兼程南下。我们一行 500 人，大部分同志乘火车，我率警卫员、司机乘汽车从济南出发，12 月 1 日凌晨赶到徐州。乘火车的同志因徐州以北的茅庄铁路大桥被破坏，只得下火车步行 20 多里，比我稍晚赶到。

到达徐州后，我们才知道徐州国民党驻军已全部逃窜，人民解放军渤海纵队已迅速占领了徐州，并且成立了中国人民解放军徐州军事管制委员会（以下简称"军管会"）。我们首先与军管会取得联系，军管会主任是傅秋涛同志（鲁南区党委书记），还有张劲夫同志（鲁南区行署主任）、方毅同志（华东局财经委员会副主任）等。我任徐州市委书记兼市长，华诚一任市委副书记，刘基干同志任市政府秘书长。市委下设组织部、宣传部。市公安局局长是唐竞实同志。邝任农同志任市警备司令员，负责城防、清剿散匪、收容战俘、保护市民财产安全、稳定社会秩序等工作。沙洪同志带了报社几位新闻工作同志，随我从济南一起南下，到达徐州后即组织出版《新徐日报》。许多重要的消息、评论都是利用晚上时间交给我审查把关。《新徐日报》作为徐州解放后党领导下的第一家人民自己的报纸，在及时宣传党的政策、稳定社会秩序、动员人民恢复生产、支援前线等方面起了很大作用。现我写的回忆，多半也用它当时的报道为素材。

刚刚获得解放的徐州城，由于国民党反动派的残酷统治、连年战乱和国民党军弃城时的抢劫和破坏，工厂停工，交通、通讯、邮电中断，学校停课，生活物品短缺，物价飞涨，商店、银行关闭，社会秩序混乱不堪。由于我们入城接管仓促，几天之后才贴出安民告示《约法七章》，人心方安定下来。这条经验在人民解放军横渡长江之后，接管大城市都注意了。当时摆在我们面前的首要任务是集中力量恢复秩序、维持治安，停止破坏，立即着手复工、复业、复课。市人民政府成立后，与军管会一起，立即宣布了军事戒严。对退伍军人、伪国民党、三青团组织进行登记，很快制止了国民党军的抢劫和破坏，控制了局面。邮电、通讯等部门的职工，由于受到中国共产党接管开封、济南等城市正确执行政策的影响，在国民党军逃跑时，积极组织起来，保护设备物资，减小了被国民党军破坏所造成的损失，接管后不久即恢复了通话、通邮。在动员复工、复业中，我们坚持发动群众，依靠群众，走群众路线。号召工人阶级团结起来结成强大的、钢铁般的力量，同时还要团结农民兄弟、知识分子和拥护革命的民族资产阶级、开明绅士等，迅速复工、复业，为建设新徐州出力。我们反复地向各界工人宣传，工人和农民是新民主主义国家的主体，世界是劳动者用血汗创造出来的；解放后的工厂、铁路是国家的财产，是工人自己的财产，工人在这里做工，就是为人民、为自己的幸福做工，工人阶级是国家的主人翁。在组织恢复生产中，遇到的突出问题是工资问题。由于国民党反动派统治时工资是五花八门，极不统一，我们又不能在短期内制定出完备的政策条文后再发，因为春节将至，不发工资工人生活有困难，只得发放临时工资，以解决职工生活之急需。发放临时工资对尽快复工、复业起了促进作用。如平板车夫在运送油料时，按运量及时发放临时工钱，一个车夫干一天的工资能买一斗麦子，可养活七八口人，他们高兴地说："有人民政府领导，我们穷苦人生活有保障了。"我们刚进城时，由于连年战乱，金融市场十分混乱，伪金圆券贬值，银元充市，转手投机行为盛行，广大人民群众深受其苦。针对上述问题，我们便集中力量打击伪金圆券。仅在两周内就基本肃清伪金圆券并宣告禁止其使用。后来，又运用动员复工、复业、扩大银行吞吐调剂等手段，较快地控制了银元的流通，从而稳定了市场和物价。

1948 年 12 月 19 日，中共徐州市委在中山堂召开慰问各业工人大会，总结徐州解放 19 天来的工作，提出会后的任务。1500 多名工人、职员参加了大会。会上，我代表徐州市委、市政府向徐州全体工人表示慰问，并充分肯定了广大工人在国民党军仓皇逃跑、

▲ 徐州解放后，成立了徐州市人民政府

疯狂破坏工厂、机器及各种城市设施时，奋力保护，减少损失，解放后迅速恢复的光荣功绩。接着，向工人们分析介绍了当时的军事形势，指出：徐州是历代兵家必争之地，谁得到了徐州，谁就有了获取胜利的基地。徐州的解放对加速解放战争的胜利具有重大意义。最后，有针对性地回答了当时工人们普遍关心的工资问题和工会问题，号召工人紧密团结在中国共产党周围，恢复发展生产，支援前线，为革命胜利作出更大贡献。

至 1949 年 1 月底，城市接管工作大体完成，重建工作亦获得相当的成绩。接管工作从上而下，共设金融、工商、财粮、军械、军实、文教、铁道、邮电、工矿、出版、生产、卫生、公安、公路运输、实业、政务等 16 个部门。将属于国民党政府及四大家族的财产全部接管，属于私人的物资予以保护。发电、自来水、修械、火柴、制糖等 9 个公营工厂，接管后已有 5 个厂复工；18 家私营面粉厂有 14 家复工；全部商店 80% 复业；73 所公私立中小学复课，在校学生达 2600 人。接管工作在傅

秋涛、方毅同志的领导下，取得很大成绩。至于我，只做了部分工作。当时我们曾向华东局写了总结报告。

在动员复工、复业、复课，恢复正常的社会秩序的同时，我们所肩负的另一重要任务是全力以赴支援前线作战。虽然国民党军在逃跑时有计划地运走和破坏了大量物资设备，但仍可收集、修理出大量物资装备供前方所用。因此，当时的市委、市政府与军管会协同一致，紧密配合，一面接管，一面支前，边接管边支前，使刚刚解放的徐州古城迅速成为支援淮海战役的前哨基地。

当时，最重要、最紧迫的事情是抢修铁路。国民党军为了苟延残喘，阻击人民解放军大规模的进击，在逃跑时对徐州附近的铁路、桥梁实施了有计划的破坏，使南北、东西两大铁路干线陷入瘫痪。中国共产党接管徐州后，立即成立了津浦、陇海铁路干线临时管理委员会，统一领导指挥抢修任务，动员了上万名铁路员工和民工昼夜不停、争分夺秒、顶风冒雪地进行抢修。十几天内即顺利实现了以徐州为中心，北起济南，南到宿县；西起郑州，东到新安镇的通车任务。当时，津浦路上的茅庄大桥，被国民党军炸毁 8 个桥孔，有 7 个桥孔的钢梁损坏和变形，无法再用，桥下水深达 6 米，原计划至少 14 天才能修复，但由于指挥得当，人们团结协作，昼夜奋战，仅用 3 天就修复竣工。市委、市政府送去猪肉奖赏参加抢修的铁路员工和民工。两大铁路干线的修复，极大地提高了前线部队的机动作战能力和后方物资供给能力，为推进江北广大地区的解放和南下渡江战役的胜利作出了贡献。

其次是依靠群众，动员各个方面的力量收集物资，修复设备，送往前线。当时的口号是"一切为了前线"，"对革命负责，对战争负责"。军械部的百余名干部及两个运输队，在徐州解放时，迅速接收并清理了子房山国民党的 4 个弹药库，并发动群众清查发现了大批被国民党军扔进河里、埋入地下的枪支、弹药，清点包装后运往前

▲ 解放区男女老幼自带工具抢修公路

线；军实部在进城后几天内即清理了国民党军留下的被服仓库，收集棉军衣 8 万多件、棉被 8000 件、棉大衣 12000 件、防毒面具 1000 箱，迅速调拨到前方；市服装合作社等单位的 1500 多工人在一个月中为在前线被俘、投诚后愿意参加人民解放军的国民党官兵赶制军帽 12 万顶；卫生部为前线收集包装药品 200 余箱；公路运输部接收汽油数万桶，组织 300 多辆汽车将徐州解放时缴获的弹药、油料运往前线，解决了前线部队由于战场转移而急需弹药、油料的困难。徐州还建立了粮站管理处，统一领导各方面的粮站，接收自津浦、陇海两铁路运来的粮食。徐州成为了有规模的囤粮基地和运转中心。从华北、山东等地区运来的粮食都先运到徐州，再转运到前线。从徐州至萧县的公路上，每天有几百辆汽车来往运粮。在徐州解放的 28 天里，运往前方的粮食就达 400 多万斤。解放后的徐州，对支援淮海战役发挥了重要作用。

1949 年 1 月 10 日，具有历史意义的淮海战役胜利结束。淮海战役的胜利，不但消灭了蒋介石的主力，而且为渡江战役打下了基础，从根本上动摇了蒋家王朝的反动统治。现在，当我回忆当年进城接管徐州和淮海决战胜利时的心情，吟诗一首抒怀：仓皇逃走弃徐州，死生未卜将士愁。胜败不由总统定，淮海决战大势休。中共徐州市委为庆祝胜利，发起了声势浩大的祝捷拥军运动，并成立了祝捷拥军运动筹备委员会。号召全体党政军民认真学习毛泽东同志的元旦祝词《将革命进行到底》，揭穿蒋介石假和平的面具，拥军优属，发展生产，支援前线，为彻底打败蒋介石，解放全中国贡献力量。

（作者时任徐州市第一任市委书记兼市长）

我参加淮海战役支前的始末

王　毅

一、征粮

淮海战役发起以前，1948 年 9 月 28 日中央军委明确指示这次战役比济南战役要大，必须准备两个月至两个半月的粮食用品。中共中央华东局于 10 月 2 日专门召开会议，决定在 20 天以内必须完成 3 个月以上近百万人的粮草供应。当时，阜阳是豫皖苏中央分局直辖市，市委书记兼市长是刘玉柱，他还兼阜阳第一期干训班的主任。市委决定从市属各单位和干训班抽调二三百人组成几个工作队，并由豫皖苏军区派一部分得力干部及武装，加强和支援到地方。我们这个队来了两个人，一位是圆脸的魏国荣，任政委；一位是大高个子的洪某，任队长。洪队长在大别山曾自发带领穷人抢地主的粮食，后来投奔革命，决心为革命立功。我当时在干训班学习刚结束，被抽调出来担任工作队的妇女队长，妇女队员有二三十人。工作队由我们 3 人领导，任务是在 1948 年的秋收季节，为即将开始的淮海大战征粮。口号是："兵马未动，粮草先行。"

我们工作队 100 多人被分配到阜阳"王老人集"区，首先要巡视地形寻找住处。我们来到黄寨，发现这个寨的寨墙很高，很坚固，四周有一圈寨沟，沟壁陡直，沟水很深，掉下去就没办法再上来。寨门是两扇大铁门，门前有一个铁吊桥，晚上拉起来，谁也过不去，防范设施很好，比较安全，我们决定住在这里。

晚上，因怕国民党军偷袭，几十人挤在一间房子里，在地上铺点草，男的睡一边，女的睡一边，中间有一走路道。大家都很遵守纪律，一切行动听指挥。每间屋里住宿都是这样安排的，谁也不敢单独外出，晚上还安排人在寨外放哨，躲在土堆旁或树林里，观察情况，有动静马上回来报告。一天晚上轮到我去寨外检查岗哨，夜幕还没有降临，突然冲上来两个人，抢我的枪，把我按倒在地，掐我的脖子，闷得喘不过气来，我紧握着压在身子下面的十子联手枪，使劲把枪口转向外，"啪"的一声扣响了，同志们赶来，我才得救。第二天，洪队长给我换了一支盒子枪，能自打自退弹壳，又不走火，可方便了。我一直背着它很神气，曾参加过征粮、支前和到地方巩固政权。直到 1952 年调我去合肥上英模学校学习，才把枪上缴。

王老人集地处阜阳东北，很偏僻，是土匪窝。国民党的土匪、特务、大褂子队、反动会道门、地主武装都躲藏在这里。大的土匪头子就有吕家章、三老春、胡继丹、苏五、马老贯等五股，约有四五千人，横行霸道。这里老百姓苦得很，背井离乡四处逃难，粮食都在地主土豪的手里，他们跟土匪都有勾结，我们外出征粮根本找不到人，征不到粮食，还经常被他们打黑枪。征粮进行不下去，征粮工作队就改为"剿匪"工作队。

因为土匪躲藏得很好，游走不定，且当地土匪派系很多，都分散在各个村庄里，所以剿匪的首要工作就是侦察匪情。洪队长总是带队冒着生命危险去侦察，先摸清土匪头子的住处，然后配合部队剿匪，我们很受感动。那时所谓的领导就是带头干，不怕牺牲个人生命。10 月里的一天下午，天已很凉了，洪队长、魏政委和我 3 个人一起去东面侦察匪情，不慎被土匪发现，当时情况十分危急。土匪人很多，从三面包围了我们，而我们后面就是一条大河，没有了退路。只听见枪声四起，土匪们还大喊："弟兄们，他们的人不多，抓活的！"洪队长平时身插两把盒子枪，沉着勇敢很有战斗经验，他叫我们都快趴下沿着红芋沟爬行，一直爬到大河边，在水中的芦苇荡里藏了起来。我不会游泳，且水很深不敢过河，洪队长说："不要怕，我们俩都会游泳。"于是他俩让我双手在头顶上举着我们 3 个人的枪，而他们从两边架着我踩水游泳，才过了大河，深夜才回到寨里。由于当时天已是深秋时节，河水已经很凉，而且在水里浸泡时间又很长，再加上紧张害怕消耗体力过度，这次战斗后，我染上了妇科病，每到经期，肚子疼得在地上打滚，现在还有病根，一到阴雨天全身的关节都很痛，腰腿肌肉痉挛，跳个不停。

寨外的土匪天门道很猖狂，先后派出几个同志去侦察匪情都没回来。我是妇女队长，就要求亲自去侦察匪情，魏政委说："你去也好，你比较细心，观察力强，如果看情况不好就赶快回来，你还带上你自己的十子联手枪，便于隐藏。"我接受任务后，就把自己身上脸上涂得很脏，又剃光了头，化装成要饭的男孩。又把要饭碗打破抹上锅灰，把破篮子的底下抹上粪便，很远都能闻到臭味。我刚走到一个村子旁，远远地看见几个土匪拿着枪朝我走来，我想：坏了，这一下和土匪不期而遇了，怎么办呢？我急中生智把随身带的枪一下子插进路边的一堆还热乎乎的牛粪里，人躲在麦草堆里不敢出来。他们从我身边说笑着走过，没有注意到我。我一个人找到匪窝，还混入匪穴十多天，经常看见集东头的国民党残匪大褂子队和集西头的土匪，在乡村饭店里喝酒、吃饭和吵架。我白天要饭，晚上在草堆里扒个窝就睡。有时还听见过路的人说，"这是谁家的小孩，怎么在这里睡觉，他没有家吗？"一天我去乡村饭店要饭，看见集东头的土匪头子在吃饭时还高声叫着骂我："怎么这么臭，快滚！"我不敢大声说话怕他们听出我是女孩的声音，惹麻烦，就小声说："给点！给点吧！"他们给我半个馒头，说："快滚！臭死了！"于是我就拿着半个馒头回到草窝里边吃边想，怎样才能深入了解到匪情呢。我很着急，走出草堆找线索，只看到各家都关门闭户，没有人出来，只有一家凹进去的大门半开着。我走到门口，一个老奶奶叫我快走开，并说："你怎么敢到这里来！"我说："要饭么，哪里都去的。"她问我从哪里来？我说从黄寨来的，她就叫我进来并把大门关上，把我带到磨坊里，给我拿点吃的。等我说完来意后，她就哭着对我说："我儿媳妇被土匪强奸后自杀了，儿子和老头跟土匪拼死了，就剩下我一个，还要给土匪推磨做饭。"正说着狗叫了起来，只听见几个土匪向院子里走来，老奶奶急忙把我藏在磨盘底下扫驴粪的洞里，又用簸箕把洞盖上。这时我紧握住手枪，担心枪走火。只听见那几个土匪在隔壁房内边吃边大声吹嘘着说："明后天就要攻打黄寨了，我们十几个拜把兄弟每人手下都有千儿八百人，加上国民党大褂子队，天门道的弟兄力量不小啦，准能把他们工作队全干掉。"后来又醉醺醺地说："快吃吧，吃饱喝足死了也是个饱鬼。天不早了我们快走吧。"临走时，还来到磨房门口，对老奶奶说："这点面留给你吃吧！"顺手把一小袋面扔在我头顶上的磨盘上。几个土匪走后，老奶奶把我从磨盘底下叫出来说："快走吧，他们走了。"这时已是半夜，天很黑，我怕暴露目标，不敢站起来走，就在路边上爬，爬过村边几个垃圾堆，从荒田里看到路上确实没人了，才敢站起来跑一段。到黄寨已是深夜，回答了口令，守卫放我进去，大家才为我放下心。政委听了我的汇报，连夜亲自到阜阳城内禀报，调来大部队埋伏在寨周围的村子里，寨内也有埋伏，有情况就用信号弹联系。等了两天没有动静，正在怀疑时，第三天晚上，只见一个白色信号弹冲向夜空，我和队长赶快跑到寨门楼上，看到土匪、残匪举着火把，光着上身，大声喊着"刀枪不入！刀枪不入！"哇哇叫着冲了上来。我们妇女队里有个女队员，是大地主出身的小姐，吓得直哭，哆哆嗦嗦地蹲在墙角内说："我害怕！我要回家（后来魏政委就派人把她送回去了）。"我们寨门前的吊桥早已拉起来，寨门楼上还有机枪扫射，他们冲不过来都掉到寨沟里淹死了，很多人向后跑，后面又有土匪头子用枪督战，他们又向前跑。这时埋伏在各村的解放军战士从四面冲出来，高喊："缴枪不杀！"土匪发现已被解放军包围，才纷纷缴枪投降。这次我们一举肃清了长期横行

▲ 支援淮海战役时加工米用的碾

于这个地区的吕家章等五股土匪主力数千人。次日早上我们收检枪支弹药，其中有八子联、十子联、转盘枪、拐把子枪，长枪、短枪等等各式各样的一些杂牌枪。我发现一支袖珍小手枪很好看，就把它藏在身上，后来被同志们发现，一切缴获要归公，就上缴了。部队把战俘带走，又清理了战场，接着群众都被发动起来了，热火朝天地欢迎我们。群众带着我们把地主老财的粮仓一个个打开。首先我安排解放军把粮仓看管好，然后又组织群众用大车、小车、肩挑把粮食送到阜阳城内存粮站。我们战斗了 20 多天，终于完成了征粮任务，我心里很踏实。就在这时，魏政委和洪队长就要和我们分别了，他们俩是军区派来的，现在又要回豫皖苏军分区了，并把粮食带回去，魏政委说这里的工作队以后由王毅同志负责。我说："洪队长，我把枪还给你吧！"洪队长说："你留着吧！到前线还有用呢。"这时我含着眼泪和他们一一握手告别，魏政委拍着我肩膀说："别哭，要坚强些，后面还有大仗要打呢。你们就跟着部队走吧。"从此后我们又改为随军工作队，部队打到哪里，我们就支援到哪里。

二、围歼黄维兵团

1948 年 11 月初，阜阳地区雨雪交加，天寒地冻。我们随军工作队跟随豫皖苏军区的部队，日夜兼程开赴双堆集地区，我兴奋得忘记了饥寒。到了双堆集南边，我看见到处都是我们的部队，从哪儿赶来的都有。双堆集是因南北有两个土堆而

得名，南面的叫尖谷堆，北面的叫平谷堆，是一片毫无遮蔽的平原。南边临近有几个村庄，早已被国民党军飞机炸成废墟，当地老百姓都跑光了。我们按照部队的要求，在一村子里设立了支前运输队和担架队的中转站。我们随军工作队的同志们都没有安排住处，一直跟随部队深入到最前线的战壕里，和战地指挥员取得联系，随时了解部队需求配合部队作战。

在这一片广阔的旷野里到处摆满了大炮、重机枪和各种重型武器，等待国民党军的到来。为了便于作战，还挖满了纵横交错的战壕和坑道，坑道挖得又深又大，国民党军坦克掉下去就上不来。黄维兵团增援徐州路过这里，被解放军阻击包围。飞机一群群地俯冲下来，一排一排地投炸弹、照明弹、燃烧弹。机枪向地面扫射，大炮轰击，震耳欲聋（我的听力不好，就是那时震坏的），整个战场一片火海。我们伤亡大，子弹消耗也大。支前任务重，只有加紧运送伤员和弹药。但国民党军的子弹如雨点般打来，不能站立，也不敢抬头，我们只好把伤员背在背上爬出战壕，实在爬不动了，就由别人来接，像接力赛那样，一段一段地接力爬，把伤员背到有担架的地方，再送到战地医院。前沿阵地是一大片开阔地，我们工作队带领民兵民工分成很多条路爬向战壕。有时在战壕里我们也参加射击。一个指挥员告诉我，没有子弹了，我就爬出来传话到后方叫快送子弹上来。子弹箱重，就把它放在地上，人也趴在地上推，我腰里栓个带子把枪插在脊背上，推着弹药箱冒着呼啸的子弹，在雨雪泥泞中向战壕里爬送。回来时，有的民工主动背回伤员，启发了我们，后来我们规定都要带伤员回来。面对国民党军疯狂进攻，解放军战士毫无畏惧的精神鼓舞着我们。在国民党军固守待援的时候，解放军为了生存和战斗，为了就地隐蔽，就急中生智，挖交通沟，因挖交通沟可以抵近国民党军的战壕，提高解放军战斗力。每当夜幕降临时，战士们就冒着国民党军的炮火隐蔽地挖交通沟，条条交通沟从四面八方伸向国民党军阵地，距国民党军阵地很近。总攻击开始时，解放军在炮火掩护下突然跃出战壕，出现在国民党军阵地前沿，很快完成突破任务，还俘虏了很多国民党军。在挖交通沟时没有洋镐和镢头，土地又冻根本挖不动，我就爬出战壕用传递消息的方法把情况传到后方，等到工具传过来，我们就爬送到战壕里。在战场上，我们工作队的任务就是在战壕和担架集中地之间带领民工爬送干粮、弹药，回来时爬背伤员。刚开始民兵、民工们把子弹、干粮送到我们阵地时，都是肩扛着冲跑过来的，到阵地后他们不知道具体往哪里去，就在那里站着，他们不知道前沿阵地是枪林弹雨一片火海，国民党军子弹打得很低，容易伤人。我看见这情况，马上命令他们快趴下，教他们把子弹箱放在地上用手推着匍匐前进。

我除了爬送弹药、干粮，爬背伤员外，还要组织支前民工、民兵"归队"，就是挑好的民工补充到战壕里替代受伤牺牲的战士。伤亡越多，我们补充的民工就越多。在组织支前民工、民兵归队时，都要求他们在归队前，首先要把战壕里的伤员运送走。各个地方来的民工、民兵看见我身上背着盒子枪，都很愿意服从我的指挥。

▲ 民兵封锁敌人据点

我们军民一心硬是把国民党军围个水泄不通，国民党军飞机空投的食物大部分都落在我们阵地，使他们没吃没喝，没劲再打仗。匪军饿急了，把枪扔过来和我们换馒头吃，我们就组织运送大量的馒头到战壕里去。因双方战壕相距很近，大声说话都能听见，于是解放军就向他们喊话说："你们都是被抓壮丁抓去的，别再为他们卖命了，快回到我们人民子弟兵队伍里来吧。"广播完，解放军又扔过去很多馒头，到了半夜他们就连人带枪三三两两地跑过来，每天夜里都偷跑过来很多。后来成群结队地跑过来，连军官都跑过来很多。这就需要很多干粮，这时我就快速地传话到后方说，今天夜里国民党军官兵都偷跑过来很多，急需很多干粮。天快亮时只看见成群结队的民工身背着五颜六色的馒头大包，我就问怎么这么多颜色？他们回答说：因为运送的干粮多，没有东西包，广大人民群众就把自己家里的床单、被里被面和男女老少的上衣洗干净拿来包干粮。为了支援淮海战役的决战胜利，民工和广大人民群众不分昼夜地冒着国民党军的枪林弹雨，冒着雨雪交加的恶劣天气，不怕苦不怕累不怕牺牲前仆后继地在泥泞中拼命地向战壕里爬送着所需物资。

我们随军工作队的队员们也是如此，在前沿阵地的火海中，在风雨雪交加的战斗中，也体现了不怕苦不怕累不怕牺牲的精神，饿了吃点干粮，渴了喝点路沟里的水，累急了就坐在地上休息片刻，困急了就坐在地上小睡一会，还经常被炮弹惊醒。在这20多个日日夜夜里，身上的衣服从来都没干过，总是冰泥泥的，有汗水，有冰块，也有泥土。在爬、背中我双腿膝盖骨都磨变了形，现在老了还是凹凸不平，阴雨天就痛。

就这样包围国民党军二十几天，他们想突围，扩大地盘，解放军想压缩包围圈，双方不分昼夜地攻击着，我们也就不停地爬运着。突然一天有人大喊："不打了，我们胜利了。"于是我们从地上爬起来欢呼，胜利了！接着就在原战场上搭个台子开大会，庆祝胜利。台子上有人喊："王毅你也上来！"我站在台子上，看到下面有解放军，还有一大片黑压压的人群。散会后我到处看看，只看见解放军押送着战俘，再走近一看，看见一些蒋匪军的高级军官，个个都是暮气沉沉，灰溜溜地向前走着。接着又来了许多匪军官兵，都饿得走不动了，有的拄着棍，东倒西歪狼狈不堪的样子真令人可笑。后来我又到战场看一看，只看见一些坦克、车辆、大炮等也走不动了，成为一堆废铁。

胜利了，我们工作队的任务完成了，我怀着胜利的心情到阜阳市委报到。市委又分配我们到阜阳回溜集区，开展减租减息、土改、镇反等巩固地方政权的斗争。不久市委通知我，给我记二等功，并送来一个红色立功纪念本。1952年，一天回溜集区区政委申正文对我说："小王，你收拾一下到合肥省委报到去。"申政委的话，意味着我又要离开这个地方了。看到自己身上的这支盒子枪，它跟着我风风雨雨度过了好几年，出尽了风头。我背着它剿匪征粮，在极危险的匪窝里战斗了20多天，最后取得了丰硕战果；我背着它参加淮海战役支前，在枪林弹雨的火海中，赢得了围歼黄维兵团的辉煌胜利；我背着它来到巩固政权的阵地，开展减租减息、土改、镇反等轰轰烈烈的斗争，今天我就要和它分别了，真是依依不舍，无奈只有把它交给申政委啦。申政委也没有手枪，很高兴地接收了，他还给我打了个收条。后来我到位于合肥的安徽省委组织部报到，李世农部长接见了我，很客气，并叫一个姓周的同志送我去合肥德胜门外英模学校上学。在去学校的路上，周同志对我说，李部长说你很勇敢想培养你任省妇联主任，你要好好学呀！从此我离开了工作队。

入校不久，总务主任张家生对我说："王毅，你明天开始吃中灶。"我说："和大家一起吃大灶不是很好吗？"他说："这是组织决定。全校就你一个人和校长吕达夫吃中灶。"

1952年，在合肥，刚入学后不久，安徽省军区在合肥开庆功大会，还特别邀请我这个还在学校里学习的学生去参加，我感到无比光荣，班主任马耀武和同班的同学都很羡慕我。在庆功大会后还举行了大会餐，在酒会上很多部队上的领导我都不认识，但他们都认识我，而且对我印象很深，还主动跑过来和我握手，问我现在在哪里，我说在上学。军区司令员张国华还找着给我敬酒。这是对我在战争年代里艰苦的经历，所给予的肯定。

（作者时任豫皖苏行署随军工作队的妇女队队长）

淮海战役期间固镇市的支前工作

王　涛

　　淮海战役期间，淮北人民在江淮区党委的组织领导下，紧急动员起来，积极配合我野战地方部队围歼、阻击国民党军，在抢修铁路、恢复交通、救护伤员、运送弹药、供给粮草诸方面作出了重大贡献。现就我在固镇市工作期间组织群众支前的有关情况粗略回忆如下：

接受任务　设立粮站

　　1948 年 11 月中旬，淮海战役全面打响之后，驰援徐州国民党军的黄维兵团，被我牵到宿县西南的南坪集一带团团围住。我军同时拿下宿县城，扫清宿县至固镇一线的国民党军，形成对徐海地区国民党军的战略包围，切断了徐蚌之间国民党军的联系，使徐海地区的国民党军成了釜中游鱼、瓮中之鳖，束手待毙。黄维兵团也欲援不能，欲罢不忍。根据战争迅猛发展的形势，为了战争的需要，我江淮区党委决定成立支前办事处，组织群众的支前工作。

　　当时，我在二地委公安处任侦察科长，一天，地委负责同志找我谈话，其主要内容是要我带一个排的兵力到固镇市设立支前粮站，负责前线部队的粮食供应工作。俗话说"兵马未动，粮草先行"，我深知粮食在战争年代的重要和身负此任的责任重大，当时在干部奇缺的情况下，也不好推辞。我就于 11 月下旬带一个保卫排（30 多人枪）赶到固镇。由于当时华野九纵配合饶子健旅已打下灵璧，固镇的国民党军已闻风而逃，所以我们没受到什么阻击就进入市区了。固镇长期属于敌占区，市区刚解放，我方政权尚未建立起来，整个市面上有三多，即散兵游勇多、流氓乞丐多、逃亡地主多，灵璧、泗县以南，五河以西，怀远东北，宿县东南部的土财主、富商豪绅大都携带眷属及浮财逃亡到固镇。因此，固镇人口畸形发展，由原来的 2000 多人猛增至 3 万多人，物价飞涨，粮食供应困难，社会秩序混乱，抢劫、绑架、暗杀事件接连不断，夜晚还可听到零星的枪声。为了维持社会秩序，稳定人心，我们采取了三条措施：一、设立政权；二、开仓济贫；三、收缴遗弃在群众手中的武器弹药。全市设立了解放、新街、洋桥三个镇，通过登记户口、检举坏

▲ 淮海战役期间，支前粮库的米堆积如山

人、盘查过往行人、开仓济贫、收缴武器、遣送外籍人口等措施，基本压缩了全市人口，稳定了社会局势。接着我们又在火车站设立了兵运粮站。粮食都是苏北、山东、泗五灵凤县、泗南、河北等老解放区人民肩挑、手推、驴驮转运过来的。开始没有油吃，经调查了解得知固镇洋行有一部分食油，因淮海战役打响后，铁路交通中断，没能运走，于是经研究决定先借洋行的食油用。几部平板车，到洋行拉了几百斤，解决了食油问题。当时，我们也没有固定的供应对象，哪个部队来，持连以上单位证明，打个借条或收据就将食油领走了。有华野的九纵、十一纵、十三纵等部队。当时部队供应的 80% 是小米、高粱等粗粮，记得中野某个纵队想多搞点细粮，我们考虑到前方战士爬冰卧雪、浴血奋战，十分艰苦，没有强健的身体怎么能行呢？于是我们研究决定从后方机关的供给中缩减调剂点给他们。最后我们以 50% 的细粮供应给该部队。该部队来领粮的同志激动地表示：一定要以多杀敌人的优异成绩来报答后方同志的关怀和支持。由于我们粮站供应工作做得好，受到了有关部队及区党委的表扬。当时我们每天要接收上百万斤军粮，接待千百名送粮的群众和来领粮的同志，工作繁忙而紧张，劳动强度大，虽然很累，但心情很愉快，因为我们进行的是前所未有的伟大事业，看到从战场上押下来的一队队俘虏，想着千百万群众从国民党军统治下拯救出来，认识到蒋家王朝的统治不会太长了，心里感到由衷的高兴。1949 年的元旦我们就是在固镇度过的。

灵活机动　追歼逃跑的国民党军

淮海战役已近尾声，蒋军胡琏兵团一部八九百人从淮海战场溃退南逃，他们

▲ 民兵配合部队侦察地形

得知固镇驻有解放军兵站，不敢沿铁路线逃窜，而是从清凉、仲兴、石湖绕道避开固镇潜行南逃。解放军刘邓大军一个营兵力跟踪追击，终因连续作战、部队减员过半，又加之得不到休息，将士十分疲惫，与国民党军拉开了一定距离。待解放军追击部队赶到固镇时，国民党军已越过浍河，先锋已达澥河，并在潜逃过程中将泗五灵凤县县委书记吴汝宏和一个文书挟持走了。吴及文书是从五河赶往固镇，途经石湖住宿被国民党军挟持走的。吴是淮北人，一身农民装束，自称是老百姓，没引起国民党军怀疑，在行军途中乘敌不意溜走了。而那位文书，因高度近视，戴一副眼镜，一副知识分子模样，国民党军以为是我重要干部，就重点看管，将其带到蚌埠枪杀了，并声称逮到的是我们一位县长。当我听到这一消息时，建议追击部队停下来休息，接替我们看守粮站，由我们看守排追歼逃跑的国民党军，但终因当时供应任务太紧张，在讨论研究时拖延了时间，没有及时地追上敌人，致使其一部渡过澥河南逃蚌埠，一部被我追击部队缴械。至今回想起来，没能全歼该部引为憾事。

发动组织群众　抢修铁路恢复交通

淮海战役前期，为了阻止徐州的国民党军南逃，防御蚌埠国民党军北援，淮北人民在地方军和民兵的配合下将蚌埠至徐州一线的铁路破坏殆尽，使国民党军交通中断，不能南逃北援。淮海战役后期，为了适应战争的需要，必须尽快地将铁路交通恢复起来，以便把华北、山东等老根据地的物资尽快地运往战争前线。江淮区党委决定尽快地修复铁路，恢复交通，并把修复宿固段的任务交与固镇市。在当时一无交通工具，二无起重设备，三无技术力量的情况下，尽快地修复铁路，困难确实是很大的，且在扒路时，铁轨枕木已经散失，道钉也不齐全。但时间不

▲ 工友们冒严寒抢修铁路

等人，于是我们就召开全市群众大会，号召群众献计献策，捐献道钉枕木。

大家一致认为：铁路是发动群众扒的，相信群众一定能将它修复起来。于是我们将修路任务分到各个村、镇，奖励群众将扒路时散失的枕木、道钉捐献出来，枕木不够，就砍伐够料的树木，道钉不够，就发动铁匠支起火炉打道钉。起先，有些群众想不通，认为以前扒路怎么现在又修了呢？我们就耐心细致地做思想工作，说以前扒是为了阻断国民党军交通，阻止国民党军逃跑，现在修则是为了恢复交通，尽快地消灭他们，并解释说，这次铁路修好以后，就属于我们自己的了。

群众思想做通了以后，干劲也就来了，一个自然村，几十个人，套上10多头耕牛，用大牛绳（粗绳）拴住十几米长的一段铁轨，一声号子，人畜齐用力，牛拉、人撬就将铁轨从路基下拖上路基确定位置，砸上道钉。固镇东站两位工人，将收藏的100多根枕木完好无损地捐献出来，得到市里的表扬。在修路时，国民党军飞机

▲ 为保证军运畅通，解放区人民4天完成茅村大桥的抢修任务

经常来袭击修路群众。于是我们就派上武装岗哨，监视飞机动向，并动员群众在路基两旁挖了防空洞，飞机从东面来了，就蹲路基西面的防空洞，飞机从西面来了，就蹲路基东面的防空洞。国民党军一走，马上就出来工作。有时白天飞机活动频繁，就白天休息，黄昏时上工，一直干到天亮。就这样，军民齐心协力，日夜奋战，加速了修路进程，终于按时完成了修路任务。在修路过程中，涌现出许多劳动模范和先进人物。我记得解放军某部七师来了个工程师，做业务指导，我每天陪着他坐轧道车，来回检查巡视，在抢修路段上，检查验收修路质量，确保铁路按时通车。

接受新任务　奔赴新战场

淮海战役结束后，我中原、华东野战军兵驻淮河北岸，形成对蚌埠国民党军的包围，而蚌埠国民党军刘汝明、李延年二兵团封锁了淮河，收缴了全部船只，企图借淮河与解放军顽抗。我江淮二地委针对蚌埠指日可下的形势，召开紧急会议，研究如何保护蚌埠铁路大桥以及供水、供电等设施不被国民党军破坏，想叫我到蚌埠工作，但终因当时兵站工作没人接替而耽搁下来，于是就派来宋明高同志化装潜入蚌埠，与蚌埠地下党取得联系，开展护桥、护厂等斗争，而我也于1949年3月因工作需要调回二地委，奔赴新的工作岗位。

（作者时任鲁中二地委公安处侦察科长）

无形战线

钱树岩

绪言

1946 年 1 月 10 日，中国共产党代表和蒋介石国民党政府代表在重庆共同商定《关于停止军事冲突的协定》。这个协定规定双方军队应在 1 月 13 日午夜就各自位置上停止军事行动。但是蒋介石实际上是以这个停战协定作为布置大战的幌子，在停战令下达的同时，即命令国民党军队"抢占战略要点"，接着又不断地调动军队向解放区进攻，到 7 月蒋介石便公开撕毁了停战协定，向解放区发动了全面进攻。

徐州地处津浦、陇海铁路交叉点，古称五省通衢，历来为兵家必争之地。蒋介石重用亲信顾祝同坐镇徐州。顾祝同原为国民党第三战区司令长官，是"皖南事变"的罪魁，这时是陆军总司令兼徐州绥靖公署主任，陈兵 60 万，调兵遣将杀气腾腾。

就在这个时候，我和侯五嫂——袁洁如同志先后出了国民党军监狱，医治创伤继续战斗，执行了党交给的任务：打入国民党军心脏，把军事情报转送到根据地，即华东野战军敌工部。下面是我回忆的片断：

甩掉尾巴

1946 年 4 月，军调小组来到徐州执行任务，顾祝同做出点样子，从青年招待所（秘密监狱）里释放几个共产党"嫌疑分子"应付门面，我就在这个时候被保释出狱。我按照狱中支部的指示怀着兴奋的心情即将奔赴解放区，谁知第二天就有个不速之客来到我家，两眼乱瞅好像在发现什么秘密似的，他是福建人，说着生硬的官话找我聊天，每天必临。原来那些特务们，在法庭上得不到的东西仍妄想寄托在他们的特务侦察上。这使我提高了警惕，下决心要把他甩掉。白天我到我叔父那里去。我叔父钱云五是上海《新闻报》驻徐州记者，他曾在抗日战争前和姜煦初、陈凌亚创办过《徐州民报》，日本投降后准备复刊，地址在现在大同街人民舞台，原来叫益智社。这是我落脚的地方，我在这里帮助报社采访新闻，写稿件。那时也认识了许多报界人士，姜煦初向我说："干这个（记者）是个无冕皇上，到哪里人家都高看一眼。"他还向我讲："写新闻有四个要点，就是确、要、详、速，还有四个字就是真、善、美、诚。"我心里想我不是干这个的，也就是事急且相随吧。后来，我就印了一个《徐州民报》社记者钱树岩的名片。那个不速之客见了我的名片，似乎完成了他的任务，他说："你有高就了。"我向他表示：你们有什么新闻我可去采访采访。他怕我真的去采访，后来就不再见面了。其时，我对这个不速之客也进行了反侦察，采用了尾随跟踪的办法，弄清了他是原三战区顾祝同的中央调查统计室的情报员，他"派司"上的名字是杨郑秦，是用三个姓拼起来的，他的住所有秘密电台，就在户部山东巷路南一家黑漆大门里。

探监告别

国民党反动派不断变换手法，但万变不离其宗。军调小组离开徐州不久，青年招待所改头换面成立了青年训导大队，扩大了编制，大队以下设三个中队，增加了特工人员。随着蒋介石打内战规模的扩大，送押的人数增加到300多人，原来河清路八号无法容纳，又迁到袁桥段家花园旧址。这里还遗留有日本樱花肥皂厂的厂房和仓库，以及堆积的牛骨头，院内一片烂苇塘，墙上铁丝网密布，监号岗卫重重。这里的"囚犯"都是我朝夕相处的难友们，我身在墙外心在墙里，按照党的指示我急速要到解放区，出狱已14天了，急躁心情包裹控制着我。5月1日那天，我换了一身烫过的白西装重临监狱，来到警卫连门前看见了魏班长。魏班长叫魏镇山，河南人，行伍出身讲义气，在看管我们的警卫连里数他是同情者。我给他带去两包香烟，要求看看难友，我说："这是石随风家里给捎的。"他很慷慨地说："你别进去，我把他找来。"我就在这个进大门的看守室见了石西岩同志（化名石随风），并把捎去的一包牛肉交给他，这是我们的暗号，就是要去根据地了。我心里千言万语只迸出两句话："你要保重。我走了。"

接上关系

第二天天不亮，我到土山范北巷七号侯五嫂家里，五嫂还没出监狱，五哥侯本德同志已把行装给我准备好了。我换上了他的黑布大褂，穿的是一双圆口布鞋，用毛巾包两块烧纸（幂币），五哥又给我找了顶帽子戴着。他指着"交通"叫我"随他后边走，隔远些不要说话"。这个"交通"比我大，年纪在 30 上下，农民打扮，一路上我们相距一箭之地。街上除了赶早市的小贩，店铺还没开门，我们下了南天桥过了响山空，太阳才高了起来。前边是盘查哨所，站岗的在五步开外就问哪里去，我说："俺上前庄姥娘家烧纸的。"我走上前去把白布条印的"良民证"交他看了，又把早已预备好的两包香烟送他手里说："班长留你吸吧！"他把手一摆说："走。"我过了哨所紧走几步看见"交通"挎着篮子正慢慢前行，我的心里豁然如释重负。沿途公路两旁麦棵老高，远处炊烟上升，村庄国民党驻军杂乱，有的在挑水做饭。我遥遥跟着"交通"转入小道后加快速度，晌午时分转入交通沟隐蔽前进，到南胡庄子进入了解放区。村口有拿长杆枪头的儿童团，我的眼湿润了，只觉得泥土芳香，草木可亲。"交通"把我送到村政府，交待了任务他就走了。虽然战争年代过去了，这个"交通"叫什么名字我一直不知道。村长牵了一头驴子叫儿童团长闫世仁把我送到了薛家湖，就是我们边沿机关敌工部驻地。

组织指示

敌工部属华东野战军领导，设在地主薛继元的大院里，墙外用红土写的标语"执行停战协定"、"开展军民大生产"。墙上还挂着识字的小黑板，上面用粉笔写着"耕者有其田"。太阳西落，组织部长邵晓平接待了我，还有敌工部长廖卓之。邵晓平同志是我小时的老师，1932 年参加过薛湖暴动，后来就地发展了武装，他依稀记得我小时候的模样，紧紧地握着我的手说："你们受苦了。"我的泪水像断线串珠再也止不住了。他穿着蓝色的土布褂子，挎着盒子枪。我把组织关系从衣缝里取出，汇报了狱中情况以及反映了进步青年张西平、吴秀峰这些老同学的接触情况。他安排我在那个东屋住下，单给我做的白面馍和炒的鸡蛋。我想在狱中的难友石西岩、王剑一、五嫂、世君他们也到这里有多好啊！为了当时敌我斗争的需要，组织决定叫我们回城市，利用合法身份搜集各种情报，了解国民党军的活动，还给我 15 块银元。

打入内部

1946 年 6 月，蒋介石用美式装备准备了打内战的本钱，发动了全国大规模的反革命战争。他认为 3 个月到 6 个月就可以打败共产党。在军事上对徐州作了重新布置，把顾祝同调回南京当陆军总司令，徐州绥靖公署由薛岳接替。薛岳字伯陵，原为国民党第六战区司令长官，少壮派，上将衔，部属多湖南人。原来这里的主要官员随顾祝同调往南京，下属各处小官佐也有变动，这是国民党的老传统——"一朝天子一朝臣"。当时，我以《民报》记者身份搜集新闻材料，搞个"新闻素材"随时了解军事情况，社会接触较多。一天下午，我到坝子街找一个姓陈的朋友，他开佑民诊所，得知徐州绥靖公署要招考一个文书人员。这个消息是一个军官叫潘惟淦透露的，潘是江西铅山人，因患花柳病在这个诊所打针，经常拖欠药费，因此与诊所有了来往。我按照党的指示："伺机打入国民党军内部。"这正是机会，便让陈扬甫（陈雨田）向姓潘的推荐了我。一过几天没消息，6 月天长我等得焦心，根据陈所提示的线索，直接找到大马路大同旅馆的后院姓潘的家里，带去两盒点心表示看看他的病。潘见我是个青年，热诚，愿做个朋友，他说："你写个履历片交给我吧。"每天晚上我都去候消息，又给他小女儿榴儿买糖果，他给我写个便条叫我到军务处找一个姓傅的军官。我不敢怠慢，在一个早晨我穿上西装，换上皮鞋，拿着这个便条到文亭街"徐州绥靖公署"。在传信排说明来意，传令兵引我进了大院，穿过大礼堂向西转，来到一个大厅。时间不长，姓傅的把我叫到西屋去见处长，此人中将衔，就是军务处长饶少伟。他两眼瞪着问我："哪里人？"我说："祖居徐州。""上过什么学校？"我答："在后方上过国立二十一中。"他又翻开卷宗拿着我的履历片问："你干过什么？"我说："原来是第五战区李宗仁部下。"看来他有点意思，当场叫我写一篇自传（能用毛笔），我对这个不感困难。写好后又叫默写总理遗嘱（孙中山的遗嘱）。没等下班我都交了卷。过了几天通知我去上班，职务为军务处司书，并让我找两家殷实店铺担保。这年冬天，这位中将处长调往整编第四师出任师长，我是军务处的一员，也参加了在大同街致美楼的欢送宴会。

单线领导

在国民党军的疯狂进攻下，我们的机关华东军区敌工部不断转移，国民党军封锁交通，各检查哨所增加了宪兵和警备司令部的女检查员。侯五嫂出发一去两三天才能回来，有一次我们机关东撤到沙沟，她摸黑走到半夜才找到机关。为了情报及时地传递，组织上又派王兆轩和侯五嫂接头，不发生横的关系，属侯五嫂单线领导。王兆轩是三十里庙人，家住徐州北关，忠诚可靠，路径熟悉。五嫂交给他任务都在约定地点。其中庆云桥西边小饭铺都编上了联络号码。第一次接头是一号饭铺，第二次接头是二号饭铺。五嫂挎着篮子卖肥皂时，王兆轩就把情报"买"了回去。王兆轩送信都是挑着小挑子，放的香烟、肥皂、火柴等杂货。他回城就捎来生姜、大蒜、辣椒等干货。我住少华街醒华巷23号，巷深僻静，五嫂小孩憨子就成了我的小交通。他背着书包一早一晚到我家就把情报取走。薛岳上任后第一号训令《剿匪手册》还没发出，我们就转送到了解放区。侯五嫂住土山，朱伯平一进城我们就碰头，我都喊他表哥。为了工作方便，我把行李搬进了绥靖公署军务处宿舍，和书记住在一起，当时我家庭环境为之一变，原来我蹲监牢的低沉空气一扫而净。军务处的上校主任左仁球、参谋陈子琰、书记官朱亦宾也来我家做客。我也和这些军官们打麻将，到空军俱乐部去跳舞。星期天也请他们去吃饭。

提高警惕

我在军务处办公室，是唯一的外伙军官，早饭号声一响这些官兵们纷纷走向前院饭堂就餐，只有我一人在办公室。我们办公室窗下是中尉收发的座位，这位收发姓谭，说湖南宁乡土话，大家都听不懂他的话，他也听不懂别人的语言。他为了收发便利，搞了一大张各兵团、各整编师行军驻地表挂在墙上。那次开饭趁人走完，我用最快速度抄写这个番号驻地，突然勤务兵江西老兵走过来问我"没有卡（吃）饭"，他的突然的出现使我的心差点跳了出来，幸亏没有露出马脚。为了更重要的任务我的行动要格外小心。这里军事秘密分为四级：一级是密件，二级是机密件，三级是绝密件，四级是绝对机密件。这对我来说却是个很好的标记。因为我晚上加班工作，军务处年终考绩我还得个传令嘉奖。

顺手牵羊

徐州绥靖公署分八大处，我在军务处办公室。这里分三个科一个办公室。一科是人事科，管辖整编师各团长以下的任免；二科对各整编师的人马点验；三科管兵源补充。其中主管兵源补充的是少校参谋唐振文。唐是湖南长沙人，每月将徐州所辖各兵团整编师的人马统计上报国防部和联勤总部，这个统计数字就是他们发军饷拨给养的根据。各整编师的"长官"就怕核实自己虚报人马数，千方百计上门"进贡"（行贿）。当时驻徐留守的官员散居在市内经营自己的安乐窝。我院的房东招来一个新房客是整编十一师少校军需易德成，他知道我是绥靖公署的人便登门拜访，拜托我摆平对整编十一师的核减之事。我一手把两家，向唐参谋"说情"并给他捎去法币 100 万元，这是一个晚上在姓唐的家里成交的。这次接触，我和他有了特殊关系，他每次对报表计算都找我帮助。我算的数字都是一遍成功。这个人马统计在原来是复写上报的，为了我们的工作需要，我改用钢板刻印。专司油印的是小鬼杨勤政，是个下士油印兵。我不断帮助他油印和装订，建立了私人的感情，他印的材料我总是要一份，他一直不知道我的作用。

薛岳撤职

1947 年初春前后，徐州绥靖公署主任薛岳奉蒋介石的命令对鲁南发动了重点进攻，与向陕甘宁进攻的胡宗南遥相呼应。但是薛岳的军队接连遭到败绩。1946年 12 月宿北战役薛岳军队主力被歼，1947 年 1 月鲁南战役他丢掉整编四十六师和一个快速纵队，同年 2 月莱芜战役又遭惨败。国民党的《国民日报》对薛岳大加抨击，说他"刚愎自用"，蒋介石削去他的兵权。他在绥靖公署大礼堂最后一次纪念周例会上蓬松着头发，虽是上将军衔却没有初上任时那样神气了，以沉痛的语气向全体军官训话："我薛岳来徐州废寝忘食忠于党国，在指挥上没有失策，胜败乃兵家常事，想不到国人对我横加指责。"1947 年 5 月他被调到南京当参军长去了。徐州绥靖公署内部又是一阵纷乱，薛岳的人有一部分资遣回家，顾祝同再来徐州。

特务下场

1947 年 3 月 1 日，顾祝同把原来徐州绥靖公署的名称改为"陆军总司令徐州司令部"，顾祝同身兼两职，既署理全国军事又指挥徐州部队，南京陆军总部的官员耀武扬威又来到徐州。各处人员大换班，连下边机构名称也改变了。我官小职微也没有人来争，仍在军务处。这个处改为第一处，原来情报处改为第二处，参谋处改为第三处，交通处改为第四处，政治部改为新闻处，内设新闻室，这与国民党国防部的建制统一了口径。其余总务处、军法处、联秘处保留原称。随着内战扩大，警备司令部实行宵禁和晚上戒严，还不断搞军宪警联合突击大检查。我把自己住的西屋门贴上"本部军官住宅"的字条，用陆军总司令部信笺加盖了第一处的方印，保长另眼看待，检查人也是望而止步。时在初夏傍晚，我在门前庭院突然与韩馨山狭路相逢。韩是国民党中统局徐海室副主任，阴险毒辣，曾在特别法庭亲自审讯我，是这个"奸匪"案的主审官。这时他身穿藏青色中山装，还是透着两只凶眼，我和他四目相对，即向他打个招呼并引入屋内上座。他见我一身军装又佩戴"陆总徐"的证章，屋里陈设一新，灯光照射，略有点诧异。我问："韩主任最近贵干？"他说："做点小生意。"我说："还应当为党国效力？"他说："力不从心。"他问我："石先生哪里去了（指石西岩）？"我说："打那就没见，不知生死如何。"他说："马列主义是外国的，以前我也信过，它不合我们的国情。"我说："这些我没听说过。"从此再没有见过他。原来他因贪污过多早被革职，与我那前院一家姓杨的人称杨副官的军官同是沛县人，他们合伙贩毒（海洛因俗称白面）。事隔一年乱世多变，人事已非，经我多方打听得知他住一个同事家里，后来连姓杨的也搬到那里去了，即钥匙巷里路北一家大杂院，徐州没解放我去走访，已人去房空，他至今尚未归案。

截取情报

顾祝同坐镇徐州又是一番调兵遣将筹划于室内，为了结合署理全国军机，他把自己的旧部从南京总司令部调来徐州。新任第一处处长许午言是顾的亲信干将。一天下午 3 点，许午言向我直接交办一个"速件"——《长江以北西至潼关实力部署》要我抄写直接交给他。因为我的毛笔字在第一处有正规无错又快的声誉，呈阅总司令的抄件多落在我的笔下。这个速件不到下班时间就交了卷，本来许午言要面呈顾祝同，已到开饭时间他就顺手放在红色卷宗里了。这样的材料我不能失之交臂，但是间不容发，我思想一动，心里怦怦直跳，官员们去就餐，我收拾办公桌的纸笔，趁处长办公室未锁急速翻开他的红卷宗，我将底稿塞进了口袋，一想不妥又放了进去。仓仓促促怕有人看见，便迅速关门走了。晚饭后还有勤务兵值班，我等得焦心，索性回宿舍放下帐子想了个"夜袭"的办法。直到挂钟响了10下才听到处长的吉普车开走的声音。我潜身来到他的办公室，用暗锁钥匙打开了门，借着窗外的电灯光，看清了红色卷宗里底稿还在，我的心再也静不下来了，拿了底稿没回宿舍就匆匆地回家了。我用钢笔将文件抄在双料道林纸上，天刚亮就把这个底稿又归了"红卷"。那时我们根据地已转移到西北单县和砀山北中间的寇庄。朱伯平同志以叔嫂的身份送侯五嫂"走娘家"，装了两盒点心挎着篮子送走了"礼物"，后来朱伯平同志给我带来了一封密信，是用关金券（国民党一种纸币）写的。我用碘酒擦出两行字："林山：送来材料受到中央军委电报表扬，希你继续努力。×××（林山是我地下代号，×××是华东野战军联络部外线工作组）"原来这个"实力部署"是经邵晓平同志看过又翻印的。当时送到华东军区和山东分区，还专报到中央军委政策研究室。

蒋介石来徐

1947年秋天，华东野战军打破了国民党军对山东的重点进攻。晋冀鲁豫的太岳兵团由晋南强渡黄河挺进豫西，孤立洛阳威逼潼关。蒋介石慌了手脚，亲自来到徐州。那是冬天11月，徐州司令部的副官们急忙派出一个警卫连，用汽车到黄河堤外拉来黄土，把辕门内外有碍观瞻的破砖烂瓦污水臭沟盖在下面，大礼堂的两排抱柱和南北两面玻璃门大合窗，都刷上了朱红油漆，主席台上的"忠孝仁爱、信义和平"八个大字也以旧换新，由大门到总司令办公厅增设五道岗和短枪卫士。过了晌午，各绥靖区和兵团司令齐集后，顾祝同准备晚宴以示接风。冬季天短，6点钟天已落黑，总部大礼堂吊灯明亮如同白昼，下边是白瓷砖铺地，礼堂中心摆了一排4个大圆桌，在白色的桌布上放满了威士忌和香槟酒。调来的花园饭店的厨师们，都穿着白色上衣，用汽车送来京津大菜。军乐队一阵吹奏，蒋介石从北面甬道进入礼堂，后面跟着陆军总司令顾祝同，徐州司令部参谋长章毓金、秘书长刘子清、办公厅主任郭一予。各绥靖区、兵团司令陆续到齐。蒋介石面东而坐，其余依次入席。顾祝同立正举杯向蒋介石祝酒，这些官长们"唰"的一声起立举杯。蒋介石双目环视一周说："为党国的生存，生灵免遭涂炭，请各位干杯！"各长官们一饮而尽，一齐落座。蒋介

▲ 淮海战役时期徐州花园饭店

石正襟危坐向部下致简短训词："诸兄是国家干城，为本人重托，要为党国效忠戡平叛乱。"顾祝同侧目窥视蒋介石面色深沉不敢多言，只有杯盘交响，时起嘈杂哄笑之声。酒酣耳热，残肴殆尽，东墙壁上大挂钟已鸣 9 下，蒋介石在顾祝同的陪同下，卫士长尾随其后离开了礼堂，在一条条汽车的光束中送走了这些"贵宾们"。

军事会议

蒋介石在徐州开了两天军事会议，总司令办公厅抽调各处司书刻写会议议案，我是一处抽去的。一处分的是兵源补充类，开头议案是拟订征兵百万训练新旅，在徐州增设士兵补训队编制，成立军官训练处。接着是加紧军、师、团管区的强制征兵法案，还有其他议案，如"为了挽回官兵士气低落拟在军队设立营妓案"等。总司令办公厅忙了一个通宵订了一本"绝对机密"件送达南京，一场军事会议就此结束。

国民党军哀鸣

1948 年夏天，刘邓大军穿过蒋介石的"外壕"黄河，越过了他们的"铁丝网"陇海路长趋"内壕"长江，山东战场大部解放，蒋介石后方空虚，紧急收缩，顾祝同匆忙跑回南京，徐州败局已定，8 月调刘峙来徐州接任。刘峙外号"长跑将军"，他这次不愿再承担"长跑"罪责，迟迟不到职。军机文件是参谋长李树正签发，

司令部内部陷于混乱，长官们纷纷把家属搬迁至江南。刘峙个子肥胖，两撇小胡，旧式军人模样，到8月5日才来徐州接任。原来陆军总部徐州司令部已经名不符实。8月份开始换了"徐州'剿匪'总司令部"大印，简称"徐州剿总"。刘峙接任不久就发出了求援哀鸣，以刘峙署名上报国防部谓"中原决战我军大捷，消灭共军十万，现其主力有流窜黄河以北模样，速派劲旅，中原决战大体可定"。蒋介石四顾不暇，只有空言应付，回电略谓："应提挈全军，激励部署，勇猛进剿，以竟全功。"10月情况突变，刘峙准备再跑，命令各处机要文件齐集空运蚌埠，并由各处派一名书记官随往，设立徐州"剿总"蚌埠前进指挥所。秋末一个下午，侯五嫂从根据地回来了，给我捎来一张林肯头的5元美钞，说是组织上给我的奖励。晚上我和朱伯平在五嫂家碰了头，按照党的指示："保护城市，防止敌人的破坏。"我们已看到黎明的曙光。

徐州解放

国民党徐州警备司令部的戒严令提前了，晚饭后街上不见行人，只有汽车军运来往。新闻处还在布置庆祝所谓"东线大捷"，徐州"剿总"部晚上组织戏班唱戏稳定军心。11月

▲ 人民解放军进驻徐州

下旬，总务处副官室照例把各办公室过冬的炉子、烟筒、暖帘按时准备齐全。在冬季到来的时候，各处办公室的军官们团团围坐在炉旁，无心再看二处每日战报的密件，只是下意识地把一卷一卷的文件投入火炉，在熊熊的炉火中迎来了1948年12月1日的徐州解放。

（作者时任徐州"剿总"总司令部第一处少尉司书，是新四军淮北区党委徐州工作委员会派往国民党内部的地下工作者）

淮海战役工程保障

朱 钧

　　淮海战役，是中国人民解放战争中人民解放军同国民党军进行战略决战的一次重大战役。这次战役共歼灭国民党军55.5万余人，歼灭国民党军之多为我军战争史上罕见。在中央军委、总前委、华东野战军、中原野战军和华东局、中原局、华北局及各级支前机构的组织指挥下，野战军、地方军和广大人民群众齐动手，大打工程保障的人民战争，完成了大量工程保障任务，对保障战役的胜利起了重要作用。现将淮海战役的工程保障分四个方面略述如下。

一、修路架桥，保障解放军机动和前送后送

　　淮海战役是以大规模运动战开始的。战役开始后，华野各纵队从鲁南分路齐头向徐州以东陇海路插进，拦截黄百韬兵团，不让其向徐州靠拢。这是完成中间突破，保证战役第一阶段胜利的重心。全体指战员响应华野前委"敌人跑到哪里，坚决追到哪里"的号召，日夜不停地追击。道路，特别是桥梁，是保障解放军追击国民党军的重要条件。过去被称为洪水走廊的沂河、运河两岸，沟渠河汊较多，为了不影响解放军运动速度，中共邳县县委遵照苏北支前司令部指示，在7个区动员3500多名民工，组成7个架桥队，在7条河上同时架桥，苦战3昼夜架通了桥梁，保障了解放军迅速机动。在追击黄百韬兵团六十三军时，华野九纵"潍县团"追到堰头镇近郊时，被一条十多米宽的河流挡住去路。堰头镇有国民党军2000多人，为了迅速歼灭他们，"潍县团"三连一排副排长率领9名战士，在火力掩护下，奋勇跳入河中，不顾天寒水冷，用肩膀、双手支撑起两架木梯，搭起了一座"十人桥"，保障全营渡河，配合兄弟部队全歼了堰头镇的国民党军。中野在攻击宿县时，国民党军将护城河上的桥梁破坏。护城河宽十多米，水深没顶，给攻城带来很大困难。我主攻西门的三纵九旅，冒着国民党军的炮火，以极短时间完成敌前

▲ 民工冒严寒在急浪中架设大桥

架桥，保障部队攻城，歼灭了国民党军。

淮海战役是大兵团作战，粮食弹药前送，伤员后送，对道路依赖性增大。我参战部队加上民工，仅粮食一项每天需 400 万斤。淮海地区由于国民党军长期掠夺和连年水患，人民群众生活贫苦，粮食不能就地补给，需从山东、江苏、安徽、河南、河北五省筹集前送。在战役前和战役中铁路已被破坏。解放军铁路员工和铁路沿线人民群众为了保障铁路畅通，在"抢修铁路，支援前线"的口号下，冒着严寒日夜奋战，据不完全统计，战役期间共抢修铁路 100 公里、桥梁 68 座、涵洞 228 个。战役发起的当天商丘解放，开封两万人的铁路工程队连夜赶到民权修铺路轨，在徐州解放的第二天火车便通到徐州。兖州—临城铁路遭国民党军严重破坏，修复这段铁路需枕木 17 万根、夹板 2.5 万副、道钉 75 万个。在材料奇缺的情况下，铁路沿线人民踊跃应征木材，就地加工，用各种运输工具运送枕木，组织 240 多个铁匠炉，夜以继日地赶做夹板、道钉。铁路员工和铁路沿线人民齐动手，用 40 天时间即修复通车。杜聿明集团在逃离徐州前夕，派飞机将茅村铁桥炸毁了 8 个孔，刚获解放的徐州铁路员工日夜奋战，仅三天半时间即修复。徐州解放不到 20 天，东到新安镇，西迄洛阳，南抵宿县，北达济南的陇海路和津浦路即通车，大量物资源源不断地运往前方。

在抢修铁路的同时，大力抢修公路。鲁中南地区人民群众，在一个月时间里修公路 650 公里、大路 48 公里、迂回路 99 处、桥梁 380 座。苏北淮海、盐阜两区数十万人民群众，两个月中修公路 475 公里、大路 185 公里、桥梁 150 座。叶挺城接受敲碎砖 30 万筐任务，全城 36000 多户就有 31000 多户参加。战役发起后，华东地区建立了从鲁中南到苏北和从苏北到皖北 7 条运输干线。这 7 条运输干线，随着战役的发展不断延伸或改变。华东地区百万民工，日夜奔走在这些干线上送粮送弹，保证了前线作战的需要。中原军区后勤司令部建立了 3 条纵向运输干线，保障了前送后送。

二、实施破坏作业，迟滞国民党军机动和运输补给

战役开始后第三天，华野了解到黄百韬兵团已向西撤逃，立即命令各部以猛烈动作迅速截歼，同时豫皖苏军区部队迅速破击徐州段铁路，迟滞黄百韬兵团西撤。为了截断徐州—蚌埠国民党军的联系，切断国民党军唯一的交通补给线，11月11日夜，中野主力南进宿县，另以一个旅进至夹沟地区破路。11月15日在中野攻占宿县的同时，豫皖苏等地方部队占领了固镇，并破击了曹村至固镇之间100多公里铁路，完成了对徐州的战略包围。在黄维兵团兼程东进增援徐州时，我豫皖苏、桐柏、江汉等地方部队，在黄维兵团必经之路上破坏道路、桥梁，配合中野两个纵队及地方部队一部的尾击、侧击，迟滞其行动，为迂回拦阻黄维兵团前进争取了时间。

三、构筑工事，保障解放军隐蔽安全

淮海战役中解放军进行了大规模的阵地防御战，依托工事击退国民党军的进攻。黄百韬兵团被包围在碾庄地区后，解放军部署8个纵队阻援和打援。担任正面阻击徐州东援国民党军任务的七、十、十一纵队，遵照命令于11月11日晚进至预定位置，利用有利地形构筑工事，准备阻击由徐州东援的国民党军。12日，邱清泉、李弥两兵团共12个师东援。解放军依托工事顽强抗击，击退了国民党军在飞机、大炮、坦克掩护下的轮番攻击，保障了围歼兵团作战的顺

▲ 战地群众自动送木料帮助解放军构筑工事

利进行。在徐州以南，我军以 8 个纵队构筑阻击阵地，我阻击部队依托工事，击退了国民党军的猛烈攻击，粉碎了徐州国民党军南下打通徐蚌交通线的计划。为了保障中野围歼黄维兵团，我军在蚌埠以北构筑阵地，阻击李延年、刘汝明两兵团由蚌埠北犯，使其不能与黄维兵团会合。11 月 28 日，杜聿明飞抵南京与蒋介石商谈作战计划时，也承认解放军南北两面均构筑有坚固纵深工事，国民党徐蚌各兵团进展迟缓，如继续攻击，旷日持久，徒增伤亡，不可能达到与黄维会师的目的。解放军在包围杜聿明集团时，各部队构筑了多层纵深阵地，防堵他们突窜。蒋介石要杜聿明在空军掩护下突围，杜聿明从航空照片上发现，解放军在四面有 4 至 7 道堑壕，自己已被重重包围。

淮海战役是以大规模的阵地进攻战结束的。在进攻战斗中，解放军进行了对壕作业。黄百韬兵团被解放军包围后，多次突围未成，便依托村庄，加固原有工事，防守待援。最初，解放军有的部队在国民党军占领工事的情况下，仍按运动之敌打，猛打猛冲，伤亡不小，进展不大。华野首长及时总结攻坚作战的经验教训，针对国民党军村落防守的特点，及时改变战术，利用夜间进行对壕作业，隐蔽接近国民党军，插入各村之间，逐点夺取，各个歼灭。黄维兵团被解放军包围后，猬集一团，依托工事作困兽之斗。中野为了减少国民党军火力下运动的伤亡，进行了工程浩大的对壕作业。国民党军为了破坏解放军对壕作业，进行攻击袭扰，解放军一边对付国民党军攻击，一边夜以继日地进行艰苦的对壕作业，有的壕沟延伸到距国民党军阵地前沿三四十米的地方。解放军采取这种战法，国民党军无可奈何。中央军委及时肯定了这种战法。12 月 4 日，中央军委在给总前委和华野前委的指示中指出，打黄百韬兵团和打黄维兵团两次经验证明，对于战斗力强的国民党军，依靠急袭手段是不能歼灭的。必须采取分割、侦察、近迫作业，集中兵力火力和步炮协同诸项手段，才能歼灭。中野在向黄维兵团发起总攻时，采取"以壕攻壕，以堡攻堡"和"稳扎稳打，逐步压缩，攻占一村，巩固一村"的战法，全歼了黄维兵团。华野在战场休整期间，要求各部队对所有预定攻击的村落，均做艰巨的近迫作业和对壕作业，力求将攻击阵地逼近国民党军。解放军不怕苦不怕累，在冰天雪地里艰苦地进行对壕作业，使战壕逐步向国民党军阵地接近，无数的壕沟迂回到国民党军侧后，甚至把他们的村落据点团团围住。因此，在对杜聿明集团发起总攻时，有的 10 分钟、20 分钟就攻下一个村庄据点。随着战斗的发展，又抓紧时间进行对壕作业，15 万残余的国民党军在 4 天内被全部歼灭。

四、利用炸药，摧毁敌人工程设施

在淮海战场上，国民党集中了约 80 万兵力，而且多是蒋介石的精锐部队，装备精良，而解放军只有 60 万兵力，装备较差。解放军在火炮不多的情况下，攻取国民党军坚固设防的城市和野战阵地，炸药起了重要作用。宿县是津浦路上的重镇，也是徐州国民党军的重要补给基地。攻取宿县，切断徐蚌国民党军联系，孤立徐州，是淮海战役的重要一着。宿县守备的国民党军约 12900 余人，依托高厚的城墙和坚固的工事进行防御。中野三纵在九纵一部协同下，从东西两面攻城，实施连续爆破，弥补了炮兵的不足。我军突破城垣后，随即插入城内，全歼了守御的国民党军，并缴获了大量军需物资。中野与黄维兵团相比，在装备上差距较大。除华野派出 3 个纵队及部分炮兵参加歼灭黄维兵团的作战外，广大指战员以高度智慧，创造性地使用炸药，利用抛射筒和迫击炮发射炸药包。在总攻炮火准备时，难以计数的"飞雷"飞向双堆集附近国民党军核心阵地，炸得国民党军堡崩人飞。冲击时，在火力掩护下用炸药炸鹿砦炸碉堡，摧毁国民党军的障碍物、火力点等工程设施，为突击队开辟通路，扫清障碍。华野包围杜聿明集团的前线部队，在战场休整期间，组织指战员研究爆破等战术。国民党军凭借坦克向解放军反扑，解放军利用交通壕机动兵力，用炸药炸坏坦克履带。国民党军坦克对解放军的"土炮"——炸药，毫无办法。就这样解放军以劣势装备战胜了优势装备的国民党军。1948 年 9 月底，国民党徐州"剿总"副总司令杜聿明对双方兵力的判断是："共军在数量上少于我军，装备也劣于我军，特别是火炮少，飞机、坦克没有。"（《淮海战役始末》）但是，正如毛泽东同志 1948 年 12 月 17 日为中原、华东两人民解放军司令部写的一个广播稿《敦促杜聿明等投降书》中指出："我们的飞机坦克比你们多，这就是大炮和炸药，人们叫这些做土飞机、土坦克，难道不是比你们的洋飞机、洋坦克要厉害十倍吗？"这是毛泽东同志对炸药在淮海战役中作用的高度评价。

军队和人民群众相结合，共同完成工程保障任务，是人民战争在工程保障方面的具体体现。由于武器装备的发展，未来战争将出现许多新的特点，给工程保障带来许多新的问题。淮海战役工程保障有的内容和具体方法，在未来反侵略战争中不可能完全适用，我们必须着眼现代战争的特点，认真研究未来反侵略战争工程保障的新问题。但是，任何新式武器的出现，只能引起作战方式的改变，不能改变战争的政治性质和人民战争必胜的客观规律。未来反侵略战争，对付敌人最根本的办法仍然是人民战争。现代战争工程保障范围广、作业量大、完成时限短，更需要依靠全军全民的力量来完成。因此，全军全民动手，坚持大打工程保障的人民战争这个基本原则，对未来反侵略战争仍然适用，有着现实的指导意义。

（作者为中国人民解放军工程兵指挥学院合同战役战术教研室原副主任）

第二篇
生命光辉

唐亮将军在淮海战役中

王辅一

　　淮海战役，是华东野战军、中原野战军和华东、中原军区及冀鲁豫军区部队，在中共中央军委、毛泽东主席的领导下，在淮海前线总前委和野战军首长的卓越指挥下，于 1948 年 11 月 6 日至 1949 年 1 月 10 日，在江苏、山东、河南、安徽、河北人民群众的全力支援下，在以徐州为中心的广大地区内，同国民党军徐州刘峙集团进行的战略决战性的战役，消灭国民党军 55.5 万余人。它是解放战争时期战略决战三大战役中最大的战役。其中，华东野战军参战的有 16 个纵队和 1 个军，近 40 万人。唐亮作为中共华东野

▲ 华野政治部主任唐亮

战军前委委员、华东野战军政治部主任，参与了淮海战役的酝酿、准备和实施的全过程。笔者当年在唐亮老首长身边担任秘书工作，有幸见证了他在淮海战役中与粟裕、谭震林首长和野政钟期光副主任一起，领导华野部队开展战时政治工作、保证作战胜利的全过程。今将 60 多年前的情况整理出来，作为对这一历史时刻的纪念，并表达对老首长的深切缅怀之情。

一、学习战略方针，严格组织纪律

　　1948 年 10 月 5 日至 25 日，华野前委根据中央军委指示，在山东曲阜举行扩大会议，各兵团、各纵队、各师的主要领导干部等均出席。由于华野司令员兼政治委员、前委书记陈毅当时在中原局，无法赶来参加主持会议，唐亮协助粟裕主持了这次会议。会上，到会同志听取了中共中央政治局九月会议精神的传达，对

▲ 1948 年 10 月华野前委扩大会议在曲阜召开，到会的部分领导合影。后排右起：张震、钟期光、粟裕；前排右起：陶勇、唐亮

毛泽东主席提出的"军队向前进，生产长一寸，加强纪律性，革命无不胜"的战略方针进行了认真的学习领会。与会同志通过学习讨论，认识到中央的战略方针是引导中国人民迅速走向全国胜利的唯一正确方针。只有"军队向前进"，才能迅速摧毁蒋介石集团的反动统治，支援蒋管区人民的反美、反蒋斗争，使老解放区人民获得休养生息和发展生产；只有"生产长一寸"，才能改善解放区人民生活，才能使他们有力量支援解放军作战，加速解放战争的胜利进程；只有"加强纪律性"，才能保证全党全军在政治上、思想上、组织上、行动上的一致，去夺取全国革命的胜利。

这次会议开始前的 9 月 30 日，陈毅向华野前委发来电报，为开好曲阜会议提出建议："这次曲阜会议，应就夏季各纵队查整及濮阳查整的结论作两个月来战斗与工作的实际检讨，归结到中央指示关于无政府状态、无纪律状态的根本纠正，保证今后能建立深刻的整体观念，予军阀主义、本位主义、自由主义、官僚主义以致命的打击，保证能更顺利地执行新的战略机动和争取大革命胜利。经过夏季查整的纵队应进行继续检讨，未经过夏季查整的纵队应进行补课自修。"[①] 唐亮和华野前委成员一起，将陈毅的来电向到会同志作了传达，使大家提高了贯彻中央九月会议重要性的认识，增强了加强组织纪律性的自觉性。

到会同志在提高认识的基础上，普遍对照检查，在肯定成绩基础上找出问题，包括唐亮在内的与会领导同志都进行了自我检讨，开展了批评与自我批评，分析危害和原因，研究改进措施。10 月 25 日，与会同志一致通过的华野前委扩大会《关于加强组织纪律性克服党内无纪律无组织无政府状态的决议》（以下简称《决议》）。《决议》指出："我们不能满足于土改学习民主运动以后的某些进步，而应该正视现在尚存在着的各种缺点和错误，尤其是严重存在着的无纪律与无政府状态，与事先不请示、事后不报告的错误倾向。"同时指出：大家在会上进行的"此种检讨，还只能算是转变的开始，必须在今后实际斗争与各方面工作中去贯彻这种精神，并加以切实纠正"。"加强纪律性、克服无纪律无政府状态的斗争，是一个长期反复细致的艰苦斗争……应当把上次前委扩大会（按：即在濮阳举行的会议）关于开展反对军阀主义倾向的决议与此次反对无纪律无政府状态的检讨联系起来……如果不能把军阀主义倾向从我军内

▲ 曲阜孔林享殿，1948 年 10 月华野前委扩大会议曾在此召开

加以肃清，则我们军队中无纪律无政府状态也无法最后克服。"② 华野前委关于加强组织纪律性的决议，是前委委托唐亮主持最后定下来的。《决议》对华野全军加强组织性、纪律性提出的要求和采取的措施是：第一，在华野全军中开展反对无组织无纪律状态的思想斗争，反对事先不请示、事后不报告的错误倾向。要求各级党委和支部，都要进行学习讨论，对照检查，制定改进措施。第二，建立严格的财经制度、供给制度，健全后勤机构，严格执行预决算和审计制度，严禁随便增加人员、马匹和经费开支。第三，强调统一集中，树立整体观念，反对个人主义、本位主义、自由主义、官僚主义，对不良倾向、破坏纪律行为与阳奉阴违的现象要作坚决斗争。第四，要运用发扬党内民主与自我批评的武器，来改造自己和纠正错误。第五，加强马列主义理论和政策学习，增强组织纪律观念。第六，增强党性锻炼，党员干部要做执行政策的模范。

唐亮主持制定的《决议》，在华东野战军建军史上写下了重要的一页。它对华野全军的组织纪律性、团结协作精神和顾全大局观念的加强产生了深远的影响，为夺取淮海战役的胜利打下了坚实的政治基础。

二、搞好政治动员，增强决战思想

1948 年 9 月下旬，济南战役刚结束，唐亮在参加华野前委对淮海战役的研究和决策期间，就和钟期光着手抓淮海战役的政治工作，召开政治工作会议，发出

政治工作指示，对战役政治工作作出部署。着重强调：

（1）树立战略决战的思想。在部队中，广泛宣传"军队向前进"的战略方针，讲清淮海战役是人民解放军同国民党军在南线进行的一场大战，不仅能解决江北问题，而且还会为下一步渡江作战创造有利条件，使战略决战的思想成为指战员们的奋斗目标和行动准则。1948 年 10 月 10 日，唐亮以野政的名义，发出《目前部队思想指导》（第三号）文件，针对济南战役后部队干部、战士思想变化的特点，提出要用对比的方式来进行战前教育。指出：一年前，当山东战局处于严重关头的时刻，正是贯彻毛主席提出的"把战争引向蒋管区"的方针，华野主力实施战略进攻，打到外线豫皖苏地区，取得破击陇海、平汉、津浦铁路和洛阳、开封、睢杞等战役的胜利，连同留在内线部队作战的胜利，大量歼灭国民党军，才会有济南战役的胜利；如今，要巩固和发展解放山东的胜利，必须贯彻毛主席提出的"军队向前进"的方针，把解放战争继续推向前进，继续大量歼灭国民党军，首先解放长江以北地区，然后解放全国人民，这是我们解放军的光荣责任。

（2）树立增进团结、密切协同的思想。随着作战规模的扩大，华野几个兵团将在一个战场上、一个战役中共同作战，要争取更大的胜利，中心一环是要加强团结，密切协同，在统一指挥、统一号令下，统一意志，统一行动。而达成协同的最好办法，就是各部队在坚决、如期地完成自己的任务的同时，机动地协同友邻；任何足以增进团结的思想和行动的范例要大力表扬，任何足以妨碍团结的思想和行为要坚决纠正。

淮海战役一开始，华野便同中原野战军在战场上并肩作战。唐亮主持研究，以华野政治部名义发出指示，《人民前线》报发表社论，说明淮海战役的胜利，必须依靠两大野战军的团结一致、密切配合来取得，要求各部队发扬团结友爱的精神，虚心向中原野战军的同志学习，把本位主义、妨碍团结的行为看做是违反纪律的原则错误，应受到及时的批评与纠正。在淮海战役第二阶段打黄维兵团时，陈毅司令员兼政委鉴于中原野战军主力的重装备在进军大别山行动中损耗比较多的情况，先令华野特种兵纵队将主要炮兵用于配合中野打黄维兵团，接着又令华野参加围歼黄维兵团的几个纵队，将在双堆集地区缴获的重装备全部交给中野，各部队都坚决、愉快地服从命令。从而使由中原野战军改称的第二野战军，在淮海战役一结束，就组建起特种兵纵队。

（3）树立连续作战的思想。至 1948 年 11 月底，淮海决战已到关键时刻，华野已歼灭黄百韬兵团，解放了广大地区，徐州与蚌埠间的交通已被切断；黄维兵团已被中原野战军包围在双堆集周围狭小地区；驻守徐州的国民党军处境孤立，甚为恐慌。华野前委和华野政治部获悉徐州"剿总"机关已逃往蚌埠，判断杜聿明率领的邱清泉、李弥、孙元良3个兵团有可能从徐州撤逃，于11月30日发出政治动员令，号召华野全军紧急动员起来，坚决贯彻党中央关于歼灭国民党军主力于长江以北的方针，发扬勇猛顽强、连续作战的精神，不怕疲劳，不怕饥寒，不怕伤亡，坚决干脆地歼灭国民党军，为全歼黄维兵团，全歼邱、李、孙兵团，争取淮海战役的全胜而勇敢战斗。

果然不出所料，杜聿明率其前进指挥部和邱清泉、李弥、孙元良3个兵团于11月30日晚从徐州向西南永城方向撤逃。于是，华野总部立即调集11个纵队，由原担任的包围、阻击等各项任务转为追击作战。唐亮要求野政的宣传、文艺队伍要为争取淮海决战的胜利，多为部队加油鼓劲。《人民前线》报每期都刊发捷报，还不时出号外，传播胜利消息；文艺工作者创作出深受战士们欢迎的歌曲。其中《乘胜追击》的歌词写道："追上去！追上去！不让敌人跑掉！敌人动摇了！敌人混乱了，敌人溃退了，敌人逃跑了！同志们快追上去，快追上去，快追上去！不怕困难，不怕饥寒，逢山过山，逢水过水，乘胜追击，迅速赶上，包围他，歼灭他！包围他，歼灭他！歼灭他！"这首歌曲就很受部队的喜爱，战士们唱起来，士气就高昂起来，起着很好的鼓舞士气的作用。作为革命历史歌曲，这首歌曲在60年后仍为许多连队所传唱。

三、开展政治攻势，积极瓦解国民党军

当济南战役胜利在望，华野前委最初研究下一步将发起淮海战役时，有丰富政治工作领导经验的唐亮就意识到要部署瓦解国民党军工作，首先想到要争取对徐州国民党军第三绥区冯治安部多年的秘密工作"开花结果"。华东局、华东军区和华野的领导对此也很关心，想到一起去了，很快就确定派华野第十三纵队政治部联络部长杨斯德作为陈毅司令员的代表前往联络。济南战役刚结束，杨斯德来到曲阜华野领导机关，唐亮和陈士榘参谋长、钟期光副主任以及野政联络部的领导，向杨斯德介绍了淮海战役的企图和双方态势，要他去徐州贾汪地区的国民党军第三绥靖区，向第三绥靖区的两位副司令官、中共秘密党员何基沣、张克侠，

传达陈毅司令员指示，讲明当时形势，了解该部中共秘密组织的活动情况，争取该部一部或大部起义。

10月初，杨斯德化名陈惠国，作为南京国防部派来的"高参"，由扮作秘书的鲁中南军区联络干部孙秉超陪同进入三绥区活动，与何基沣、张克侠分别会面，传达了陈毅司令员的问候和指示，了解了相关情况，研究了起义的准备工作。半个月后，杨斯德赶回曲阜，向粟裕、陈士榘、唐亮、张震、钟期光等首长作了汇报。粟裕要杨斯德向何基沣、张克侠重申对起义部队的政策，一定会兑现；告诉淮海战役发起时，华野第七、第十、第十三3个纵队将从三绥区正面渡过运河南下陇海路，切断徐州守军与黄百韬兵团的联系；要求何基沣、张克侠必须在战役发起时起义，让开运河防线，并力争控制运河上的桥梁，确保华东野战军部队顺利渡河。还一起研究、明确了起义联络的口令、信号及接应事宜。唐亮1944年任滨海军区政委时，就与时任滨北军分区敌工科长的杨斯德认识，对他卓有成效的工作印象很好；1947年莱芜战役时，唐亮陪同陈毅司令员会见国民党军第四十六军军长韩练成，又对杨斯德促使韩脱离军长指挥岗位，导致李仙洲集团迅速覆灭的特殊贡献印象深刻；对杨斯德完成这次策动何基沣、张克侠起义的使命，是有信心的，但仍关照杨斯德工作要更细致、更缜密，更要注意个人的安全。

杨斯德于11月初再次秘密进入三绥区，向何基沣、张克侠传达野战军首长指示，通过他们与地下党员对起义的发动与组织，克服许多困难与阻力，终于在11月8日晨，由何基沣、张克侠率第五十九军军部及两个师、第七十七军一个半师共2.3万人起义成功。何、张率部在运河前线起义，使刘峙集团失去运河屏障，在军事上、政治上都遭到沉重打击，给华野数十万指战员和百万支前民工以巨大鼓舞。毛泽东主席以中央军委名义在电报中称赞"北线何张起义是第一个大胜利"③。唐亮对何基沣、张克侠领导的起义成功感到格外高兴，对杨斯德的出色工作备感欣慰。

在淮海战役全过程中，华野政治部领导部队开展的政治攻势持续进行，争取整军、师、团、营集体投诚者达4万多人。在淮海战役第三阶段，唐亮和钟期光根据中央军委指示，在部队进行战场休整的同时，针对杜聿明集团余部军心涣散、动摇绝望，加之天寒地冻、雨雪交加、缺粮缺柴、饥寒交迫的实际情况，组织部队用多种形式开展"攻心战"，使政治攻势达到高潮，收到事半功倍的效果。这使华野战时政治工作特色之一的瓦解国民党军工作得到充分体现。

1949 年 1 月 20 日，粟裕在华野前委扩大会议的报告中，对唐亮和钟期光领导部队开展的"攻心战"给予了很高评价。他说：杜聿明集团"最后被解决得这样快，应当归功于政治攻势的成功。四天四夜还不到，就歼灭国民党军十多万，平均每天歼灭国民党军四五万人，如果没有政治攻势，最后解决国民党军不会这样快，人民解放军的伤亡一定还要大些，证明'攻心为上'是正确的"④。

四、坚持边打边建，增强再战能力

淮海战役持续两个多月的激战，是双方力量的决战，也是意志和耐力的较量。华东野战军在紧张而连续的作战中，能愈战愈勇、愈战愈强，唐亮和钟期光除组织各级政治机关重视反复、及时进行政治动员和发扬艰苦奋战、不怕疲劳、不怕伤亡、连续作战的优良作风外，最重要的是抓紧基层组织的边打边建，保持和增强了持续的作战能力。

（1）及时解决基层干部的补充来源。战时基层干部伤亡大，及时得到补充，对保持部队持续作战能力的关系很大。唐亮及时推广部队的实践经验，解决了干部补充的来源。首先，领导在战前指定预提对象，战中随缺随补，群众推荐、党委审查批准，边打边提，随缺随补，使所缺的基层干部及时得到补充。在战斗紧张频繁的情况下，只要作战勇敢、对人民解放事业忠诚，又讲究战术的同志，就可大胆破格提拔。一些连队干部在作战中伤亡大，甚至有的连队干部全部伤亡，就选优秀的班长当排长、副连长、代理连长，在火线上一天升二三职的并不罕见。其次，从英模人物和优秀战士中选苗子，先当代理、见习、第二副职等来培养，在实战中锻炼提高与本职相适应的组织指挥能力，随时任用补缺。最后，有计划地保存干部。在进入战斗时，基层干部不宜太多，部分副职可抽调去做战勤工作或集中训练，避免基层干部同时过多伤亡，又便于随时归队补充。这样，尽快培养与有计划地储备相结合，就可解决基层干部补充的来源。

（2）通过火线入党来解决基层党组织成员的及时补充。这对连队在连续作战的情况下，发挥党支部的战斗堡垒作用和党员的模范带头作用关系重要，是保持连队持续作战能力的关键。唐亮和组织部门指导部队在战时党员的发展上，特别注重两个方面：在观念上，把作战勇敢当做火线入党的首要条件。凡在作战中英勇战斗，不惜牺牲自己生命与国民党军决斗，就是最高的革命品质。这就纠正了把那些作战勇敢而平时有些小毛病的人拒于党组织门外的做法。在形式上，开展了群众推荐党员的活动。基层由于经常开展形势教育和诉苦、立功创模活动，战士们的政治觉悟普遍有了提高，对共产党的认识加深，感到做共产党员无上光荣。不少先进分子在战斗过程中，被群众推荐入党或个人申请入党，有些在牺牲后被追认为共产党员。这就不仅提高了党的威信，也保证了党员的质量和数量。华野第二纵队在淮海战役中，火线发展党员 1124 名，使基层始终保持有 30% 左右的党员队伍，有力地保证了战斗任务的圆满完成。

（3）充分利用俘虏解决兵员来源。大规模战斗中的伤亡无法避免，没有充足的兵员补充就无法进行连续的战斗。唐亮从解放战争全面爆发不久，就很关注对俘虏过来的国民党军士兵的教育改造工作，认为国民党军士兵多是劳动人民出身，有一定军事技术和作战能力，争取他们参加解放军而并肩作战，是完全有可能的。俘虏经过教育，懂得为谁打仗的道理，自动要求参加解放军的愈来愈多，变为解放战士，成为解放军兵员补充的重要来源。对俘虏过来的国民党军士兵的处理，由初期的审查教育后才能补充，到淮海战役开始时改为随俘、随补、随教、随打。各部队稍加教育后直接补入部队的解放战士有十多万人。淮海战役开始时"解放"过来的战士，只要作战勇敢、任务完成出色，经过两个多月的实践锻炼，到淮海战役结束时，不少人当上班长、排长。在这期间，华东军区又抽调 15 个基干团补充野战军，解放区又有一批翻身农民参军。这就使华东野战军得以保持充足的战斗兵员。华野在淮海战役开始时为 42 万人，尽管伤亡 10.5 万余人，到战役结束时，却增到 46 万余人。在连续激烈的作战中，部队数量不仅没有减少，而且还有增加，这在军队战史上是少见的。

淮海战役已经过去了 60 年，唐亮将军于 1986 年 11 月 10 日离开了我们，距今也已 23 年了。但他在淮海战役中创建的业绩和他为人民军队政治工作

▲ 被俘的国民党军官兵要求参加人民解放军

所作出的重要建树，他对党对人民坚贞不渝的赤胆忠心，他重视顾全大局、坚持在大局下行动的政治品格，他维护团结、严于律己、谦虚谨慎的高尚品德，都已载入革命的史册，永远值得我们怀念和学习。

2009年恰逢中华人民共和国成立60周年。我们在庆祝新中国诞生60周年时，一定要牢记淮海战役的胜利同辽沈、平津战役的胜利一起为新中国的诞生奠定了坚实基础，是毛泽东、邓小平、刘伯承、陈毅、粟裕、谭震林等老一辈革命家以及陈士榘、唐亮、张震、钟期光、刘瑞龙等老将军正确领导的结果，是华野、中野60万将士赤胆忠心、浴血奋战的结果，是地方党政领导机关和广大人民群众全力支援的结果，更是解放军13万指战员流血牺牲换来的。他们的光辉业绩，将激励全国人民在中国共产党领导下，沿着中国特色的社会主义道路奋勇前进！

（作者时任华东野战军政治部秘书）

注释：

① 《陈毅军事文选》，解放军出版社1996年版，第490页。电文中讲"查整"，指解放战争年代解放军开展的整党整军运动。

② 解放军政治学院政工教研室编：《军队政治工作历史资料》第十二册，1982年1月编印，第263、264页。

③ 中央文献研究室、军事科学院编：《毛泽东军事文集》第五卷，军事科学出版社、中央文献出版社1993年版，第241页。

④ 《淮海战役》，解放军出版社1991年版，第272页。

追忆粟裕在淮海战役中"攻济打援"战法的运用

金 冶　黄野松

华东野战军大部自1947年下半年逐步转入外线中原战场作战，经过一年的艰苦奋战，取得了丰富的外线作战经验，在作战方法上有了创造性的发展。体现外线作战特点最具代表性的战役，是粟裕直接指挥的豫东战役。其第一阶段，人民解放军以两个纵队攻克开封省城，歼灭国民党军一个多师（同军），而用于阻击东、南、西三面增援的国民党军兵力则达8个纵队之多；第二阶段，人民解放军以4个纵队围歼区寿年兵团于睢杞地区，而用于阻击东、西、南、北四面来援的国民党军共达6个纵队。这就为"攻济打援"的作战部署和作战方法提供了直接的经验。

山东兵团在内线配合豫东战役，于7月13日打下兖州，歼灭国民党军一个整编师（即军）。至此，山东战场的济南成了一座孤城。在这一重要时刻，中央军委作出了一个重要的战略决策。7月14日，军委电示粟裕：拟令山东兵团攻击济南，调动徐州敌军增援，你部可寻机歼其一部，迫敌首尾不能兼顾。粟裕对此极为重视，为了更好地贯彻和实现军委的意图，深思熟虑了三天，于16日向军委建议：集中华野东、西两兵团全部协力攻打济南，并同时打援。军委毛主席批准了"攻济打援"作战方案，指示："攻城打援分工协作，以达既攻克济南，又歼灭一部援敌之目的。"并指出：只有真打济南，敌人才会真援，如不真打，敌亦不会真援。

这就是"攻济打援"这一崭新战法产生的历史过程。但这一历史的产物，也不是顺利地诞生的，而是在矛盾中探讨发展起来的。当时在战场高级指挥员中有不同考虑和见解，其中比较突出的有两种不同的战役指导性倾向：一种指导思想倾向攻城，因而主张作战部署和兵力使用的重点应侧重于攻城；另一种指导思想倾向于打援，因而主张作战部署和兵力使用的重点应侧重于打援。毛泽东在9月11日的电报中，对此作了精辟的论述，即目的与手段应当联系而又区别。目的主要是夺取济南，其次才是歼灭一部分增援部队；但在手段上，却不应以多数兵力打济南，若以少数兵力打援，而增援部队又多，不能歼其一部，则攻济必不成功。这

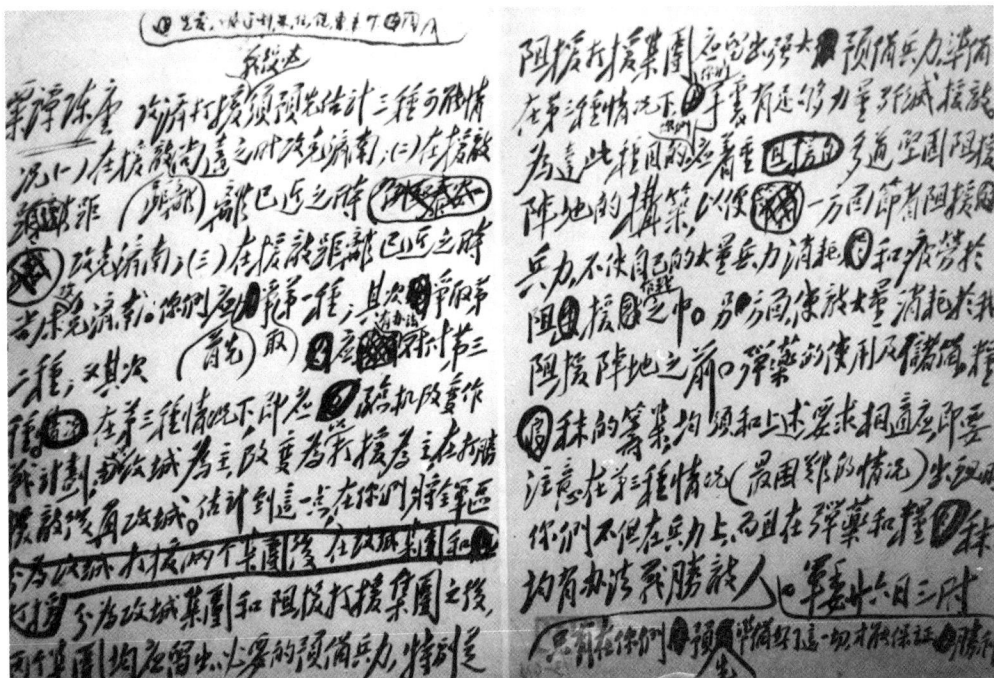

▲ 1948 年毛泽东主席关于济南战役作战方针的手稿

就把"攻济"和"打援"这一对矛盾，从战役目的和作战手段上，提升到了辩证哲理的高度，从而统一了战场高级指挥员的战役指导思想。

"攻济打援"是人民解放军在作战部署和作战方法上的一个新的发展，形成的一种崭新的战法。它区别于人民解放军历来惯用的一些战法，具有它本身的一些特殊规律。

首先区别于"围城打援"和"攻城阻援"的常规战法，其次也区别于"先攻城，后打援"或"弃城打援"的特殊战法。它与上述各种战法有较大的差异和显著的特点。第一个特点，表现在同一战区和同一时间内有两个作战方向和两个突击方向，这就是既攻城又打援，分工协作，互相支援，争取攻城和打援都能获胜。

第二个特点，表现在目的与手段之间有区别有联系，两者是辩证的关系。战役的主要目的是打下济南，其次是歼灭增援的国民党军一部（或大部），但在手段上（即兵力部署上）不是以主要兵力去攻城，而是以大部兵力去打援，这才得以保障攻城的最后胜利。

第三个特点，表现在攻城和打援有主有从，视战场形势发展变化，主从可以易位。只有真攻城，国民党军才会真来援，一般来说，人民解放军攻得急，国民党军援得快。攻城和打援可能都顺利，同时得手；也可能攻城困难，打援顺利；还可能攻城顺利，打援困难。这就得视战况发展，机动兵力，相互保障，相互支援，争取全胜。

"攻济打援"战法形成于济南战役，发展于淮海战役。"攻济打援"是一个整体，不可分割。不能因为只攻克了济南，没有打到援军，就否定了"攻济打援"这一新战法的重要意义；也不能因为迅速打下济南，就否定了打援部署的必要性。粟裕对攻济和打援都采取了谨慎的态度，作了周密的部署：以山东兵团为主，共指挥六个半纵队担任攻城，以八个半纵队担任打援，由粟裕直接指挥，采用"夹运（河）而阵"的布局，即在运河以西部署两个纵队担任阻击任务，在运河以东配置六个半纵队担任打援任务。这样一支强大的兵力严阵以待，迫使国民党军不敢轻举妄动。在攻城紧急时，蒋介石严令徐州援军驰援济南，但援军邱（清泉）、李（弥）、黄（百韬）三个兵团均迟迟不敢赴援，畏怕陷入人民解放军包围圈中。因此，山东兵团能以 8 天时间迅速攻下坚城济南，歼灭 10 万国民党军。

济南战役的胜利，证明了"攻济打援"战法是成功的经验。毛泽东在著名的《关于淮海战役的作战方针》中，要求将这一战法运用于淮海战役第一阶段，具体规定，以一半以上的兵力，牵制、阻击并歼灭其一部援军，才能达成歼灭黄（百韬）兵团的目的；并称"这一部署，大体如同 9 月间攻济打援的部署"。同时，他高瞻远瞩地预见到今后"与刘邓协力作战的方法，亦是一部兵力打城，以主要兵力打援阻援"。毛泽东的这一重要指示，后来贯彻到淮海战役的全过程。

淮海战役第一阶段，粟裕根据毛泽东的指示，把"攻济打援"的战法具体运用到围攻黄百韬兵团的战役部署中去，即以足够的兵力（5 个纵队）担任围歼任务，以大部分兵力担任阻援打援任务：以 3 个纵队在正面阻击徐州东援的国民党军，以 4 个纵队侧击该部，还有一个纵队作预备；另以两个纵队在徐州以西牵制国民党军。中野主力进入徐蚌线以西后，在徐州以西、以南形成了一支强大的牵制打击集团；牵制了大量国民党军，歼灭一部，有力地保障了华野主力对黄百韬兵团的围歼。

淮海战役第二阶段，遵照中央军委的指示，同样运用了"攻济打援"的战法。这一阶段中心任务是围攻黄维兵团，由中野全部及华野一部担任突击任务，阻援打援任务由粟裕依据总前委指示和战场态势，以华野大部兵力担任。

黄维奉蒋介石的紧急调令，于淮海战役打响后，率全兵团 4 个军由信阳地区驰援徐州战区。到达蒙城后，又按照蒋介石的徐蚌会战计划，于 11 月 23 日沿蒙（城）宿（县）公路向宿县攻击前进，被中野各部诱入以双堆集为中心的合围圈内，突围不成，转而固守待援。蒋介石严令徐州杜聿明指挥 3 个兵团，蚌埠刘汝明、李延年两个兵团，加紧南北对进，妄图解救并配合黄维兵团，三路夹击人民解放军。

粟裕指挥华野大部兵力担负保障中野突击黄维兵团两翼侧的安全，负责南北两个方向的阻援打援任务。粟裕重点置于北侧徐州方向，以 8 个纵队坚决阻击打击邱（清泉）、李（弥）、孙（元良）3 个兵团的南援。以两个半纵队（包括中野一个纵队）负责抗击蚌埠的李（延年）、刘（汝明）两个兵团的北援，并准备歼其一部。以 3 个纵队为总预备队，相机投入打击南北增援的国民党军。

蒋介石为挽救徐蚌会战的败局，11 月底于南京两次召见杜聿明，密商对策。密令杜聿明率徐州 3 个兵团绕道永城南下，解黄维兵团之围。11 月 30 日，徐州守军倾巢出动，弃城出走。人民解放军及时查明了国民党军撤退方向，粟裕立即下令展开追击，并派一部迅速占领徐州。担任阻击的 8 个纵队及担任总预备队的 3 个纵队立即按指定方向，分路追击、堵击、拦击、尾击，经过 4 昼夜紧张勇猛的追击，终于将杜集团全部围困于永城东北以陈官庄为中心的狭小地域内。杜聿明组织部队轮番向南突进。粟裕采取"网开三面，堵死一面"的战法，迫使杜聿明既救不了黄维，也保不了自身。

黄维兵团被中野歼灭后，北援之李、刘两兵团立即缩回蚌埠，惧怕再次被人民解放军围困。杜聿明集团除孙元良兵团已在突围中被歼以外，邱、李两兵团已成瓮中之鳖，待援无望，突围困难。淮海战役第三阶段的全面胜利，已是唾手可得。

贯彻淮海战役始终的是"攻济打援"战法的成功运用。首先合围黄百韬兵团，吸引了众多的增援的国民党军。援军黄维兵团被合围后，又吸引了援军杜聿明集团，又被合围。如此循环往复，直至蒋介石无兵可援，淮海决战以蒋介石彻底失败而告终。"攻济打援"战法的特点，也在淮海战役中得到了充分的发挥，显示出强大的威力。

粟裕统一指挥了济南战役，参与指挥了淮海战役，直接指挥了淮海战役第一阶段和第三阶段的作战，在制定和运用、贯彻和执行"攻济打援"战法中，都起到了重要作用，作出了杰出的贡献。

当军委首次提出山东兵团攻击济南，并诱歼增援的国民党军一部时，粟裕先后两次向军委建议集中更多的兵力执行这一任务。第一次于 7 月 16 日建议由华野西兵团和山东兵团"协力攻打济南，并同时打援"；第二次于 8 月 23 日再建议军委批准调苏北兵团主力北上参战。这样的兵力大集中，在华东战场和华东野战军历史上是空前的。这使华野在山东战场的总兵力达到 15 个纵队 32 万人。而当时人民解放军面对的国民党军，除济南城防的 10 万余守军外，徐州方向可用于增援的机动兵力共有 3 个兵团 17 万余人，合计总兵力 28 万人。这就出现了自解放战争以来双方兵力对比的新变化，华东人民解放军第一次在总兵力的数量和质量上全面超过当面国民党军，从而使人民解放军在战役上和战略上都掌握了主动权。

由于人民解放军集中了雄厚的兵力，在数量上占有优势。粟裕在济南战役中精心部署兵力，巧妙运用兵力，将参战兵力区分为攻城集团（约 14 万人），占总兵力的 44%；打援与阻援集团（18 万人），占 56%。与守城国民党军的兵力对比是 1.4∶1，与增援国民党军的兵力对比是 1.1∶1，均占相对优势。在政治质量上人民解放军从来就占绝对优势。在军事素质上，充分发扬了人民解放军各部队的特长。担任攻城的几个纵队，大多数善于攻坚，可以扬其所长；所有参加打济南的部队几乎全都是山东人民的子弟兵，"打下济南，解放全山东"，成了他们自觉的口号，这是一股强大的精神动力；担任打援和阻援的各个纵队，大多数善于野战，能发挥"三猛"的特长。他们与邱（清泉）、李（弥）、黄（百韬）3 个兵团多次交锋，熟悉其作战特点，特别是对国民党军第五军，怀有刻骨的仇恨，早有灭此朝食的决心。正因为粟裕部署得当，用兵得法，国民党军虽凭坚固筑城死守济南，但人民解放军攻城部队势不可挡，迅速赢得了破城歼灭国民党军的胜利；增援的国民党军虽装备精良，机动快速，但面对人民解放军强大兵力严阵以待，慑于被歼，只能望济兴叹！

淮海战役第一阶段，粟裕使济南战役担任打援的 8 个纵队作为围攻黄百韬兵团的生力军，以担任攻济的山东兵团 3 个纵队负责切断黄兵团与徐州的联系，阻击徐州东援的国民党军。因为这几个纵队攻城取胜得到补充，较为充实，经受得住阻击战的消耗，并能转而担负下一步打援的主要任务。这是粟裕在筹划第一阶段攻黄打援时的总体设想，是"攻济打援"方针的继续。

这一阶段，粟裕指挥华野全军，用于围攻黄百韬兵团的兵力 5 个纵队，比该兵团 4 个军（另 1 个军在追击中被歼灭）的兵力略占优势；用于阻援打援的兵力 7 个纵队，另 1 个纵队担任预备队，共 8 个纵队，兵力也超过援军邱、李两兵团 7 个军的兵力；另有两个纵队在徐州以西担任牵制任务。淮海战役初期，国共双方力量对比国民党军占优势，即 80 万对 60 万，但在第一阶段结束后，双方力量的消长，兵力对比已趋平衡，战场局势起了质的变化。

淮海战役第二阶段，粟裕为保障中野围歼黄维兵团的侧翼安全，采取了北顶南抗的方针，密切注视徐州杜聿明集团 3 个兵团的动向。他分析其可能撤退的方向，除沿陇海路东向连云港，大兵团渡海困难外，还有两个方向：一为向东南经两淮过长江，一为向西南绕道渡淮河。他断定后者可能性较大，因为东南方向地形上不如西南方向对摩托化兵团行动有利，并且可接近中野包围圈的外翼侧，兼收解救黄维兵团之功，尔后一同退守淮河。因此，粟裕除以 8 个纵队紧逼徐州援军，防其撤逃外，另以 3 个纵队担任总预备队，成三角形配置于津浦路两侧

▲ 粟裕代司令员（左）、张震副参谋长（中）、陈士榘参谋长在淮海前线指挥所

地区，其中以两个纵队位于津浦路西。这 11 个纵队后来成了追击、堵击、兜击、截击杜聿明集团的生力军，给了杜聿明集团致命的一击，将其困死于以陈官庄为中心的狭小地域内，彻底粉碎了蒋介石弃徐州，救黄维，保主力，守淮河的企图。

粟裕在济南战役前夕积极建议集中华野全军兵力全力以赴，不仅在战役上具有重大意义，而且在战略上也具有重要意义。集中华野全部兵力是"攻济打援"战法的物质基础。这种战法的主要特征是需要集中强大的兵力才能付诸实施，兵力小了是无法进行的。当中央军委关于攻打济南的决策一经提出，粟裕即以其敏锐的战略眼光察觉到这是一个重要的决策，可能是一场比豫东战役规模更大的重大战役，对华东战场具有深远的影响。粟裕在豫东战役后，对战局的发展密切注视，他认为改变华野内外线配合的战略格局和内外线会师的条件已经具备，集中华野全军打大仗的时机已经成熟。粟裕深知，只有集中最大兵力，才能打大胜仗；只有打几个大胜仗，才能从根本上改变战略形势。从这个意义上说，粟裕的这一战略性建议，成为继济南战役之后，取得一个又一个大胜利的重要契机。粟裕在华东野战军的整个作战过程中，曾多次提出有关战略的重要建议。每遇战略转折和战略调整的关键时刻，他善于抓住机遇，充分发挥他独特的思考方法，将中央军委的战略意图付诸实践，使军委战略决策的周密性更为完善，使决策的影响力更为扩大，将战役决战推向战略决战，将战役胜利扩展为战略胜利，从而使军委的战争决策取得更为辉煌、更为伟大的胜利。

（金冶时任山东兵团参谋处处长；黄野松时任华东野战军司令部参谋）

淮海战役

——粟裕擅长大兵团作战的典型战例

鞠 开

▲ 淮海战役中粟裕送给机要秘书鞠开的照片

粟裕擅长大兵团作战，在毛泽东、刘少奇、朱德、周恩来、任弼时等中央领导同志那里，都是挂上号的。给粟裕下达作战任务时，总是希望他打大兵团的作战，整团、整旅、整师、整军地去消灭敌人。他的擅长大兵团作战，在全军也是出了名的。刘华清、张震在写纪念他的文章时，均提到过他擅长大兵团作战。张万年和郭伯雄讲话时，也都提到过他擅长大兵团作战。提到过他擅长大兵团作战的首长还有：杨尚昆、钟期光、陈丕显、萧劲光、叶飞、王必成、宋时轮、郭化若、迟浩田等领导同志。当然，还有其他不少的同志也都提起过，这里也就不一一提及了。

抗战后期，我在机要部门工作，跟随粟裕南征北战。到了解放战争中期，从机要部门调到粟裕身边工作，一直干到 1962 年，共 14 个春秋，对他擅长大兵团作战是有感受的，特别是跟随他参加了淮海战役，对他举行更大规模的大兵团作战，有切身的体会。现就这个问题，谈如下几点意见。

一、什么是大兵团作战

大兵团作战，顾名思义，就是规模比较大、歼灭的敌人比较多的作战。不是属于战斗范畴，而是属于战役范畴。一般说来，几十人、几百人、上千人的一个战斗，不能说是属于战役范畴，而只能说是属于战斗范畴。什么样才算是属于战役范畴呢？如：苏中战役七战七捷歼灭国民党军5万多人，宿北战役歼灭国民党军2万多人，鲁南战役歼灭国民党军5万多人，莱芜战役歼灭国民党军7万多人，孟良崮战役歼灭国民党军3万多人，沙土集战役歼灭国民党军近1万人，豫东战役歼灭国民党军9万多人，济南战役歼灭其10万多人，淮海战役歼灭国民党军55万多人，渡江战役歼其43万多人，其中上海战役歼其15万人，这些战役都是典型的大兵团作战的战役。淮海战役在诸多战役中规模最大，是空前的，古今中外历史上，都是少有的。人们通常说他擅长大兵团作战，就是根据他指挥的上述这些战例而说的。以上情况是从一般的意义上讲的。问题很明显，参战的部队少、规模小，你就不能说是个战役，而只能算是一场战斗。但是，也不一定，还有另外一种情况，就不能只看他参战的兵力多少和规模的大小，而主要看它所处的地位和作用而定。如：黄桥决战，它的作战规模虽小，参战的兵力仅有7000多人，只消灭了韩德勤1万多人，你就不能因为他规模比较小，而不说他是一次战役，因它起了决定性的作用，这关系到新四军在江北，能不能站稳脚跟的问题。决胜了，我们就可以在苏北站稳脚跟，决败了，按韩德勤的话说，要么到长江里喝水，要么就退回到江南去，江北没有你新四军立足的余地了。

二、什么叫擅长大兵团作战

擅长就是专长的意思。粟裕擅长打歼灭战，歼灭战打多了，规模就越打越大，部队的发展壮大越来越快，熟能生巧，越打越熟练。擅长大兵团作战是歼灭战发展的必然的结果，没有前者就没有后者，他们二者之间有着不可分割的必然联系。在毛主席、总前委领导的指挥下，粟裕担任了淮海战役主要指挥员的角色。打惯了歼灭战的粟裕，胃口越来越大，自然而然地也就擅长打大兵团作战。在淮海战役这个广阔的战场上，敌人的兵力那么多，有80万，处于优势，人民解放军的兵力比国民党军人少，才60万，处于劣势。而且在徐州这个战场上的四个地区和国民党军作战，如何消灭碾庄地区一摊子的国民党军（黄百韬兵团），如何堵住蚌埠地区一摊子的国民党军（李延年、刘汝明两兵团），如何很快解决双堆集地区一摊子的国民党军（黄维兵团），如何围住陈官庄地区一摊子的国民党军不让他跑掉（杜聿明集团），而且情况瞬息万变，兵力又已经用到极限，又没有总预备队掌握在手中机动使用，这使粟裕费尽心血、绞尽了脑汁，他曾经七天七夜没有睡觉，饭也忘了吃，水也忘了喝，血压升高到200多，他却全然不顾这些，躺在帆布行军床上指挥战斗。粟裕指挥艺术高明，他就是有这个大兵团作战的本领，这一场难打的仗，难啃的骨头，正像毛泽东所说的"一锅夹生饭，硬是被你们一口一口地吃下去了"，最终完成了指挥淮海战役的光荣任务。毛泽东对粟裕在淮海战役中的表现非常满意，认为他的功劳最大，他应该立第一功。再举孟良崮战役为例：孟良崮战役，是粟裕指挥的许多战役中，最难打的一仗，它是一次险仗、恶仗、硬仗、胜仗，也是他的得意之作。人民解放军兵力10多万人，处在几十万国民党军的包围之中，但粟裕能以大无畏的英雄气概，用虎口拔牙、耍龙灯的战术，用反包围的手段，硬是将蒋介石的五大主力之一的御林军七十四师，从国民党军的重兵集团当中，割裂出来，包围起来，加以消灭，这可不是一件轻而易举的事，难度大得很哩！可是，他只用了3天的时间，就将其3万多人，全部消灭了，击毙了中将师长张灵甫，打得蒋介石胆战心惊，如丧考妣，彻底地粉碎了蒋介石对山东解放区的重点进攻。这是最好地说明粟裕擅长大兵团作战的又一个典型战例之一。七十四师消灭后，粟裕内心也很高兴。粟裕也明白，在敌人重兵云集的情况下，能够将蒋介石的王牌军七十四师吃掉，蒋介石再强的军队，也就不在人民解放军的话下了，再强的国民党军也不是人民解放军的对手了。粟裕在用电话向陈老总报告这个好消息时，陈老总欣喜若狂，在电话中对粟裕说："我在电话里向全体将士们，致酒祝贺！"

陈老总在莱芜战役胜利后，对粟裕的指挥艺术就有过高度评价。他说："莱芜战役的空前大胜利，证明了我军的副司令员粟裕将军的战役指挥，一贯保持其常胜记录，愈战愈奇，愈战愈妙。"孟良崮战役的胜利，消灭了国民党军七十四师，陈老总更加高兴，还专门写了诗祝贺。诗云：

孟良崮上鬼神号，七十四师无地逃。信号飞飞星乱眼，照明处处火如潮。

刀丛扑去争山顶，血雨飘来湿战袍。喜见贼师精锐尽，我军个个是英豪。

我军个个是英豪，反动王牌哪得逃。暴戾蒋朝嗟命蹇，凄凉美帝怨心劳。

华东战局看神变，陕北军机运妙韬。更喜雨来催麦熟，成功日近乐陶陶。

陈老总在他的诗里面，称解放军的战士个个是英豪，毫无疑问，当然也包括指挥孟良崮战役的粟裕。具体到粟裕来说，我认为，那就不是一般的英豪，而是杰出的大英豪了。当粟裕应召到河北阜平县城南庄向毛主席汇报情况时，毛主席跨步走出门外，欢迎粟裕，毛主席还说："我们的英雄回来了。"

　　陈老总和粟裕在一起战斗了几十年，他对粟裕的指挥艺术是比较了解的，看到了他的指挥艺术不断地进步，不断地提高，因而，才作出了那么高的评价。由于粟裕的指挥艺术高超，大兵团作战又是他的拿手好戏，因而，陈老总注重抓全局，坐镇总指挥，一般不去干涉粟裕具体的战役指挥，这也说明陈老总很理解指挥员聚精会神、集中精力指挥作战时的心情，对粟裕的战役指挥也是很放心的。要是你一会儿去问问，一会再去指指点点，反而弄得指挥员不好办，心神不定，无所适从，不知如何是好。有这么一次，陈老总和谭震林正在下围棋，粟裕和下面的一位纵队司令员通电话，谈部队调动的问题，他听到对方对粟裕的声音很大，似乎在顶撞粟裕，马上从粟裕手中接过电话筒，很严厉地同对方说："怎么！嚷什么？讲什么价钱，粟司令的意见就是我的意见，我们共同研究过的，你不要讲什么价钱，执行就是了。"经陈老总电话中这么一说，对方也就不吭声了，这也充分证明，陈老总是十分关心粟裕作战的。粟裕打仗的本领高，他不怕兵力多，兵力越多越好。一般说来兵力多，兵力部署的难度就大，但粟裕有这个本领，再多的兵力，他也布置得开，布置得好。可以说，他部署得天衣无缝，万无一失，敌人一点空子也钻不到。所以他每一次的战役部署，都能保证战役的胜利。这里我举这么一个例子：他为了淮海战役的胜利，使中野和华野从战略协同走到战役协同，以保证淮海战役的胜利，他作为华东野战军的主要指挥员，而又不能直接去指挥中原野战军，那怎么办呢？他为毛主席、中央军委出了一个高招，他就在1948年的10月31日，给毛主席发了一份电报，电文说："此次战役规模很大，建议华野归陈军长、邓政委统一指挥。"1948年11月1日就得到了毛主席的回答，同意粟裕的建

▲ 淮海战役前，华野召开干部会议，代司令员代政委粟裕作报告

议，华野归陈军长、邓政委统一指挥。这个建议提得妙，提得英明，解决了组织上两大野战军统一指挥的问题，这就为淮海战役的胜利，有了组织上统一指挥的保证。我想，这个问题，毛主席当时是没有想到的，毛主席能够很快地给予答复，同意粟裕的意见，说明毛主席认为粟裕的这个意见是正确的。粟裕对毛主席的回电表示高兴，还对我们说，这一下就好了，组织上有了可靠保证了，淮海战役的胜利就大有希望了。正是因为有了他这个绝妙的建议，才形成了 60 万对国民党的 80 万，在徐州地区大决战的问题。这个例子也是粟裕大兵团作战思想的集中体现。同时，还说明粟裕毫无私心杂念，全局观念强，问题看得深，看得透，看得远。回顾当时，我拿到首长这份电报时，内心还有些想法，今天看来，想法是狭隘的。

三、粟裕为什么爱打大兵团作战

大兵团作战，这是人民解放军作战的优良传统。在内战时期，从人民解放军开始建军起，就注意使用这个优良传统了，所以，才有一、二、三次反"围剿"的胜利。在人民解放军和国民党军战斗的历史长河中，人民解放军从战略上来说，始终处于劣势，国民党军处于优势，人民解放军处于守势，国民党军处于攻势。为了改变优劣、强弱状况，从第一次反"围剿"时起，就注意使用集中优势兵力，各个歼灭国民党军的战术了。这种战术，说明确一点，战略上人民解放军处于劣势，战役战斗上却完全处于优势，求得战役战斗上的速决战，从而一步一步地、由小到大地向前发展。如：七战七捷，人民解放军集中 10 个团打国民党军 1 个团，集中 15 个团打国民党军 2 个团，很解决问题。毛泽东很欣赏粟裕的这种打法，还发电报向全军转发了他的这个经验。

毛主席对大兵团的作战，寄予无限的希望。特别是对于擅长大兵团作战的粟裕，更寄予无限的希望。毛主席说的大兵团的作战，就是指战役规模而言的。革命战争胜利的关键，双方力量彼此的消长，完全取决于大兵团的歼灭战。在整个解放战争时期，他的这个思想表现得特别明显。在给各野战军分配作战任务时非常具体，这个野战军多少，那个野战军多少，当月要歼灭国民党军多少多少。他就是根据各个野战军歼灭国民党军的数字，来看双方力量消长的。到了 1948 年 11 月 14 日，毛主席写文章说，中国军事形势发生了重大的变化，他对敌我力量消长的数字作了一个比较，我军已从开始的 100 多万人，增长到 300 多万人，而国民党军已从 400 多万下降到 290 多万人，人民解放军不仅在质量上超过了蒋介石军队，而且在数量上也超过了蒋介石军队，原来估计 5 年左右可以打败蒋介石，现在看来不需要了，只要 3 年，就可以打败蒋介石的反动统治。说一千，道一万，还是大兵团作战的好处。

粟裕秉承毛主席大兵团歼灭战的思想，打了一辈子的仗，对大兵团的歼灭战，有切身的体会。他认为，大兵团的歼灭战最能解决问题，还必须向大兵团的歼灭战发展。毛主席对歼灭战有一个形象的说法："我军必须集中绝对优势的兵力，即集中 6 倍，或 5 倍，或 4 倍于国民党军的兵力，至少也要有 3 倍于敌的兵力，去消灭敌人。"又说：对于人，"伤其十指不如断其一指"；对于国民党军，"击溃其 10 个师不如歼灭其 1 个师"。毛主席的意思很明显，歼灭国民党军一个师，就少一个师，这最能看出双方力量的不断变化。因此他就要求军事指挥员，无论如何不要打消耗战。粟裕对主席的这个思想理解是深的，贯彻是好的，执行是坚决的。打大歼灭战就要创造条件，怎么创造条件呢？那就是部队要发展，要壮大，打仗的本领要提高。粟裕认为打大兵团的歼灭战好处多：

1. 可以争取到战场上的主动权。豫东战役之前，中原战场处于拉锯状态，你打过来，我打过去，总是争取不到战场的主动权，处于被动地位。豫东战役一打，战场的主动权就解决了，就可以想打哪里就打哪里了。想打济南，我们就攻克了济南，拔了这个钉子。这个主动权粟裕盼了很久了，豫东战役一打，问题就解决了，他怎能不高兴啊。

2. 打了胜仗，特别是打了大的歼灭战，可以鼓舞部队的士气，提高战胜国民党军的信心，部队就可以愈战愈勇，变成打不垮、拖不烂的钢铁长城。

3. 可以使国民党军的军心涣散，士气低落，并使之丧失战斗力。

4. 可以抓很多俘虏。

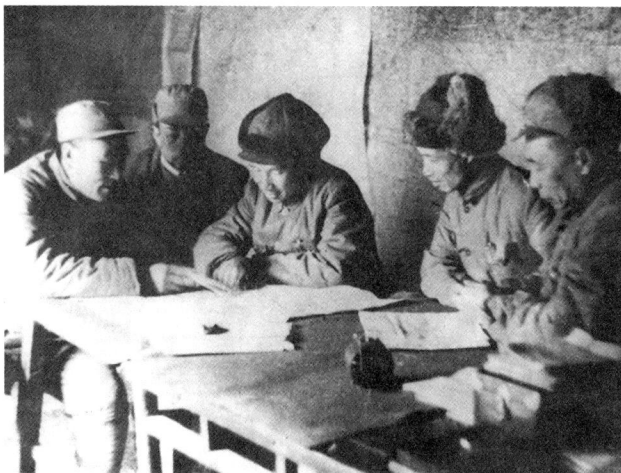

▲ 华野参谋处向首长汇报战况。左起：副处长王德，处长夏光，代司令员粟裕，副参谋长张震，参谋长陈士榘

经过诉苦运动，提高了解放战士阶级觉悟，补充部队，壮大了部队，解决了兵源补充问题。到了解放战争的中后期，我们的兵源，除了动员解放区青年参军外，主要还是靠解放战士补充。淮海战役开始的时候，我华东部队 42 万人，淮海战役结束时，华野的部队就发展到 46 万人了。你看，大兵团的作战多解决问题啊。

5. 缴获的武器弹药多，物资多，可以装备部队，供给部队。有了人，有了武器装备，人和物结合起来，又有高明的指挥员指挥部队，部队的战斗力就强，哪有不打胜仗的道理。

总之，淮海战役大兵团的作战，最能看出国共双方力量的消长，最能使部队发展壮大，最能加速中国革命的胜利进程，最能解决战争全局的主动权问题。就中国共产党来说，就人民解放军来说，就是因为打了很多的歼灭战，特别是打了辽沈、淮海、平津三大战役的大歼灭战，才使解放战争由 5 年缩短为 3 年，1949年才得以渡江，1949 年才得以成立中华人民共和国，才解决了中国的命运问题，才得以使我们搞中国特色的社会主义建设，搞市场经济，搞改革开放，搞科学发展，一步一步地走到美好的今天。粟裕爱打大兵团作战，他的朝思暮想，不就是这个伟大的目标吗？

在粟裕谈及大兵团作战的问题时，有人问过粟裕诸葛亮是不是军事家？粟裕说："诸葛亮不是军事家，而只能算政治谋略家。"作为杰出的军事家、伟大的战略家的粟裕，对诸葛亮是有过研究的。他认为，诸葛亮是刘备的一位政治谋略家，他打仗不行，所以算不上是军事家！即使按《三国演义》的描写，诸葛亮最主要打过两次胜仗，也就是"两把火"：火烧新野、火烧赤壁。而后一把火还是周瑜烧的。六出祁山，当时魏强蜀弱，而他采取正面推进、相持的办法，没有达到目的。诸葛亮以谨慎而出名，打仗不敢用奇兵，不敢冒风险，仅强调谨慎，那是打不了胜仗的。从战术上来说，他只知道平推，他不会集中优势兵力，不会用迂回、包围、分割、穿插的办法打歼灭战，怎么能以弱胜强呢？所以说，诸葛亮他不是军事家。

综上所述，人们对粟裕擅长大兵团作战的本领很是赞赏，我看到不少的领导当面问过粟裕，你的大兵团作战本领是从哪里来的，粟裕老首长说，我除了跟毛主席学习外，主要还是从战争中学习。战争的实践，使我认识、发展、提高和学到大兵团作战的本领，从而也使我在整个军事生涯中吃了苦头，尝到了甜头，获得了大丰收，向党和人民交了一份满意的答卷。今后现代化的战争，不论科学的发展有多么大的变化，也还是离不开实践，去认识战争发展的客观规律，这是一条马克思主义的辩证唯物主义发展史观，是颠扑不破的真理，必需牢牢地掌握它。

（作者时任华东野战军代司令员、代政委粟裕的秘书）

淮海战役中的谭震林

谭泾远

▲ 淮海战役中的华东野战
军副政委谭震林

今年是淮海战役胜利 60 周年。淮海战役是解放战争三大战役中最大的一次战役。一些专家学者在研究淮海战役时，曾问我，身为华东野战军副政委的我父亲谭震林，为什么名列淮海战役总前委委员之一，下面是我对他这段革命经历的追忆。

一、总前委委员是毛主席点的将

总前委中的刘、邓、陈、粟自不必说，毛主席对我父亲也是十分了解的。1929 年，毛主席率领红四军由井冈山进军福建时，我父亲就和陈毅、蔡协民一起分别担任红四军三个纵队的党代表，后来，他还担任过第二纵队队长，第二纵队政委是罗荣桓。1930 年，成立红一方面军总前委，我父亲与毛主席、朱总司令、周以粟、彭德怀、滕代远、黄公略、林彪都是总前委委员。红军长征以前，他还担任过红十二军政委、福建军区司令员兼政委。在创建革命根据地和反对国民党的军事斗争中，我父亲深刻地领悟到：中国红军是一个执行革命的政治任务的武装集团。如果离开了对群众的宣传、武装和建设革命政权等目标，红军"就是失去了打仗的意义，也就失去了红军存在的意义"。他为毛主席"工农武装割据"、"枪杆子里面出政权"、"农村包围城市"等光辉思想的形成作出了宝贵的贡献。

新四军组建时，中国共产党最初向蒋介石提出，新四军编 2 个师、4 个旅、8 个团，毛主席亲自点将，提出由陈毅、张鼎丞、张云逸、谭震林 4 人担任师级领导，其中我父亲和陈毅、张鼎丞等都是坚持南方三年游击战争的骨干。叶挺将军在周副主席、叶剑英配合下，向国民党当局力争未果，最后达成协议，新四军编 4

个旅级支队，由陈毅、张鼎丞、张云逸、高敬亭分别担任支队长，由傅秋涛、粟裕、我父亲、戴季英分别担任副支队长（实际为政委）。皖南事变后，重建新四军时，父亲又先后被中央军委任命为新四军第六师师长兼政委、第一师政委、新四军政治部主任兼第二师政委。

1945年底，父亲出任华中野战军政委，粟裕任司令员。自卫战争中，苏中战役，七战七捷，威震大江南北。张震叔叔说："他（谭震林）不仅是一位优秀的政治工作者，而且在有重要任务时，总是担任一个方面的军事指挥，常常带几个纵队担任阻击任务，所以大家称他是'军事委员'。不论他与粟裕共同指

▲ 1946年9月，华中野战军政委谭震林在中高级干部会议上作形势报告

挥苏中战役、两淮保卫战、宿北战役，还是他与粟裕协助陈毅指挥华东各战役，都表现了他的军事才能。"①

1947年初，父亲担任华东野战军副政委，司令员是陈毅，副司令员是粟裕，人称陈粟谭。陈毅元帅在回忆华东野战军的军事生涯时说过："在政治工作上有谭震林同志，在军事指挥上有粟裕同志。"② 王德同志说过："在解放战争中，陈毅、粟裕、谭震林率领的华东（第三）野战军，号称陈粟谭大军。陈、粟、谭是一个领导集体，粟、谭又是司令员兼政委陈毅的主要副手。担任副司令员的粟裕，擅长军事指挥，也善于领导政治工作；担任副政委的谭震林，擅长政治领导工作，也善于军事指挥。他们对华东部队的作战和建设，有重要的影响和决定性的作用。"③

1948年11月4日，华东野战军代司令员兼代政委粟裕、副政委谭震林、参谋长陈士榘、副参谋长张震下达淮海战役攻击命令。解放战争中规模最大的淮海战役拉开了序幕。淮海战役规模之巨大、战斗之激烈、人民解放军歼灭国民党军之众多，在中国革命战争史上实属罕见。

11月16日，中共中央军委根据淮海战役不断发展扩大的形势，在给中原、华

东野战军首长并告华东局、中原局、豫皖苏分局、苏北工委及华北局的电报中指出："此战胜利，不但长江以北局面大定，即全国局面亦可基本上解决。"④为此，决定成立总前委，统一指挥两大野战军的作战行动、后勤保障和战区支前工作。总前委由刘伯承、陈毅、邓小平、粟裕及我的父亲谭震林组成，以刘伯承、陈毅、邓小平为常委，临机处理一切，邓小平为总前委书记。总前委的成立，使淮海前线有了统筹一切的总指挥部。这对于贯彻执行中共中央军委、毛泽东的战略决策和作战方针，实现歼灭国民党军于徐州附近的决心，具有十分重大的意义。

淮海战役第二阶段结束时，中原野战军司令部在永城南临涣集的小李家，华东野战军司令部在萧县东南的蔡洼村，两地相距近百里。根据中央的指示，总前委的5位同志需要开一次会议。12月17日早上，刘、陈、邓驱车来到蔡洼华野指挥部，在北线山东兵团指挥部的我父亲谭震林也赶到蔡洼。这次会议是淮海战役总前委5位领导人第一次共聚一堂，也是淮海战役中总前委唯一的一次全体会议。会议开了一天，鉴于杜聿明集团覆灭在即，它未成为会议的主要议题。他们主要研究了渡江战役的计划和部队整编方案。当天晚上，刘伯承、陈毅驱车北上，前往西柏坡向党中央汇报。邓小平回到小李庄，我父亲回到山东兵团指挥部。

淮海战役是解放战争三大战役中规模最大的战役。国民党军队的"五大主力"中，新一军、新六军被消灭在东北战场，整编七十四师被消灭在山东的孟良崮，第五军、第十八军被消灭在淮海战场。历时66天的淮海战役人民解放军大获全胜，基本上歼灭了蒋介石在长江以北的精锐部队，解放了华东、中原广大地区，取得了解放战争的决定性胜利，为解放军渡江南下、解放全中国奠定了胜利基础。

二、父亲是一位善于开创新局面的干部

1927年11月，父亲作为工人代表被推举为茶陵县工农兵政府主席，虽然没有经验，但他毫无惧色，出色地完成了创建井冈山革命根据地第一个苏维埃政权的任务。美国记者斯诺在《西行漫记》的首页称之为"中国的第一个苏维埃"⑤。红军主力撤离苏区，开始两万五千里长征之后，父亲和张鼎丞、邓子恢一起，在血雨腥风、艰苦卓绝的环境下领导和坚持了闽西三年游击战争，保存了革命的火种。

抗日战争初期，父亲率领新四军三支队以低劣的武器装备，五次打退日军的

疯狂进攻，保卫了繁昌，当地的老人至今还能咏唱《繁昌之歌》中的"谁说我们游而不击，谁说我们不能打大仗"。

1941 年 1 月，皖南事变后，日寇对新四军所在的茅山进行"大扫荡"，国民党军也对江南新四军两面夹击。在这关键时刻，父亲从江南东路赶到西路，在溧阳黄金山附近坐镇指挥了三次自卫反击战，以少胜多，三战三捷，打击了日伪顽军的嚣张气焰。1941 年 11 月 28 日，新四军第六师参谋长兼第十六旅旅长罗忠毅、政委廖海涛在溧阳塘马对日军作战时壮烈牺牲。父亲不顾个人安危，仅带两名警卫员，由江北冒死渡江，化装闯卡。他一到十六旅，立即宣布自兼旅长，精简机关人员，充实加强连队，坚持了江南抗日阵地。陈丕显叔叔说："谭震林两次去苏南西路扭转乾坤的故事，就生动地反映了他的胆略和才华。"⑥

1947 年 8 月，华东野战军主力跳出外线作战，中央军委决定，由谭震林、许世友率领华东野战军第二、七、九纵队及一纵队独立师（即皮旅）、第四纵队第十师，以及刚成立的第十三纵队组成内线兵团（也称东线兵团），坚持山东内线作战，把国民党军范汉杰集团引向东海边。在陕北，彭德怀指挥西北野战军出击榆林，调动国民党军胡宗南集团北上，刘邓、陈粟、陈谢大军向中原出击，把战争引向蒋管区。在整个南线战场上，造成中原三军跃进敌后，山东、陕北两翼抗击的战略反攻态势。

8 月初，华野主力部队撤离集中地区后，国民党军打通了济南至青岛的铁路线。8 月 18 日，蒋介石飞抵青岛，召开军事会议，部署了"九月攻势"，以整编第八、九、二十五、四十五、五十四、六十四等 6 个整编师 20 个旅组成胶东兵团，以陆军副总司令范汉杰为兵团司令，妄图一举占领烟台、威海沿海一线，切断山东与东北的海上联系，破坏华野的战略后方。9 月 1 日，范汉杰指挥胶东兵团由胶济铁路东段兵分三路，自西向东，大举进犯胶东解放区。范汉杰采取"锥形突进，分段攻击"的战法，他妄图以优势的兵力和精良的装备把人民解放军压迫到胶东半岛狭小地区予以消灭。他狂妄地叫嚷："把胶东共军统统赶下黄海喝海水！"国民党军在飞机、坦克、大炮的掩护下，兵分三路向掖县、平度、即墨等地进攻。国民党军所到之处，一片血海，四处废墟。跟在国民党军后面的"还乡团"，采取刀铡、水淹、开水烫、火烧、绞刑、刀子割、断肢、活埋、剖腹挖心等酷刑，成百上千地集体屠杀解放区人民，许多村庄成了"无人村"。部队撤到滨海地区北部，路过诸城，人民解放军以数倍于国民党军之兵力，攻击守城的国民党军一个旅，竟未奏效。

部队士气低落，思想混乱，怪话满天飞。有的竟说："蒋介石是鱼精下凡，天数未尽，我们一揍他，天就下雨。咳！没治了！"

这时，整个山东解放区，除了黄河以北的渤海地区外，都遭到了蒋军的蹂躏。过去，国民党军一个旅、一个师都不敢单独行动，惧怕被人民解放军围歼。现在，国民党军一个连、一个排都不分昼夜，疯狂出犯。广大群众人心惶惶。据陈冰同志回忆，谭震林说："近些月来，蒋军对我军的进攻特别猖狂，所到之处，烧杀抢掠，把山东解放区的黄河以南地区搞得昏天黑地，很多人就误认为形势不妙了，蒋军还厉害得很哩！其实错了。蒋军在陕北、山东两个局部的进攻越猖狂，就越证明他们急于从这两个局部脱身，抽出主力去对付我外线部队出击中原、直逼长江的锐利攻势。许多人看形势，只看局部，不看全局；只看现象，不看本质，得出的结论就难免错了。告诉报社，要用对形势的科学分析教育干部群众，要发扬革命乐观主义精神，反对悲观主义！"⑦据金冶同志回忆，谭震林说："这项任务是光荣的、艰巨的，但我们有信心粉碎敌人的进攻。他那不惧艰险豪迈乐观的精神、充满信心的语气，给了我们极大的鼓舞。"⑧"胶济线南侧我军在谭震林统一指挥下，密切配合北线部队行动。当敌主力疯狂向北进攻之际，谭震林于9月9日发起诸城攻击战。当时进占诸城之敌为整编第六十四师，该部系广东部队，战斗力较强，擅长守备，是进攻胶东的主力之一。此役在谭震林指挥下，歼敌1700余人，虽然没有全歼守敌，但对胶东内线作战起了积极的配合作用，给北犯之敌的侧后造成了严重威胁。"⑨

开国中将谢有法回忆说："胶东保卫战历时共5个月，歼敌6万多人，彻底打破了敌人占领胶东半岛的企图，改变了山东战场的形势，有力地配合了外线兵团的战略进攻。能够取得如此重大的胜利，谭政委是付出了大量心血的。每次战役或大的作战行动之前，他都指示要搞好政治思想动员，搞好部队的组织建设和战术练兵，强调各级党的组织要在战斗中发挥核心领导作用；战斗打响后，他常常深入到第一线，了解情况，随时决断；战斗结束后，他要求部队及时总结经验教训，以利再战。因此，干部战士不管在什么环境下作战，始终表现出高度的政治觉悟，英勇无畏、一往无前地夺取胜利。"⑩

山东兵团从1948年3月到7月的作战中，歼灭国民党军正规部队和地方反动武装共14万余人，恢复了老解放区，又解放了大片新区。国民党军在山东只剩下济南、青岛、烟台、临沂几个孤立城市，处于被动挨打的局面。山东解放区连成一片，并与华北、中原解放区打通了联系。山东大批中小城镇的解放，使解放区人口和经济实力大为增强，为支持华东野战军进行战略决战创造了可靠的后方。山东兵团在作战中表现出高昂的士气和顽强的作风，敢于攻坚，善于集中优势兵力打大歼灭战，战斗力和战术水平迅速提高，成为华野的又一支主力兵团。

▲ 山东兵团政委谭震林

　　解放战争开始两年之后，战场力量对比的天平完全倾向了人民解放军一边。毛泽东以战略家的远大目光权衡全局，敏锐地察觉到历史已跨入一个新的阶段。于是，他以非凡的气度，大手一挥，号令三军向蒋介石发动了规模空前的战略大决战。7月13日，华东野战军山东兵团一举攻克济南、徐州之间的兖州。国民党第二绥靖区司令官王耀武据守的济南成了一座孤城。

　　从8月25日到29日我父亲和粟裕主持召开华野曲阜会议，会议主要是讨论攻济打援问题。29日曲阜会议最后一天，华野指挥员们共同商定战役部署，决定以攻占济南为主要目标，力争在短时期内攻克。9月16日，济南战役全面展开。以这一战役为标志，敲响了国民党军队灭亡的丧钟，人民解放军与蒋家王朝总决战的帷幕由此拉开。我父亲亲自抓了关于授予第九纵队七十三团为"济南第一团"和第十三纵队一○九团为"济南第二团"荣誉称号的工作。在一个战役里中央军委授予两个英雄团的称号，这是解放战争史上前所未有的。我父亲还亲自布置撰写了《济南第一团》，使全军学习他们英勇顽强、不怕艰苦、不怕牺牲的精神。在这里可以看到，他在战役过程中非常重视政治思想领导，紧紧抓住这一中心环节，大大发扬了人民解放军的政治优势。

　　济南战役是人民解放军在解放战争中第一次攻克有国民党军重兵防守和坚固设防的大城市。济南战役的胜利，使华北、华东两大解放区完全连成一片，解放区后方更加巩固，增强了解放区支援革命战争的力量。蒋介石的"重点防御"战略受到沉重打击，动摇了国民党军企图依托大城市进行顽抗的信心。济南战役中，人民解放军只用了八天八夜就攻克了济南城，全歼国民党军10余万人，其中起义者2万余人，生俘王耀武以下国民党将领23名，迫使临沂、烟台等地的蒋军弃城而逃，山东全境除青岛等少数据点外都获得解放。中央军委副主席周恩来说："三大战役的序幕是济南战役。"陈丕显叔叔说："在谭震林面前，没有克服不了的困难；由他主管的工作，没有打不开的局面。"⑪

三、我父亲是成熟的军政统帅

陈毅元帅对我父亲有一个十分中肯的评价："疾恶如仇，见善宣传，是他（谭震林）最大的特点。"⑫潍县、安丘、昌乐三角地区，地处鲁中、胶东、渤海解放区之间，是国民党军楔在山东解放区腹地的顽固堡垒。潍县战役是山东兵团进行的一次成功的攻坚战役。在历时一个月的战斗中，人民解放军以伤亡11000人的代价，歼灭国民党整编四十五师主力及大量地主武装共46000人，俘虏四十五师师长陈金城以下官兵16500人。解放了鲁中地区十几个县、镇，使胶东、渤海、鲁中三大解放区连成一片。缴获了大量武器装备和军用物资，使山东兵团的力量大为增强。潍县城，被国民党誉为"鲁东堡垒"，它从未被人民解放军解放过，这里的群众长期受封建军阀、日伪和国民党统治，由于受反动宣传的欺骗，较普遍地对共产党、解放军持怀疑、恐惧的心理，个别人甚至抱敌视的态度。尤其是工商业者，疑惧心更加严重。因此，解放潍县，绝不仅仅是对这座城市的军事占领，更重要的是要迅速稳定潍县的社会秩序，赢得人心，全面接管好这座城市，为以后接管大城市积累经验。人民解放军长期在广大农村进行战斗，随着解放战争的胜利推进，城市问题迫切地提到人民解放军的议事日程上。在攻打潍县的动员会上，我父亲提出了"光荣地进去，干干净净地出来"的口号。他反复而又明确地交代了城市政策，提出保护工商业，建设与繁荣城市，恢复农业生产，救济贫民等具体政策，并要求部队一定要严格执行三大纪律八项注意，切实做到不拿群众一针一线。他根据城市作战的特点，还颁发了《关于一切缴获归公》的指示。他要求部队认真贯彻执行。金冶同志回忆道："由于适时地严格规定和明确要求各部队切实执行城市政策，进城部队做到秋毫无犯，获得重大的成绩与宝贵的经验，其成果不亚于战场上的胜利。"⑬基于这种认识，我父亲在战役的全过程中，要求部队严格执行党的城市政策，做到秋毫无犯，最大限度地争取民心。对潍县城的顺利解放和成功接管，完全履行了我父亲的这一号召。正如我父亲在潍县战役执行城市政策的总结中指出的：（一）物资没有破坏，我们的财政收入增加了100亿元。（二）机关没有搞乱，获得国民党全部文件。（三）由于没有乱捕、乱杀，执行了宽大政策，我们在政治上瓦解了敌人，增强了革命力量。仅青岛就有大批国民党军跑来投诚。从章丘、齐东跑来投诚的"还乡团"1 万多人，带回 2000 多条枪。济南蒋军二一一旅 9000 人中逃跑了 6000 人。青岛市民见到山东兵团这样一支正义之师、胜利之师，无不敬佩地说："天下是属于解放军的。"⑭

济南战役前夕，山东兵团于 9 月 5 日召开师以上干部战前动员会。许世友司令尚在胶东养病，我父亲在会上传达了中央提出的解放战争第三年的作战任务和曲阜会议的精神。他最后振臂挥手、铿锵有力地提出了"打到济南府，活捉王耀武"的口号。金冶同志谈到："这简短生动、激动人心、鼓舞士气的响亮口号，成为参战全体指战员英勇奋战的目标，战役实践证明了这一口号的强大威力和它的正确性。"⑮ 开国中将谢有法回忆说："谭震林说话办事素来干脆利落，善于抓住重点，并适时提出动员的口号，对部队很有鼓动性。在这一口号的鼓舞下，部队士气高涨，最终使口号变成了现实。"⑯

华野前委于 1949 年 1 月 19 日至 26 日在徐州东北的贾汪举行扩大会议。贾汪会议是总结淮海战役阶段性胜利和部署 1949 年华野任务的一次重要会议。在陈毅、粟裕主持下，华野部队进行整编，对高级干部进行人事调整。2 月 9 日，遵照中共中央军委关于统一全军组织和番号的决定，华东野战军改称第三野战军，并发布了整编命令。整编后的第三野战军，仍由陈毅任司令员、政治委员和前委书记，粟裕任副司令员兼第二副政治委员，我父亲任第一副政治委员，张震任参谋长，唐亮任政治部主任，钟期光任政治部副主任。所属部队编为 4 个兵团，15 个军，2 个纵队，共 58.1 万余人。

1949 年 4 月，根据中共中央的指示，仍由淮海战役时组成的总前委领导渡江战役。我父亲作为华东野战军第一副政委，奉命指挥三野第七兵团的二十一、二十二、二十四军，第九兵团的二十五、二十七、三十、三十三军，共 30 万人组成中集团。他把不习水的部队拉到巢湖开展了水上练兵。陈毅元帅称赞道："巢湖练水军是解放史上重要的一页。"⑰

4 月 20 日晚 19 时 30 分，我父亲统率的中集团 7 个军 30 万人，从芜湖强渡长江天堑。万炮齐鸣，千帆竞发，国民党军长期苦心经营的长江防线，一夜之间就被人民解放军突破。二十四军渡江的第一船仅用了 15 分钟就抵达了南岸。中集团的率先突破，把国民党军的注意力吸引到长江中段，这就为人民解放军东西两个集团军渡江创造了有利的条件。

▲ 1949 年 2 月 25 日毛泽东、周恩来及邓小平、陈毅、谭震林在西柏坡和军委二局同志合影

4 月 21 日，毛主席和朱总司令发布了向全国进军的命令，第三野战军在总前委的指挥下，和第二野战军一起，按预定部署发起了震撼中外的渡江战役，中国人民解放军以迅雷不及掩耳之势一举突破国民党军的防线。4 月 22 日晚，我父亲和王建安副司令员率指挥部从北岸起渡向南岸行驶时，在江中突然遭遇由安庆向南京方向行驶的国民党军军舰。情况十分紧张，父亲临危不乱，镇定自若，沉着地指挥船老大避开军舰，终于安全地抵达南岸。事后获悉，总前委邓小平和陈毅在肥东指挥部，在得知我父亲渡江时遭遇国民党军军舰时，十分担心我父亲的安全，不时地询问情况。参谋处王德处长事后感叹道："这件事使我体会到总前委成员之间的相互关怀，真是情似兄弟啊！"⑱渡江战役是我父亲戎马生涯中立下的最后一次战功。汪道涵叔叔对我父亲的评价是："不但擅长政治思想工作，而且在军事指挥上也有杰出表现。"⑲

四、父亲是贯彻执行毛主席提出的"三大法宝"和"三大原则"的杰出代表

人民解放军争取原国民党军第九十六军军长兼八十四师师长吴化文的工作，

经历了一个曲折而漫长的过程。

1948年9月16日，月明星稀，秋高气爽。济南战役从午夜时分开始了。9月19日晚，在人民解放军强大的军事压力下，在华东野战军敌工部和中共济南地下组织的争取下，国民党九十六军军长吴化文率八十四师一五五、一六一旅及九十六独立旅的2万余人举行战场起义。吴化文的起义打乱了国民党军的防御部署，动摇了他们坚守济南的信心，对以后数百万国民党军的起义、投城起了带头作用，对济南战役的胜利起了重要作用。吴化文的起义是华东野战军敌工部和中共济南地下组织取得的重大成功。李昌言、黄志平和辛光同志被记了大功。我父亲在作战室给第三纵队孙继先司令的电话中说：你们要迅速架通给吴化文的电话，你亲自转告我对吴化文的要求。（一）不能再犹豫了，我这即将发起总攻了。（二）限他于9月20日20时前起义。事后了解到，从9月初起，我父亲就亲自抓吴化文起义的工作。9月2日，济南市委副书记蒋方宇曾将策反吴化文工作情况向我父亲作了汇报。我父亲指出：（一）吴化文系军阀出身，久经风霜，善于应付，但在我强大军事压力下，起义或配合我军行动是有可能的。（二）你们设法转告吴化文，济南市一定要打，要打出高水平，定要打下，叫李昌言（吴妻的表弟，吴的掖县同乡，胶东区党委派到吴部的策反工作者）站在亲戚的角度上，为吴化文着想，引导启发，争取早日行动。（三）对吴化文的要求，能大就大，如扣住王耀武、占领飞机场等，否则叫他让出一条路也是胜利。（四）要讲明政策，一定保证其生命财产的安全，对其所属部队，起义后，按解放军的原则实行改编。市委同志反映，我父亲的指示明确而具体，切中要害，有很强的政策性和策略性。在济南战役发起前夕，我父亲又告诉济南市委，要吴化文明察大义，走光荣起义的道路；要吴注意与第十纵队司令宋时轮、政委刘培善和第三纵队司令孙继先联系。西线集团宋时轮司令员高度评价了他们的工作：一是缩短了济南解放的时间，大大加快了战役的进程；二是减少了我军几千人的伤亡；三是保护了济南的工商业区商埠，减少了人员财产的损失。吴化文的起义对国民党其他部队也是一个极大的震动，对以后数百万国民党军的起义、投诚起到了带头作用。

10月9日，我父亲在给毛主席、华东局的报告中指出："吴部起义，我即攻入商埠，十纵机动攻入东站，迅速攻至普利门以北，造成了提早攻击外城的有利条件。使整个战役中各个阶段形成连续作战，陷敌无喘息机会，迫敌处在吴部起义所引起的部署缺陷无法调整的恶劣条件下作战，这也是迅速解决济南的重要条件之一。"10 月 22 日，毛主席致电吴化文等，对他率部起义表示"极为欣慰"和"热烈欢迎"。济南战役结束后，吴化文率起义部队全部渡过黄河，在齐河地区接受改编整训。10 月 29 日，根据中国人民解放军总部命令，吴化文部改编为中国人民解放军第三十五军，吴化文任军长，杨友柏、赵广兴、何志斌分别任师长。

1949 年 4 月 24 日，是一个有历史意义的日子。人民解放军第三十五军占领了国民党总统府。

胡锦涛总书记在纪念我父亲 100 周年诞辰时谈到："谭震林同志是中国共产党的优秀党员、久经考验的共产主义战士、杰出的无产阶级革命家。他 1925 年参加革命，1926 年加入中国共产党。他是毛泽东同志开辟'井冈山道路'的坚定拥护者和忠诚实践者，是皖南、苏南、淮南等抗日根据地的创建者和领导人之一，是党领导的人民军队的重要指挥员，是抗日战争和解放战争许多重大战役、战斗的组织者和指挥者，为推翻'三座大山'、创建新中国进行了长期的斗争。……1927 年冬，他作为井冈山革命根据地的第一个县级红色政权的主要领导人，为革命根据地的政权建设摸索了重要经验。1932 年，他任福建军区司令员，为中央红军输送了大量兵员。1940 年夏，他主持江苏东路地区党政军工作，使当地抗战局面焕然一新。1949 年 4 月，在渡江战役中，他指挥的部队首先突破国民党军队的长江防线。"[20] 这就是历史的事实。

注释：

① 金冶主编《回忆谭震林》，浙江人民出版社 1992 年版，第 265 页。

② 同上书，第 337 页。

③ 同上书，第 283 页。

④《毛泽东军事文集》第五卷，军事科学出版社、中央文献出版社 1993 年版，第 230—231 页。

⑤ 埃德加·斯诺《西行漫记》，三联书店 1979 年版，第 1 页。

⑥《回忆谭震林》前引书，第 5 页。

⑦《回忆谭震林》前引书，第 290 页。

⑧⑨《回忆谭震林》前引书，第 302 页。

⑩《回忆谭震林》前引书，第 268 页。

⑪《回忆谭震林》前引书，第 6 页。

⑫ 中央党史研究室科研管理部、中共湖南省委党史研究室、中共株州市委员会编《谭震林纪念文集》，湖南人民出版社 2002 年版，第 368 页。

⑬⑭《回忆谭震林》前引书，第 306 页。

⑮《谭震林纪念文集》前引书，第 307—308 页。

⑯《谭震林纪念文集》前引书，第 269 页。

⑰《谭震林纪念文集》前引书，第 364 页。

⑱《回忆谭震林》前引书，第 318 页。

⑲《回忆谭震林》前引书，第 337 页。

⑳《胡锦涛在纪念谭震林同志诞辰 100 周年座谈会上的讲话》，《人民日报》2002 年 4 月 16 日。

（作者为谭震林之女。此文由中共中央党史研究室宣传教育局石雷整理）

第十纵队司令员宋时轮

宋崇实

1947 年春，宋时轮被任命为新组建的第十纵队司令。

1948 年是解放战争第三年，进入战略大决战时期。徐州是津浦和陇海铁路线的枢纽，历来是兵家所争的战略要地。蒋介石布重兵在徐州地区，有徐州"剿总"刘峙集团的 4 个兵团和 3 个绥靖区，加上后来从华中调来的黄维兵团，总兵力超过 80 万。9 月 25 日中央军委批准了华东野战军关于进行淮海战役的建议，10 月 11 日毛泽东提出了淮海战役的作战方针，11 月 6 日，发起了以徐州为中心，东起海州，西至商丘，北到临城，南达淮河广大地区的大范围、大规模的淮海战役。11 月 16 日，中央军委决定由邓小平、刘伯承、陈毅、粟裕、谭震林组成淮海战役总前委，邓小平为书记，统一领导指挥华东、中原两大野战军及华北军区地方武装，共 60 万余人。

▲ 原华野十纵队司令员宋时轮

宋时轮 1907 年出生于湖南醴陵，当时为华东野战军（简称华野）第十纵队司令员，刘培善为政治委员，辖二十八师（有八十二、八十三、八十四团）、二十九师（有八十五、八十六、八十七团）及纵队特务团，共 1.6 万余人。完成济南战役攻坚战之后，又参加了淮海战役整个过程，此役历时 66 天，人民解放军以少胜多，战果辉煌，共歼灭国民党军 55.5 万余人，基本解放了长江以北的华东、中原地区，使蒋介石的精锐主力部队丧失殆尽，国民党军残部被迫缩到长江以南地区。

徐东阻击战

淮海战役第一阶段是力争全歼黄百韬兵团，中央军委要华野把一半以上兵力打援作为作战的基本原则。因此华野部署了 7 个纵队加苏北兵团主力围歼黄百韬兵团，5 个纵队加苏北第十一纵队和江淮军区两个旅实施打援。

国民党部队中流传着"排炮不动，必是十纵"的说法，说明十纵善于打阻击战，敢打硬仗、恶仗。这次十纵队打援，10 月底出发，沿肥城、尚庄、白马庙、安丘、东符村、颜家楼、五开、韩庄一线，向预定地区开进。

11 月 5 日晚上，宋时轮和 4 个警卫员乘坐济南战役中缴获的一辆新的美式吉普车，返回纵队机关宿营地沙沟王开村，向导带错了路，竟带到了国民党军防区韩庄。韩庄村口的国民党兵拦住了汽车，高喊："站住，过来一个人，不然我们开枪了。"双方仅相距 100 余米，宋司令员让一个警卫员过去看看。警卫员过去好一会儿没有声音，宋司令员喊道：你们是哪一部分的？快把我们的人放回来！仍没人回答。宋司令员感到蹊跷，问向导这是什么地方？向导回答说是韩庄。这才知道竟是国民党军驻地。宋司令员镇定地吩咐：汽车不要熄灯、熄火，暂留一个警卫员在车上，见机行事。说罢，从一名警卫员手上拿过左轮手枪，带一名警卫员转移到路边庄稼地里暂避。这时截车的国民党军过来了，把车上的人带到韩庄，到那里才知道是国民党冯治安部的警卫部队。一个国民党军连长问警卫员情况。警卫员随口编道：我们是通讯兵，没有部队番号。那个连长感觉到有问题，就将人押到营部。营长猜到他们是共军，要一个警卫员回去，把坐在车上的长官找来，说有事和长官商谈，绝对保证长官安全。警卫员小黄在距韩庄一公里的坟地找到正在看地图的宋司令员，汇报了情况。宋司令员听后，意识到国民党军可能有起义投诚的打算，立即指示小黄回去稳住敌人，鼓励他们向济南战役中的吴化文学习，弃暗投明，保证他们的官职和财产不受损失。小黄回去照此劝导营长，并答应带他们去见首长。国民党军营长见到宋司令员后说：我的公开身份是三绥区七十七军三十七师一一一团三营长，实际我是共产党员王世江。宋司令员高兴地说：真巧，碰上自己人了，差点大水冲了龙王庙。你与我军什么人联系？王世江说：同敌工部杨斯德、孙秉超联系，他们昨天下午从我这儿过去，到贾汪见何基沣去了。宋司令员又问，他们有什么交代？王世江说：他们向我传达了陈毅司令员的命令，让我掌握好部队，待命行动。"好，我是十纵司令员，命令你带全营就地起义，并向你们团其他部队发出通知，叫他们响应起义。"宋司令员果断地说。王世江一边掩护宋司令员和警卫员上汽车回宿营地，一边让人给何基沣和团里第一、二营送信，自己带全营起义，由我两名警卫员带到宋司令员指定的地点去。宋司令员回到宿营地时天已大亮，机关领导一夜没睡，正焦急地等待宋司令员回来，听了他们的经历，幽默地说："这倒不错，宋司令员带四个警卫员，不费一枪一弹，换回冯治安的一个营。"随后宋时轮、刘培善又派孙松亭、王兴两同志去起义部队慰问，并协助工作。

11月8日，中共地下党员、国民党第三绥靖区冯治安部副司令何基沣、张克侠率第五十九军两个师、第七十七军一个半师，共2.3万余人，在贾汪、台儿庄地区起义，为人民解放军迅速切断黄百韬兵团退路创造了极其有利的条件，11日，人民解放军将黄百韬兵团7个师合围于碾庄周围不足18平方公里地域内。

华野命令由宋时轮、刘培善统一指挥第七、十、十一纵于徐州东面陇海铁路附近，以阵地防御和运动防御相结合的方针，阻国民党军东援，保障人民解放军全歼黄百韬兵团。

宋司令迅速召集三个纵队领导开会，要求各纵队进行深入的政治动员，认清打阻击的重要作用，要把"多一分钟准备，就是多一分胜利的把握"和"坚守阵地，寸土不让"的口号，变成广大指战员的自觉行动，以最快的速度抢占有利地形和抢修防御阵地工事，准备迎击东援的邱清泉兵团和李弥兵团共5个军12个师。

徐州东面陇海铁路两侧大多是平原，无险可守，要想堵住拥有现代化装备的东援的国民党军，困难可想而知。宋司令员亲自带领各级指挥员勘察地形，选择道路两侧高地与村落，构筑三道洞穴式防御工事，建品字形或梅花式据点，各据点以交通战壕连接，组成稠密火力网，并挖反坦克壕、反坦克雷区和组织反坦克小组，部队少摆多屯，留有充足的机动预备队，抗击国民党军。

11日拂晓，第十纵队二十八师在南自苑山，经团山、马山、解台子，北至不老河一带抢修好工事。邱清泉的第五军二〇〇师以23辆坦克为先导，向人民解放军第二十八师八十二团阵地猛烈攻击，双方激战两个小时，人民解放军全团官兵跳出工事，与国民党军白刃格斗，国民党军丢下遍地尸体及4辆坦克溃退。

黄昏，李弥兵团第八军四十二师一个营的先头部队进犯人民解放军前沿阵地寺山口一带。为保障人民解放军二十九师争取时间抢构工事，解放军二十八师八十四团趁国民党军立足未稳，深更半夜由二营悄悄摸进寺山口，激战几个回合。国民党军狼狈退出寺山口。12日拂晓，李弥兵团第八军第四十二师一二五、一二六团，以6辆坦克开道直扑寺山口，妄图夺路前进。人民解放军坚守在南山坡的一个班，连续打退国民党军4次进攻。该班人员伤亡大，弹药减少，面对国民党军的疯狂再次进攻，班长苗树柏端起了上了刺刀的步枪，大声喊道："同志们，没有弹药我们用刺刀、枪托、石头打敌人，坚决把敌人挡在寺山口外。"第一个冲入国民党军阵营。战士们端着上了刺刀的步枪，举着铁柄小镐，拿着石头紧跟在后，阵地前展开了一次惊心动魄的拼杀战，顽强的战斗，大无畏的英雄气概，再一次打退了敌人的进攻。

阻击作战弹药消耗量大，各部队都打电话到纵队，几乎异口同声说最急需的是弹药。宋时轮、刘培善、吴肃三立即写信给野战军兵站，要田畦参谋当面交给兵站领导。田参谋骑自行车赶往宿羊山以北的兵站，将信交给站长赵奇峰，很快几十辆马车满载着弹药、机关枪、八二炮等运往徐东阻击阵地。

宋时轮时刻关注着徐东阻击战的各战场情况，不断适时调整部署，华野司令部对徐东阻击战的记述是：我担任由徐东援敌（邱、李兵团）之阻击部队（七、十、十一纵），能在国民党军两个兵团主力以猛烈炮火、坦克掩护下的进攻中，坚守阵地堵住国民党军，自12日至22日共10天时间，国民党军以近万人的伤亡，换得南北50里、东西不满30里之纵深阵地（包括人民解放军引诱其东进，放弃地区在内）……国民党军始终不能越过大许家地区，眼巴巴地看着黄百韬兵团于22日被全部歼灭在碾庄地区而无可奈何，只好缩回徐州。

歼李延年、刘汝明兵团

战争年月，战事频繁，随时会有生命危险。1948年11月23日，第十纵队的领导奉命到华野司令部开会。

一路上，宋司令员不停地招呼司机：再开快些，别误了开会。下午4时左右，国民党军两架飞机，发现了人民解放军的吉普车，便俯冲下来扫射，子弹在汽车周围激起团团尘土，把车上人逼下来，飞机仍紧追不舍，警卫员于百川回忆说：我左手拉着宋司令员，右手拉着刘政委，边跑边说："你们俩听我指挥，我喊趴你们趴下，我喊跑你们就跑，谁也别落下。""好。"当我们刚奔跑到村外小树林边时，一架飞机朝宋司令员卧倒的位置俯冲下来，我急忙喊："宋司令员，快起来，危险！"同时一骨碌爬起来，一下子把宋司令员搋进另一个树坑。飞机朝宋司令员原来的位置扫了一梭子子弹，打得地面上的泥土、石块飞起。"好危险啊，幸亏你把我拖到这里，要不，我可真没命了！"宋司令员一边笑着说，一边朝我咋舌。国民党军的飞机又做了几个俯冲，没寻到我们，最终飞机怕被解放军用高炮打下来，急忙飞跑了。到晚上掌灯时分，我们才乘车赶到华野司令部。粟裕首长关心地问路上没伤着吧，宋司令员笑着说："是小于救了我，关键时刻司令员和政委是兵，警卫员成了首长，我们得一切听小于指挥。"在场的其他首长听罢都哈哈大笑起来。

黄百韬兵团被歼后，李延年、刘汝明兵团蠢蠢欲动，想与黄维兵团一起援救徐州，25 日黄维兵团于双堆集地区，陷入中原野战军重围后，李、刘两部为逃脱灭顶之灾，于 26 日星夜撤离宿县，退守淮河。人民解放军发现国民党军的企图后，为保证中原野战军合围黄维兵团及中原野战军侧背的安全，命十纵由徐东挥戈南下，以三昼夜急行军配合友军第二、十三纵沿津浦路攻击李、刘兵团。28 日，十纵追至固镇、连城一带。在新镇以北配合兄弟部队，截歼李延年第三十九军一四七师两个团，毙伤国民党军 500 余人，并乘胜攻占新镇东站、任桥镇。29 日拂晓，进占固镇，二十八师一部抢渡浍河直下连城，将国民党军压缩在浍河与澥河三角地带。当日上午，十纵八十二团向孙庄的国民党军发起攻击，下午配合八十三团又歼灭国民党军 3 个营，追击战斗结束。

鲁楼堵击战

11 月 30 日，在蒋介石的授意下，杜聿明带邱清泉、李弥、孙元良 3 个兵团约 30 万人放弃徐州，从徐州西部绕道南下，妄图回避人民解放军锋芒，攻击中原野战军侧背，向黄维兵团靠拢，尔后会合南下。淮海战役总前委立即命令各部队围追堵截。第十纵队沿宿县、永城公路一夜急行 120 里北上，12 月 3 日，占领百善集、李楼、鲁楼一带。4 日拂晓，杜聿明部逃跑至徐州西南 130 里的陈官庄地区，陷入人民解放军重围。杜聿明采取三面掩护，一面突围，逐次跃进的战法，集中炮火、坦克，在空军的掩护下向南突围。杜聿明瞄准了鲁楼这个既能突出重围，又能向双堆集地区黄维兵团靠拢的必经之路。鲁楼紧靠引河，西南是 20 里的大洼地，易攻难守。粟裕批示：守住鲁楼，就等于堵住了引河的口子。第十纵队仅有 24 小时的时间抢修工事，他们抢占有利地形，争分夺秒地抢筑洞穴式工事。所谓洞穴式工事，就是在堑壕底部的侧壁挖出多个单兵掩体洞，可防炮、防空、防坦克，并能自由出入沿工事打坦克与步兵，是十纵在解放战争中研究出来的打阻击战常用的防御手段。

12 月 5 日，鲁楼堵击战开始，邱清泉兵团第七十军一三九师，沿着引河向人民解放军进犯。十纵二十九师八十五团在团长陈景三、政委张维滋指挥下，三营在村南，二营守村西河堤，一营在村东、村北，特务营的两个炮连分散配置于各营阵地上，展开了顽强的堵击。尤其是 6 日拂晓，国民党军集中了百余门大炮轰击鲁楼，大部分土木工事被炸塌，堑壕被夷平，两个师的国民党军在数十辆坦克、大批轰炸机的配合下，采取宽正面、多批次的进攻。人民解放军指战员从炮弹翻起的焦土中钻出来，英勇抗击着一批又一批数倍于他们的国民党军，与国民党军展开了格斗，刺刀捅弯了，枪托拼烂了，就用石头砸、拳头击、嘴咬，整个鲁楼阵地腥风血雨。一股国民党军乘混战偷袭我们侧后面，撞入鲁楼村内，该团一营立即组织后勤人员和伤病人员将国民党军逐出村外。另一股敌人靠 5 辆坦克开路突进我北门阵地，六班副班长、共产党员薛登平同志一跃而起，飞快靠近第一辆坦克并拉响了集束手榴弹，炸断履带。国民党军步兵在人民解放军强大火力反击下，大部歼灭，少数逃跑。

8 日激战，是最残酷的一天。邱清泉孤注一掷，除七十军外又增调二〇〇师并亲自督战，叫嚣"打下鲁楼回南京，打不下鲁楼不要命"。在其金钱的利诱和督战部队的威逼下，靠 7 架飞机和 12 辆坦克，拼命向人民解放军阵地扑来，激烈争夺每一寸土地。特等功臣尚立民跃出战壕连续捅死 8 个国民党军士兵，不幸多处中弹牺牲。村北阵地几次失而复得。3 个小时过去了，八十五团六连阵地上只剩下指导员同 3 个战士在浴血奋战，他们左阻右拦，寸土不让。六连通讯员气喘吁吁跑回团部报告团长，六连阵地只剩下 4 个人了，怎么办？陈景三团长说：回去报告你的指导员，剩下一个人也要守住阵地。宋司令员得知后，立即批示二十九师调八十七团副团长雷英夫带两个营跑步增援。他们并肩战斗，反复与国民党军拼杀，战斗持续到 21 时。在鲁楼，十纵鏖战 6 昼夜，杀伤国民党军 5000 多人，以国民党军惨败人民解放军胜利而结束，为完成歼灭黄维兵团、包围杜聿明集团起到重要作用，受到上级通令嘉奖。中央电影摄影组，特来八十五、八十七团，拍摄人民解放军指战员英勇作战的场面，大家深受鼓舞。15 日，黄维兵团被中原野战军全歼，淮海战役第二阶段胜利结束。

围歼杜聿明集团

淮海战役第三阶段是围歼杜聿明集团，人民解放军投入 11 个纵队组成东、北、南三个突击集团，东集团由宋时轮、刘培善统一指挥第三、四、十纵，渤海纵队及冀鲁豫军区独立第一、第三旅，从陈官庄东部向杜聿明集团实施攻击。被围困月余的杜聿明集团，仅剩下 8 个军 21 个师，不足 20 万人，龟缩在西起右寨，东达青龙集，南至李楼，北到夏寨，东西 20 里，南北 10 里的狭长地带。

为了使蒋介石不立即将平津的国民党军海运南撤，中央军委决定各部队对杜集团采取围而不攻的策略。难得有 20 天休整时间，宋时轮眉开眼笑，立即向纵队各师、团发出批示：积极改善伙食，恢复指战员的体质，同时积极开展群众性的评功、庆功及学习英模活动，吸收战斗中表现突出的优秀青年入党，健全各级组织，补充兵员。淮海战役中，兵员的来源主要依靠前线，因此要做好溶化俘虏工作，对新解放的战士进行忆苦思甜教育，启发阶级觉悟，新老战士座谈两种军队的对比，使他们懂得为什么而战，为谁而战，做到随俘随补，随教随战，加紧军事训练。同时在敌人阵地前开展强大的政治攻势，瓦解国民党军。采取广播喊话、发放宣传单、俘虏现身说法等多种形式，不仅国民党军士兵在政策感召下不断过来投诚，连国民党军一个京剧团和一个军乐队也来投诚。人民解放军为攻打杜聿明集团已做好各项准备。

1 月 6 日，人民解放军向拒绝投降的杜聿明集团发起总攻。宋时轮、刘培善向各纵发出部署：

一、四纵应于本日（7 日）晚，首先对耿庄之敌完成包围，明（8 日）发起战斗，攻歼耿庄敌人，同时应以一部对夏凹之敌进行近迫作业，求得 9 日拂晓前完成包围。尔后发起总攻，得手后续向胡庄、贾庄及陆菜园方向发展。

二、渤纵（仍归陶郭指挥）应沿贾庄、崔庄向陆菜园方向进攻。

三、十纵应于本日（7 日）晚，首先对李庄、赵园之敌完成包围，于明日（8 日）晚发起战斗攻歼该敌，同时应以一部将青龙集以南地区之敌扫清，并向张庄施行近迫作业，求得于 9 日拂晓前分别包围张庄、孙庄，并发起攻击，尔后继续攻占孙庄、朱庄，再围歼青龙集李弥部。

四、三纵应于本日晚，首先将常凹以北之敌歼灭，并同时指向陆菜园、刘庄、鲁庄举行近迫作业，求得于 9 日拂晓前完成包围并对该敌逐点攻歼之，尔后向西扩张战果。

东集团各部通力协作，至 10 日完成任务。最精彩之处是攻占杜聿明集团指挥所和活捉杜聿明。宋时轮命令各部队大胆分割穿插歼灭国民党军。

9日十纵二十九师攻占张庄、鲁庄，并在八十三团配合下攻克陆菜园，歼国民党军第七十二军一部，随后又将国民党军第七十二军军部包围于胡庄，其军长余锦源走投无路，带领部下投降。接着八十七团在陈官庄飞机场一带全歼第八军军部，八十五团活捉国民党第八军少将军长周开成。二十九师分兵西插，神速包围刘集，俘虏七十四军少将军长邱维达以下4000余人。二十八师经罗庄、李庄挥戈西进，协助四纵围攻黄庄户，全歼李弥第十三兵团司令部，尔后攻占张楼，将邱清泉兵团司令部包围于花小庙，全歼该敌部。邱清泉在混战中，被十纵八十六团击毙，并缴获邱战马、指挥刀和呢料军大衣。八十三团抓住战机，大胆向国民党军纵深穿插。

9日晚，十纵八十三团侦察发现，前面用汽车、坦克排成环形围墙的就是陈官庄，立即向师、纵队报告。纵队司令员宋时轮亲自与八十三团副团长孙成才通话，详细核实了情况，果断命令八十三团坚决行动，勇猛攻击陈官庄杜聿明指挥所，并联络友邻纵队，支援八十三团。此时杜聿明的官兵正抱着抢来的女人寻戏作乐，当八十三团急速前进，踩在用破帐篷和降落伞覆盖着的国民党军官兵身上的时候，他们听到骂声："他妈的，干什么的？老子在里边。"人民解放军的战士答到："打的就是你。"自然这些官兵就成了俘虏。经一夜短兵相接、浴血奋战，于10日拂晓攻占陈官庄，在庄北一个民宅的地下指挥所，缴获杜聿明的一支三号左轮手枪、一枚石质篆字图章和一条黄绿色将军呢皮裤。杜聿明换装逃跑后，不久被四纵发现并活捉。陈官庄被人民解放军完全占领后，突然空中传来沉重的轰鸣声，自南向北飞来不少运输机，投下许多大米、罐头和锅饼，阵地上顿时一片欢呼雀跃，战士们说原来是蒋介石这个运输大队长给我们送早饭来了。十纵八十三团单刀直入捣毁杜聿明集团指挥部，使国民党军失去指挥和联系，对整个战役提前胜利结束，作出了重要贡献，受到华野和纵队首长的表扬。宋时轮风趣地说：杜聿明是黄埔一期的，比我大三岁，是

▲ 被俘的杜聿明

▲ 1949 年冬的华野十纵司令员宋时轮

学长。四纵郭化若是四期的，我是五期的，由于军队性质不同，蒋介石失道寡助，"学长"成了"学弟"的俘虏。

第十纵队经过短短的两年时间，人数增加到4 万多，装备赶上国民党军队，迅速成长为一支思想好，作风硬，能打大仗、硬仗的部队，打了许多艰苦卓绝、有声有色的漂亮仗，多次受到中央军委、华野领导的表扬，为人民解放军军史、战史留下了光辉的篇章，为中国人民解放事业立下了不朽的功绩。身经百战的宋时轮也锻炼成为了一名成熟的高级指挥员。第十纵队参谋长赵俊说："在他的（宋时轮）领导下工作，有一种催人奋进的感受。他豪放坦荡、一心为公和顾全大局、勇挑重担的胸怀，决心果断、指挥灵活和严格治军、建设部队的卓越才能，对十纵队的发展和壮大影响很大，深受广大指战员的崇敬和爱戴。"

淮海战役后，华东野战军改为中国人民解放军第三野战军，下辖七、八、九、十兵团，宋时轮被任命为第九兵团司令员。

（作者为宋时轮之女）

南坪集阻击战

——追忆父亲和他的战友们

梁　泽

时间：公元 1948 年 11 月 23 日。淮海战役第二阶段第一天。

地点：淮北大平原一个名叫南坪集的集镇。蒙城至宿县公路穿镇而过。镇子北靠浍河，水深不可徒涉，河上有桥，是方圆几十公里唯一的坚固的石桥。桥可通过坦克，是由蒙城到宿县必经之路。

人物：中原野战军第四纵队第十一旅三十一团团长梁中玉和他的战友们，以及三十二团一部。

事件：阻击战。中原野战军 4 个步兵营阻击国民党军黄维兵团 4 个军和 1 个快速纵队。我阻击部队坚守南坪集一天，打退国民党军十几次进攻，重创国民党军五大主力之一的第十八军两个团，将黄维兵团 12 万人阻挡在浍河南岸，国民党军未能前进半步，为中野主力争取了充裕的时间进行机动，完成对黄维兵团的合围。

评价：中野首长对南坪集之战评价甚高："淮海战役从第一阶段到第二阶段歼灭黄维兵团，南坪集阻击战起到了关键的转折作用。使敌主力十八军的两个团基本上丧失了战斗力，把十二兵团的傲气打掉了。"

毛泽东问扼守南坪集的是哪个部队

1948 年 11 月 22 日，华东野战军在碾庄地区全歼黄百韬兵团，淮海战役第一阶段胜利结束。

总前委决定集中中原野战军主力，在华野一部配合下，歼灭较为孤立的黄维兵团。总前委给中野四纵的任务是正面阻击黄维兵团三昼夜，不使他们向徐州靠拢，为中野主力争取充裕的时间进行机动，完成对国民党军的合围。

▲ 中野某部炮兵在南坪集浍河一线炮击黄维兵团

21 日晚，根据纵队、旅首长命令，我父亲梁中玉（时任团长）与时任团政委的戈力率三十一团进到南坪集。根据旅首长的指示，梁中玉团和配属的三十二团一营共 4 个营，为十一旅的第一梯队，担任主要方向的防御阻击，以南坪集为核心，组织成纵深防御。

南坪集战斗是淮海战役第二阶段围歼黄维兵团的关键战役，对大决战的胜利有重大作用。主席十分关切，询问扼守南坪集的是哪个部队？周恩来告诉主席是"陈赓部歼灭'天下第一旅'的十一旅"。

无险可守也要守

1948 年 11 月 22 日夜晚，团长梁中玉、团政委戈力、参谋长崔秀楠并肩站在南坪集外的原野上。

梁中玉时年 30 岁，人长得结结实实。1937 年入党，1937 年加入决死队打鬼子，到现在已连续打了 11 年仗。此前在宛东战役中，其部队参加了刘高庄阻击等恶仗。

团政委戈力时年 31 岁，清癯消瘦，是优秀的政治工作者。1934 年入党，1936 年参加军政训练班，1937 年加入决死队。1947 年在中街村战斗中头部负伤，右眼失明。

参谋长崔秀楠中等身材，眼睛明亮，是优秀的军事干部，从营长提拔起来的，很能打仗。

梁中玉目光所及，全是抡锹挥镐、抢修工事的战士们。冬季的淮北平原，寒风顺着地面卷过来，梁中玉披着棉大衣，还觉得寒意袭人，战士们却挥汗如雨。

此前，纵队、旅、团、营首长连夜勘察地形，确定了工事构筑和作战部署。

南坪集地处淮北平原，在集镇以南，是一片开阔平坦的田野，无险可守，地形有利于装备先进的国民党军。若据守村落，国民党军的优势炮火会把我们的阵地夷为平地，难以坚持3天阻击。三十一团遂决定不在村落构筑防御工事，而把阵地推移到南坪集以南200米左右的田野上。以排、班为单位构筑可互相支援的集团工事，既可减少炮火杀伤，又可增强独立防守能力。

为了正面阵地的安全，把右翼阵地伸展到西面杨庄，由六连据守。把左翼阵地伸展到南胡庄以南，由八连张小旦排据守。两处阵地像两把尖刀，互为犄角，国民党军要夺取南坪集，势必要撞上这两把尖刀。

自符离集战斗之后，在蒙城到宿县的公路上，三十一团已经连续做过4次防御工事了，冻土有一尺多深，工事很难挖。仗没捞着打，工事也白挖了。为了不影响群众种地，部队撤离时，还要填埋工事。老也打不上仗，战士们急了，私下里嘀咕："工事修得再好，敌人要不往这来，还不是白费劲。"

面对兵力和装备都占巨大优势的敌人，梁中玉明白，明日必是一场血战。为最大限度地保存有生力量，必须高度重视工事的构筑。最有力的阵地是据点式、集团式，有纵深、由多个小的阵地组成的大的环形阵地，即使敌人突破一点，亦不致影响全局。所有的火力点和指挥所的掩盖，都是三层横木三层土。在敌人坦克可能出现的方向，砍倒大树横阻道路，并埋设了炸药包和集束手榴弹。

23日拂晓5时，梁中玉和政委已经是第三次检查工事构筑情况。走到二营，二营营长祁大海表示："一定要发扬宛东战役坚守刘高庄防御作战的光荣传统，坚决守住阵地，与阵地共存亡。"走到二营和三营的结合部，看到九连班长杨狗则正带领战士挖工事，在埋设防坦克的集束手榴弹。梁中玉对杨说，结合部很重要，一定要把工事修好，把阵地守住。杨狗则是刘高庄战斗英雄，个头不高，黝黑黝黑的脸上全是汗水。听团长这一说，干得更起劲了。

南坪集几乎给轰平了

1948年11月22日，黄维兵团已越过涡河，分三路向南坪集方向推进，以十八军为中路，沿蒙城、宿县公路推进。十军在左，十四军在右，第四快速纵队随十八军前进，八十五军为第二梯队。天黑时分，其先头部队进抵南坪集以南5公里的地方。

黄维兵团是"总统掌上的红宝石"。这个兵团是蒋介石的嫡系主力，全部美制装备，配有800辆汽车，外加坦克、榴弹炮，下辖第十、十四、十八、八十五军和第四快速纵队计 12 万余人，是当年的超级现代化兵团。4 个军里又以十八军为骨干，其前身是整编十一师，国民党军五大主力中数它历史久，早在军阀混战时就出尽风头。

23 日拂晓，阵地构筑和部队部署完成。

国民党军与人民解放军警戒部队战斗打响。梁中玉率阻击部队沉着应战，全力阻击国民党军，决心给"王牌军"一点颜色看看，杀他一个下马威。

在团指挥所里，梁中玉举起望远镜瞭望，黄维机械化兵团出征的场面蔚为壮观，天上飞机轰鸣声震九霄，地下坦克开道地动山摇，牵引重炮的汽车扬起蔽日的黄尘。8 架飞机投下串串的重磅炸弹，炸出的弹坑像房屋那么大。国民党军炮火声震耳欲聋，浍河中炸起几十米高的水柱。有美国支持的蒋介石军队确实慷慨，还没有弄清人民解放军的阵地，就把大量钢铁倾泻到南坪集，把集镇几乎给轰平了。

"放过坦克，收拾步兵！"

国民党军"王牌"部队十八军三个团的兵力，在炮火掩护下，以 15 吨至 30 吨美式坦克为先导。向人民解放军一、二、三营及三十二团一营阵地发起全面攻击。战前铺设在阵前的乱麻没能缠住敌坦克履带，坦克照样隆隆地开过来，震得地皮都在颤抖。尽管三十一团在官雀战斗中缴获了 4 门战防炮可以打坦克，但无弹药。国民党军欺负人民解放军没有反坦克武器，20 辆坦克径直碾过开阔地，开到距离人民解放军掩体十米处，横列成排，用坦克一炮一个，逐个摧毁解放军阵地上的土木工事，解放军掩体基本被摧毁。被掩埋在垮塌工事下的战士们，抖落灰土，迅速转移到预备工事内。

官兵们都是头一次打坦克，没有手雷，没有燃烧弹，更没经验。机枪打到坦克壳上，火星四溅，留下一串白点。战士们抱着炸药包、集束手榴弹扔上去，坦克只是震动一下，停一停，在原地打个转，又开动起来了。

用落后的装备和钢铁怪物搏斗，明显极不对称。

梁中玉望着不可一世的坦克，在电话里向各营指挥员传达："放过坦克，收拾步兵！"

人民解放军指战员对付不了坦克，就放过坦克打步兵。待步兵抵近人民解放军前沿二三十米处，人民解放军突然开火，投掷排子手榴弹，给国民党军以重大打击。激战一个多小时，打退国民党军数次进攻。

国民党军进攻受挫后，变全面进攻为重点进攻。13 时，国民党军约两个团在 8 架飞机、20 辆坦克和大量炮兵支援下，集中向人民解放军杨庄二营、南胡庄三营阵地进攻，企图首先占领杨庄、南胡庄，割裂人民解放军阵地，尔后向纵深扩张。

国民党军步兵以火焰喷射器、机关枪、自动步枪为前导，拥挤着冲过来，企图迅速冲开一道缺口。一会儿猛攻西面一营阵地，一会儿又把火力转向东面三营阵地，最多的时候有五路同时进攻。但每次进攻都抛下成片尸体逃了回去。

人民解放军左翼阵地"尖刀排"、前沿阵地"张小旦排"，遭到国民党军最猛烈的攻击，为了拔除它，国民党军不惜代价，一连攻了十几次。工事被打平了，排长负伤，三个班长都牺牲了。卫生员魏树荣一面给伤员包扎伤口，一面鼓励大家："只要有一个人活着，阵地就不能丢，人在阵地在！"他带着仅存的几个战士顽强地固守着阵地，像钢钉一样死死钉在国民党军面前，保护了侧翼阵地的安全。

4 辆坦克冲到距离九连阵地五六十米的地方，九班班长杨狗则拉响了集束手榴弹。杨狗则率领战士们跃到一条小沟里，等坦克距离二三十米时，投手榴弹打坦克。坦克震动一下，没有打坏，但因为步兵没有上来，坦克就不敢贸然独进了。

陈赓司令员嘉奖坚守南坪集部队

战斗正激烈时，陈赓司令员要通了梁中玉的电话。

陈赓："你们阵地遭到破坏的情况怎么样？伤亡情况怎么样？"

梁中玉平静地说："伤亡很大，不过还能继续战斗，我们的预备队还没有用。"

陈赓："好你个梁中玉，战斗打得这么激烈，你还留着预备队！敌人又要发起冲锋了，你们有准备吗？"

梁中玉："已做了准备，我们的阵地不会丢。你听，敌人又向我们纵深打炮了，机枪向我们前沿阵地猛烈扫射，他们开始发起冲锋了！"

陈赓："好吧，你去指挥反击敌人的冲锋吧！"

时过不久，旅部侯良辅主任来电话，传达纵队党委和陈赓司令员对坚守南坪集部队的嘉奖，要求全体指战员，一定要尽最大努力守住阵地，歼灭更多的国民党军！

梁中玉一字一顿："请首长放心，有我梁中玉在，阵地就在。"

戈政委立即让政工指挥所把陈赓司令员的嘉奖传送到全团，阵地上顿时一片欢呼声，战士们挥舞着步枪，把牙咬得咯咯响，手攥得出汗，战斗得更顽强了。

固守在南坪集西南杨庄右翼最突出阵地上的是二营六连，它控制了西、南、东南三面的道路。这块阵地很快成为国民党军拼命争夺的目标。国民党军把空中和地面的炮火都集中到人民解放军前沿阵地上，特别是六连宽约400米的地段上，企图在那里突破一点，撕开口子。国民党军集中12辆坦克、4个营兵力分三路向六连集团工事冲过来。阵地被敌军炮火一遍遍犁地式轰炸，又经坦克反复碾轧，掩体已被彻底摧毁，变成了三尺浮土。二营的勇士们守住阵地的坚定信念丝毫没有动摇，他们用血肉之躯顶着漫天倾泻的炮弹，以钢铁的意志和坦克较量，像一根根钢柱钉在阵地上，寸步不退。负重伤的排长高惠高喊："同志们，坚守阵地，寸土不让，打呀！"负轻伤的战士都坚持不下火线，誓与阵地共存亡。

▲ 中野四纵某部修补南坪集浍河桥保障炮兵通过，包围黄维兵团

到14时，国民党军冲进了阵地。人民解放军第二营六连依靠交通沟和敌军厮杀。三班班长张保固负了重伤，仍坚持着不下火线，他说："不要紧，敌人过来我躺着也能投弹！"十二班班长刘玉奎负了伤，机枪也打坏了，他就把机枪挂在脖子上，端着步枪射击。

重机枪连连长牺牲了。一挺重机枪脚架被打坏，机枪排长杨喜珍就把枪管拴在树桩上继续射击，直到牺牲。张凯冲到坦克上面，往炮塔里塞手榴弹，中弹牺牲。

当国民党军发起最猛烈进攻时，人民解放军六连指战员大部伤亡，阵地上只剩下8个人，其中6名伤员。六连政治工作员郭栓柱运弹药上来，看到情况危急，他主动把剩下的战士组织起来，在战壕里继续抵抗国民党军的进攻。

凭借着坦克和火焰喷射器，国民党军突破了阵地，坦克冲到了团指挥所，敌军步兵从突破口整连整连地涌进来，形势万分危急。

在剧烈的炮火下，电话线一次次地被打断，电话员张月善和苏大俊冒着炮火把电话一次次地接通。在硝烟里，六连小通信员李原全身是土，冲进了团指挥所，报告说："六连的工事全被敌人摧垮了，同志们正在暴露的阵地上坚持战斗。一、二排只剩下几个人了。连长、指导员、工作员都负伤了。伤员们坚持着战斗。现在是由党员张开指挥剩下的同志，打退了敌人第四次进攻。可是第五次敌人突破了我们阵地……"小鬼报告完，便立即掉头向阵地上跑去。这时，二营长祁大海也在电话里报告说，国民党军已经冲进了六连的阵地。

"政委，现在整个指挥由你负责。"

情况是万分紧急的。不需要望远镜，梁中玉已经看得清清楚楚，国民党军一营兵力已经突入了六连二排阵地。两侧的五连、十一连，以交叉火力配合六连三排，尽力封锁住他们，不让他们扩大突破口。敌一一八师、十一师倾全力进攻，以10余辆坦克施放烟幕，对付我左右两翼，掩护其后续部队，企图顺六连二排的缺口继续深入。

人民解放军营连干部身受数伤不下火线，与阵地共存亡。十一连是新战士比较多的连，指导员张建文，在两只胳膊都受重伤的情况下，眉头都没有皱一皱，带领着伤亡过半的新连队，协同右翼的五连和六连三排，以交叉火力，配合旅炮群的拦阻火力，割断了国民党军二梯队的进路。人民解放军二营长祁大海带领他仅有的一个步兵班、一个机炮班，与国民党军争夺阵地。

但敌军并不退缩。梁中玉在指挥所里看得清清楚楚，一个多营的敌人从六连突破口蜂拥而入，密密麻麻的后续部队也跟了上来，一直冲到了杨庄北面。作战参谋低声向梁中玉报告说："团长，敌人离二营指挥所只有几十米，离我们也只有200米了。"

情况愈来愈危急。

作战历来冷静的梁中玉深知，如果我军阵地的口子，被继续撕开，国民党军的机械化大部队涌进来，抄到我军团阵地的侧后，阵地就守不住了。三十一团绝不能丢失阵地，不能使整个战役受到影响。

情急之下，梁中玉打电话命令一营营长王争，让预备队二连跑步上来，立即投入战斗。

梁中玉对戈力说："政委，现在整个指挥由你负责。"

梁中玉摘下帽子，抓起两颗手榴弹，一颗别在腰里，另一颗攥在手里，抄起冲锋枪，对侦察参谋郝连珠，通信参谋王福元、刘文跃，见习作战参谋阎贵生，特务连连长郝治安和副连长任贵说：

"跟我走，我们要保卫纵队首长，把敌人压下去、打出去，恢复阵地！"

说罢，梁中玉带着他们几个人，跳出了工事，沿着交通沟向前冲去。

梁中玉的警卫员韩金林是一个敦敦实实的小伙子，见团长要上去，急眼了，一把抱住团长的腰死不放手，不让团长上去。见根本拦不住，韩金林只好拎着一大筐十几颗长柄手榴弹，不离梁中玉前后，保护团长。

见习作战参谋阎贵生只有18岁，小伙子个子不高，动作利索，挎着司登手提式冲锋枪，冲在梁中玉前面。

几个人把团长卫护在中间，往前冲去。

战壕里几十个运送弹药的后勤人员，当他们看见团长亲自来反击敌人，也纷纷攥着手榴弹，抄起武器，跟上团长一起向前冲。

国民党军8架飞机和延伸炮火，在拼命地封锁人民解放军预备队前进的道路。梁中玉从团指挥所到二营去要经过100多米的开阔地。二营阵地上硝烟弥漫，树木只剩下光秃秃的树桩子，十几辆敌军坦克正在离二营指挥所100多米处疯狂射击，火焰喷射器吐着长长的火舌，"轰"一扫，"轰"一扫，一下就把成片民房点着了。一群群的步兵，紧跟在坦克后面，持枪弯腰向前跃进。

一颗炮弹在营指挥所工事上爆炸了，土块飞上天空，梁中玉惊叫"祁大海！祁大海！"只见营教导员杜守信腰中别着几个手榴弹，一手提着汽油瓶，一手提着电话机，满身是灰土，从坍塌的工事中钻出来，说："祁营长带着两个班支援六连去了。"

通信员赶来报告："旅里抽三十二团六连来支援我们了。"

梁中玉知道，三十二团防御正面宽，兵力少，在国民党军猛烈进攻下，胡尚礼团长仍然抽出一个连来支援，更会增加他们的困难。这种为全局、为友邻的高尚精神，深深感动了梁中玉。多年以后，梁中玉说起这件事，仍然感慨万千。

▲ 人民解放军在浍河两岸抗击增援的黄维兵团

梁中玉经过迫击炮阵地时，炮连正在向国民党军猛烈射击。因为道路被封锁，炮弹已经快打光了。梁中玉对连长王占魁和战士们说："炮弹剩下一发，也要打到敌人群里去！炮弹打光了，就拿起武器投入战斗！"

战壕里的战士们，包括缠着绷带的轻伤员，全都抄起手榴弹，端起刺刀，准备跟着梁中玉一起反击过去。

终于夺回了全部阵地

在距国民党军六七十米处，预备队二连跑步赶来了。跑在最前面的是曹国华排。

梁中玉说："二连，跟我走！"

曹国华说："团长，你放心！阵地夺不回来，我就不回来了！"

随着团长的指挥手势，曹国华排、郝忠英排分两路，像猛虎一般向国民党军两侧扑去。顿时，射击声、手榴弹爆炸声、呐喊声，震撼着天空。

▲ 2009 年 4 月，作者与战斗英雄郝忠英叔叔的合影

▲ 11 月 24 日，中野某部在涡河阻击黄维兵团东进，进行小部队出击

一班长高凤山一手端着手提式冲锋枪跑着射击，一面叫着："同志们，这是实现决心的时候了。"高凤山这个小伙子，梁中玉熟悉，战前刚从一营部通信班下到二连当班长，小伙子白白净净，长得很帅。高凤山刚刚冲到村边，便被敌人的子弹打倒，英勇牺牲。副班长孙水平喊道："同志们冲啊，为班长报仇！"在战士们的刺刀面前，国民党军动摇、混乱了。

一个敌人拿着火焰喷射器正要向人民解放军反击部队喷射烈火，排长曹国华在侧面看见了，手榴弹来不及拉火，几个箭步跳到这个士兵跟前，照着他的脑袋就是一下。旁边另一名敌人用刺刀向曹国华刺来，孙水平赶上一刺刀就把他戳翻。剩下的国民党军士兵都吓得呆若木鸡，举着枪不敢动弹。

梁中玉命令二营副营长李亥生带领四连连长白旺春，排长张天祥、李云鹏，十一连排长杨祖林，五连指导员郭明星、排长张柏芝，二连排长郝忠英共五个排，像猛虎一样冲向突破口，将国民党军打乱。

一部分国民党军退缩到杨庄西南角一个独立院落里。二营副营长李亥生负伤，仍坚持指挥，二连郝忠英把独立院落拿了下来。

郝忠英是个瘦高个的小伙子，河北沙河县人，15 岁时参加八路军。郝忠英 5 岁时，母亲被地主打死，随父亲逃荒到山西安泽县，被卖给地主家，挨打受骂。后来父亲被日军烧死在窑洞里。小伙子对国民党军充满了阶级仇恨。他把轻机枪挎在脖子上，边走边打，带着二排和国民党军展开了白刃格斗，逐屋争夺。

五连指导员赵学孔正在五连三排阵地上阻击国民党军，在六连的右翼。在最危急的时候，赵学孔突然看见团长梁中玉带着人上来了，离他仅仅有五六十米！阵地上的指战员看见团长亲自上来了，受到很大鼓舞，全团奋勇拼杀。

　　国民党军步兵伤亡惨重，停止了正面进攻，被迫向东南撤退。作为先导的坦克，变成了掩护的后卫。

　　人民解放军终于夺回了全部阵地。梁中玉终于长长出了一口气。

天罗地网已经形成了

　　国民党军的数次猛攻被粉碎以后，不久在人民解放军阵地的东面又响起了猛烈的炮声：原来国民党军猛攻正面不成，又以十四军的主力向南坪集以东阵地进攻，想从那里强渡浍河，迂回到南坪集侧背。但敌人这个如意算盘很快便破灭了，据守在南坪集以东

▲ 中野某部渡过涡河进入阻击阵地，迎抵黄维兵团

浍河岸边的人民解放军三十二团一部，虽然人数很少，但在胡尚礼团长的指挥下，英勇地打退了优势国民党军的好几次冲击，守住了阵地。三十二团的八连曾国广班，守卫着最突出的一块前沿阵地，在连续打退国民党军的轮番进攻中，坚决不从阵地上后退一步，成堆的敌人在他们面前滚落到浍河里去。

　　天黑了，炮火声逐渐疏落，开始下起雨来。国民党军锋利的进攻的矛头，在人民解放军的钢铁阵地上折断了。

　　血雨腥风的一天终于熬过去了。扼守南坪集三天的任务，仅仅渡过了第一天。明天一定还有恶仗要打。梁中玉不敢懈怠，命令部队利用国民党军攻击的间歇，抓紧时间调整组织，抢挖工事，补充弹药。在浍河北岸蒙宿公路东侧的张庄，三十一团的后勤人员正忙着把包子、糊辣汤送到阵地上去。三营管理员王春瑄和炊事员一起，用老百姓的大筐装上包子，用棉被捂上，躲避着国民党军的炮火，一路小跑送到阵地上，掀开被子时，包子和糊辣汤都是热乎乎的。王春瑄就放心了。为了让部队吃上热饭，大冷的天，王春瑄和炊事员跑得满身大汗。

　　正在这时，梁中玉接到旅指挥所的电话，命令三十一团撤到浍河北岸。

梁中玉心想："不是说要守三天吗？"

当他迟疑着没有吭声的时候，电话中传来了王砚泉参谋长爽朗的声音：

"怎么？你还没有看清楚？你们已经胜利地完成了任务。明天，我们还要诱敌深入，把敌人牵过浍河北岸。利用浍河，隔断敌人，把我们的背水作战变成敌人的背水作战！"

梁中玉的心里一下子明亮起来。

"这就是说，我们的合围部队已经到达指定位置，我军已赢得了时间，完成了整个部署。"

梁中玉长嘘了一口气，围歼黄维兵团的天罗地网已经形成了。

当晚，三十一团指战员冒着大雨，沿着泥泞的道路向浍河北岸转移。

梁中玉让开了快步行进的部队，几次回望浍河南岸。在雾雨弥漫的夜色里，广阔的平原上，燃烧着一堆堆的火光，国民党军猬集成堆，度过漫漫的寒夜。

梁中玉仿佛听见了大军行进的脚步声，仿佛看见了"铁钳"已在国民党军的身后合拢。黄维，这个被国民党捧为第一流的"军事家"，终于连同他的整个兵团被装进人民解放军的大口袋里来了，他再也无法挽回自己覆灭的命运了。

人民解放军以4个营的兵力，扼守七八华里的防御地带，挫败了国民党军王牌十八军的进攻，扭转了战场局势。南坪集阻击战，人民解放军由防御转入进攻，国民党军由进攻转入撤退。南坪集阻击战是实现围歼黄维兵团的关键一仗。

梁中玉自问，人民解放军使用的是步枪、手榴弹等劣势装备，阻击住了美式装备武装起来的国民党军黄维兵团4个军和1个快速纵队，究竟靠什么？一句话，靠的是人的精神，是毛泽东思想武装起来的指战员，他们与敌人血战到底、不畏牺牲的伟大精神！

作者手记： 2009年4月至5月，我到昆明采访了我父亲老部队的50多名老同志。他们都是我的父辈，均已进入耄耋之年。年龄最大的91岁，最小的78岁，平均年龄80多岁。整个采访过程，对于我来说是再教育的过程，一个革命精神再教育的过程。在回忆过去的战斗历程时，他们全都说的是整个部队或其他人，多是已牺牲的战斗英雄和革命烈士，很少说到自己。实事求是，知道就是知道，不知道也不瞎说，而是说这个事情"我说不来"（山西方言"不清楚"之意）。老同志保持着艰苦朴素的作风，穿着很朴素；但他们的心是黄金做成的。

　　有关这次阻击战，我采访到的还健在的老同志有：原二排长郝忠英（战斗英雄）、九班长杨苟则（刘高庄战斗的战斗英雄，原名杨狗则）、十一连指导员张建文（战斗英雄）、侦察连班长任保忠（战斗英雄）、二营教导员杜守信、作战参谋李庆文、见习参谋阎贵生（立大功）、十一旅宣传员段荣魁（模范工作者）、五连长阎仕雨、五连政治工作员赵学民（原名赵学孔）、随军记者段文慧、三营管理员王春瑄。

（作者为梁中玉之女）

淮海起义功臣与政委的战友情

——回忆廖运周师长与我父亲的往事

张晓阳

　　我父亲张子明是一名参加过淮海战役的老兵，也是中国人民解放军第十四军第四十二师的首任政委，该师的首任师长就是在淮海战役中率领国民党一一〇师火线起义，致使黄维兵团突围计划失败而遭全歼的淮海决战功臣廖运周。

　　父亲与廖运周起义部队的首次接触是在起义部队进入解放军前沿阵地的时候，当时我父亲在陕南军区十七师任副师长，带领十七师五十一团加入陕南军区十二旅建制参加淮海战役。按照解放军南线部队最高指挥员、中野六纵司令王近山的部署，一一〇师起义部队将从中野六纵所辖的陕南军区十二旅等部队驻守的阵地中通过，由于一一〇师在国民党军全线突围时才能行动，解放军驻守部队需要先闪开一个口子，让开一条路，放一一〇师过来，然后再迅速把口子封住，阻住尾随在一一〇师后面的其他突围部队。为了既能让起义部队安全通过人民解放军防线，又不使后续国民党军趁机突围，上级领导指示我父亲到前沿掌握部队。当一一〇师起义部队到达时，由于雾大看不清起义部队的联络记号和识别记号，加之到达时间又比规定的时间晚了一个小时，前方战士看见有部队向人民解放军阵地快速开来，便开火射击。我父亲听到枪声后就急速赶了过去，命令部队停止射击，接着就遇到了专门去迎接一一〇师起义的中野六纵司令部参谋武英，武英是冒着巨大风险，机敏地绕开前方机枪的射击，迂回到人民解放军阵地的侧后方的。一场有可能造成无谓伤亡并导致严重后果的流血惨剧，就这样安然地避免了。

　　我父亲担任陕南军区十七师副师长之前，是陈赓兵团四纵十旅二十八团的团政委，该团是赫赫有名的"红军团"。1948 年 2 月，父亲被调往十七师时，该师的称谓还是西北民主联军三十八军十七师，但同属陈赓兵团。十七师原属于杨虎城的十七路军，后被改编为国民党三十八军十七师，该师于 1945 年 7 月 17 日在中共地下党员刘威诚、张复振等同志的率领下光荣起义，加入了共产党领导的人民军队的行列。1948 年 8 月，十七师五十一团加入陕南军区十二旅。1949 年 2 月，淮海战场上火线起义的一一〇师被正式编入中国人民解放军第二野战军第四兵团第十四军第四十二师，廖运周任师长，我父亲张子明任政委。

父亲逝世后，他的一位老首长对我说："你父亲是陈赓大将十分欣赏和信任的政工干部，总是把他派到一些相对复杂的环境中去，解放战争中两次派他到起义部队中工作，后来又专门将他调入哈军工。在这些环境中从事政治工作，需要对党的政策有较强的理解和执行能力，并善于团结同志。"

谈起被调到起义部队中工作的经历，父亲坦陈最初是不十分情愿的。父亲于 1943 年由决死一纵队调入陈赓任旅长的八路军三八六旅，任七七二团（其前身是二十八团）即"红军团"政治处主任。到 1948 年，他已经与"红军团"战友们共同战斗了 5 年，因此深厚的部队情、战友情是父亲不愿调动的主要原因，另外便是考虑到起义部队将领的作风可能会与八路军有些不同，担心难以与他们相处。在决死队成立之初，阎锡山曾派出一些晋绥军的军官到决死队任职，这些旧军官平时生活腐化、欺压士兵，打起仗来却贪生怕死，曾给父亲留下极坏的印象。然而出乎父亲意料的是，原国民党三十八军和一一〇师的起义将领由于是长期在党的领导下从事地下工作，在作风上与一般的旧军官差别很大，起义后更是没有将旧军队的不良习气带到革命队伍中来，因此在以后的工作中父亲不仅与他们合作愉快，更是结下了终生的战斗友谊。

20 世纪 80 年代，父亲与廖运周老将军同在北京工作和生活，两位老人有了较多的来往，因此我也

▲ 1948 年 2 月，欢送"红军团"政委张子明赴十七师任副师长的合影——选自《周希汉纪念文集》。照片中前排左起：周学义（淮海战役中任中野四纵十旅副旅长）、张子明、胡绵弟（淮海战役中任中野四纵十旅参谋长）；后排左起：赵华青（淮海战役中任中野四纵十旅二十八团团长）、周希汉（淮海战役中任中野四纵十旅旅长）、王非（淮海战役中任中野四纵十旅二十八团副团长兼参谋长）

有幸听到了一些廖老亲口讲述的关于淮海战役的往事。说来有趣，尽管父亲很早就对我讲过廖老是淮海战役中率部起义的地下党员，但我最初认识到一一〇师的起义在淮海战役中的作用，却是从两位老人一次关于黄维的闲谈中了解到的。

记得一次廖老曾对我父亲谈起，黄维在被特赦后，在一次酒会上和廖老相见时的情景：黄维一见他，就鼓起两只眼睛，咬着牙不理睬，还对过去劝解的文强说："这个廖运周，把我的部队都送掉了，没他我还不一定败呢。"文强说："不要到了这个时候还骂人家，都过去这么长时间了，恩恩怨怨不要总记在心里，付之一笑就对了嘛。"黄维竟说："你付之一笑，我笑不了。"

父亲听后哈哈大笑，说："怪不得人家说黄维是个书呆子，怎么一点大将风度也没有。你是共产党派到国民党军队中的卧底，能够'送掉'他的部队是说明你比他高明，撇开战争的正义与非正义性这个大原则不谈，从'两军交战，各为其主'这个角度来说，他也应该佩服你，有什么值得耿耿于怀的？"

我是听了廖老与黄维的这段趣事后，才第一次认识到原来一一〇师的起义对全歼黄维兵团曾发挥了这么关键的作用，以至于过了这么多年黄维还认为若没有廖运周的起义他还不一定失败。

后来我查阅了相关史料，对廖老在淮海战役中"计赚"黄维、率部火线起义的过程有了比较全面和清晰的了解。

1948 年 11 月，人民解放军对黄维的十二兵团实施了包围，但包围圈尚未严密。十二兵团下辖的第十八军是蒋介石的五大主力之一，黄维对自己的能力和实力非常自信，他在第一次突围计划失败以后，仍负隅顽抗，筹划新的突围计划，企图逃窜。11 月 26 日，黄维决定于次日集中 4 个主力师，乘解放军立足未稳，齐头并进向东南突围。但令黄维万万没有想到的是，刚刚归他直接指挥不久的八十五军一一〇师师长廖运周是一名共产党员，并且此时已经基本把一一〇师置于地下党的控制之下了。

廖老后来在回忆文章中写道："（听了黄维的突围计划后）我马上意识到这一招很厉害……黄维兵团虽被围困，有些消耗，但部队装备精良，建制尚较完整，战斗力仍然很强，如果以 4 个主力师并力突围还真有让它跑出去的危险。"

廖运周一面把黄维准备采取的突围行动计划上报解放军前线最高指挥员，一面设法让黄维改变原计划，保证一一〇师有单独行动的自由，能够趁此机会举行火线起义，使黄维的突围行动破产。为此，廖运周又去见了黄维，向他建议将齐头并进改为梯次行动，由一一〇师为先锋，首先突击，其他 3 个师随后跟进。黄维采纳了廖运周的这一建议。

1948 年 11 月 27 日清晨，以廖运周一一〇师为先锋的突围部队朝双堆集东南方向开去，为了不让黄维起疑心，在朝既定目标行进的过程中，廖运周不断用电台向黄维传达着安全的信息，而事实上，一一〇师已经在中野六纵司令部派出的向导武英参谋的带领下，按照王近山司令员事先亲自安排好的路线，通过了解放军驻守部队闪开的口子，踏上了起义的坦途。

当一一〇师通过后，中野六纵所辖的南线部队立即封闭了通道。黄维以为一一〇师已经突围成功，命令后续 3 个师沿一一〇师的路线跟进，不料随即遭到解放军预伏火力的迎头痛击，顿时秩序大乱，不得不暂时退了回去。

不过黄维兵团毕竟是装备精良、训练有素，稍事整顿后，就在飞机大炮的配合下，以坦克为先导，又向中野六纵十八旅、陕南十二旅及十七师五十一团等部队坚守的阵地展开猛烈的进攻。在人民解放军的顽强阻击下，黄维派出突围的后续 3 个师被打了回去。父亲曾回忆说，当时对人民解放军防守威胁最大的是黄维兵团的坦克，情急之下，我父亲曾亲自跑到前沿阵地上组织反坦克小组，用集束手榴弹和炸药包打坦克，但敌人有十多辆坦克一起往前冲，士兵紧跟在后，彼此互相掩护，使人民解放军的反坦克小组的战士付出了极其重大的伤亡代价，幸亏兄弟部队及时派来了携带美制火箭筒的小分队，帮助他们打退了国民党军坦克的进攻。

为妥善安置一一〇师的起义官兵，解放军对该师的起义保密三天，使黄维对一一〇师的突围大惑不解，不知道一一〇师是如何突出去的。当得知一一〇师起义后，黄维兵团士气大挫，军心动摇。原国民党徐州"剿总"总司令刘峙在其回忆录中写道：廖运周的"叛变"是黄维十二兵团失败的关键。刘峙的这种说法不无道理，廖运周部的起义不仅让十二兵团最有可能实现的一次突围行动告吹，更重要的是这样的失败方式，让黄维兵团的将士们在心理上遭受了沉重打击，从此转突围为固守。

纵观一一〇师起义的过程，发现其中非常重要的一个环节就是廖运周说服黄维改变突围行动计划。如果按照黄维原来的突围计划，4 个师齐头前进，那么一一〇师行动时必然受到左右两翼部队的钳制，不仅对起义很不利，也难以打乱黄维兵团的突围行动。这就产生了一个疑问，廖运周的一一〇师是在黄维兵团被围后

▲ 在包围黄维兵团的阵地上我军对空射击

才归黄维直接指挥的，为什么黄维会对廖运周言听计从呢？近年来有些文章将其归咎于黄维的书呆子气太重、缺乏主见等，然而我却从父亲与廖老的闲谈中发现了其中另有端倪。

记得父亲曾向廖老问起当初为何黄维会对他如此信任，廖老的回答是："在抗日战争时期，我和黄维有过一些接触，当时的我不像有些国民党军官那样畏缩不前，在战斗中我的部队总是拼尽全力，也取得了一些战绩，因此给黄维留下了较好的印象。"

根据相关史料，廖老同黄维的接触应该是在中国人民抗日战争中一次战役——武汉会战期间，当时，廖运周在隶属于汤恩伯军团的第一一〇师六五六团当团长，六五六团在廖运周的指挥下，于茨芭山胜利地袭击了日军的辎重队，缴获了大批辎重和其他战利品。战后廖运周带了不少战利品作为礼物拜访了驻在附近的十八军军长黄维，黄维很是高兴。廖运周顺势提出六五六团火力不足，想向黄军长借炮以便寻找机会打击日军。黄维考问了一番廖运周的炮兵科业务，结果十分满意，当即借了8门炮给廖运周。利用黄维给的8门炮，加上后来三二八旅旅长辛少亭又给调来的4门迫击炮，廖运周带领六五六团在周围友军已先行撤走的情况下打了一场漂亮的伏击战，迟滞日军一个旅团一天多的时间，击毁了大批日军坦克和汽车，歼灭数百名日军，自己却无人伤亡，受到了国民政府军事委员会通电嘉奖，称赞六五六团"战果辉煌"。根据日军记录，丸山师团（二十七师团）因为首车、尾车被击毁，部队无法机动，在"支那军炮兵集团"打击下损失坦克9辆、其他战车16辆、卡车40余辆，人员伤亡600余人，超过了当初攻占东北三省的全部损失。

廖老杰出的军事才能不仅在抗日战争中为中华民族立下了功勋，也在后来的淮海战场上赢得了黄维的信任，为一一〇师的起义和最终歼灭黄维兵团创造了条件。要说黄维在用人方面有"失察"之责的话，那就是他没有注意到在刘邓大军挺进大别山的汝河之战中，当时身为旅长的廖运周十分"怯战"，见到解放军就往后撤，给刘邓大军让出了一条大路。

廖老回到人民军队中任第十四军第四十二师师长时，解放战争已经进入尾声。据父亲的回忆，四十二师成立之初，廖老本人的愿望是希望能为自己的军队打几场像样的战斗，但是就在四十二师仅成立 4 个月后，也就是廖老刚刚对人民解放军的作战习惯以及来自其他部队的下属开始熟悉的时候，他就同著名战斗英雄卫小堂作为陈赓部队的两个代表，在刘伯承、邓小平首长带领下赴京参加全国第一届政治协商会议及开国大典，从而未能参加四十二师在湘赣边境作战、广东作战和广西作战中的一些比较重要的战斗。令我父亲感动的是，尽管具备杰出军事才能的廖老对错过了指挥重要战斗感到遗憾，但是当他回到四十二师后，曾认真研究我父亲和崔正三副师长指挥的战例，并多次表示他们在这些战斗中的军事指挥十分出色，值得他学习，表现了廖老坦荡的心胸和高尚情操。在我父亲和四十二师其他同志的全力支持下，廖老回到部队后便很快熟悉了情况，并很好地发挥了军事才能，赢得了全师官兵的尊敬和爱戴，使四十二师在后来的进军滇西北和参加昌都战役的战斗中不辱使命，出色地完成了上级交给的任务。

廖老在淮海战役中还创造了另一个奇迹，那就是他率领起义部队穿过火线进

▲ 在支前百忙中，群众组织旱船队慰问光荣起义的一一〇师官兵

入解放军的阵地时，随行的 5000 多官兵竟然没有开小差和落伍的，更没有人用部队携带的电台向黄维告密。取得这样的奇迹当然应该首先归功于起义的动员和保密工作做得好，但同时也与廖老在一一〇师中的崇高威望分不开。据父亲的回忆，在针对四十二师起义部队官兵的政治思想工作中，作为政委的我父亲与原一一〇师的许多老兵有过接触，这些老兵都说老师长"生活朴素，容易接近，从不打骂士兵，有着爱兵如子的宽厚情怀"。父亲将这些老兵反映的情况如实向上级领导作了汇报。

尽管廖老为人民解放军在淮海战役中的胜利立下了大功，但他却从来不把自己当成决战功臣。廖老曾对我父亲讲："如果说一一〇师的起义为淮海战役的胜利立了功的话，这个功劳也是属于邓小平政委的。当年我们这些长期在敌人内部工作的同志都非常迫切地想回到党的怀抱，因此不止一次地请求邓政委批准我们起义，但邓政委对我们前去请示工作的李俊成同志说：组织上没有忘记你们，只是目前还不到时机，不能起义。起义要在军事上、政治上起最大的作用。要不是我们按照邓政委的指示，积极准备，耐心等待，就不可能在淮海战役这个最有利的时机起到作用。"

记得廖老与我父亲谈起淮海战役时，讲得最多的不是与黄维周旋等惊心动魄的情节，而是反复谈到了"回家"后的喜悦心情。廖老对我父亲讲："当年我们起义回来的那天晚上，中野二纵队的王维纲政委代表刘邓首长欢迎我们，他的讲话让我感到无比激动，觉得 20 年潜伏的日子总算没有白熬。"他还动情地讲道："你看，同是一个王维纲，当年把你引入了革命大家庭，后来又把我迎回了革命大家庭，看来咱们这一对老伙计还真是有缘啊。"

廖老所说的这位王维纲政委，是一位大名鼎鼎的传奇人物，他两次被敌人逮捕，两次成功越狱，被称为"越狱大王"。而王维纲把我父亲引入了革命大家庭一事，则是指在 1935 年，父亲在国民党北平法院看守所中，由于表现勇敢坚定，被狱中的党组织吸收入党，入党介绍人就是狱中的党支部书记王维纲和支部委员李之琏。就在我父亲入党后不久，已被国民党当局判处死刑的王维纲在狱中党组织的协助下成功越狱。

根据有关史料，正是王维纲政委首次向一一〇师全体官兵宣布了廖运周的共产党员身份。他在那天的欢迎大会上说："廖运周师长是共产党员，一一〇师实际上是在共产党领导下的一支打着国民党旗帜的队伍，现在他率领你们举行了光荣的战场起义，脱离了国民党，走上了光明大道，参加了人民解放军，成为人民的队伍，我代表中野首长向你们全体官兵表示热烈的欢迎。"

记得父亲对我说过，廖老作为受党派遣，打入国民党军队做兵运工作的地下工作者，在身处敌营的 20 年间，始终没有忘记自己的信仰和使命，而在他回到革命队伍中后，有些人不理解甚至不承认这一事实，这是让廖老感到最为痛苦的。建国初期，党政机关和军队都实行供给制，按照当时规定，只有在革命队伍中所生育的干部子女才能获得生活费和保育费，当时有人提出廖老的子女不符合供给制的规定，而我父亲则据理力争，指出廖师长 1927 年就入党了，参加了南昌起义，1928 年后奉党的指示从事兵运工作，组织上对此早有定论，让廖师长的子女按地下党子女的待遇执行供给制是理所当然的。

父亲的老首长、1946 年率部起义的西北民主联军三十八军军长孔从洲在其回忆录中写道："陈赓同志处事大公无私，善于团结同志，他对所属一切部队从无亲疏之别，都是一视同仁，三十八军有些干部调到四纵，对他们的使用、调动、提升都和老部队的干部一样，使大家非常感动。"廖老是长期潜伏在国民党军队中的地下工作者，而父亲则是从"红军团"中成长起来的政工干部，"红军团"即著名的七七二团，是八路军三八六旅最早的两个团之一，被戏称为陈赓兵团"嫡系中

▲ 老百姓用大车拉着猪肉慰问光荣起义的——〇师官兵

的嫡系"。两个出身背景如此不同的部队主官在合作之初就能做到亲密无间、配合默契，体现了陈赓大将的高尚品德和优良作风对下属部队的直接影响。

1951 年父亲奉命入朝，离开了四十二师政委兼丽江地委书记的岗位，任中国人民志愿军三兵团政治部组织部部长，回国后跟随陈赓大将到中国人民解放军军事工程学院（简称哈军工）工作；廖老也于 1952 年离开四十二师，入军事学院高级速成系学习，毕业后于 1954 年 12 月任中国人民解放军沈阳炮兵学校校长兼党委副书记，后转业，任吉林省体委主任。

十年动乱结束后，父亲任中国人民解放军铁道兵副政委。廖老担任了民革中央常委、民革中央台湾事务办公室副主任、祖国统一工作委员会副主任、民革中央监察委员会副主席、黄埔军校同学会理事和全国政协委员。20 世纪 80 年代初，廖老参加了全国政协文史资料研究委员会对淮海战役的研究工作，曾亲自将一本他参与编写的《淮海战役亲历记》送给我父亲。该书由原国民党将领的回忆文章组成，为后人研究淮海战役提供了宝贵的第一手资料。

（作者为张子明之子）

难忘的淮海大决战

任立国

1948 年 11 月 6 日开始的淮海战役，是人民解放军战略决战三大战役中规模最大的一次战役，历时 66 天，歼灭国民党军 55.5 万人，解放了长江中、下游以北广大地区。中共第十三、十四届中央委员、北京军区原司令员王成斌，每当回忆起这次难忘的大决战时，他总是感慨万千。淮海战役时他任第十三纵队三十八师第一一二团二连连长，他率领第二连驰骋淮海战场，参加了这次大决战的全过程。

1948 年 9 月济南战役时，王成斌任七连副连长，为攻城突击队队长，带领突击队率先把红旗插上济南城头。当第二连加入战斗时，原连长、指导员遭国民党军炮火拦阻伤亡，王成斌从完成突破任务的七连副连长调任二连连长，率二连一直战斗到济南战役结束。济南战役部队伤亡很大，战后他们部队在章丘大桑村地区进行休整。按上级部署，10 月 23 日，部队开始向南推进。第二连便从章丘出发，南下行军几百里。部队进至台儿庄以北地区时开始进行动员，团里开会正式向连以上干部传达，说部队要在淮海地区组织一次大的战役，要跟国民党军队在江北的主力进行战略决战，要打大仗，打恶仗，华东野战军要和中原野战军联合作战；还围绕和兄弟部队搞好协同、搞好团结，注意群众纪律等，进行了教育，任务很明确，但当时还没叫淮海战役。给他们的当前任务就是越过运河，第一仗先打守运河的冯治安集团，这是国民党在徐州以北的前哨部队。

威逼大运河

11 月 7 日，第十三纵队三十八师第一一二团进逼台儿庄西侧的大运河北岸。台儿庄位于徐州东北 60 多里，北扼津浦路，南接陇海路，掐着大运河的咽喉，历来为兵家逐鹿中原的必争之地。1938 年初，日军两个师团从山东南下直扑徐州，中国军队在这里和日军血战 20 天，台儿庄得而复失，失而复得，最终歼灭日军濑谷旅团，取得台儿庄大捷。

10 年后，蒋介石为阻止山东的解放军南下徐（州）蚌（埠），在这里放了冯治安部的两个军，沿大运河一线摆开，准备再来一个血战台儿庄。

第一一二团是三十八师的一梯队，一营是一一二团的一梯队。7 日夜里，王成斌率第二连靠到大运河边，构筑进攻出发阵地，准备强渡大运河。

8 日，团里传达纵队、师的作战命令，部署渡河战斗，强调说：这一仗是消灭国民党军在江北主力的首战，冯治安的这两个军就是想守住运河，争取时间，集结兵力，调整部署，所以各营、连渡河动作要坚决、勇猛，过河后尽快向前穿插，分割国民党军，将其歼灭后部队向陇海路推进。

总攻时间定在 8 日的 24 时，即 9 日零时。

当晚，第十三纵队沿大运河准备强攻渡河的部队，口令统一为"杨斯德"，回令统一为"在这里"。王成斌当时心里还疑惑：以往的口令和回令都是两个字一组，今晚怎么成了三个字一组？后来他才知道"杨斯德"其实是个人名，是第十三纵队政治部的联络部部长兼民运部部长，当时正在冯治安部队做策反工作。

在一营进攻的方向上，由第二连主攻，第一连助攻，并肩强渡大运河。天黑后连队进入进攻出发阵地，只等着上级发信号，可过了 12 点，仍然没有一点动静，后边既不开炮，也不发进攻信号。

怎么回事？不仅一营，全团、全师，似乎全线都没有发起强渡运河的迹象。派通信员回去一遍遍问营里，营长、教导员总是回答：等着，有消息马上告诉你们。

河对面的纵深好像很乱，国民党军沿大运河的前沿阵地人来人往，与大战前夕的寂静不大协调。王成斌和指导员吴喜善蹲在战壕里分析，究竟发生了什么事，还不进攻？指导员忽然说：是不是冯治安的部队投降了？

王成斌一想，不是没有可能啊，济南战役打商埠区，原先预计要打好几天，结果吴化文起义了，两天就靠近济南外城发起总攻。冯治安的部队听说是西北军的老底子，并非蒋介石的嫡系，不是没有可能起义。

下半夜了，老蹲在战壕里，冷得够呛，营长的通信员跑来通知，连队撤出进攻出发阵地，集结在隐蔽地方待命，连长、指导员马上到营部去，接受新的作战任务。

营指挥所设在后面 200 多米的一所房子里，点着小油灯，地图铺在桌上，人员进进出出，仍是一副临战气氛，王成斌、吴喜善和第一、第三连的连长、指导员们进去时，营长、教导员正在说笑，一脸轻松。大家到齐后，营长传达情况和上级的指示，说冯治安在运河一线的部队已经全部起义，位于海州即如今连云港地区的兵团正匆忙向徐州收缩，第一一二团强渡运河的作战任务撤销，准备随师、纵队直插陇海路，占领曹八集，将西撤的兵团拦截在徐州与邳县之间，围歼黄百韬于该地区。

过后很久王成斌才知道，早在9月下旬济南战役尚未结束，纵队联络部部长兼民运部部长杨斯德就奉华东野战军首长命令，秘密离开部队潜入国民党军第三绥靖区，通过时任第三绥靖区副司令的两位中共特别党员何基沣、张克侠，对驻防贾汪至台儿庄运河一线的第五十九军、第七十七军开展策反工作，经过一个多月艰苦反复的努力，终于促使这两个军的三个半师共2.3万多名官兵宣布起义，脱离国民党军阵营，加入人民军队行列。

这一义举，让徐州的门户大开，国民党军的整个作战部署被打乱，大大加速了淮海战役的初战进程。若非如此，七纵、十纵、十三纵在运河一线打个三天五天，待国民党军在徐州地区的4个兵团25个军约60万兵力相互靠拢，武器装备弱于国民党军的华野16个纵队约42万人，纠缠起来肯定会增加更大的困难和变数。

9日，第二连越过大运河，当晚又越过不老河，直扑陇海路，插向曹八集。

突入曹八集

曹八集是陇海铁路徐州与邳县段的一座村镇，与碾庄圩、双堆集这些苏北、淮北小镇一样，没有淮海战役，没多少人会知道这些地方。如今在地图上，找不到曹八集，这个小镇扩大了若干倍，叫八义集，镇北侧的火车站也由曹八集车站改为八义集车站。

1948年11月9日，由海州地

▲ 华野十三纵攻击曹八集时炸开的北门楼

区日夜兼程正向徐州靠拢的黄百韬兵团进至碾庄圩，其先头部队第四十四师率3个团及山炮、工兵各一个营，先后进入曹八集。10日，第十三纵队三十八师第一一三团首先插到陇海路，在曹八集以东切断了国民党军第四十四师与碾庄圩之间的联系。下午，第一一四团逼近曹八集，向北门发起攻击。同时，第十三纵队的三十九师第一一五团跨过陇海路，插到曹八集西南，向南门发起攻击；第一一七团与第七纵的部队在曹八集以西的几个村庄发起进攻，以保障攻击曹八集的右翼安全。

敌第四十四师都在曹八集镇里。第三十八师一一四团和第三十九师一一五团，分别向北门和南门进攻，战斗非常激烈艰苦。第一一五团始终胶着在南门口，第一一四团一营攻破北门，国民党军拼命反扑，在突破口周围反复争夺。二营第四连和三营第七连、第八连在一营之后相继突入，曾经沿着大街向前发展了一段，又被国民党军反击回来，最后由一营营长王营经带着仅余的几十人，坚守在北门的几栋房子里。

曹八集战斗在整个淮海战役第一阶段的进程中关乎全局，意义重大。

9日那天，第十三纵队在扑向曹八集的途中，一度与华东野战军司令部的无线电联系中断，司令员周志坚向先头第三十八师下达的命令是：哪个团先到，哪个团先发起攻击，斩断陇海铁路，占领曹八集，不惜一切代价，截住正向徐州退缩的黄百韬兵团。

第一一二团是三十八师的后卫。那天上午，王成斌第一次目睹他参军以来千军万马汹涌挺进的宏大场面。初冬的阳光下，鲁南和苏北的平原上，几十路、上百路的行军纵队，左右相连，前后相随，像潮水一样向南涌去。骑兵和一些营、团、师的干部骑在马上，马蹄踏起一团团烟尘，就像海上飘动的船帆。

人海涌动的速度很快，几乎是在小跑，每小时的行军速度不下十六七里地。部队一路急行军，纵队和师、团一路不断向下通报战事的最新变化，兵团到了哪里，离曹八集还有多远。营以上是骑兵通信员传令，传到营，营里再召集各连连长、指导员，边走边说，然后再由连长、指导员逐级传达到排、班。

头天夜里官兵们几乎一宿没休息，进入阵地，撤出阵地，渡河，行军，北风呼啸，天寒地冻，吃不上饭喝不上水，带着枪支、弹药、背包，四五十斤重的装具。有体质弱的战士走得虚脱，突然在队伍中一头栽倒。栽倒的士兵留给营、团的收容队，大部队毫不停顿，继续如风疾行。上午10点多，天空出现几架国民党军飞机，即不投弹又不扫射，在天上盘旋，从人们的头顶呼啸掠过。大家都很奇怪，指导员吴喜善说：今天怎么弄的，国民党飞机在掩护我们？

王成斌看出了蹊跷：国民党军飞机也许一时没弄清地面上谁在行军，以为是冯治安的部队从大运河向南撤退，搞明白了会来轰炸。一营是一一二团的后卫，二连是一营的后卫，他和指导员商量：我们不能走在团的行军队形里，国民党军飞机再来肯定要炸，这么多部队挤在一起，肯定吃亏。

于是，二连脱开道路上浩浩荡荡的大队，向右跨出五六百米，走在地里。好在也有许多部队是在地里行军的，走在前面的都没有发现二连脱离了团的行军队形。

下午，飞机弄清了地面的情况，再次凌空，开始狂轰滥炸。从这时到天黑前，不停地投弹扫射，部队只好隐蔽防空，行军速度被迫放慢。国民党空军从没吃过解放军的大亏，一如既往的猖狂，不停地扔小炸弹。小P-51低空俯冲甩炸弹，再转回来，像敲筛子一样地用机枪狂扫。几乎每个连都有伤亡。机枪连、炮连目标大，有驮枪驮炮的骡马。一营机枪连被炸得恼火，连长气急了，不管有用没有，6挺重机枪架起来组织对空射击。不知打着没打着，但飞机遭到了反击和威胁，B-17拉到中空去投弹，P-51也不敢再飞得那么低。其他部队一看有效果，纷纷组织对空射击，飞机空袭的伤亡才减少。二连无一伤亡。

曹八集北门战斗最艰难的时刻，第一一二团赶到了。纵队司令员周志坚接到三十八师师长徐体山的报告，连叫了几声好好好，立刻下令：第一一二团赶快从北门投入战斗，不惜一切代价重新打开突破口，尽快聚歼曹八集的国民党军。

王成斌敬佩团长黄冠亭，就是敬佩他沉着冷静指挥有方。第一一二团赶到作战位置，沿路遭受国民党军飞机的狂轰滥炸，部队疲惫饥饿，编制缺员。尽管战况紧急，纵队与师一再催促，但黄冠亭没有仓促上阵，首先收拢人员，带着营、连干部靠近北门观察地形和战况。

曹八集周围筑有一圈高大的围墙，抗战时就是日伪的重要据点，经过后来驻守的国民党保安部队改建，围墙外挖了外壕，设置了鹿砦、铁丝网，国民党军第四十四师仓促进去，又在围墙上加修了许多工事。第一一四团突破北门后，一直是往镇子中心打，始终没有除掉两侧围墙上国民党军的各种火力点，以致两次突破，两次又被国民党军从两侧将突破口封死，用火力堵住了后续跟进的部队，前后突破进去的两个连只能在北门附近孤军苦战。而守在镇里的国民党军第四十四师也是抗战时期的一支远征军，当年曾威震东南亚，被蒋介石授予"荣誉二师"的称号。时任师长刘声鹤孤傲骁勇，在碾庄圩西援受阻，邱清泉出徐州东进不至，曹八集陷落之际，他举枪自戕，以示对"党国"尽忠。

王成斌先后与国民党远征军的两个"荣誉师"交过手。只不过 1946 年 11 月在象山与"荣誉一师"交手，人家是攻，他在守。正好整整两年后的 1948 年 11 月，在曹八集与"荣誉二师"交上了手，沧海桑田，人家在守，他要攻了。

弄清情况，黄冠亭现地部署战斗，得知二连齐装满员无一伤亡时，他没顾上问怎么回事，当即决定由第二连、第三连先上。

曹八集的北门外有一些散落的低矮民房，最近的房子离北门的寨楼子五六十米，第一一四团已经将交通壕挖到了那些民房里。王成斌把第二连带上去，尽量靠近北门，缩短冲击的距离。11 日的中午 12 时 10 分，按黄冠亭的指示，全团包括师里加强的 36 门八一迫击炮、六〇迫击炮在 5 分钟内，各炮发射 15 发炮弹。400 多发炮弹，平均每分钟近 100 多发，不停地炸。曹八集北门两侧的围墙上砖石横飞、烟尘冲天，所有的火力点一时全都哑了。

随后，这边战壕、民房里十几挺重机枪，狂风暴雨似地扫向围墙。王成斌向全连发出突击的信号。

十几枚烟幕弹甩出去，一片烟雾弥漫，干扰得对方看不清目标。途中又甩了一排。借着两层烟幕，第二连不分队形，一股脑地拥了进去，一百五六十人全进了北门。仅在通过外壕小桥时，副连长一人负了伤。

这也是王成斌部署突击时反复强调的，不要按一般的战术方式往里进，北门内已经有第一一四团的人，谁跑得快谁先进去，动作越快越好。他说就像下大雨一样，从这个房子到那个房子，速度越快，衣服湿得就越少。随后跟进的第三连没这么干，还是按战术一路队形往里进，让两侧围墙上重新恢复的国民党军火力打倒了十几个人。

进去以前，王成斌就根据团长交代的任务做了布置，明确各排的打法。北门里的状况与他在外面时的观察和判断基本相似，全连略作调整，沿着曹八集的北围墙向东打，消灭突破口左侧的国民党军火力点。指导员带着三排在前，沿着围墙内的民房向东打；二排在三排的后侧负责压制镇子里那些高大建筑的侧击火力，掩护第三排；第一排向东推进。

第三连攻进去，任务是沿着曹八集的北围墙向西打，消灭北门突破口西侧的国民党军火力点。这样，已经先后两次被封锁的突破口重新打开并迅速扩大，第一一二团的主力和第一一四团的后续部队就能陆续进入曹八集，对国民党军第四十四师在镇里的核心阵地发起总攻了。

王成斌这边刚部署好，附近千疮百孔的破房子里跑过来一个人，悲喜交加抱住王成斌。这人就是第一一四团的一营营长王营经。难怪他激动忘情啊，头天傍晚6点多，他带着全营600多人突进北门，被封在镇里。凌晨3点多二营第四连和三营第七连、第八连又突进来，再次被封在里面。他们已经连续激战18个小时，曾打到了国民党军师部指挥所附近，因为后续无力，最后又被反击到北门内这十几间房子里，虽然处境艰难，弹药将尽，国民党军的手榴弹不断砸在房顶上，砸在寨楼子上，仍苦战不退。如果第一一二团二连再进不来，他们就最终战斗到底了。

王成斌当时安抚了他几句，让他赶快收拢他的部队，便带着第二连向东打去。

北门的东侧有两个大地堡，交叉火力迎面封住了过去的通道。第二排组织爆破，连续两个爆破手，冲到一半就倒下了。二排长徐珍芝亲自抱起炸药包，三拐两弯地跑着之字形，终于炸掉一个大地堡。打开通道，指导员吴喜善带着第三排的一部分人上了围墙，一部分在围墙下向前打，直打到东北角又沿墙向南打。

第二连是在烟幕中进的北门，围墙上的国民党军被那阵子迫击炮弹砸得昏头昏脑，弄不清又突进多少解放军，更没想到这些解放军不再光往镇子里打了，那些不怕死的还在拼命向外射击，封锁后续的部队。第三排的战士们在围墙上、围墙下一枪一个，一枪一个，边打边前进，连续打掉了围墙上的五六个轻重机枪火力点。待国民党军发现解放军是从他们身边和屁股后头打上来的，顿时慌神，有的扔下枪顺着围墙往东北角跑，有的跳下围墙崴了脚，一瘸一拐拖着腿往南向镇子中心跑。第二排、第一排这边，王成斌亲自指挥，利用房角巷尾，重点压制镇中心方向侧击过来的火力，发现一处打一处，一时搞不掉的就集中火力封住，不让国民党军露头，以尽量减少对第三排的威胁。

曹八集的北门，一营长带着第一连突进来，沿着大街向镇里打去。随着两侧围墙上国民党军火力的削弱，第二营、第三营和师的后续部队相继扑进北门。

第二连打到围墙的东北角，又转向南打。指导员带第三排在墙头上打到曹八集的东门，下了围墙沿东街向镇子中心打，第一排、第二排由王成斌指挥着，也从东北角向镇中心插过来。这个角落有一小片开阔地，国民党军的那个山炮营有4

门美式山炮设在那里，山炮早就用不上了，国民党军炮兵跑得一个影不见，第二连首先缴获了那4门美式山炮。

北门垮了，南门的第三十九师很快也突破进来，曹八集里四面八方都是解放军在高喊缴枪不杀。国民党军陷入绝地，组织一个团试图反击，马上遭到3个迫击炮连的又一次炮火急袭，当即给国民党军大量杀伤，他们士气彻底崩溃。他们的一个上校军官被俘后说，这时候他们是"弹药用尽，失去战斗力"。第二连在曹八集的东北街区这一片打得很凶很快，兄弟部队也陆续进来了，打着打着就迎头碰上。指导员吴喜善带着第三排在左，王成斌带第一排、第二排在右，分别向西和西南打进二三百米，在这儿兜住上千名国民党军。

一个连抓了上千名俘虏，王成斌感觉好像还不过瘾。过后，他得知再往西打一两百米就是"荣誉二师"的师指挥所，国民党军的师长自杀，但副师长还在，懊悔得直拍大腿，对吴喜善说：咱们留一个排看着那些俘虏，咱俩接着往里打，搞得好那个副师长就是咱们的。

曹八集里没有太大的建筑，但有不少两三层的小楼，被国民党军当做了控制全镇各个角落的火力制高点，吴喜善在围墙上打得顺当，关键是靠王成斌在围墙下组织第一排、第二排打那些制高点，压制掩护得严密。

这一仗，第二连伤亡30多人。

此战，鉴于第二连所发挥的重大作用与突出战绩，第一一二团授予第二连"大胆突击，克服困难"锦旗一面。虽然荣誉级别不如1946年胶东军区授予的"象山连"称号，却是第二连在历次作战中获得的又一面锦旗。

从12时10分第一次炮火急袭，12时25分二连、三连突入北门，至14时，在第一一二团、第一一四团和第三十九师第一一五团的南北夹击中，3个多小时，国民党军第四十四师即"荣誉二师"，在曹八集镇内全部被消灭，黄百韬兵团向徐州收缩的蛇头被斩断了。

攻打贺台子

黄百韬兵团的4个军被堵在曹八集以东地区，华东野战军主力立即包围上去，展开攻击，把他们向中心的碾庄圩压缩。

第十三纵队兵不卸甲马不卸鞍连续作战。11日当晚，第三十七师向国民党军第一百军第六十三师防御的小宋庄发起进攻；12日晚又向纵深的大宋庄进攻。打到13日下午，小宋庄、大宋庄国民党军两个团的残部大部逃往贺台子，与原来防守贺台子的部队会合，重新建立起防御阵地。

14日，第三十八师第一一二团、第一一三团与第三十九师第一一六团受命进攻贺台子国民党军。

贺台子在碾庄圩的西北不到6里地，是个三四十户人家的村子，平原水网地形，老百姓的泥土茅草房破烂不堪，七零八落，相当分散，但战役位置至关紧要。打下贺台子，黄百韬兵团指挥机构在碾庄圩西北方向的正面，将暴露在解放军的攻击之下。

中午，团长黄冠亭带着连以上干部去看地形，部署当晚的进攻。

国民党军已经充分发挥了他们善于构筑工事的长处，短短两三天工夫，使不知名的苏北小村庄贺台子变成了一座军事要塞。他们以村里的那些茅草房为核心，在村子内外建成了多处子母连环的地堡群。村外的原野上，又以各种野战地堡为骨干，形成连、排的集团工事，梯次配备，相互支援，并布设了鹿砦、铁丝网、地雷，构成了数道围绕贺台子村的防御圈。

第一一二团的任务是从北侧进攻，攻歼贺台子之国民党军。

平地望过去，六七百米的距离上，有些低洼的地方看不太清楚。王成斌发现村北侧有一片一片的芦苇，心里直犯嘀咕，便对黄冠亭说："团长，我看着这个方向上可能会有池塘或者大水汪，部队从北边往里打恐怕不大行哟，陷进去就麻烦了。"

纵队给各团指定的是第一一二团从北，第一一三团从西、西南，第一一六团从西北，三个方向进攻贺台子。因为贺台子的东边偏南是国民党军另一个师占领的村子前、后黄滩，相距不远，可以直接从东边火力支援贺台子，所以偏东的方向没有作为进攻路线考虑。

这时团长、营长们都有望远镜了，而且是美式大倍率的。黄冠亭举着望远镜望，没吭声。

突破曹八集是一营主攻，打贺台子团里定了二营主攻。第十三纵队主力团之一的第一一二团，对外时一致，但在自己团里却会抢任务，三个营互相就会较上劲，谁也不服谁。

二营汇报进攻方案时，攻击方向没有调整，坚持从北边进攻。团长同意他们的总体思路，只提了一些具体意见和要求。

14日18时30分炮火准备，第一一三团二营、三营向贺台子西侧、西南发起攻击；21时，第三十九师第一一六团向贺台子西北发起攻击；22时，第一一二团二营向贺台子北侧发起攻击。

那一夜，到处都在打，压缩黄百韬兵团。枪炮声如同沉沉的滚雷，照明弹一簇一簇地升上夜空，把苏北平原映得如同白昼一样。贺台子这边，第十三纵的人马淋漓尽致地发挥着他们的"糊饼子"战术，一片片的解放军官兵扑向贺台子，就像海水涨潮，一个潮头垮下去，又一个潮头跟上来，惨白的光亮里回荡着穿透云天的厮杀呐喊声。

陆军第九十二师战史记载那一夜的战况，多处使用了"攻击受挫"、"连续受挫"、"继续受挫"这样的叙述词组。

大、小宋庄的国民党军两个团受到重创，被消灭600多人后退缩到贺台子，大大增强了贺台子的防御。不仅兵力密度加大，火力体系更是大大加强，国民党军依据各种兵器的口径、性能、射程梯次准备，前面的火力点被摧毁，后面的多层火力仍可超越射击，加上平原地区，照明弹几乎不停地升空，让擅长夜战的解放军官兵在开阔的地形上，完全暴露在他们的层层火网之下，几无遁形，不断遭到杀伤。

即便如此，按照作战中的一般进程，第一一三团从西、西南侧首先进入战斗，两个多小时后双方打得难分难解之际，人民解放军第一一六团从西北投入，激战一小时左右，战斗呈胶着状态，生力军的第一一二团又从北侧开辟进攻，在这样已成扇状的三面凶猛攻势下，国民党军垂死抵抗，最终还是会出现混乱，全线崩溃。所以说，纵队、师的战斗决心总体是正确的。

然而没有常胜的将军，也没有永不受挫的部队。黄冠亭忽略了王成斌的提示，第一一二团没有调整攻击路线，贺台子北侧的那些芦苇正如王成斌所判断的那样有大水汪，水面刚结上一层薄冰。部队在火阵中向前冲击，直接从水中通过，冲击速度受到影响。许多受伤的战士倒在刚结冰的水里，牺牲在池塘里。冲杀上去的战士扑进战壕、地堡，遭到国民党军纵深火力的疯狂反击，攻击部队战士纷纷倒在国民党军前沿阵地的大片水塘里。

二营伤亡过半，有的连队只剩十多人，逐渐失去攻击力。后半夜，团里下令一营投入进攻。这时，贺台子北侧的地形地貌已经清楚，营长带着第一连、第三连从二营的左侧，避开那些池塘，向村北偏东的方向发起攻击。第一连在右，第三连在左，一拨一拨的战士扑上国民党军的阵地，又一拨一拨和反击的国民党军在战壕里一起倒下。贺台子和外围的东北至西南大半个环圈，冒着冲天炮火烟尘，天地间摇撼动荡。

王成斌和指导员蹲在营指挥所的侧后，观察前面的战斗进展。他对吴喜善说："第一连、第三连再不行，可能我们就要上了，怎么办，从哪儿能再弄点弹药来？"吴喜善一时也想不出招，一个劲地叹气。

本来，曹八集战斗二连伤亡较大，这次是没有作战任务的。曹八集战斗后，二连每个战士随身都补了200多发子弹、6颗以上的手榴弹。团里为保障二营的主攻，从一营搜集过一次弹药。第一、三连上去之前，弹药已经不是很充足，营长知道王成斌、吴喜善这两个人能过日子，一定会有埋伏，又从第二连搜集了一次。大概每支冲锋枪还能剩下七八十发子弹，步枪剩下四五十发，手榴弹每人还能剩两三颗了。好在王成斌留着心眼，团、营没要炸药包，他一包没交，再就是烟幕弹、燃烧弹还留了不少，全连大约有四五十颗。

两人正在这边着急前沿的战况，发愁子弹、手榴弹不足又没处找的事，营部通信员跑过来，说教导员喊他俩去营指挥所，叫第二连做上的准备。

营长、副营长都到前面去了，营指挥所里只有教导员。一见他俩，教导员就急巴巴地说："王成斌、吴喜善同志，你们是党的好干部，二连是我们一营很能打的连，现在到了关键时刻，你们一定要完成任务，组织上相信你们……"

王成斌打断他的话说："教导员，你就给我们说任务吧。"

教导员停止了他心急如焚的政治鼓动，说："任务就是打进去，要赶快打进村里去，三连连长牺牲了，一连也快打光了，营长在一连，他让你们从一连这边上去。"

王成斌说："打进去可以，我要自己选择突破口，我从三连的左边上去。"

教导员犹豫了一下，说："可以，只要打进去就行！"

第三连的左侧基本上已经是贺台子村的正东。王成斌和吴喜善一直在观察，那边是国民党军的屁股，虽然一直有火力向三连侧击，东南方向六七百米外，前、后黄滩的国民党军火力也能支援过来，却相对较弱，而且照明弹的光也相对较暗。他俩的想法是一致的。

突进去的王成斌扑进一道战壕，壕沟里铺着层层尸体，几乎已经填平了壕沟。

他趴在尸体上，观察相距已经不远的那几栋低矮土屋，指挥着 3 个排，组织战士们火力掩护、炸药爆破、利用烟幕弹的效果连续向前突击，决心靠近村边夺取东北角的几栋土屋，然后站稳脚跟，再向贺台子的村里发展。

此时，攻防的双方在贺台子村的三面搅在一起，枪声、手榴弹爆炸声响成一片，但没有双方的炮弹落下。一包包炸药送上去轰响的间歇，王成斌感觉到脚下战壕里的尸体有海上涌浪一样的微微起伏。起初他以为是自己的错觉，再一留意，那种起伏的感觉完全是真实的。撤下来后，他蓦然醒悟，那是尸体堆下还有没断气的活人在挣扎。说明第三连或第一连，也可能是二营，曾经打到了那个位置，所以下面双方的人都会有。

整个淮海战役，打得极其惨烈。当地老百姓后说，哪里的庄稼夏天长得最好，绿油油的，哪里就是当年淮海战役人死得最多的地方。

贺台子的那一片，也是庄稼长得最好的地方。

血沃大地，便谓此意？

指导员吴喜善还是带着第三排，他从左面上去的。王成斌在右面，跟第一排上去。几个回合过后，那些土屋相继被第二连攻占。

然而这个时候，他们的弹药快打光了，无法马上向村里持续进攻。国民党军反击上来，分散在几栋土屋里的战士们利用剩下的子弹和国民党军丢下的弹药抗击，点燃炸药包往外扔，有冲进屋的就拼刺刀、拼铁锹、拼洋镐。打下去第一批反击的国民党军，吴喜善从第三排那边跑过来找弹药。王成斌这边也没多少了，手榴弹剩几颗，两人蹲在墙角压着嗓子商量，怕声音大了屋前十几米的国民党军听见。几栋土屋容不下多的兵力，第二排隐蔽在屋后炸塌的几座大小地堡和战壕里，他一边让指导员回去组织二排在尸体身上找弹药，一边派通信员向营里报告，这边撕开口子了，看能不能增援，再送点弹药上来，但这只是希望。

国民党军的第一次反击组织得比较仓促，人也不多，但接下来的反击就凶猛多了，兵力也大了。仗打到这个程度，双方其实都没有多少后劲，就像两个拳击手，前五六个回合没能决出胜负，打到最后十三四个回合时，你一拳过去，他一拳过来，大多晃晃悠悠有气无力了。但如果一方此时突然打出一记重拳，或许反而把另一方打醒了，斗场又变得生动起来。

第二连夺取那几栋土屋，无疑就是这样的一记重拳。

指导员搜集到一批弹药刚送上来，国民党军的再次反击就开始了。火箭筒、燃烧弹、火焰喷射器、轻重机枪，近距离战斗能用的兵器都用上了，一条条火龙呼呼地撞击着土屋的坯墙，茅草的屋顶早已坍塌，屋里院外，一切能烧着的东西都在燃烧，一切能反射出光亮的金属都在泛光，一切能爆炸的物体都在轰响。

这时候，指导员吴喜善那带着童音的动员声，就像一把高频的唢呐，激越嘹亮地回响在阵地上，敲打着每一个战士的耳鼓。

抗住了最凶的一次反击，又打退第三次反击，困兽犹斗的国民党军三鼓而竭了。王成斌指挥第二排突然出击，追着退下去的国民党军趁机向南发展，又夺取了几栋土屋。这样，贺台子村东南角的土屋都被二连占领，等于截断了国民党军向前、后黄滩撤退的后路。

贺台子正面，从西南到西北的大半圈都还在打，国民党军可能已经抽调不出机动兵力，没有再向二连组织反击。可是王成斌的弹药缺乏，也没有力量继续向村里突击了，通信员来来回回跑了两趟，营里既不来增援，又没有弹药送来，他只能先固守住这些土屋。

天快亮时，营部的通信员跑来，传达命令：撤！

王成斌一听就火冒三丈，问："他们知不知道我这边的情况？团长知不知道？"

营部通信员怎么会清楚，说："营长说的，团里叫撤，伤员不能丢，烈士带不了的就不要带了，以后再说。"

撤出贺台子战斗的命令不是团里下的，也不是师里下的，华东野战军代司令员粟裕直接将电话打给第十三纵队司令员周志坚说：战役刚刚开始，你们的部队就伤亡这么大，进展这么慢，拉下来整顿一下，再打！

第十三纵队的小宋庄、大宋庄、贺台子几次战斗打得都不顺手，纵队司令员周志坚后来形容说：大江大河过来了，却在小河沟里喝了几口水。

战后部队总结经验教训，就是进入平原水网地区作战后，战术手段没有及时改变，接近运动、近迫作业、战斗队形、攻击点选择、组织支援火力等，未从过去野战、攻城的方法真正转变出来，不但没能全歼守御的国民党军，反招致较大伤亡。

王成斌当时只知道第一一三团没打好，第一一六团没打好，第一一二团打得也不好，但他打得不错啊，已经占领了好几栋土房子，在贺台子的村边有了立足点，他哪里会知道叫他撤退的命令背后，还有那么多的背景因素啊？

营长没来，可能是营长自己也有情绪。他把情况报到团里去，团里上来一位副参谋长陈天仁。

谁来了不说清楚，王成斌也不会撤。副参谋长说师里命令叫撤。"师里凭什么叫撤？"王成斌说："你给我弹药，你给了弹药我二连自己往里打！"

还是那句话，能打仗的人都有个性。陈天仁是胶东老十四团来的，也不是白吃饭的。副参谋长说："三个团都打成这样了，你一个连打得下来，你以为你是天王下凡啊？"

王成斌跳着脚喊："三营呢？你把三营给我一个连，让我指挥，跟我二连一起打进去！"

陈天仁说："你混蛋，一营二营都突垮了，团里不保留三营，后面的仗还打不打？"

副参谋长说的都是道理，王成斌还是不肯撤，说："敌人也不行了，连反击都不反了，给我的任务是打进村里，我打进来了，我再努一把力就把村子拿下了，我不撤！"

指导员吴喜善也在旁边帮腔，不愿撤。

第二连撤下去得绕个大圈，再不撤天就该亮了，不好撤了。副参谋长陈天仁拔出手枪，指着王成斌说："瘸子王我再问你一遍，撤不撤？你敢不执行命令，信不信我毙了你？"

王成斌一下子冷静下来。枪口指着他了，不执行战场命令就得执行战场纪律，没什么好商量的。

三个团全部撤出战斗，天亮了。

上午9点多，贺台子2000多名守备的国民党军剩下的不足千人，在炮火掩护下，撤往前、后黄滩。他们没有直接从第二连曾占领过的村东南角就近撤退，而是从贺台子村西南方绕着弯撤走的。

贺台子战斗，三个团进攻，真正攻进村边，占领过房屋，接近了国民党军核心阵地的，就是王成斌的二连。而且曹八集战斗伤亡30多人当时只补了十几个人，贺台子伤亡四五十人，下来时全连还有100多人，班排都是完整的。

经过建团三年多一场一场战斗的锤炼，第一一二团的各个营连都在不断成长，战斗能力普遍提高，各具所长。1939年组建、获得过胶东军区"象山连"荣誉称号的第二连，济南战役、曹八集突破，再加贺台子一战，第二连再露头角，团里师里都在嚷嚷：象鼻子又翘起来了。

贺台子，第十三纵没打下来，国民党军撤了。但二连重振雄风再抖精神，象山连的名头又叫响了。大象头上的象鼻子，灵活，有力，抽到哪里，哪里肯定得垮、得碎。

追击刘汝明兵团

短短的几天中，战势急剧变化。为援救黄百韬兵团，蒋介石命令徐州的邱清泉兵团、李弥兵团沿陇海路东进；位于中原的黄维兵团向淮北进兵；屯兵于蚌埠的李延年兵团、刘汝明兵团沿津浦路北援徐州。淮海战役以后的基本格局，至此大略形成。

11 月 19 日，转移到曹八集东南地区刚刚休整了三四天的第十三纵队便挥戈南下，赶到一百四五十里之外的安徽灵璧，准备阻击北上增援的李延年、刘汝明兵团。

11 月 22 日，黄百韬兵团 10 万余人被歼灭。11 月 24 日，中原野战军主力将黄维兵团 12 个师包围在安徽宿县的双堆集地区。同时，碾庄圩地区的华

▲ 11 月 25 日，华野十三纵在攻打灵璧城

东野战军主力迅速转兵，一路西进，与中原野战军遥相呼应，直指徐州的邱清泉兵团、李弥兵团和孙元良兵团。另一路南下扑向已进至安徽固镇地区的李延年、刘汝明兵团。

淮海战役的第二阶段拉开大幕。

第十三纵队首先攻克了灵璧县城，第二、第六、第十纵队等兄弟部队陆续赶到。李延年兵团一看势头不妙，首先撤退。刘汝明兵团立刻也慌了手脚，掉头就跑。于是，淮海战役的南线战场上，第二、第六、第十、第十一、第十三纵队等华东野战军主力对国民党军的这两个兵团展开一场大追击，要把国民党军堵在淮河以北，再形成一个大的包围，然后吃掉这两个兵团。

第一一二团参与追击的是刘汝明兵团。

以前打仗，追过一个营、一个团，甚至一个师，想不到追一个兵团，敌人逃跑起来也能跑得那么快。黄冠亭总结说刘汝明兵团逃跑得真快，是"闻风四十里，枪响一百一"，如惊弓之鸟。王成斌的体会：追刘汝明兵团，大仗没打多少，可遭了老罪。

另外，人民解放军的几个纵队没来之前，刘汝明兵团奉了蒋介石严令，还在想着北上陇海路。江淮地区的一些地方部队阻击他们时，国民党军还很嚣张，炮火连天地往前攻。与第十三纵队一交手，兵力火力明显不同，气焰就不那么高了。

打过几个小仗，营里传下话来，说国民党军有撤退迹象，要做追击的准备。第二连一天都没见到敌人的影子，沿途只看到打阻击的地方部队留下不少烈士遗体和敌人的尸体。

那时有句话，国民党的十轮大卡车，跑不过解放军两条腿的"十一号"。当晚没有停，继续追。第二天上午，追上国民党军丢下的掩护部队。在第一一二团的追击方向上，经常遭遇的是一个连、一个营。三个营轮流当前卫，遇到阻击前卫营展开，后面的部队就地休息，打垮他们，后面的营前出，继续追击，前卫营收拢、跟进，转为后卫。

前面刘汝明的部队很会撤退，交替掩护着，边打边跑，第一一二团只好边打边追，记不清打了多少仗。部队一会儿展开，一会儿收拢，一天追四五十里地。最讨厌的是飞机的轰炸扫射，飞机天不亮就露面，集束小炸弹跟扔手榴弹一样，到处响，一直跟着炸到天黑。地面打，头上炸，部队天天有伤亡，比攻坚还艰苦。

前几天的追击中，第二连没怎么上去打。打贺台子下来，由于连队伤亡大，放在营的后卫。一营作团的前卫时，多是一、三连在前头。

那一段，第一一二团断粮，第二连的战士们几天没吃上东西。陈毅说淮海战役是山东的人民群众用小车推出来的，那是说整个的战役保障，具体到第一一二团这个局部，部队运动速度很快，后勤的粮食还没送到又走了，民工运输队推着小车追不上。想就地筹一点粮，刘汝明兵团几万人一进一退，乱兵犹匪，当地老百姓早跑光了，找不到人。寒冬腊月，跑不了的老弱妇孺又冻又饿，几次发现一家几口人冻饿死在床上、灶角。战士们饿得没办法，一边追击行军一边往肚里灌凉水，停下就到地里扒地瓜、找土豆，找老百姓秋收后剩在地里的庄稼。有时刨出些小土豆、落花生，挖出段地瓜根，全班十几个人分一分。

炊事班长老李头起初还偷偷给连长、指导员留了一些吃的，追了几天，带的粮食吃完，王成斌本来牙就坏了，更饿得浑身无力，走路直打晃悠。老李头看着官兵们心疼，到处给全连找吃的。偶尔在老百姓的院子发现一些新土，炊事班往下挖，结果挖出一个小缸，装了些麦子。指导员请示营里，教导员说吃，但要留下买粮的钱和条子。全连煮了半行军锅麦子粥，算正儿八经吃过的一顿饭。

▲ 华野十三纵在江淮军区部队配合下，歼灭国民党军二三八师，解放灵璧城

追过浍河、漖河，11 月 29 日，追到沲河，就是 1600 多年前东晋谢安与前秦苻坚淝水大战，留下"风声鹤唳，草木皆兵"之说的古战场，第一一二团追上了刘汝明兵团留在河北岸的一股部队。还有一部分正在渡沲河。那天上午一营正在前卫，国民党军的掩护部队大约也有一个营，离河边很远。第一、三连首先展开，地形开阔，沟渠纵横，到处是水，战士们又很疲劳，攻了几次没攻动，伤亡了不少人，第二连接着上去。

国民党军是背河而战，只能陷绝地而后生，守得很顽强。河对岸有大口径炮火的遮蔽掩护，国民党军的飞机在头上炸得更猛，不时还有小股的分队从侧翼摸过来反击，至少反击了四五次，战术比较灵活，一打就退，对二连的进攻很有干扰。王成斌把炮排的六〇迫击炮调上来，战士身上背的炮弹几下子就打光了，营里把机枪连、炮连也调到了前面，大白天，火力还是压不过国民党军。打到近中午，可能是师或纵队的炮跟上来了，咣咣咣一顿大炮猛打，王成斌带着二连呼地一下扑出去了。

二连往上一冲，营长指挥后头的一连、三连跟着往上冲，几百名解放军战士冲上来，那声势比夜里头看上去可雄壮宏伟得多。国民党军立刻崩溃了，纷纷撒开脚丫就往河边跑，有的边跑边把背包扔了。

河边还有一部分国民党军没渡过河去，看着大批的解放军越过堤坝追来了，河边的国民党军呼呼啦啦下饺子似的往沲河里跳，河上的十几条船掉过头拼命往那边划，河对岸的十几挺高平两用重机枪赶紧开火，迫击炮弹一排排跟着打过来，掩护那些还没有过河的。

那一段的浍河水面有三四十米宽，追到河边也一下子过不去。营长传令，都撤到堤坝上，火力追击。

人有从众心理，那么冷的天，十几个人领头往河里跳，别的人就跟着往下跳。那天跳进浍河的国民党军没有多少爬上对岸的，大部分溺毙在河里，清清的河水里黄乎乎的漂了一层。

河对岸的国民党军没有接着跑，火力向河这边打。一营过不了河，沿着堤坝展开，营长把机枪连、炮连也拉在堤坝上，与国民党军对打。比起武器，那还是国民党军的厉害。飞机上午扔炸弹还要分辨目标，怕双方混在一堆炸错，中午过后就没顾忌了，北岸的肯定都是解放军，噼里啪啦猛炸。

一直对峙，团里没有下令做强渡浍河的准备，王成斌觉得这么打不出名堂，就和吴喜善商量，堤坝上留两个班，抽出连里射击比较好的十几个战士，见到对岸有人活动就打。连队往后撤一撤，还是把机动力量保存下来，不能都放在前面干耗。

指导员赞同，二连往后悄悄撤了几百米。结果全都死守在堤坝上的那几个连，那天下午的伤亡不小，飞机炸的，大炮打的，各连至少十几二十个。

天黑，什么都看不见，团里还是没有指令。营长分析国民党军是撤退的态势，夜里不会过河进攻，把一连留在堤坝上，其他人都撤下来休息。虽然又饿又冷的，连着几天没正经睡过觉，王成斌在大野地里倒头就睡。天亮太阳露了头，炊事班长把他叫醒，说头天半夜民工队追上部队送来粮食，饭做好了。

狼吞虎咽饱餐一顿，营部通信员来找他，让连长、指导员赶快到营部开会。

这时，河对岸的炮声没了，枪声也没了。营长说：刘汝明兵团又全线撤退了，皖东地区河网密布，不利于大兵团行动，追击刘汝明、李延年形成大包围的任务撤销。

刘汝明兵团还是跑掉了。以后进军福建，在福州，他又跑了；追到漳州，他还跑了；最后打厦门，部队被歼灭了，他又坐飞机跑到了台湾。

12月1日，第一一二团回兵北上，返回了淮海战役的北线战场。

围歼黄维兵团

追击刘汝明兵团，王成斌记忆最深的是饿；围攻黄维兵团，他印象最深的是冷。

从 11 月 9 日渡过大运河，到最后歼灭黄维兵团的 30 多天里，王成斌和第二连的战士们几乎没进房子里睡过觉。

12 月 4 日，第十三纵队接下中原野战军第二纵队在双堆集西侧的阵地。

中原野战军已经把黄维兵团围了十多天，一步一步压缩包围圈，天天夜里打。他们刚从大别山里打出来不久，装备不如华东野战军，穿的军装都是用水泡草木灰染的灰颜色。

天寒地冻的 12 月份，中野第二纵队撤下去时，战壕、交通壕里的许多烈士遗体都没来得及处理，棉衣内连件衬衫都没有，棉军装直接套在身上，冻得硬邦邦的，牺牲怎么倒下的，在战壕沟里就什么样，在阵地前，有的直直的躺着，有的蜷着身体。十三纵队后半夜接的阵地，起初没太注意，天亮后才看清楚，只能把战壕、交通壕里中野烈士遗体搬出摆在壕外，免得影响连队在壕沟里活动，等天黑后再掩埋或后送。中野部队围困黄维兵团做出了极大的牺牲。

在包围圈里的黄维兵团 4 个军、1 个快速纵队、12 万人马的日子更难受，缺粮少医，白天东突西突，突围不出去，夜夜挨揍，担惊受怕。那些坦克、卡车没了油，跟一堆废铁差不多，坦克还能打打炮，卡车就只能当障碍物了。南京的飞机天天来空投给养，扔在纵深的只能归他们了，扔给前沿的，双方阵地相距五六百米，近的地方一二百米，降落伞挂着木箱、大包晃晃悠悠掉在中间地带，国民党军去抢，解放军去抢，有时国民党军之间互相也抢。

第二连也抢到过几次降落伞挂的给养，肉罐头、水果罐头、蔬菜罐头、奶粉饼干。这时的粮食保障没问题了，一天三顿能吃上热饭，加上蒋介石送的这些好东西，吃得饱，吃得好，身上有了热乎劲，蹲在战壕里的寒冷也就好熬得多了。

12 月 8 日，第三十八师奉命在第三十九师一一五团、一一七团的配合下，5个团上去一起会攻，歼灭中周庄国民党军。

▲ 双堆集战场，人民解放军某部指挥员在前沿观察地形

中周庄在双堆集的西北，再过去几公里就是黄维兵团困守区域的中心。国民党军是第八十五军的一个团，加军直工兵营、辎重营、特务营，不到3000人。苏北、淮北的水田多，老百姓为干活方便，居住离自家田地近，村子一般二三十户人家，最多六七十户。中周庄算大村子，但住的分散，国民党军根据地形和农舍散布特点，将阵地划为东、中、西三段，在村里和村外的原野上构筑起宽度与外围很大的防御体系，密布了各种火力点。

第一一二团的任务是由南侧向中周庄的中段发起攻击。

这一仗，应该说打得相当从容。5日夜里纵队和师的攻击令就下达了。6日，第一一二团组织各级看地形，主攻连的排长、班长，甚至有些战斗小组长都上去参加看地形。7日与8日的白天，上下都在摆沙盘，研究战法，做攻击前的各种准备。其中最大的准备之一是挖交通壕，曲曲弯弯，都是"之"字形的，平地挖到国民党军的鼻子底下，攻击发起冲上去就是国民党军最前沿的鹿砦、铁丝网、壕沟。

这一招，第一一二团早在西海独立团时期就用过，规模最大则是淮海战役打中周庄这次。但一一二团这次的交通壕并非自己挖，主攻部队要养精蓄锐待势而发，专门挖交通壕的是地方部队，说话都是当地口音，付出了不少代价。白天敌人的炮火不断，晚上打照明弹，轻重机枪乱扫，他们伤亡很多。交通壕挖成交给二连的时候，王成斌握着那些干部战士的手道辛苦。交通壕挖完他们就撤到后面去了。

王成斌起初也是从地方部队干上来的，很理解他们的心情，说：感谢老大哥部队为我们挖好了通向胜利的战壕！

8日16时50分，纵队与师的炮火对中周庄火力准备，第一一二团沿着交通壕、战壕向中周庄中段运动。17时，三营首先发起攻击。随后，第一连从第九连的左侧投入攻击。17时40分，分别突破，各自占领了国民党军的前沿阵地。

第二连的任务是跟进，在一连突破前沿后，迅速接替，向中周庄中段的阵地纵深发展。但是看地形时，王成斌发现一连突击位置南侧的鹿砦内有一道壕沟，又深又宽，从那个方向跟着一连进去，不易通过。而且刚打响十几分钟，他就嫌一连的动作慢，带着二连从左侧的西南方并肩上去了。所以，战后有人说那天一营进攻方向的前沿是二连突破的，或者说二连与一连同时突破的。王成斌只好跑到营里、团里去再三解释，说前沿是第一连突破的，他只是想争取时间，上得早了一点。

由于房屋分散，国民党军在一营进攻方向上的重点防御是在中周庄中段的村里，前沿主要是交通壕、战壕连接的地堡。一连完成前沿突破后，就地隐蔽待命，二连继续向前发展突击。

第二连那天的进攻起初非常艰难。

在他们的突击方向上，正面几间土墙草顶的农舍和周围的猪棚、竹丛、灌木间，火力点喷射烈焰，曳光弹密集得像一堵堵横立的火墙，手榴弹、燃烧弹、迫击炮的炮弹一个劲地落过来，火墙一层一层滚动着压向他们，一度让人感到有点束手无策，更无法逾越。

照战前研究的打法，二连分成两个箭头，指导员吴喜善带着三排在左，王成斌指挥一、二排在右，两边同时组织爆破，分别突击。但国民党军的明暗火力点密度，大大超出了他们战前的观察，头两次爆破失利，爆破手根本靠不上去。王成斌让一排长组织先炸农舍东南地堡火力点，因这个地堡相对孤立突出，便于爆破时火力掩护。

连续伤亡了两名爆破手，第三名爆破手上去时抱了一个 10 公斤的 TNT 炸药包。这次爆破十分成功，轰隆一声巨响，农舍周围的国民党军火力瞬间减弱了。

按王成斌的判断和部署，大炸药包猛地一响，一排的副排长应该带着突击班立刻跟上去，占领那个地堡。那样，他们靠近了农舍周围的地堡群，下一步的就近爆破就会便利得多。

然而国民党军火力减弱的瞬间，一排副排长和战斗小组没有上去。

战斗中有许多情况属于战机问题，往往可以决定战斗成败，而战机则是稍纵即逝的。状态极为艰难，战斗节奏没能按他的预想进行，王成斌急了，一下跳出交通壕。他们此时利用的这些交通壕是国民党军在阵地上挖的，也是"之"字形。他跃过开阔地，跳进一排副排长他们在最前面隐蔽的壕沟。

战后，王成斌责问过一排副排长，但他说不清自己是怎么回事，只说是炸药包一响，他的脑子里完全空白了，不知道自己该干什么。这个副排长是老解放区的兵，以往的战斗表现可以，否则不会让他当副排长。也许是生物性的，让那声爆炸巨响一刹那间给震糊涂了，和国民党军火力一瞬间的减弱一样？

不论是什么原因，反正在王成斌跳进那段交通壕时，副排长趴在壕沟里，几个战士在他背后。他不动，几个战士也被堵在壕沟里上不去。

王成斌喊："上啊！一排副，快上啊！"

副排长不知是懵着还是枪声猛没听见，仍趴着不动。

王成斌一眼看见交通壕里有把国民党军修工事丢下的小铁锹，伸手抄过来，不分掌轻手重，在他的屁股上啪啪打了几下，吼道："上啊，快上啊！"

副排长转过脸，看了看他，这才醒过神来，呼地蹿出交通壕。

几个战士紧跟着副排长，呼呼地冲上去了。

一排副排长他们冲上去时，敌人的火力又打得很猛。单就一排而言，最佳的战机其实已经失去。好在三排那边也炸掉了农舍西南靠边的一座火力点，上去了几个人。二排按照王成斌的重新部署，向前调整，全连展开，形成了三个方位的攻击。敌人不得不分散火力，一排副排长他们顺利地占领了那座设在猪棚下被炸塌的地堡。

这个时候，指导员吴喜善在三排那边牺牲了，只是王成斌还不知道。

此后的战斗进程逐步顺利，各排连续组织掩护、爆破、突击，靠近那几间农舍。敌人终于扛不住了，一排和三排从两边一冲，杀进屋，残剩的十多名国民党军逃往纵深的独立农舍。

按以往进攻作战的一般规律，国民党军该反击上来。王成斌一边让大家准备抗反，一边布置下一步的突击，继续往中周庄纵深打。三排长跑过来问："连长，我的任务？"

王成斌说："你打右边的那几栋房子。"指导员这时照理要与他会合了，没看见吴喜善，他顺口问了一句："指导员呢，怎么不跟你在一起？"

三排长呜呜了两声，没说出话。王成斌听他声调不对，知道不好，吴喜善可能出事了。

他顾不上多问，先组织战斗，敌人没有立刻反击，他就接着突击。二排还是往前打，一排、三排改打右侧的那些独立农舍，转向中周庄的东段，向庄东北打了。这时他不考虑保存机动兵力，3 个排全撒出去了。他们团和兄弟部队合攻一个中周庄，牛刀杀鸡，不怕后劲不足。

守御的国民党军当中有个工兵营，不仅在外围和前沿设了工事，庄里的那些独立农舍之间也有设防。美国进口的野战蛇腹形铁丝网，走到那儿一松开，叭——放出一长道。夜战里半明半暗的看不清，到处都是，以后炸开了，战士们向前冲击，许多人仍被铁丝网的尖刺刮伤。而且敌人在庄里修的都是那种房屋内的地堡，六〇迫击炮的炮弹打过去，炸塌房顶，墙土、屋梁砸在地堡盖上，部队往前一上，土房墙根的四面八方的射击口还是喷吐着火舌。

往前突击，3个排又占领了几座独立农舍，第二连的攻击基本都转向庄子的东北。这时王成斌到了三排的位置，问三排长："指导员到哪儿了？"

三排长告诉他说，指导员吴喜善牺牲了。

攻占第一座独立农舍时，三排那边也被国民党军的火力点压制得够呛。吴喜善亲自组织去炸西南靠边的火力点，三排长和他靠上去距离只有十几米，可以听见国民党军在地堡里大声喊叫，快，快打，送炸药的上来了。炸药一响，指导员就跳起来，站到战壕上来回跑动着动员，他大声喊道：同志们冲啊，国民党军火力点炸掉了，胜利的道路打开了。三排往上突的时候，剩下的那几个火力点朝他们打，几发子弹打在吴喜善的胸部，他没说几句话就不行了。

战斗结束第二连撤下来后，其他连打扫战场，吴喜善的遗体起初没找到，团政治处又派人去找，找了几次，混在国民党军的尸体里，硬找了出来。

吴喜善的牺牲，王成斌心里最难受。他们搭档配合近半年，吃在一个饭盆，睡在一起，没有想不到一起、说不到一块的。吴喜善年龄小，性格活跃，在连队的威信却很高。他有文化，搞教育，上政治课，谈心，做思想工作，能把兵说得鼻涕眼泪一大把；要叫人乐，能把大家讲得哈哈大笑。行军打仗处处模范带头，帮战士拿枪，一扛就是好几支。60多年后，耄耋老人一提到他这位永远把生命定格在18岁，留给他永远记忆的带着童音说话的战友时，总会反反复复地惋惜道："我那个指导员，真好，牺牲了，每次战斗他都在前边，国民党军火力最猛烈的时候，部队压住了，他就跳出去跑着动员。有时他跟我在一起，我说不行，等一等，有时在排里，我就抓不住他。这个指导员，什么都好，就是打仗有时不看火候，光知道消灭敌人，不想到保存自己，不在乎，不隐蔽，太可惜了！"

心里的难受是下来后的事情，战场上没有多余工夫。第二连此刻的攻击队形是一排居中，二排在左，炮排在后跟进，寻机以六〇迫击炮支援。三排的右翼是三营，王成斌嘱咐三排长，注意与三营的协调，然后回到一排的突击方向。

随着那些独立农舍陆续被攻占，

▲ 被围困在双堆集的国民党军阵地烟雾弥漫

中周庄中段和东段的国民党军渐渐都被压缩到庄东头，挤成了一堆，开始反冲击。这个时候的国民党军仍很顽强，那个团长亲自带着督战队，一批几十个人，不停地往上扑，企图夺回丢掉的阵地。一簇簇美式钢盔在弹光、火光、血光里泛着暗淡的绿光，像一片片会动的绿头蘑菇。反冲击的国民党军清一色的冲锋枪，抱在怀中边打边冲，打过来的全是长点射，一度气焰很盛。连续几批反冲击上来，双方就在有些位置搅到了一起，拼刺刀，拼铁锹，拼铁镐，拼炸药包，拼手榴弹。一拼上近战，国民党军很快就委靡了，基本也就垮掉了。

打仗是拼智慧，拼战术，但最根本的还是拼勇敢。没有勇敢，智慧与战术只能是无源之水无本之木。那时的国民党军，论智慧，论战术，不可能弱于解放军的官兵，但是论勇敢不怕死的战斗精神，确实逊色。王成斌一边指挥打敌人的反击，一边向前硬顶，继续攻击还在他们手里的那些农舍工事和火力点。

中周庄的各个角落，三营、二营都在第二连的右侧，向东攻击；第一一四团、第一一五团各一部兵力向东周庄攻击。第一一三团在中周庄防御体系的东段由南向北攻击。除了庄北面的后周庄、阎庙子、窑场方向是国民党军的另一个纵深防御体系，中周庄的东、南、西面，庄里庄外陷于熊熊的火海之中。

在第二连势不可挡却又是艰苦血战的攻击前进中，他们正面的国民党军终于失去反冲击能力，偃旗息鼓了，庄东北的独立农舍也所剩无几。王成斌跑到第二排时，二排长急迫地向他请示说："连长，我再往东北插，没地方打了，怎么弄啊？"

王成斌借着照明弹的亮光，看了看前方的地形，说："你往外插，插到庄子外头的野地里去，看看那边有没有他们的野战工事，然后钉在那里，不管敌人从哪个方向来，一定要给我钉在那里，堵住敌人往北撤退的逃路。"

第二排的动作很猛，这一插很重要。一排、三排在庄子里继续攻夺东北方向剩下的那几座独立农舍，被三营、二营攻击的那些国民党军最后垮了，要往后周庄、阎庙子、窑场方向溃退。五六百人乱哄哄，各跑各的，争先恐后，二排堵在那边等着，全排一开火，扫倒一大片，王成斌指挥这两个排跟着压上去，国民党军全都扔掉枪跪在地下，若明若暗的野地里全是举手投降的国民党军，被二连抓了俘虏。

23时40分，6个多小时后，中周庄战斗结束，守备的国民党军全部被歼灭。

此战，第二连战绩突出，战果显著，俘获国民党军团长以下官兵400余人。

全连伤亡 40 多人。第一一二团又授予二连一面"英勇顽强，歼灭敌人"的锦旗。

然而，王成斌咧着嘴，乐不可支地从团首长手里接过锦旗，一坐下就失去了满脸的笑容。这面锦旗上，染着指导员吴喜善的血啊！一想到他的好战友、好兄弟，他的好指导员、好搭档吴喜善，他就体会着什么叫"心头让刀尖子扎一样"的感觉了。

12 月 10 日，第三十八师又打了阎庙子、窑场。这次是第一一三团主攻，第一一四团助攻，第一一二团配合，彻底砸塌双堆集的西院墙，露出了国民党军的核心阵地。

12 月 15 日，中原野战军主力 7 个纵队在华东野战军第七、第十三纵队等部的配合支援下，向双堆集发起总攻。

第三十七师、第三十九师向东攻打双堆集，第三十八师却脱离主战场，掉头往西南，一宿奔出去 70 多里地，到了涡河边上一个叫小涧集的地方。全师展开，修筑防御工事，准备三面阻击作战。团长黄冠亭传达上级指示，做部署动员时说：总攻打响，包围黄维兵团的总体态势就动起来了，黄维兵团各部可能同时突围，往西去与杜聿明集团会合；上次李延年兵团、刘汝明兵团被追得逃回蚌埠，现在又往北上来了；被堵在陈官庄地区的杜聿明集团要向东增援黄维兵团，这三大坨子的国民党军想靠到一起，都得经过小涧集这个点。

那时在连队一般看不到地图，团首长这么一说，大家心里都豁亮了。原来是陈毅、刘伯承两位老总，交给第三十八师这么紧要的一个战役位置！

东边的总攻开始后，黄维兵团同时也在突围，但没有成建制的部队能出来。第二连守株待兔，在自己的阵地上蹲了两三天，零零星星抓到百十名从包围圈里逃出来的国民党军散兵游勇，全营抓了三四百人，而且许多是军官。虽然官不大，但军部、师部、团部的军官都有。

从曹八集战斗打到中周庄之战结束，王成斌已经在淮海战场上转战千里，第二连是全团战果最大，也是伤亡不小的连队，但陆续也补充过七八十名解放战士。吴喜善牺牲，他感觉自己就像心里缺了一块，连队政治工作也少了胳膊断了腿。他三天两头向营里、团里要求，赶快给二连补个指导员。直到在小涧集，新任的指导员才来报到。

指导员来第二连之前，是纵队警卫营的一个副指导员，中学生，年龄大王成斌一岁，个子没他高，胖乎乎的，长得比他漂亮。年轻时，王成斌曾经觉得谁都

▲ 人民解放军在双堆集地区对空射击

比他长得漂亮、英俊，什么都敢跟人叫板，唯独论相貌甘拜下风。如果他说谁长得不好，总拿自己当样板，"长得比我还难看"。其实他那时除了肤色黑、五官线条稍稍粗犷，却很英武，一双浓眉剑挑，两眼明亮，稍一凝眸，杀气逼人。直到耄耋之年，不笑时仍然虎目炯炯。可惜，"一黑盖百俊，一白遮百丑"，让他那时对爹娘给的长相委实不够自信。

总体上，那时机关的干部愿意下连队，到下面带兵冲杀，到一线打仗。单凭这一点，王成斌对新来的指导员第一印象就甚佳。

初次见面，指导员有点腼腆。教导员介绍说他叫"纪照隋"，王成斌听着别扭，不像个有文化的名字。两个人私下交流时，指导员掏出钢笔，把姓名写在王成斌手上：纪照瑞。

王成斌说："你叫纪照瑞嘛，怎么教导员非说叫纪照隋。"

指导员说："我是叫纪照瑞，瑞在我的名字里不念'瑞'，念'隋'，刚才我在营里，也是跟营长、教导员解释了，他们才知道。"

以后俩人相互配合得很好。除了战斗经验和战场飞行动员的词不如吴喜善那么多，聊起天不如和吴喜善那么热闹，和营长、教导员抬杠不如吴喜善跟着他跟得那么严丝合缝外，纪照瑞的政治思想工作抓得紧，模范带头作用强，战场表现也勇敢，王成斌对这个新指导员很满意，也很尊重。不久，副团长孙延富见了他们就经常开玩笑：哎，你们二连的两个小哪吒。

截歼杜聿明集团

为了取得淮海战役的全面胜利，王成斌所在团在纵队建制内，于 12 月 20 日又进至河南省永城县马桥镇地区，准备参加淮海战役第三阶段的最后决战，消灭被华东野战军主力围困在陈官庄地区的杜聿明集团。

头天下午传达、动员，天不亮就起来弄饭吃，出发。5天的行程，要求4天赶到，一上路就是急行军的速度。淮海战役除了打仗就是走路，从过了大运河扑曹八集，一走路脚底下就是带着风的小快步，经常还得小跑。东起海州，西至永城，北到台儿庄，南近蚌埠，国民党军先后参战80万人，解放军60万人，再加上六七十万解放区的支前民工，200多万人在这一片几万平方公里的地域上，今天你杀过来，明天他杀回去。最后60万人的解放军把80万人的国民党军消灭了55万多人，想想那场面、那气势，没法不令人叹为观止。耄耋老人每每回忆起那段岁月，最亢昂激越的是战斗，最不堪回首的却是走路。

动员时说要到永城方向围歼杜聿明集团，要继续吃大苦。第一天确实走得很累，一气走了120里路。第二天上午走得还是很急，下午在马村桥、裴桥地区原地休息，后改为就地宿营。

王成斌对指导员说："可能有大的战略变化。"

晚上，营通信员通知，叫连长、指导员开会。到了营部，营长、教导员传达说，东北野战军和华北野战军正在进行平津战役，为了稳住华北的傅作义集团，华东的淮海战场暂缓对杜聿明集团发动总攻，继续围困。

这就是大的战略变化。

第十三纵队在马村桥、裴桥地区休整待机，各单位继续补充兵员，调整组织，

◀ 人民解放军经过徐州市区，追歼逃敌

选拔骨干，进行了大量的整顿工作。

1949 年 1 月 6 日，人民解放军向国民党守军发起总攻，经 5 天激战，就全歼了杜聿明集团残部共 17.6 万人。

至此，连续奋战了 66 天的淮海战役宣告结束，歼灭了国民党军 5 个精锐兵团，共 55.5 万余人，从根本上动摇了国民党的反动统治。

在淮海战役期间，王成斌率领第二连先后参加大小战斗 10 余次。那时战场转换很快，部队强行军多，战斗频繁激烈，战士们特别能吃苦、能战斗。军民关系胜过鱼水情，哪里是战场，哪里就有支前民工；哪里有解放军，哪里就能看到车轮滚滚支前的壮观场面，给干部、战士以很大的鼓舞，留下深刻的印象。

进入 1949 年，按照中央军委的规定，第十三纵队改编为第三十一军，王成斌所在的第三十八师一一二团改编为第九十二师二七四团。他率第二连怀着打过长江去、解放全中国的坚定决心，强渡长江，解放上海，进军福建，攻占漳厦，去迎接新中国的诞生。

淮海战役已经过去了 60 年，我们深切怀念指挥淮海战役的老一辈无产阶级革命家，深切怀念那些赤胆忠心、浴血奋战的将士们，深切怀念养育和支援我们的广大人民和支前民工，深切怀念那些为新中国的建立而英勇牺牲的战友们。他们所创立的英雄业绩，将永载革命史册，永远鼓舞人民解放军指战员在保卫祖国和保卫世界和平的神圣事业中不懈奋斗，永远激励全国人民沿着中国特色的社会主义道路奋勇前进。

（作者现任职于北京军区司令部）

我送王杰山去开英模会

郭生贵口述　马夫可整理

你让我谈谈王杰山这位解放入伍不到一年的新战士，怎么就成了淮海战役战斗英雄？这，还得从头说起。

党的政策历来是对那些放下武器的国民党军士兵，本人愿意在解放军里干革命的都热烈欢迎。连队对他们和自愿参军的同志一视同仁，平等相待，亲如兄弟。只要他们认真改造思想，行军打仗不怕苦不怕累，英勇善战，成绩显著，不受入伍年限的限制，通过群众评议，组织上批准，该立什么功，就立什么功，甚至当英雄、当模范。

人民解放军立功创模的光荣传统，在王杰山同志身上体现得最充分了。我们炮连干部战士都清楚，王杰山是驻守河南洛阳的国民党的嫡系部队青年军二〇六师的青年兵，1948年3月13日被解放过来，补充到我们炮连的。当时我是一排二班班长。人民解放军解放了洛阳后，部队撤出洛阳城，我们连驻在城西南一个村子里待命。那天下午连部通信员通知我到连部带领补充来的解放战士。

我进了连部的小院，只见连长朱法、指导员宋文明、副连长阎兴歧，还有各班班长、各排排长围着十多个还没有来得及换衣服的解放战士。片刻，副连长阎兴歧拿着花名册点起名来，点到谁到哪个班，班长就出来接。副连长高声喊："邢家骐到二班，王杰山到二班。"

我只顾招呼邢家骐，还来不及去提王杰山的东西，他却站到了我的身边。小伙子1.7米的个头，比较瘦，方脸上有两只大眼睛，一笑，左边脸上有个酒窝。他笑着说："班长，我也是到二班的。"

我很高兴，班里一下补充了两个战士，又年轻，又有文化，真难得呀。我拉着他二人说："走吧，咱们回班里去。"

我们回到班里，同志们热情地接待他们。迎新班务会上，大家都作了自我介绍，也都表了态：要团结好，要带好新同志。王杰山给人的第一个印象就很好，他坦诚地说：“我家在陕西汉中，我高中要毕业了，家里供不起我读大学，一见青年军招兵告示说，受训一年半后可以保送上学、就业，愿在部队的是少尉军官。我们学校好多同学报了名。到了洛阳后，才知上当受骗了，给蒋介石当炮灰。既然我到了解放军，就要好好干，有不对的地方，请班长和老大哥们多帮助。”

不久，我们部队参加了宛西、宛东战役的镇平、侯集战斗和上下曹营阻击战。王杰山在老同志带领下表现很不错。他在青年军就是炮兵，熟悉八二迫击炮的射击技术。特别是在上下曹营阻击国民党军九师、十师、五十八师时，国民党军在飞机大炮掩护下，向三十一团和三十二团阵地展开全面进攻，战斗非常激烈。王杰山炮打得比较准，在支援步兵战斗中发挥了作用。阻击战后，根据王杰山在战斗中的表现，班里向党支部给他请功，经上级批准王杰山立中功（三等功），同时把他调任一炮手，也就是说王杰山当了瞄准手，瞄准手在炮兵中的重要作用是人所共知的。

1948年秋天，部队准备秋季攻势，开展军政训练。在训练中广泛发扬了民主，大家出主意想办法，反复演练炮兵在各种情况下的射击技术和土工作业、攻城、打坦克等动作。这次大练兵为淮海战役做了充分准备。我们班在这次大练兵中不仅总结了过去打仗的经验，而且还研究制订了打阵地战、攻坚战的办法，特别是学习了毛主席发出的“军队向前进，生产长一寸，加强纪律性，革命无不胜”的号召，部队的热情很高。在向淮海战场出发前，王杰山写了一份决心书交给我，上面写道：“……不怕流血牺牲，决心打好这一仗，争当杀敌英雄。”我把他的决心书交给宋指导员。指导员认为他写得不错，作为典型材料在全连干部战士面前读了，连队掀起了立功创模活动，人人争当杀敌英雄。这对炮兵来说比较难，炮兵不像步兵那样与国民党军刺刀相见便是红，战斗中检验炮兵的功绩，主要的是看你的炮打得准不准，在关键时刻能否起作用。

1948年11月6日，淮海战役第一阶段打响后，我们团的第一个战斗任务，是攻占徐州、宿县之间的符离集车站，斩断津浦铁路。胡尚礼团长给我们连的任务是配合一营打下黄山头和龟山、高皇山等制高点。连长把攻打黄山头高地任务交给我们班。我带全班进入指定位置，经过观测，我下达了口令后，班里同志迅速完成了射击准备。一营副营长李虎祥率一连向黄山头发起攻击前，我们班的炮弹一发接一发地打过去，打得很准，弹弹命中国民党军的阵地，一连击毙国民党军30多人，占领了黄山头等制高点。而后我们团和三十一团协同，经过激烈的争夺战，攻克了符离集车站。王杰山受到团里的表扬。

当我华东野战军围歼黄百韬兵团时，蒋介石急令在平汉路南段的黄维兵团增援徐州。人民解放军总前委决心不惜一切代价，集中中原野战军主力在华东野战军配合下，围歼黄维兵团。黄维兵团是蒋介石的嫡系部队，12万多人，装备精良，战斗力强。黄维兵团要增援徐州，必须经过蒙（城）宿（县）公路上的南坪集。陈赓司令员将南坪集阻击任务交给我们十一旅。我们团三营和团直在紧靠南坪集的浍河北岸设防。团首长和机关干部深入连队动员，部队中开展为人民杀敌立功和火线入党运动。王杰山又给我交了一份争取立功火线入党的决心书。我找他谈了话，首先肯定了他入伍以来的成绩，也给他指出了存在的问题，鼓励他打好这一仗，实现他的愿望。他有个优点，能虚心接受同志们的意见，不像有的小知识分子，一听到别人的意见就脸红。他听了别人的意见就改正，所以同志们非常喜欢他。这次大家给他提出瞄准时间长了，要做到又快又准，才能适应瞬息万变的战斗情况。他为啥瞄准比较慢呢？经我和他个别谈心，才摸到和解开了他的思想疙瘩：怕打出的炮弹命中不了目标，不好面见领导。我告诉他，每当你听到瞄准的口令后，要想到国民党军正向你凶猛的扑过来，你不尽快消灭他，他就要打死你，思想上有了这种观念，你在瞄准中就会又快又准。王杰山接受了大家的意见。

我们全团由罗集赶到浍河岸布防。我们一排配属三营。排长钟山带全排向三营营长侯补祥报到。根据营长指示，我们和步兵一样三层门板三层土构筑了坚固的工事。另外，我采纳了王杰山的意见，还挖了个防炮洞。

11月23日下午1时，黄维兵团主力十八军一一八师在8架飞机和20辆坦克掩护下，兵分多路，向南坪集三十一团和我团一营阵地发起第二次进攻的同时，国民党军飞机和大炮向我所在的团三营扼守的浍河北岸阵地狂轰滥炸。国民党军工兵在炮火掩护下，在浍河上强行架桥。

三营营长侯补祥大声命令："郭生贵，向河岸集中之敌开炮！"

我们班就在营长身边，他喊声那么大，大家都听见了，我一喊："目标，河岸集中之敌……"

王杰山马上报告："准备完毕！"

我立即发出口令："速射，放！"

一串串炮弹落在国民党军阵营。侯营长高兴地喊："打得好，打！打！"

黄维兵团十一师不惜付出极大代价，渡过浍河后，集中兵力进攻三官庙高地，妄图迂回夹击南坪集，来势凶猛。这时连里传达了团长命令："炮兵把炮弹准备好。"我接到命令后，把班里所有的炮弹都集中起来，装好引信和药包。刹那间，三官庙高地的机枪响起来了。侯补祥营长喊我："向进攻三官庙之敌开炮！"

当时的情况是很危险的，打不退国民党军，营、团指挥所就受到国民党军威胁，我们炮连九门炮集中向进攻的国民党军开炮！

我们炮班就像一个球队一样，由于平时训练严格，技能好，炮手之间协同配合得好，关键时候就看到真本事了。我对班里同志说："听我的口令，把炮弹都给了龟孙子们，向敌人开炮！"

我可以这样讲，我们班指挥起来真是得心应手，叫往哪打，就能打在哪，打得很准。我们的炮弹打光了，国民党军被我们三营的部队打退到浍河边，他们调整部署准备再次进攻。

我们也在调整部署，准备抗击国民党军。营长侯补祥来到我们班，只见每人都握着两颗手榴弹，他惊奇地问："没有炮弹了？"

王杰山回答："没有炮弹，我们用手榴弹和敌人干。"侯补祥很受感动："你们都是英雄！"

天已经黑了，我们正准备向国民党军出击时，上级命令我们撤离南坪集。

我们转移到苏家庄以北待命。连队抓紧这短暂的时间，除进行组织调整、弹药补充外，还进行了火线评功记功、火线入党活动。我们班的王显柱、王杰山都记了功。副连长阎兴歧被批准火线入党。这对全连鼓舞极大，不少同志写决心书，表示要在消灭黄维兵团战斗中争取立功入党。

11月25日拂晓，我们部队向浍河南岸之国民党军大出击，经过一天激战，人民解放军将黄维兵团四面包围在以双堆集为中心的纵横5公里的狭小地区内。总前委根据毛主席的指示，提出"坚决持久围歼国民党军"的方针。我们炮连参加了围歼黄维兵团的李围子、杨围子、杨文学等攻坚战斗，特别是杨文学攻坚战，对我们班是一次严峻的考验，王杰山同志在攻坚战中表现得非常突出。

攻打杨文学，右翼突击队是十旅的二十八团、三十团，左翼突击队是我们三十二团。为了打好这一仗，部队作了思想上、物质上的充分准备。胡尚礼团长亲自给朱法连长讲："我们要从杨文学东北角攻击，要打开突破口，既要靠上级火炮的支援，也得靠你们的迫击炮，你们最能接近敌军，便于瞄准目标射击。给战士们好好讲清楚你们任务的重要，到时候，把所有的炮弹都打过去，只要打开一个口子，我要给你们炮连请功。"连里领导传达了团首长的指示后，大家的求战情绪更高，决心和友邻部队协同消灭守御杨文学的国民党军。

情况非常紧急，按照连里指示，我们班15个人，一部分人挖工事，一部分人运炮弹，运一次炮弹往返十四五里路，最少一个人扛8发炮弹。王杰山身单力薄，但他每次都扛10发炮弹。连里组织后勤人员给炮班运炮弹，阵地上的炮弹堆积如山。我们的阵地距国民党军阵地前沿最多有400米，国民党军发射的炮弹一旦打到我们阵地上，那还了得！

▲ 解放军某部在修工事

我召集大家研究，"三个臭皮匠，赛过诸葛亮"，大家不顾疲劳，在炮阵地周围挖了几个转弯洞，把炮弹按临战状态摆放好，即使遇到不测，也不会出大问题。因为离国民党军太近，尽管我们是在"地下长城"中活动，国民党军也是能观察到我们阵地的一些情况，经常向我们打枪打炮，有时很激烈，就像要突围，火力很猛。那一天夜里天又黑又冷，国民党军猛烈地向我们炮连阵地射击，炮弹像下冰雹般地落下来，忽然一声炸雷似地响，大地也抖动了。我马上意识到出问题了，和王杰山从防炮洞里钻出，朝爆炸的地方跑去。哎呀！敌人的炮弹落在一班的阵地上，八二迫击炮被炸得粉身碎骨，排长钟山和一班班长李三孩牺牲了，还有个战士的腿被炸飞了。我让王杰山向连部报告情况，我和一班活着的同志抢救伤员。

我筋疲力尽，心情沉痛地回到班里，正和大家研究如何防国民党军炮袭时，连部通信员来传达连首长的命令，让我代理排长，指挥二、三班完成攻坚任务。

代理排长就要管两个班的事情，我就把二班具体事情交给王显柱、王杰山负责，发挥大家的积极性。王杰山比较聪明，反应也快，他把班长要做的事情，主动组织大家提前完成，如炮弹、引信、药包分储和组合，搞得有条不紊。

12月13日17时，淮北平原的冬天天已经黑了，部队向杨文学守御的国民党军发起了攻击，第一次攻击受挫。总结经验教训后，于15日17时发起第二次攻击。

▲ 华野特纵炮团严格检查、擦洗炮弹，源源不断送往前线阵地，准备总攻杜聿明集团

如果说第一次攻击受挫的原因是攻击部队的炮火未能有效地摧毁国民党军前沿火力点，第二次攻击我军的炮火集中对准了国民党军前沿火力点。攻击开始双方都倾其所有，展开了炮战。炮弹拖着刺耳的声响，从空中飞过，在原野上爆炸，硝烟弥漫，使耳朵失去了听觉，口令被炮声淹没了。

那时候我顾不得什么了，站在两个班结合部的高处指挥射击。我真正体会到严格训练、严格要求、协同配合的重要性。在激烈战斗中，口令听不清，完全靠手势指挥。比如一炮手王杰山看见我降低一度的手势，立即按要求调整标尺，接着就是三四发炮弹出去了。按照协同计划，我们向国民党军阵地逐次延伸射击，一直不停地打，炮管打得火红发烫，就用湿衣服包在炮身上，水用完了，就用人尿湿的衣服包在炮身上。这一晚几个小时，我们排两门炮一共打了300多发炮弹，创了我们排的最高纪录。夜间没有照明器材，王杰山就借炮弹爆炸的火光修正射击诸元。能打准目标吗？用我们团长的话说："打得好，弹弹命中！"前面我说过，炮班就像一支球队，打得好是集体的功劳，但是王杰山功不可没。

经过人民解放军炮火急袭，国民党军阵地上的工事大部分被摧毁，步兵发起冲锋，很快突破国民党军阵地，经过激战，全歼了杨文学国民党军三个团。

攻克杨文学后，当夜，中野、华野各路部队协同乘胜向双堆集黄维兵团发起总攻，至此黄维兵团被全歼。

淮海战役胜利结束，我们回师河南省，炮连驻在西华县二郎庙的一个村庄里。经过群众评议，上级批准王杰山为战斗英雄。我们班还有两个人立特功，两个人立大功，一个人立中功。上级还授予我们班"百发百中"锦旗一面。

1949年2月5日，中野四纵队在河南漯河市召开贺功大会。那天全连战士们起得很早，我把最大的一朵大红花给王杰山戴在胸前。全连同志和全村群众敲锣打鼓夹道欢送我连的战斗英雄阎兴歧、王杰山去纵队参加英模会。

（郭生贵时任中原野战军第四纵队十一旅三十二团迫击炮连排长；马夫可时任中原野战军第四纵队十一旅三十二团《新英雄报》编辑）

勇闯敌阵打开缺口

——记战斗英雄李国华

宋威武　许楷山

李国华（原名李根马）同志年仅 15 岁时（1945 年 1 月）参加八路军，经过抗日战争的锻炼成长起来。解放战争开始，已是一名英勇顽强的战士、共产党员（1947 年 4 月入党）。1947 年秋，部队南渡黄河之后，在转战中原一年多的时间里，他屡建战功，曾荣立大功三次、中功两次。

1948 年 4 月，组织决定他担任晋冀鲁豫第四纵队十一旅三十二团六连十班班长。六连十班是一个光荣的战斗集体，是英雄连队里的英雄班。该班曾获"战斗模范班"、"巩固部队模范班"称号。领导选调李国华任十班班长的意图和李国华本人的决心是一致的：要让"模范班"这面红旗的颜色更加鲜艳，要使"先进班"的脚步不断前进。

李国华同志没有辜负党组织的殷切期望。在 1948 年夏季开展的以准备秋季攻势进行的以大兵团各兵种协同动作的运动战、攻坚战为中心内容的群众性大练兵运动中，十班取得了优异成绩，被评为"军事训练模范班"。这次大练兵为淮海战役做了充分准备。在淮海战役中，李国华勇闯国民党军阵营，瓦解敌军一个连，打开了攻

▲ 中野四纵某部向杨围子发起攻击，部队沿交通沟向前运动

击杨围子的缺口，被纵队授予"战斗英雄"称号。

1948 年 12 月，淮海战役第二阶段，杨围子攻坚战斗于 12 月 10 日打响，部队迅速攻占了杨围子国民党军外围阵地，包围了杨围子。在外围战斗中六连三排长负伤。李国华代理排长指挥战斗。

杨围子由黄维兵团所属十四军军长熊绶春率十师、八十五师残部和一个炮兵营据守，是人民解放军对黄维兵团大包围圈中的一个小包围圈。国民党军已处于待援无望、粮绝弹将尽的绝望挣扎之中。在此情况下，人民解放军前沿各个连队，根据团政治机关的统一布置，积极对当面之敌开展政治攻势，瓦解国民党军。

六连阵地距杨围子东北角敌军阵地外壕外面的集团工事很近，突出部位离敌军阵地只有二三十米。为了攻克杨围子，人民解放军攻击部队挖了较浅的交通沟以接近国民党军的阵地。据观察（事后证实了）在国民党军集团工事里有一个连防守，并加强了重机枪两挺。这里是人民解放军十一旅三十二团选择的进攻杨围子的突破口。首先解决这个集团工事中的敌人，是我军顺利突破杨围子的关键之点。对杨围子守军的总攻发起之前，六连政指李恩和组织了两个喊话组，对国民党军喊话，并不时地向他们的阵地投抛传单、馒头。开始敌人还向人民解放军喊话组开枪射击，后来枪也不打了。观察组还发现敌军阵地上有人把帽子翻过来，白色向外在空中摇动。这是他们的阵地中有人愿意投降的表示。

12 月 11 日下午，团政治处敌工干事宋威武同志到六连阵地指导瓦解国民党军工作，了解到上述种种情况之后，他一方面指挥喊话组，加紧对敌人喊话，一方面打电话向团政委作了汇报。张克政委听了汇报后说："可不可以令六连派一个战斗小组进入敌人阵地劝降。"并表示自己马上到六连去。很快张政委和作战参谋赵瑞来就来到六连阵地，立即和六连政指李恩和、副连长刘成武研究了敌情，认为有七八成的可能劝降成功。随即决定"过去几个人把敌人争取过来"。派人到国民党军阵地劝降的任务落实到三排，代理排长李国华自告奋勇带人完成此项任务。张政委遂决定：李国华带两名战士去执行此项任务。李国华同志也明白，他将面临着两种可能：一是能不能安全爬到国民党军阵地？二是爬到敌人阵地上能不能解决问题？可是在那种紧急情况下，他早把个人安危置之度外了。马上挑选两名战士，每人都配备冲锋枪，带足了子弹和手榴弹，顺着通向敌军阵地的浅交通沟向敌军

▲ 中野某部乘黄维兵团收缩之机展开猛烈攻击，收缩包围圈

集团工事匍匐前进。同时连队组织了火力组，一旦国民党军开枪射击，就以最猛烈的火力压制他们，支援李国华的行动。

李国华带两名战士越过一道小土坎，国民党军没有开枪，当进入他们阵地一个碉堡时，只见敌军官兵死的死、伤的伤，活着的也因几天饥饿而无精打采，抱着枪东倒西歪的。李国华马上向他们大声宣布：我们是八路军派来的代表，劝你们立刻投降，放下武器就是生路，八路军优待俘虏。并说：我军很快就要发起总攻，不投降只有灭亡！"去问问当官的吧！"一个国民党军士兵说着，并主动带领李国华到另一座碉堡见他们的连长。连长负了伤，不愿投降，立即被他们自己的士兵开枪击毙。副连长也被打断了腿，见势不妙他答应投降。

李国华问："你们还有多少人？"

国民党军副连长答："六七十个。"

李国华说："武器都放下，跟我们走。"

此时从围墙上下来两个国民党军，发现工事里有八路军，掉头就跑。边跑边喊惊动了围墙上的敌人，他们向集团工事开了火。六连火力组立即向围墙上的国民党军还击。李国华边向他们射击，边命一名战士指挥放下武器的国民党军官兵跑向人民解放军阵地。他的子弹打光了，就操起国民党军的机枪向围墙上的敌人射击。在向敌人还击中，另一名战士中弹牺牲了。李国华一个人继续战斗控制着集团工事。很快六班上来接应，牢牢地控制了既得阵地。最后安全跑到我六连阵地的国民党军官兵共 42 人。六连占领敌军集团工事后，离我军向杨围子发起总攻的时间不足 20 分钟了。总攻开始，解放军突击部队就是从这个缺口很快突破杨围子东北角防御进入国民党军阵地，与兄弟部队协同全歼了驻守杨围子的敌军 2800 余人。

（宋威武，时任中原野战军第四纵队十一旅三十二团敌工干事；许楷山，是李国华的战友，曾任云南省文山军分区政治部主任。本文写于 1987 年）

怀念烈士　仰慕英雄

——记两位活着的"烈士"的故事

宋威武

伟大的战略决战淮海战役胜利已60年了，当年战役进行中的很多情节我仍记忆犹新。

中野四纵队十一旅三十二团参加了淮海战役的第一、二两个阶段的作战，经历了攻坚、阻击、出击、攻坚的战斗过程。第一仗是攻克符离集火车站，斩断了国民党军南北运输的交通大动脉——津浦铁路。然后是南坪集阻击战。这是总前委和陈赓司令员部署歼灭黄维十二兵团的一着妙棋，既堵死了国民党军北援徐州的通道，又布下了一个袋形阵势，让国民党军自己钻进来。接着是浍河大出击，把黄维兵团压缩在以双堆集为中心的纵横5公里的狭小地区内，完成了对国民党军合围。这时的双方态势是国民党军在村庄里有依托，人民解放军在广阔的平地里毫无掩蔽之处。怎么办？"土行孙"的办法，往地下钻。于是大规模的土工作业开始了。掩蔽部、射击阵地、攻坚出发地、交通壕处处联通，数十里的"地下长城"形成了，给攻坚歼灭国民党军打下了可靠基础。三十二团又参加了攻歼李围子、杨围子、杨文学国民党军的战斗，直至全歼黄维兵团胜利完成任务。

三十二团驻扎在河南省漯河地区的二郎庙村休整。在战争年代自

▲ 人民解放军炮兵向双堆集战场急进

然形成了一种制度，就是每个战役结束，在下次作战开始前，休整过程中，总要开两个会：一个是怀念烈士的追悼大会；一个是表彰英雄模范和方方面面的好人好事的贺功大会。

为了大决战的胜利，三十二团有306位同志献出了自己宝贵的生命。其中有营长侯补祥，副营长祁保禄，连长李国成、吴法银、赵洪俊、张心田、王鸿玉、牛尚成、李荣富、王兆林，政治指导员史直琦、吴文庆、李维政等营、连、排干部59名。可是，三十二团在二郎庙村召开庄严肃穆的追悼大会时，大会的烈士名单上是308名，其中就有九连指导员宋士勋、十连文化教员杨振毓。但是后来这两位同志"死而复生"，又回到团里来了。我下面就说说这两位同志在淮海战场上的经历：

机关枪又响起来了

黄维十二兵团为增援徐州，他的12万人马正向去往徐州的必经之路南坪集推进。陈赓司令员命十一旅在南坪集设防阻击。旅首长令三十一团摆在南坪集蒙宿公路东西两侧，在浍河南岸背水作战。三十二团一分为三：一营配属三十一团，设防浍河南岸胡庄以东。胡尚礼团长给一营营长原金锁交代，一切听从梁中玉团长指挥。二营为旅的预备队。三营沿浍河北岸姚塘子、李家庄、三官庙直至东坪集10余里的地区设防。团指挥所设在三官庙，三官庙并无庙，只是一个高地。

1948年11月23日，国民党军飞机投炸弹、重炮轰击、坦克开路，以两个团的兵力第三次向南坪集猛攻的同时，在飞机、炮火掩护下，以一个舟桥营在人民解放军三官庙阵地前的浍河上架浮桥，妄图东西夹击南坪集。三营机炮连和十连用火力打击国民党军架桥部队，国民党军舟桥营长被人民解放军重机枪击毙，官兵死伤100余人，多次下河架桥未成功。国民党军加强了对人民解放军的火力控制，终因火力悬殊，国民党军架桥成功。国民党军步兵蜂拥渡河。刘四维排长指挥他的重机枪，阻击渡河的国民党军。机枪打坏了，用手榴弹，最后，全排壮烈牺牲在阵地上。

国民党军飞机、炮火把人民解放军阵地工事几乎都炸毁了。国民党军以一个营的兵力向人民解放军三官庙阵地轮番攻击。人民解放军采取了近距离杀伤的战术手法，在人民解放军阵地前十几米处展开手榴弹激战。十连副排长张生福带领十几个人从侧翼向国民党军反击过去，把他们打退。张生福还未撤回阵地国民党军又攻上来，就地和他们拼杀，终因敌众我寡，全部壮烈牺牲。这时十连的机枪射手也全部牺牲。就在这紧要关头，十连已经负伤的文化教员杨振毓操起机枪向国民党军射击，把国民党军打下去。营首长及时调九连一个排和十一连一个排从十连东西两翼向国民党军展开了猛力攻击，打乱了他们的部署。战斗进行到天将黑，国民党军停止了进攻。

身负七处伤、似醒非醒、疼痛难忍的杨振毓，被战场救护人员送到了后方医院。两个多月后，杨振毓回到了部队，就来找我。我当时是宣传干事兼敌工干事，一见杨振毓一阵惊喜，脱口而出："杨振毓你没有死！来来来，坐下说说你的情况。"他说："身上七处伤，疼痛难忍半昏迷状态中被送到医院。我看没有一个认识的伤员，一问才知道是华野部队的医院，医护人员知道我是兄弟部队的伤员，伤处又多，更加关照。伤好后我要求回部队。一位干部征求意见说，你愿意留在华野部队还是回原来部队？我说，回原来部队，不然他们还以为我牺牲了呢。"我把杨振毓的情况向宣传股长于承德汇报后，股长让我和组织股商量让他仍回原来的连队。这时杨振毓所在的十连已改编为七连，他便回了七连。全国胜利后，杨振毓转业地方工作后再无联系。"文化大革命"后期，杨振毓工作的单位来了两个人通过组织找我了解他的情况。来人很认真地对我说："杨振毓淮海战役时被敌人俘虏过？"我严肃地对他们说："不对，杨振毓没有被俘过。他原来是国民党二〇六师的学生兵，人民解放军解放洛阳的俘虏，在我们的解放大队训练后分配到我们团，

▲ 人民解放军突破浍河，揭开围歼黄维兵团的序幕

在十一连当文化教员。此人思想改造好，工作踏实，受到干部战士欢迎，打仗勇敢，淮海战役记了大功。"我把本文前面说的杨振毓的表现都讲给他们听。来人一副严肃的面孔变成了笑脸说："你这一说给我们解决了大问题了。杨振毓在我们单位是支部书记，工作也很好，'文革'中表现也好，就是这个问题有怀疑，我们要发展他进革委会，因为这个问题定不下来。"我给他们写了文字证明，并请代我向杨振毓问好。

我不能死

11月27日拂晓，人民解放军十一旅奉命南渡浍河向国民党军出击。部队在横宽5公里的正面上，齐头并进。三十二团为旅的右翼，冒着敌人飞机和炮火的猛烈轰炸阻击，向许家寨、丁牌坊东南出击。二营为我团前卫，追至沈庄一带时发现敌军返回占领沈庄、张围子、杨围子等地，二营首长指挥部队发起攻击。这时团长胡尚礼看到杨围子附近很多敌人，便让三营派九连向杨围子、张围子中间猛插过去。九连是我们团骨干连队之一，干部战士都知道团首长是三六九不离手，即三连、六连、九连是能打硬仗、恶仗的连队。所以团长点名让九连向前追杀。这时，可以说我们团有两个营杀进国民党军阵营，三面都是敌军。团指挥所也在敌人眼皮底下。那时，国民党军6辆坦克后随步兵向我团指挥所反扑过来。团长即令人将前面地里堆的麦秸、包谷秆、高粱秆、芝麻秆点着，刹那间风助火势，火借风威，平原上浓烟大作。敌军坦克被熊熊大火包围，互相撞击，调头回窜。此后，我们团就传颂着这样一个故事：古有诸葛亮火烧战船，今有胡尚礼火烧坦克。

九连在向前追杀中，连长王兆林牺牲，指导员宋士勋高喊着"同志们，为连长报仇！"带领连队继续向前追杀。他心里还在想着战前和连长商量好的，不论谁光荣了也要打好这一仗。九连冲在最前面。三营营长侯补祥、教导员檀继隆带着部队也追过来了。敌人密集的炮火枪弹阻击我三营前进。营长喊着：卧倒，匍匐前进……教导员也喊着：趴下射击。就在追杀前进中营长牺牲了。教导员指挥部队继续追杀。团预备队一营也追过来投入战斗。天黑下来了，国民党军还在无目标地乱放枪弹壮胆。

团政委张克同志给一营营长原金锁安排让一连、卫生队担架排的同志和我，乘夜暗顺部队追击前进的路线搜索我们的伤员和牺牲的同志。在国民党军前沿牺牲

▲ 11 月 25 日，中野四纵三十团三连在徐家阻击战中摆设乱麻绳阻拦坦克，迟滞黄维兵团

的同志，只好用绑腿带拴住腰一个个拖回来。天快亮了，在离杨围子敌人占领村庄很近的地方，看到了宋士勋，他正吃力地爬着。我把他抱起来说："一家子（口语，表示亲切，同姓宋。——编者）你还活着！"他说："我的任务还没完成，怎么能死呢？"我跟他说，是的，你听前面村里人声就是国民党军，等着我们去消灭。我叫了一副担架把他扶上去说："到医院快治好伤，回来一起消灭敌人，我们还要往前搜索。"

南坪集阻击战，打破了国民党军北援徐州的计划；出击战斗打乱了黄维突围东移的妄想，黄维兵团龟缩在以双堆集为中心的几个村庄里，待援无望，只有全军被消灭的死路。我们团又参加了攻坚李围子、杨围子、杨文学的战斗，全歼黄维十二兵团后，在漯河地区二郎庙村休整。

1949 年 2 月，全军统一整编，我们团编为中国人民解放军第十四军第四十师步兵第一一九团。全团誓师大会：打过长江去，解放全中国！向南进军中，我在十四军休养连当指导员。宋士勋也在休养连，我跟他说："团里开追悼会把你列在烈士名单上，还给你记了特功，我以为送你到后方医院时，你跑到马克思那里报到去了！"他说："马克思说你的任务还未完成，回去完成任务后再来，我就回来了！"我说："上级对休养连有很多照顾：伙食费比一般连队多一点，可以吃得稍好点；医生、卫生员每天都查看伤员的伤口情况；只要有代步工具就可以不走路，有几天我们就是在淮河上坐船前进。"部队到达长江边时，我们休养连也赶到了。我们便回到团里，参加了渡江、广东、广西、西昌诸战役、战斗。参加解放云南，剿匪、建党建政、驻守边疆。宋士勋这位耄耋老人还健在，他身上还留着淮海大决战时的弹伤！

（作者时任中原野战军第四纵队十一旅三十二团敌工干事）

英勇善战的万云

陈惠彤

万云同志是江苏六合人，1939 年参加新四军，在战斗中一贯英勇顽强、机智灵活，攻得勇猛、守得顽强，在危急情况下挺身而出，受伤也继续作战，屡立战功。我这里记述的是他在淮海战役两次战斗中的英勇事迹。

那是在淮海战役第一阶段的王塘战斗，我们十六团三营突破前沿后，伤亡较大，团里命令三连向敌方纵深发展，歼灭敌人。当时，万云同志是三连二排排长，他带着二排迅速打开突破口，冲了上去。敌人的手榴弹如雨点般打过来，机枪严密地封锁着突破口，冲上去的 5 个人在突破口外遭遇伤亡，万云同志手上也负了伤，但他毫不顾及伤痛，又带着六班冲进去向纵深发展，与二三百敌人展开激烈的巷战。他们用手榴弹、小包炸药一边打，一边匍匐前进，一口气攻占了几个院子。在战斗发展中，全排已伤亡了大半，他及时调整成一个班，叫六班长带着向前发展。在敌人两挺机枪、排子手榴弹封锁阻击下，六班又伤亡了大半，10 多个国民党军乘势反击过来，火力很强。这时，万云同志冷静地用手榴弹对准冲上来的敌人打过去，把伤员掩护下来，安慰伤员，动员大家继续作战。新战士张清和立即向排长表示，坚决跟着排长拼到底。于是，万云同志把伤员同志重新组织起来，积极想办法继续完成歼敌任务。

这时，他一个人爬上墙头，依着树阴掩护身体进行侦察，看到敌人的迫击炮、重机枪都在院子里摆着，满院子的敌人很混乱，他判断可能是敌军想突围，他抓住时机，扔过去两颗手榴弹，高喊着："老乡，快缴枪啊，缴枪不杀！"敌人一声不吭，他随即扔了两个燃烧弹，顿时，火焰冲天，烧得敌人更加混乱，纷纷向隐蔽部跑。他接着又是一个燃烧弹打进去，正好打在敌人堆里爆炸了，火花四处喷射，烧得他们无地容身，无法再抵抗，齐声向他求饶。他一个人就把一二百个国民党军赶出来，组织几个人把他们押下去。他又奋不顾身领导大家抢运，把 40 余箱子弹、两门迫击炮、两挺重机枪、一部报话机抢运出来。

　　在淮海战役的最后阶段，三连守在郭楼西南角，阻击国民党军突围。那时，他已是代理连长。一天黑夜，敌人在三连阵地前面偷挖了二三百米的交通沟，万云立即带领全连从敌人背后迂回过去。当攻击信号升起时，王庄、范庄敌人三面火力支援交通沟里的敌人，激烈的炮火、密集的枪弹，压得三连同志抬不起头。这时，万云同志勇敢沉着地观察分析情况，他发现敌人的曳光弹只从左右两面打过来，立即命令一排向敌人后面插过去，使二排迅速攻占了敌人挖的交通沟，把敌人拦腰切断，和他们在交通沟内反复冲杀。第三次几十个国民党军反冲过来时，势头很凶，万云同志非常沉着地带领大家和敌人拼手榴弹。敌人的一个手榴弹落到他跟前，他腿上负了重伤，但是他仍一手端着汤姆枪，一手挟着小包炸药，腰里挎着盒子枪，继续指挥部队反击。因伤口不断流血，他已站立不住，就靠着交通沟站着打，后来实在站不住了，就坐在地上指挥部队。他洪亮的声音，有力地鼓舞着大家。二排同志虽然伤亡很大，但看到连长这样顽强，也个个勇气倍增。解放战士朱昌栋把二排剩下的几个人重新组织起来，连续打退了敌人三次冲锋。副班长赵长文负伤后不下火线。新战士张清和夺过敌人的机枪，打死了两个国民党军士兵。

　　万云同志一直咬着牙趴在地上指挥部队，最终取得了战斗的胜利。此次战役战果显赫，共打死国民党军 30 多人，俘虏 40 余人，缴获轻机枪 5 挺、汤姆枪 3 支、步枪 40 多支。

　　战后，万云同志荣立一等战功。

　　　　（作者时任华东野战军二纵六师政工队员。本文摘自《东进通讯》2008年 1 月 15 日第 1 期）

淮海战役特等英雄功臣——马绍礼

河南省沁阳县民政科供稿

青年战斗英雄马绍礼（中共党员）是河南省沁阳县人，1926年出生在一个贫农家庭，7岁父亲去世后，孤儿寡母便过上了辛酸的日子，每天拾荒捡柴、忍饥挨饿。年幼的马绍礼给地主老财放牛、牧羊、干苦工，非但没有工资，且食不能饱，衣不能暖，有时还受到打骂，有时更连饭都不让吃。这上面讲述的仅是绍礼童年时代遭遇的暗无天日生活的部分情况。

终于盼望家乡解放了，大地上放射出了光明，穷人们要翻身了。为了解放全中国，让更多的受苦受难的穷苦人民从水深火热中解放出来，当时还必须加强我们的战斗力量。绍礼了解到这一点后，更明确地知道该为谁打仗。当时解放全中国、解放全人类的迫切愿望，像火一样地在他内心燃烧，他毅然决然报名参加了人民军队。他是1947年10月6日参军，被编入中野九纵，任战士。1948年10月参加了淮海战役，在张围子作战时多处受伤，却坚决不下火线。他的这种高度的爱国思想、忘我的牺牲精神，在全军起到了带动作用，他的光辉事迹，鼓舞了军队的士气。就在这次战役中，他荣获了"全军青年战斗特等英雄"称号，被评选为全军青年战斗英雄模范，后来还代表所在部队参加了北京举行的青年战斗英雄大会，见到了我们伟大的人民领袖毛主席。1949年，他又参加了渡江战役，仍是负伤不下火线，又荣获一等功臣称号。接着又参加了广东杨江、中南等战役。

1951年5月，他响应祖

▲ 解放军各路大军开赴淮海战场

国号召，怀着高度的爱国主义与国际主义精神，离开了可爱的祖国，参加了抗美援朝斗争，在"汉江南大水洞"的战斗里英勇顽强，身负重伤，却拿下敌人的两个碉堡，最后终因负伤过重，流尽了鲜血……就这样，绍礼同志为了保卫祖国，为了朝鲜人民，光荣地献出了自己最宝贵的生命。在这时他已升为副排长，又立了最后一次功！

（此文由河南省沁阳县人民委员会民政科 1960 年交给淮海战役纪念馆收藏）

淮海战役起义前的孟绍濂将军

孟广均

孟绍濂在淮海战役前是原国民党五十九军的中将副军长。五十九军是从冯玉祥统辖下的名声赫赫的二十九军三十八师发展起来的，是二十九军战斗力最强的部队，抗日时曾在张自忠将军率领下取得抗战史上有名的临沂大捷，歼灭日军5000余人，官兵骁勇善战，思想进步，具有高度的爱国热情，被日军视为劲敌。抗战胜利后五十九军驻防徐州贾汪，在1948年11月淮海战役开始前，孟绍濂与张克侠、何基沣一起毅然决然领导部队起义。

▲ 国民党军中将副军长孟绍濂

这里主要根据孟绍濂身边人员的回忆和文章，对孟绍濂在淮海战役起义前的情况，真实、客观地做些介绍。能够成功起义，事前可是需要做长期坚忍不拔、勇敢坚强、精心细致的准备啊！

反对蒋介石消极抗日积极反共

了解孟绍濂历史的人都知道，他这位从小加入同盟会，保定军校二期毕业，后参加讨伐袁世凯、张勋和推翻曹锟政变之战，随后参加冯玉祥五原誓师和北伐战争，抗日战争时又参加徐州会战和取得临沂大捷的爱国军人，一直是追求进步的。

抗战期间，他对蒋介石集团独裁统治和祸国殃民的罪行，对他们歧视和迫害非嫡系部队的行径，对当权主官贪污腐化，不管百姓和士兵疾苦的罪恶，早已不满。抗日初期国共合作还比较好，平型关胜利和台儿庄大捷鼓舞人心，但随着共产党领导的抗日游击队的不断壮大，蒋介石又搞起消极抗日、积极反共的罪恶勾当了。在二十九军军务处时即跟随处长孟绍濂的韩立才在文章中提到，"孟绍濂常对周围的人说：'蒋这么一搞，势必把全民族的抗日统一战线复杂化了。''日本帝国主义是中华民族的大敌。''人民群众是要求抗日的，谁抗日就拥护谁，谁挑起摩擦就反对谁。''宣传上大讲后方要支援前方，实际情况是前方吃紧，后方紧吃，这哪像是抗战的样子，这样的政府是不会受到人民欢迎的。'"①

1945 年 9 月，五十九军奉南京国防部之令由鄂西移防徐州，在行军途中，军参谋处隔两天就收到该部一封电报，催促加速前进，电报强调"异党军队在徐州外围频繁活动，希迅速到达，巩固徐州防务"。当时在参谋处任处员的韩立才将电报和参谋们的厌战情绪向孟绍濂做了汇报，孟绍濂慷慨激昂地说："抗战八年我们民族做了巨大的牺牲，今后需要休养生息，让百姓重建家园，蒋介石再发动内战，那是他自绝于人民。不管他有多少军队，他发动内战是不得人心的，老百姓不会支持他，军队里也有很多人不支持他。他想消灭共产党，结果是把自己孤立了。眼下他叫咱们快走，咱们就是不快走。我们在报上看到了，徐州已被陈大庆的部队接收了，就是说，日寇的军用物资都被陈大庆部队接收了。国防部要我们加速前去，是让我们打仗去。我们当然不同意。"②于是参谋处天天回电说路障太多不好走。9 月上旬从南漳出发，11 月 20 日才到达徐州贾汪。

1946 年初冬，蒋介石在南京国防部大礼堂召见徐州地区营长以上的指挥官，动员大家打共产党。召见、点名、合影、请吃饭，还送路费。回来后韩立才等几个"亲信"在孟绍濂办公室一起议论，孟绍濂说，老蒋请你们吃御宴，送路费，是鼓励你们打共产党。"被召见的不过就几十个人，这几十个人卖命能起多大作用，蒋是让他们带领着成千上万的人去卖命！"③

1947 年夏，五十九军三十八师在费县被全歼。干部们每谈起这事，孟绍濂就激动地说，蒋介石叫我们打共产党，目的是让我们和共产党军队两败俱伤，他好坐收渔人之利。这个仗我们不能再打了，我们要生存，大人孩子要吃饭，我们死了谁管他们？

推崇毛泽东　向往解放区

孟绍濂一生酷爱读书学习。在陆军小学就读时就经常看《民报》、《新民丛刊》等；加入同盟会后，积极阅读进步书报，关心国事，研究革命理论；在保定军官学校时，邀集部分同学组织了一个"扶群书社"，实际上是在为革命积聚力量。1927 年在北伐时，他看不惯各路军阀混战，争权夺利，祸国殃民，遂到十一路军总指挥部当了一名挂职中将参议，在家闭门读书。1937 年抗日开始时，才到二十九军参加抗日战争。这 10 年间，他博览群书，重点研读了《史记》、各种兵书、中国近代史等。抗战期间，他又经常看《文萃周报》等进步刊物，得知解放区是另一个天地，十分向往。

▲ 三十三军军长张克侠

孟绍濂与张克侠的关系很密切。张克侠与冯玉祥是连襟，20 世纪 30 年代去苏联学习就是冯玉祥夫人李德全介绍的，回国后在上海由周恩来介绍加入中国共产党，被批准为特别党员，到西北军做地下工作。孟绍濂与张克侠是保定军校校友，孟虽比张年长 10 岁，也高七届，但他们都有道德修养，而且志同道合。孟绍濂的贴身随从张治富回忆说，部队从鄂西转到徐州后，特别是起义前，他们俩的接触更为频繁，他说："有一次我亲耳听到他俩在一起谈话，张克侠问：'现在中国的大人物中，你看谁伟大？'孟绍濂说：'润之先生堪称一代伟人，老头子（指蒋介石）权谋过人，终究不能得人心，岂有不倒台之理？'张克侠说：'局势已定，我们还是要顺应中国社会的潮流，才有出路。'孟绍濂说：'关键时刻我们一定要来一个 180 度的大转弯。'两人谈了很长时间才分手。"

筹办干训班　培养骨干力量

"临沂大捷"后不久，抗日战争进入相持阶段，张自忠领导的五十九军和冯治安领导的七十七军退守鄂西，合编为三十三集团军，张自忠为司令。张自忠将军在襄河战役中不幸阵亡后，冯治安继任司令，张克侠先为参谋长后任副司令，刘振三为五十九军军长，孟绍濂为副军长。

作为非蒋介石嫡系部队的三十三集团军，与其他非嫡系部队一样，为了保存实力，不得不自己创办干部训练班，培养骨干力量。1939年，三十三集团军派被称为"儒将"的孟绍濂去河南邓县张坡村主持筹办干部训练班，他花了很多心血将其办得卓有成效，于是在1941年被任命为教育长。

孟绍濂从分配到三十三集团军的黄埔军校毕业生中，选调了一些优秀人才到干训班当分队长，包括韩立才等，他们后来在起义时大都成了骨干。他挑选教员特别重视思想素质，要求有高度的爱国心、进步的思想和勇于牺牲的精神。政治教员刘寿之、赵全胝等都是地下党员，思想进步，编写的教材生动具体，政治性强，很受学生的欢迎。孟绍濂知道连玉岗是从延安来的，竟让他当了教导主任，认为他工作认真负责，有实干精神，对他非常器重。后来有人向国民党中央报告，三十三集团军干训班有"异党分子"，中央党部派周德鲁来调查，折腾了很长时间没发现什么问题，但周还是硬说连玉岗有异党分子嫌疑。孟绍濂不得已将连玉岗礼送出境，亲自送他到当阳上了汽车，两人紧紧握手，挥泪而别。

他亲自到洛阳等地招收学员，主持选招了一大批从沦陷区逃亡出来的学生，他认为这些学生更具有反抗敌人的坚强意志。他带着这些学生从洛阳徒步走到学校，始终与学生打成一片，在长途行军休息时，给大家讲历史，讲抗战史，受到衷心的敬佩和爱戴，大家亲昵地称他为"孟夫子"。这些学生后来在起义时也大都成了骨干。

孟绍濂和家属就住在张坡村农民家里，他们平易近人，和村民打成一片，亲如家人。孟绍濂经常一个人出去转悠，遇到老乡就拉家常，谈庄稼，谈心事，当地群众都说他官大架子不大。据当时十五六岁、后来成为孟绍濂贴身随从的户主的孩子张治富回忆，那时已50多岁的孟绍濂很喜欢年轻人，有空时就像老师对学生一样，总要与他们年轻人谈话，讲一些抗日爱国与做人处事的道理，鼓励他们好好读书上进，做有用的人，甚至要求张治富每天写篇小字交他看。通过深入了解，他的父亲放心地把他交给了孟绍濂，让他跟随孟绍濂参军做贴身随从。直到起义以后因负伤回乡，他跟随了孟绍濂近十年。

张治富回忆时常说，孟绍濂非常喜欢读书，在他们家住时，天天读书到深夜，有时看线装古书，有时看进步的新书，所以他博古通今，思想开明进步。他的儒将风度除赢得广大官兵爱戴外，也深受乡亲的尊敬，老乡们也都称他为"孟夫子"。

五十九军军长刘振三因身体不好经常请假去上海养病，每有战事必走无疑，因此大家都知道领军重担落在了孟绍濂身上。不过这样也给了孟绍濂施展自己抱负的机会。在五十九军，包括在三十三集团军干训班，孟绍濂积极向士兵们灌输抗日救国和民主进步的思想，大胆启用思想进步的官兵。张治富回忆，在干训班的大操场上，汪精卫的木偶像被铁杠子从胸口穿过去架住，供大家旋转练身、玩耍，周围墙上都刷了进步的标语。在干训班受过训的人结业后都被输送到部队里，成为骨干力量，在后来的起义中发挥了很大的作用。

▲ 国民党第五十九军军长刘振三
（1948年）

参办中小学　寄望青年学子

1943年前后，来到干训班驻地的军人家属逐渐增多，为了解决军人子弟上学问题，三十三集团军司令冯治安召集张克侠、孟绍濂等研究，决定就在干训班驻地张坡村附近筹办个自忠中学，还决定办学经费由三十三集团军提供，连军服被褥等都发，实行军事化管理。说办就办，1943年自忠中学正式成立。另外干训班还在张坡村办了个简陋的三十三集团军子弟小学。司令冯治安任自忠中学董事长兼校长，张克侠、孟绍濂等任董事，任命了思想进步的留美学人杨绳武为副校长。学校教职工甚至高年级学生中，有相当一部分都是地下党员，如训导主任祁鹿鸣、刘寿之、赵庆辉、杨子范、刘美云等，他们与进步教职工一起，积极促进学生们接受进步思想的熏陶。冯治安、张克侠、孟绍濂、杨绳武等带头将子女送到该小学或中学上学。

在地下党员和爱国人士营造的进步氛围中，学生都勤奋好学，遵守纪律，思想活跃，团结友爱，甚至直接受到革命的启蒙。在自忠中学，学生可以读到《大众哲学》、《苏联的民主》、《新民主主义论》、《李家庄的变迁》等书和进步期刊，可以唱革命歌曲、演抗日小话剧、出进步壁报等，还成立了自治会，提出"提倡男女平等"、"反对少爷小姐脾气"等口号，民主进步的气氛很浓厚。

张克侠、孟绍濂等有时间都会去给师生讲讲话，做个形势报告，鼓励学生明辨是非、追求真理、坚持抗日、民主进步。后来学校迁到商丘后，孟绍濂还曾买两车西瓜去看望师生。师生们把"为人类谋平等的幸福"作为"校训"，甚至编成校歌来唱，不仅学校师生唱，就连干训班的官兵多数也会唱。学校的大多数师生都倾向革命，追求进步，不少人毕业后就留在三十三集团军做事，还有些不顾生命危险跑到解放区参加革命，因此自忠中学被一些人认为是培养小八路的学校。加入三十三集团军的学生后来在部队起义中也起了很大的作用。

与地下党员和民主人士建立联系

▲ 淮海战役时派往第三绥靖区工作的中共地下党员杨斯德（中）

除了上面提到的多位地下党员外，还有不少，包括杨斯德、韩文圃、孙秉超等。淮海战役前，五十九军受命在徐州贾汪一带驻防，解放军陈毅、粟裕大军经常派人来与孟绍濂联系。张治富在文章中回忆说，有一次陈毅部队的一个师级干部化装过来，与孟绍濂谈了很长时间，具体谈的什么不便打听，但肯定是与起义有关的事情。两天后孟绍濂派身边警卫展学勤把他送回解放区。事后得知他就是当时已任五十九军工兵营中校营长的韩立才的哥哥韩文圃（原名韩立园），1935年孟绍濂在二十九军任军务处处长时，他任中校处员，1938年去延安抗大学习，参加了解放军，现在受陈毅等领导委派借着与孟绍濂的老关系来商议起义前的准备工作。韩立才在《追思孟绍濂》一文中说，具体是由他牵线促成他们三次会谈的，事后孟绍濂曾对他说，通过会谈，对共产党的方针政策更了解了，"反蒋的劲头更大了"④。韩立才说，自此以后，孟绍濂为起义做准备的事就不背着他了。

孟绍濂的侄子孟广培是从小就由伯父、伯母抚养长大成人的，伯侄俩形同父子。抗日胜利后孟绍濂让他去黄埔军校学习，他毕业后就到五十九军参谋处上班，等于在孟绍濂身边工作。不久他就由孟绍濂的另一侄子、在北平做地下工作的孟广儒等介绍，秘密参加了共产党。孟绍濂对两个侄子是地下党员的事当时就是心知肚明的。

李济深担任战地委员会委员长时，王葆真担任秘书长。王葆真与孟绍濂是故交，曾向李济深介绍过孟绍濂。李济深和王葆真遂派曹又民作为与孟的联络人，从此他们建立了特殊关系，不断有书信往来。李济深写给孟绍濂的亲笔信主要都是谈反对蒋介石打内战的事，韩立才几乎都看过。贴身随从张治富说，事后才知道也是中共地下党员的曹又民经常打扮成小商贩到军部来，第一次来时挑着茶叶担子，对我说认识孟副军长，想见见他。我把他领到孟副军长那里，两人一直谈到深夜。我在门口听曹说，内战打了才一年多，共产党就吃掉国军100多万，由内线作战转到了外线，从黄河北打到黄河南，看来蒋家王朝的日子不会长了……孟副军长说，咱们的看法是一致的！孟绍濂通过曹又民还与华东军区解放军军官教导总团的季方、陈同生等同志联络，为此他庆幸不已，认为"以后投往解放区有了更可靠的途径"。

李济深在香港发起筹备成立国民党革命委员会时，曾给孟绍濂来信请他当发起人之一参与筹备，后来孟绍濂与李济深商量，考虑到他的现任军人身份不方便公开，就作了秘密参与者。可惜后来由于联络员曹又民的身份暴露被国民党杀害，李济深和孟绍濂的联系中断了一段时期。

凝聚广大官兵　层层做策反工作

孟绍濂在国民党军队里没有任何背景、关系，因此只知谦虚谨慎、积极工作，从不与别人争权夺利。他严于律己，表里如一，心存忠厚，诚恳待人。有了问题他主动承担责任，从不把责任、过失推给下属。军长等主官苛责下属、惩处下属时，他一方面尽力出面讲情，另一方面耐心教育下属。下属有困难的，他捐钱捐物尽力给予帮助，与其他单位协同办事时，他主动挑重担、拣难题。因此他不管在哪里，都有一种凝聚力、感召力，从而能长期到处被人称颂为"孟夫子"。副营长蒯思九说"他是严、真、慈、厚的长者"，少校参谋李鸿斌说"他的风范，人人敬仰"。

部队转移时，年龄最大、身为副军长的他有马不骑，有车不坐，坚持与官兵一起徒步行军，累了就拄一根拐棍，让马驮病号和物资。每到宿营地，前站人员给他安排一个单间，他却搬到大屋与大家共同作息，夜里还陪着值班人员加班。不少人劝说他不要太苦着自己，他跟大家说："当兵的来到部队，我们要关心他们，爱护他们。""现在士兵们很辛苦，营养也不好，我的年岁比他们大，天天和官兵一道行军，就把官兵都带动起来了，他们累一点也不会有怨言了。""带兵的人要与士兵同甘共苦，平时带出感情来，打仗的时候将士们才乐于应命。"⑤

他在军内层层级级具体做策反工作的路径非常清晰。前面已提到，关键时刻，据传有4房太太、离不开大烟的军长刘振三总要请假去后方上海等地"养病"。1948年10月下旬，他又请假去上海"养病"，行前找下属谈话，问他们对时局的看法，下属很警惕地说："目前双方在'摔跤'吧。"他竟然说："什么摔跤！东北国军交的枪堆得像山高，国军已经不行了，我马上要到上海看病去，今后有事听副军长的。"大家向孟绍濂汇报后，孟绍濂说："近几年每当我军有战斗任务时，刘军长总要借故离开部队；在过去，战役一结束他马上回来，他还要发号施令，所以不和你谈这么坦率。这一次他看到形势严重，回来的可能性不大了，才暴露真思想，说几句真心话。"⑥孟绍濂还说，刘振三到总部请假时，他们是一起去的，张克侠和孟绍濂都劝他起义，他以身体不好受不了解放军的艰苦为由，谢绝了劝告。孟绍濂从不争权，但关键时刻兵权却总是自然而然地在他手里。起义后，孟绍濂有时说，刘振三虽未参加起义，但也未向国防部、蒋介石报告，实际上是"睁一只眼闭一只眼"，所以对刘振三还是心存感激的。

孟绍濂有一次去三十八师点名，在深夜里，该师中校参谋陆迪钧、谭世麟来访，激动地说："副军长！难道你看着我们军就这样垮下去吗?！你不想想办法吗?"因为孟绍濂了解他们原来在三十三集团军干训班时都是分队长，对蒋介石忠心，对共产党反感，所以就试探地反问他们说这话什么意思，并说："那时你们听到教育科长连玉岗（共产党员）的讲话，就立即反映说他讲的是共产党那一套，要对他严加注意，现在你们怎么又说出这样的话呢?"⑦他们表示惭愧地说，现在才看清了蒋介石的真面目。孟绍濂感到他们的思想认识确实有了改变，就把一个重要任务交给了他们：与那些和他们地位相近的各营营长加强联络，了解和启发营级干部们的思想认识，先摸摸底，然后确定对策。他们高兴地答应了。孟绍濂说得较含蓄，但陆迪钧、谭世麟领会了与营长们联络的真实意图，就是酝酿起义的事。经过他们两人的扎实工作，营长一级的表态都很好，思想认识统一了。后来孟绍濂才知道陆迪钧当时竟然已是地下党员了。

孟绍濂知道师、团长一级的态度很重要，临近起义前，几天几夜冒险亲自出马与他们商谈，争取他们参加起义，嗓子都快说不出话来了，有时还自掏腰包，请大家一边吃饭一边商谈。虽然事前预料师、团长级情况较复杂，顾虑和牵挂较多，但没想到一开始就碰了钉子，三十八师师长杨干三、一八〇师师长崔振伦和军参谋长刘景岳等强调全家生命财产都在江南，顾虑重重。说到家属，1948 年夏，蒋介石就下令把三十三集团军的干部家属迁到南京附近了，抗战八年，"中央"没管过家属，这时却"关心"起家属来了。孟绍濂一针见血地说，他们名义上是为了安全，其实是拿家属作人质。令已下，必得南迁，孟绍濂他们即时派了参谋刘月轩等人筹组军留守处负责照顾家属，还让军需处邢处长多借些钱给留守处，对有困难的家属及时周济一下（以后从干部薪金中扣除）。孟绍濂常开导干部们说："只有我们全军能保住，干部本人能保住，家属才有保障；如果全军垮了，干部牺牲了，惦记家属也就成了空话。"总是有意地引导大家往起义方面考虑。经过劝说，这些主要干部虽然心动了，但还下不了最后的决心。11 月 7 日晨孟绍濂向副司令何基沣详细汇报了商谈的情况，并一起研究对策。二人决定，一方面由孟绍濂继续对他们晓以大义，晓以利害，让他们认真地为个人前途着想；另一方面则由何基沣派人乘吉普车从一八〇师守军渡口过河与解放军接头，请解放军向五十九军驻地施加压力，造成兵临城下的局面。

11 月 8 日上午，就在孟绍濂与师长们谈话时，守护渡口的陈芳芝团长来电话，说某某某乘吉普车要过河，说是副军长叫他去的，特来电确认一下，孟绍濂给予肯定，并通知陈让他过河。中午刚过，陈团长又报告："共军已从我团左翼和七十七军结合部的空隙徒步过河，向我团左后方前进中。"孟绍濂令陈"严加注意，加强侦查，暂不出兵"。与此同时，孟绍濂紧急召集杨干三、崔振伦、刘景岳以及军副参谋长兼参谋处处长顾相贞等开会，问他们，解放军大部队马上要过河，有无能力阻挡。他们异口同声地说无把握。于是孟绍濂说："既然没有把握，那么必要时只好后

▲ 何基沣

退，而后面就是蒋介石的嫡系部队，他们会不会让我们往后退？前无进路，后无退路，若前后被夹击，我们又该怎么办？"⑧此时大家都表现出焦急的样子，孟绍濂便提出要不要请何基沣副司令来一起商量一下，与会者均表同意。

孟绍濂打电话请身在徐州集团军总部的何基沣立即到徐州贾汪五十九军军部，随后就召集上述几人和副官处长张程远、军务处长赵金鹏、军需处长邢泽民、军法处长詹友梅、军医处长宋仙洲等，一起开会。孟绍濂首先因势利导地说："时间已经很紧迫了，摆在我们面前的只有两条路，一条路是打，就是走三十八师的道路；一条路是起义，这是一条生路……我提议全军立即起义，这样就可以把我们这一支抗日军队保存下来。"⑨接着邢泽民、崔振伦等先后发言表示赞成起义。随后何基沣慷慨激昂地讲了一些开导的话，声泪俱下，听者动容。他主要强调解放军马上要解放徐州，我们为了保存力量，保护全体官兵的生命，准备起义，还告诉大家解放军已派联络员来此，最后讲了一下解放军对起义部队的政策。在这种紧迫形势下，大家纷纷表示同意起义（当时只两人持保留态度），于是决定由何基沣、孟绍濂、杨干三、崔振伦四人署名向五十九军全军下达命令，全军向台儿庄转移。为了让大家放心，当即还让解放军代表杨斯德到军部与大家见了面。与此同时，孟绍濂立即给在徐州集团军总部的张克侠副司令去电话，让他务于黄昏前设法脱身到达贾汪五十九军军部。张克侠到贾汪与孟绍濂相会时，两人紧紧握手，他们意识到梦寐以求的领导全军起义的愿望就要实现了。张克侠见到何基沣后，当即在贾汪与大家一起决定由何基沣、张克侠、孟绍濂、过家芳、崔振伦、杨干三联名通电全国，宣布起义。

后来孟绍濂谈到起义前惊心动魄的准备工作时，总是感激那些上下左右的同事们，在他长期近乎公开、态度鲜明地参与策划组织起义的过程中，没有一位对他这个被国民党中央社的广播点名批为"背叛党国"、"率领全军投降匪军"的人，"就地正法"……部队在开往解放区时，遭到了国民党飞机的扫射，孟绍濂乘坐的汽车被扫中（同车的随从张治富被子弹打中右小腿），也未能被"就地正法"。所以他对夫人孙莲君和子女们说："真是把脑袋别在裤腰上，稍有闪失，就可能送命。"⑩有人说似乎冥冥中有上苍在相助，其实我更愿说的是，多亏了官兵们都敬重我、保护我……

后话

新中国成立后担任国家副主席的李济深在孟绍濂起义后给他写了一封信，表扬他"在解放战争中建立了很大的功绩"，一再嘱咐他写份报告，李副主席要亲自将报告呈交中央负责同志。但孟绍濂为了"尊重李副主席崇高地位的尊严和保持自重自爱的个性"，他始终不肯向国家邀功。当孟绍濂原来的一些同事（包括顾相贞、韩立才、五十九军三十八师上校副师长于麟章等）在他生前和逝后都认为他实际执掌军权，在起义中"起了杠杆作用"，"没有孟夫子、崔师长带头，一个连也带不走"，有点突出他的作用时，他总把功劳归之于张克侠、何基沣、广大官兵和众多地下党员。他对夫人和子女说："我没让五十九军这一万多生灵涂炭，把他们带上光明路，把这支部队近乎完整地交给了人民，就感到非常欣慰、放心，如释重负，这

▲ 率部起义之前国民党第三绥靖区副司令张克侠（左）、何基沣（右）

就成了。至于功名，无数抗日英雄、革命先烈连生命都牺牲了，我们还在乎什么功名！"当第四届全国政协委员名单发布后，他为有自己的名字感到吃惊，别人告诉他是郭化若同志建议的。有一次他遇见郭司令，郭司令说是陶铸同志听说孟老掩护了不少地下党员于国有功后亲自提名的。因此，孟绍濂既为党员同志之间真诚正直的精神所感动，又为党连此事也记在心的博大胸怀而折服。

原国民党五十九军起义后，由于解放军对起义部队重视和关心，将富有光荣革命传统、思想觉悟高、朝气蓬勃、英勇顽强的山东渤海子弟兵组成的渤海纵队与五十九军合并为中国人民解放军三十三军，可谓强强结合。1949 年 2 月，孟绍濂被任命为三十三军副军长。三十三军随后参加了渡江、上海等战役，打了不少硬仗、恶仗，很好地完成了警卫大上海的艰巨任务，立下了赫赫战功。部队进驻

上海后归属中国人民解放军淞沪警备司令部，1949 年 7 月，孟绍濂被任命为副参谋长兼三十三军副军长。虽然三十三军的番号仅仅存在了一年多（1949 年 2 月至 1950 年 11 月），但在中国军事史上留下了光辉的一页。1950 年，孟绍濂奉命转业到地方，任华东军政委员会交通部副部长。大区取消后，国民党革命委员会李济深主席有意让他负责华东地区的民革工作，并兼任上海市的重要工作，但他自认能力水平有限，不适重任，仅愿接受不那么显要的中央交通部参事室主任一职。孟绍濂"文化大革命"中遭受迫害，于 1971 年 6 月去世，终年 81 岁。

注释：

① 韩立才：《追思孟绍濂》，《孟绍濂先生纪念文集》，2006 年编印，23 页。

② 同上，25 页

③ 同上，28 页

④ 同上，26 页。

⑤ 韩立才：《追思孟绍濂》，《孟绍濂先生纪念文集》，14 页。

⑥ 同上，34 页。

⑦ 孟绍濂，《第五十九军起义概述》，《孟绍濂先生纪念文集》，73、74 页。

⑧ 同上，78 页。

⑨ 韩立才：《追思孟绍濂》，《孟绍濂先生纪念文集》，36 页。

⑩《孙莲君口述摘录》，《孟绍濂先生纪念文集》，80 页。

（作者为孟绍濂之子）

淮海战役中的父亲

顾小玉

雄关漫道，历经风雨，转眼淮海战役胜利距今已有 60 周年。此役中国共产党领导下的华野、中野在刘伯承、陈毅、邓小平、粟裕等率领下，彻底击溃了刘峙、杜聿明率领的国民党主力军团，在广袤的中原大地取得了决定性的优势，也为建国的盛世伟业奠定了坚实的基础。

淮海战役中，无数的将士在中原战场上抛头颅、洒热血，用青春和热血换来了这来之不易的胜利。我的父亲顾柏衡当年亦是热血青年中的一员。而今，半个多世纪逝去，时光早已带走了他老人家当年浴血沙场、马革裹尸的锐气，已是耄耋之年的老人家回顾沧桑过往，仍是感慨万千。

一、戎马倥偬　投身革命

父亲顾柏衡早年是黄埔十六期的学员。1937 年"八一三"淞沪抗战之后参军抗日，1947 年擢升为少校副官。由于果敢勇毅，深受顾祝同等人的信任，调至徐州，任新五军二〇〇师五九八团团副，兼任徐州"剿总"司令部警备连连长，主要负责刘峙等国民党高级将领的贴身守备工作。性格豪爽、脾气火爆的父亲天生就带着敢做敢为的军人气质，疾恶如仇的他与乌烟瘴气的国民党官场显得尤为格格不入。由于身处这样一个特殊的职位，他时常能目睹到国民党高官间应酬唱和、曲意逢迎的丑恶行径，这些让父亲对政治一直都不感兴趣。然而在国民党部队的那段日子里，父亲亲眼目睹的几件事让他改变了想法。

有一次，几个共产党员被捕，被严刑拷打后仍宁死不屈，遂被关进大铁笼置于烈日下曝晒。当时正值酷暑，正直的父亲看不惯这种惨无人道的行径，不忍之余，多次差手下悄悄为那些共产党员送水。尽管党员们舌干唇裂，严重缺水，但对这些来之不易的水却没有一次争抢，每每都传递到铁笼的中间或伤病员处，这种团结互助、无私礼让的高风亮节与他平时看到的国民党内部的利欲熏心、自私冷漠形成了鲜明的对比。父亲被深深打动了，读过许多进步宣传册的他开始萌生了向中国共产党靠拢的想法。

真正让父亲下定决心的，是一件白色恐怖下发生的惨案，血淋淋的事实让父亲一下子警醒。一次，父亲开车外出，途经一地，那里不久前被国民党还乡团活埋了200多人，除了共产党员，其中还有不少无辜的平民百姓。当时，一群野狗正在啃食从地下露出的尸首，尸臭混合着硝烟的味道相隔很远都能闻到。如此惨相让人不忍目睹，每当回忆起这段往事，父亲总是摇头叹道："国民党真是太无人性了。"此后，父亲辗转联系到了徐州的地下党组织，党组织设法派刘进、刘一立两位同志打进国民党军内部，配合父亲从事地下工作。

二、深入虎穴　传送情报

▲ 徐州"剿总"指挥部旧址

地下工作者的工作危机四伏，时刻都有暴露的危险。后来我们常听父亲说，那段时间天天都是拎着脑袋过日子。也许一天前还相谈甚欢的同事，第二天在阴沟里就能发现他的尸体。当时，即使像父亲这样有着特殊身份作掩护的人也不例外。一次，父亲正在收听党的信息，警备司令刘峙突然来到办公室，父亲吓出一身冷汗，他赶紧关掉收音机，迎出门去将刘峙堵在门外，而忧心忡忡的刘峙也没有进门的意思，就在门口与父亲聊起天来。此时，淮海战役正进行到如火如荼的时刻，华东野战军在中原野战军的配合下，以合围之势将国民党军的主力黄百韬兵团困在了碾庄，并切断了国民党军的补给，他们只能靠飞机空投获得有限的物资。此时正担心徐州战况的刘峙，也无心关注屋内的异常，不无担忧地问道："顾队长啊，你看明天会不会下雨？"父亲揣摩着他的意思故作轻松地向天空望了望说："应该不会下雨吧。"直到刘峙离开，父亲才长出了口大气。

当时，活跃在徐州"剿总"司令部内部的地下党员们，往往要承受身与心的双重巨大压力，除了时刻担心暴露身份，还要在国民党军的眼皮底下搜集并安全送出情报。父亲清楚地记得，一次为了送出一份徐州"剿总"司令部兵力分布图，他冒着被发现的危险，拆开了一份绝密文件和另外两名同志心惊胆战地抄写了一个通宵，赶在天亮前神不知鬼不觉地还回文件，又派人乔装混出司令部，火速送出情报，出色地完成了任务。

三、冲破重围　不辱使命

1948 年 12 月，淮海战役已接近尾声，黄维兵团被困双堆集，杜聿明亦奉命撤出徐州，解放军几大主力驰骋于广袤的中原大地上，将国民党主力分割包围，各个击破，国民党军各部进退两难，已呈败势。父亲和两位同志根据上级命令时刻准备安全撤离，然而，就在这胜利的前夕，一个令人震惊的情报让父亲他们立刻陷入紧急状态。1948 年 12 月 19 日，陈官庄司令部召开团以上领导会议，商讨突围事宜，准备由陈官庄撤至蚌埠与李延年部会合，另谋打算（国民党军在风雪中被围困多日，饥寒交迫，连团长都开小差）。此时，国民党军内部军心涣散，人人自危。有人提议：共军人数太多，若要安全突围，必须得使用非常手段。与会人员讨论得出了这样的方案：先以排炮开道，向引河方向突围。如遇共军阻击，即释放毒气。父亲得知这个消息后很焦急，若是这个重要情报不能及时送出，必将给人民解放军造成难以估量的伤亡。而此时，由于过多的情报外泄，杜聿明已经开始怀疑父亲，在包围圈中若想再乔装脱离实属不易，于是，父亲在与平时负责搜集整理情报工作的中共地下党员刘进同志商议后，决定于 20 日晚设法突围，将情报送出。

12 月 20 日晚 7 时，父亲顾柏衡以团副查哨为名，带着 12 名部下和刘进同志向对面解放军阵地摸去。考虑到风雪大作，伸手不见五指，刘进同志提议由他先去探路，成功之后再发信号弹指路。临行时他一再谢绝父亲的指北针，认为父亲留着它更有价值，然后毅然决然地走进了茫茫黑夜（谁也没想到这竟然是他和父亲的最后一别，后来得知刘进同志由于误入国民党军阵地，壮烈牺牲。直到生命的最后一刻他也没说出父亲是共产党）。然而，在焦急地等待了半个多小时后，父亲一行人没有看到信号弹，却听到了相邻的六〇〇团方向响起了嘈杂的枪声。父亲心知不妙，行动已暴露，毅然下令突围。可是天气的恶劣实在超出父亲的想象，

▲ 解放军战士戴防毒面具射击

夜色沉沉，再加上两军对阵的炮火，让人即使有指北针也难以辨明方向。在不断摸索中，他一下子摸到了阵地工事上的一根树桩子，心中暗道：坏了，解放军是从来不砍老百姓的树，随意用树桩做工事的显然是国民党的部队。估计是邻近的五九九团，方向还是偏离了。冷静之后，父亲重新下令，前队变后队，迅速撤离。但不幸的是一个士兵不小心发出了声响，子弹雨点般扫射过来，尽管父亲一行迅速滚进了战壕，但还是有四五个人中弹，父亲的左腿也受了重伤，无法继续前行。于是他叫来两个身手敏捷的卫兵，凭着自己出色的军事常识，通过两军枪声的差异判断出正确的方向，并让他们火速报信。随后，一个解放军连长带着几名战士在火力的掩护下，冲进阵地将父亲背了过来。由于情况实在紧急，父亲的伤口只是随便包扎一下，就被四五个战士轮番抬着，日夜兼程地送到二三十里外的解放军司令部，使这一重要情报得以快速准确地传达。这一则消息于第二天刊登在《徐州日报》上：警告杜聿明及邱、李兵团，如释放毒气，以战犯论处！至此，最惊险的情报任务圆满完成。父亲也为自己在淮海战役中的情报工作画上了一个圆满的句号。

由于地下工作的机密性，当年潜伏在司令部的地下党之间几乎没有相互的联络，为了防止暴露，很多情报人员往往直属于上级，即便立下赫赫战功也鲜为人知。在淮海战役期间，尽管父亲的情报能直达中共作战指挥前线，但父亲的地下党身份却只有远在异地的两位同志知道。这不仅给自陈官庄突围后的父亲带来了很大的麻烦，在十年动乱中也给我们的家庭生活造成了很大的困扰。父亲因此受到极不公正的待遇。虽然如此，但父亲从没后悔过。

世事沧桑巨变，当年的戎马倥偬已成往昔，然而，每当提起淮海战役，父亲仍激动不已，心情久久不能平静。几年前，我曾陪同年事已高的父亲重游故地徐州，在那片曾经战斗流血的土地，他寻回了几许当时的热血和感慨。他还带着我祭扫了刘进烈士墓，表达对牺牲战友的深切怀念。而今，已94岁高龄的父亲，仍经常告诫我们不要忘记过去，要努力工作，好好珍惜今天来之不易的幸福生活。

今年是淮海战役胜利60周年，假期我有幸看到凤凰卫视制作的纪念淮海战役胜利60周年的系列片《生死大决战》，上面有对父亲的采访，片中记录了父亲在淮海战役中的一段经历。从中我深切了解到了淮海战役的伟大及意义，也为我的父亲能参加到这样伟大的战役中而感到自豪。特写下此文来表达我们对父亲的深深敬意。

（作者为顾柏衡之女）

记原国民党第一一〇师战场起义功臣李俊成同志

张丙晨

1948 年 11 月初，中原野战军第六纵队，在王近山司令员的指挥下，胜利地完成了豫西"牵牛"战，突然接到刘、邓首长的指示，要六纵挥戈东进，参加淮海战役。当时部队虽然很疲劳，但是同志们斗志昂扬，不顾疲劳，日夜兼程，每天急行军 100 多华里，于 11 月 18 日、19 日先后到达涡阳、蒙城，准备围歼黄维十二兵团。

没隔几天，11 月 24 日，黄维兵团到达南坪集，他根本没有发现，自己已经钻进了中原野战军预先设下的袋形阵地。11 月 25 日，黄维十二兵团被中原野战军紧紧包围在以双堆集为中心纵横约 15 华里的地区之内，成了瓮中之鳖。蒋介石急电令黄维兵团朝南突围，向蚌埠方向与刘汝明、李延年靠拢。这时黄维也发现情况不妙，于是拼命向南突围，黄维亲自组织了十几次轮番强攻，均被中原野战军阻挡住。

这时，我正在第六纵队十八旅政治部负责民运工作。11 月 26 日晚，我到当地人民政府去联系地方组织粮食和担架队支援前线事宜，等我办完事返回驻地时，十八旅指挥部已迁走，不知部队到哪里去了。我只好来到十六旅指挥部，恰好看见十六旅旅长尤太忠同志，他告诉我，你们十八旅肖永银旅长已率领部队去南线阻击国民党军，防止他们突围南逃。他还说现在前沿阵地正准备掩护国民党第一一〇师战场起义，起义部队开始起义后，放三颗枪榴弹作为联络信号，证明起义部队已经脱离国民党军阵地。

当时晨雾笼罩着大地，我们的心情都有些紧张，突然三颗枪榴弹腾空而起，一一〇师已经起义。起义部队紧张而又有秩序地顺利通过六纵队前沿阵地，而跟在起义部队后面三个师的国民党军却遭到了中野密集火力的攻击。我野战军的机关枪、大炮、步枪一齐向他们开火，经过激烈的战斗，阻击了突围的国民党军，把他们重新封锁在包围圈内。一一〇师官兵的起义受到解放区军民的热烈欢迎，起义部队的炮兵营第二天就调到十八旅阵地，归十八旅指挥。起义的炮兵们掉转炮口向国民党军开炮，在这次战役中许多人还立了战功。

对国民党第一一〇师战场起义的情况，当时我们只知一个大概，对其中地下党同志通过大量的艰苦努力，进行策反的事情并不清楚，一直到1949年底，重庆市解放后，我奉命到重庆市军管会，后又调到西南公安部二处工作，在那里遇见原中国人民解放军第四十二师副政委李俊成同志，当他得知我原在中野六纵队十八旅工作时，便对我详细地讲述了他和其他几个地下党同志打入国民党一一〇师策反的经过：1946年春天，在敌工部国军工作科工作的李俊成同志，受中共中央中原局的派遣，打入国民党一一〇师进行策反工作。一一〇师原系西北军冯玉祥的第二师，是察哈尔抗日同盟军的基本主力之一，这支部

▲ 国民党军一一〇师起义后，经涡阳城开往集结地

队在抗日战争中曾参加过台儿庄、鄂北豫南战役。部队中爱国的比较正直的官兵较多，进步力量较为强大。李俊成和地下党同志们来到一一〇师后，很快地打开了局面，1947年夏天，李俊成同志与国民党少将师长廖运周一起，着手成立了中共地下师党委会。在中共地下师党委会的领导下，同志们加强了地下活动，在部队中和中下级军官广交朋友，同志们利用在师副官处的工作之便，经常出入参谋处和政训处，并通过军官登记表，了解每个军官的出身和经历，从中发现和培养可靠力量。

中共地下师党委会制定了团结进步力量、孤立和排挤顽固分子的工作方针，从一一〇师的基本情况出发，采取了一系列依靠和发展进步力量，争取团结中间势力，孤立抵制顽固分子的措施。经过同志们的齐心努力，进步力量一天天壮大，情况一天天好转起来，形势对我们越来越有利。但时间长了，有些同志沉不住气了，他们不愿再待在国民党军队里，产生了"晚干不如早干"，只要能把部队带出去，就算胜利的想法。他们缺乏长期在国民党军内部工作的耐心，急于早一点脱离国民党，回到人民大家庭，想随便找个机会把部队带走。李俊成同志只好把这

些带倾向性的意见报告上级，并数次往返于一一〇师与中共中原局之间。当邓小平政委知道同志们有急躁情绪时，指出了同志们存在的急躁情绪是可以理解的，要求大家沉住气，要积极准备，耐心等待，在有利的时机，起最大作用。邓小平政委对李俊成同志说："组织上没有忘记你们，只是目前还不到时机，不能起义。起义要在军事上、政治上起最大的作用。你们要考虑到全局，不应计较局部的得失。"邓政委的一番话终于使大家搞清了领导的真正目的。

一直到了 1948 年夏天，国共形势发生变化，中国人民解放军已进入了与国民党进行战略决战的关键时刻，解放军在全国各个战场上取得了节节胜利。1948 年 7 月李俊成同志又到中共中原局汇报工作，这次刘伯承司令员、邓小平政委的指示是要一一〇师的地下党同志做好一切准备，迎接战斗，在关键时刻起义。李俊成同志回到部队后立即召开中共地下师党委扩大会议，传达了刘邓首长的指示，参加会议的同志都欢欣鼓舞，表示坚决完成党交给的光荣任务。

1948 年 11 月 26 日，被围困在双堆集的黄维十二兵团，想乘中原野战军立足未稳之机挑选 4 个主力师齐头并进，打个措手不及，突围逃出中原野战军的包围圈。情况紧急，如果不马上采取行动，黄维的突围计划有可能成功。为了打乱黄维的突围计划，李俊成同志和廖运周师长立即决定，乘黄维突围时，举行战场起义，现在正是发挥最大作用的有利时机，为了彻底围歼黄维兵团，必须立即举行战场起义。随即便派杨振海同志去见解放军前线最高指挥员，把黄维准备在 27 日用 4 个师强攻突围的行动计划和一一〇师马上举行战场起义的重大决策及时向中原野战军汇报。

27 日凌晨 3 点，杨振海同志终于顺利完成任务回来了。杨振海说，这次任务完成很顺利，解放军南线总指挥王近山司令员、杜义德政委亲自接见了他。王杜二位首长非常感谢杨振海及时送来的黄维兵团准备突围的计划。王近山司令员亲自为起义部队画了行军路线图，规定了行军路线，要求起义部队左臂扎白毛巾为标记，脱离国民党军阵地时，放三颗枪榴弹为联络信号。中原野战军六纵队十六旅和十七旅在前沿阵地上为起义部队让出一条通道，待起义部队通过后，立即用炮火封住通道掩护起义部队，用火力阻击后面跟随的国民党军。同时王司令员还答应派武英同志前来带路。

最后起义的时间定在 11 月 27 日凌晨 6 点钟。出发前召集营、连级军官进行了起义动员，廖运周师长开门见山地讲了起义的原因和要求，大家异口同声地表示赞成。就在黄维兵团准备突围的关键时刻，第一一〇师准时开出了双堆集附近的周庄、赵庄。起义部队到达我野战军前沿阵地时，王司令员派来的武英同志前来带路，最后到达罗集附近的大吴庄、西张庄集结待命。在六纵队的大力协助下，一一〇师脱离黄维兵团顺利地实现了战场起义。这次起义的成功，极大地打击了黄维兵团的士气，瓦解了国民党军的军心，为彻底围歼黄维兵团创造了极为有利的条件，为淮海战役取得最后胜利起了重大作用。

▲ 宿蒙县民主政府马县长慰问光荣起义的一一〇师官兵

一一〇师战场起义，受到毛泽东主席、朱德总司令和中原军区的贺电和嘉奖。中央军委为李俊成同志记了大功。一一〇师编入解放军后，李俊成同志被委任为四十二师副政委。

新中国成立后，李俊成同志任西南公安部二处处长、最高人民法院西南分院副院长、四川省政法办公室副主任、省政法党组副书记。1958年被错划成右派分子，下放西昌劳动改造，1960年备受折磨而死。1979年四川省委为李俊成同志平反昭雪。

李俊成同志，在战争年代，不畏艰险，潜入国民党军内部，机智勇敢地进行地下活动，策动一一〇师战场起义，为党和人民建立了不可磨灭的功勋。现在他已经离开人世，但他为党和人民建立的功勋，永垂史册。

（作者时任中原野战军第六纵队十八旅政治部干部。本文写于1994年10月）

黎明前的行动

——国民党一一〇师淮海战场起义前后

廖光凤

今年是淮海战役胜利 60 周年，这是值得纪念的日子。1948 年 9 月 12 日，辽沈战役打响，同年 11 月 2 日胜利结束，歼灭国民党军 47.2 万人；紧接着淮海战役从 1948 年 11 月 6 日打响，到 1949 年 1 月 10 日胜利结束，共歼灭国民党精锐部队 55.5 万人。1948 年 11 月 27 日黎明，在对中国人民解放事业具有重大意义的淮海战场上，国民党五大主力之一的黄维兵团第八十五军的第一一〇师广大官兵，在师长廖运周的率领下，遵循刘（伯承）邓（小平）首长的指示，在中原野战军六纵队领导的指导与协助下，有组织、有计划、有准备地在安徽宿县双堆集附近开始了起义行动。这一义举为全歼黄维兵团、加速淮海战役的最后胜利，作出了重要贡献。

一、国民党一一〇师的组建

一一〇师的前身为冯玉祥西北军的第二师，是察哈尔抗日同盟军的基本主力之一，抗盟失败后被国民党编为第四十六旅。1938 年元月与国民党豫北师管区部队和东北骑兵旅合并为第一一〇师，隶属国民党三十一集团军汤恩伯系统。初由张轸任师长，后汤欲直接控制该部，将张调任第十三军副军长，派其亲信吴绍周接任。廖运周在该部初任营长、团长、副师长，1942 年吴被提拔为第八十五军军长后，廖升任该师师长。

在安徽凤台县（现属淮南市）廖湾村一家堂兄弟中出了三个国民党军将领，他们是廖运升、廖运泽、廖运周。他们的父辈都是同盟会会员，参加过辛亥革命、北伐和讨袁战争，是具有革命传统的家族。廖运升是黄埔军校四期生，廖运泽是黄埔军校一期生，廖运周则是黄埔五期炮科毕业。1927 年在军校时，廖运周由靖任秋（又名靖大康）、孙一中同志介绍秘密加入中国共产党，曾在叶挺领导下的第七十五团任参谋，参加了南昌起义。1928 年后，受中共中央委派与许光达、孙一中等同志回到安徽，在寿

▲ 廖氏三兄弟：廖运周、廖运升、廖运泽

县组织领导学兵团，参加了阜阳暴动及廖湾村农民抗暴斗争。方振武被蒋介石扣押后，参与组织芜湖反蒋兵变，后到西北军中从事兵运工作。

在西北军中早有我地下党组织，后来又发展了一批进步官兵为中共党员，因部队数度被整编又调动频繁，地下党组织曾遭到破坏，一度与上级党组织失去联系，但部队中仍有不少共产党员和进步官兵被保存了下来，他们仍努力坚持开展党的工作。廖运周奉命"长期隐蔽，掌握部队，坚持斗争"，在敌人军队内隐蔽 20 年，接受党组织的单线联系、领导。正因为该部有一定的进步思想基础，所以能够在抗日战争中英勇奋战。该部曾参加正定保卫战，台儿庄会战，武汉、鄂北会战，郑州中牟战斗等大战，整整八年，始终驰骋在抗日的最前线，廖运周更是身先士卒，屡立战功，因而职务不断得以晋升，也正因此这支由杂牌混编的队伍在抗日战争中显示出了战斗力，国民党不断为其加强装备，使一一〇师逐步成为比较现代化的国民党军嫡系部队。

二、等待有利时机，起最大作用

抗战胜利后，国民党反动派悍然发动内战，廖运周和部队内的进步官兵，无不义愤填膺，渴望得到党组织的关怀和进一步的领导，迫切希望回到党内，与反动派对阵。当时一一〇师驻河南新乡整顿，中共中央中原局（晋冀鲁豫军区）驻邯郸。1946 年春，时任中原局对国民党军工作部主任靖任秋同志与廖运周取得了联系，当时计划一一〇师在豫北举行起义，并成立了起义工作组，后蒋介石突然将八十五军调往山东，起义之事被迫取消。为了更好地开展对敌斗争，也应廖运

周的要求，中原局先派刘浩同志到该部联络工作，后又派徐仁同志（化名李友实）携带刘、薄（一波）首长要一一〇师地下党同志"做好起义准备，收集军政情报工作"的指示，来到该师帮助工作，随后又增派李俊成（化名郑大甫）、刘扬、张士瑞、杨振海、金克等同志。廖运周把派来的同志都安排在师部的副官处、谍报队和电台担任要职，这既不需要国民党政府国防部的任命状，而且有充分机会接触广大官兵，收集、传递情报也比较方便，并在开封、郑州、武汉等地设置留守处，配备专用电台和情报传递站。

1947 年夏，一一〇师地下党委正式成立，廖运周为书记，刘浩为副书记，党委委员有李俊成、徐仁和原师部副官主任地下党员廖宜民。以后上级党委不断派来新的力量，新老同志工作劲头很足，利用军官身份做了大量工作。但他们长期隐蔽，常流露出急躁情绪，想尽快回到党的怀抱，再次要求"及早行动"。邓小平同志针对一一〇师的情况，指示他们"积极准备，耐心等待，在最有利的时机起最大的作用"，并进一步指出"要在军事上、政治上起最大作用，不光是万把人几千支枪的问题，要考虑全局，不要计较局部得失，不要依赖上级派人……"领导同志的教导给了地下党员们莫大鼓舞，大家克服了急躁情绪，增强了必胜的信心，一方面进行起义的准备工作，同时积极收集、提供有关国民党行动的情报，有力地配合解放军行动。

1948 年 2 月，中原野战军主力开出了大别山，把蒋介石部队牵得团团转，中国人民解放军已进入同国民党军战略决战的关键时刻。同年 7 月，邓小平同志给一一〇师地下党指示，要做好一切准备，迎接战斗，起义归队。廖运周等同志预感到解放军近期内可能要打一场大仗，起义的日子不会太远了，都非常兴奋。7 月中旬，一一〇师地下党委在汉口的璇宫饭店秘密召开会议，对当时的形势进行了认真分析、研究，扎扎实实地做了周密的分工，决定进一步团结进步力量，分化调出较顽固分子，与国民党政府国防部派在该部的特务组织"人民服务队"进行坚决巧妙的斗争，以扫除起义行动的绊脚石，为顺利起义成功打下基础。

三、开赴徐（州）蚌（埠），阵前举义

淮海战役从 1948 年 11 月初打响后，我人民解放军势如破竹，屡战屡胜，捷报频传。蒋介石惊恐万分，急调黄维兵团急驰徐、蚌增援。第八十五军也由原属

汤恩伯兵团，划归黄维的第十二兵团，这样黄维兵团就拥有第十、第十四、第十八、第八十五四个军12万多人。11月8日兵团接到东进命令，从确山、广水一带匆忙出发，行程迟缓，走走停停，于11月23日才到阜阳。这时已知徐州东线黄百韬兵团的五个军已被歼，宿县被解放，张绩武等被俘。国民党政府国防部命令第十二兵团向宿县攻击前进，但当时蒙城已被解放军占领，切断了兵团的补给、联络的后路；先

▲ 国民党军将领在前线

头部队在阜阳过河时架的浮桥，被民兵们拆除，需临时架桥；解放军放弃涡河、浍河向南移动，形成了对黄维的包围圈。24日黄维兵团的第八十五军到达赵集附近，第十八军进入浍河北岸，第十四军在南坪集东南地区集结，第十军在孙疃集一带与解放军对峙。黄维把司令部设在南坪集上。自恃高明的黄维，自动进入了解放军的袋形阵地中。

　　黄维到南坪集不久，意识到处境的危险，立即召开军事会议，部署兵团向固镇方向转移，并通知一一〇师归他直接指挥，把该师的三二八团留给他作预备队。当天夜里黄维的队伍还没有全部拉开，解放军即开始了全面出击，黄维的部署全被打乱，没有一支队伍到达预定地点。黄维急欲跳出解放军的包围圈，在第一次转移计划被打乱后，又筹划以四个主力师齐头并进的突围战术，迅速向西方突围，企图与进入固镇、蚌埠一带的李延年第六兵团会合北进。一旦合力打通津浦路，不仅黄维真有跑掉的可能，而且对整个战局也很不利。第十二兵团虽已被解放军包围，但该部装备精良，且尚未受到解放军重创。廖运周接到突围命令后，感到事态严重，立即派人向淮海战役总前委报告黄维的突围计划，并要求利用突围之机战场起义。为了拖延时间、打乱黄维部署，廖运周又主动向黄维提出"四个师齐头并进，在狭小地带展不开兵力，一一〇师愿打前锋，其他师跟进，以扩大战果"的方案。黄维听后很高兴，又是夸奖又是鼓励，并拿出一瓶白兰地向廖师长敬酒一杯，"预祝旗开得胜"。

当时一一〇师正面是解放军中原野战军第六纵队，11月26日晚，廖运周又派杨振海同志前往六纵联络，要求六纵队闪开一个口子让一一〇师通过后再把口子合上，并要求派人指导。但六纵队只有四个旅兵力，闪开的口子万一合不拢，黄维部队乘机倾全力突围，很难堵住，就会对全局造成严重影响。六纵队首长立即把这些情况向刘、邓首长报告，刘、邓首长当即作了肯定答复，并指示"要不惜任何代价，坚决粉碎黄维突围企图，决不能让他跑掉，同时要严密组织，保证一一〇师起义成功"。六纵领导根据指示，立即召开会议，研究确定迎接起义的具体事项。王近山司令员亲绘了一张起义行军路线集结地域图，作为起义部队行动方向，要起义部队一律左臂上扎白布条或白毛巾，沿解放军插上高粱杆路标的道路前进，还规定两军接触时打三发枪榴弹，作为联络信号，到大吴庄、西张庄会合，最好在天明前全部通过。六纵领导还向各旅通报一一〇师即将起义的情况，以最快速度调整了兵力部署，在放开的口子上集中兵力，保证放得开，关得住，并决定派富有经验的作战参谋武英同志带两名向导前往一一〇师，具体指导起义。

正当一一〇师地下党委急切地等待着首长的指示时，杨振海同志回到师部，兴高采烈地把领导的指示及行动路线和联系方法作了汇报，这时已是午夜3时左右，同志们都为即将回到革命大家庭而高兴。不久，武英同志穿着便衣来到一一〇师师部。他建议以四路行军纵队急行军，于黎明时行动。此前一一〇师地下党的同志虽在全师官兵中做了不少工作，但从未公开过起义计划，在这临出发前，把较可靠的团、营、连长召集一起，由廖运周师长进行了起义动员。他分析了徐州被围，宿县、蒙城已解放，援兵无用，弹粮皆尽的形势，开门见山地提出我们已与解放军联系上了，决定起义，问大家赞成不赞成。大家异口同声说："我们赞成！"廖师长向大家提出要求：（1）行军纵队按解放军规定的路线走，解放军保证不向我们开枪，也不允许任何人向解放军开枪；（2）任何人不能掉队，走不动的用车拉；（3）严守机密；（4）不愿走的可以提出来。大家表示"愿意跟师长走"。武英同志在讲话中强调起义光荣，解放军欢迎大家光明磊落的行动，鼓励大家勇敢前进，取得起义成功。此时东方已经破晓，正是11月27日黎明，一一〇师官兵5500多人（缺了三二八团），冒着北方平原初冬的浓雾和严寒，踏着霜冻，按拟定路线开出双堆集地区的赵庄，在通向解放军阵地的道路上迅速前进。

由于动员和保密工作做得较好，从双堆集到大吴庄30多华里的行军中，尽管各营都有报话机，但没有发现泄密现象，也没有开小差和落伍的。沿途黄维不断用报话机向廖运周询问突围情况，廖一路上不断报告"进展顺利"。两小时后，一一〇师全部通过了解放军前线阵地，解放军第六纵队的部队迅速合拢口子，封闭了道路，给跟在一一〇师后面的国民党第十八军迎头痛击。黄维急得在报话机中大声呼叫，并有些怀疑，派了飞机侦察情况。一一〇师的同志按约定信号，打开布板，向飞机表示"一切正常"，飞机盘旋几圈后飞走了。下午一点多钟，起义部队到达约定集结地大吴庄，廖运周下令关闭全师报话机，停止使用电台，切断了同黄维的一切联系。国民党政府国防部派在一一〇师的特务组织被缴了械，这时他们才醒悟部队已经"叛变"，想跑已经来不及了。当晚黄维数度联系不上一一〇师，才发觉部队有变，即派数架飞机在大吴庄四周扔下大量炸弹，但起义部队和解放军早已隐蔽好，无一伤亡。

起义队伍到达大吴庄时受到六纵队领导和官兵们的热烈欢迎，刘、邓首长派来了秘书袁血卒和第二纵队政委王维纲同志前来看望起义官兵，并正式宣布廖运周的中共党员身份。当晚召开了欢迎大会，补给了充足的大米、白面。兹后，地方群众和组织、文工团载歌载舞，送来大批的慰问品。11月28日即起义的第二天，一一〇师的炮兵即参加了阻击黄维兵团的战斗，很多人荣立了战功。29日，廖运周代表全体起义官兵发出"给毛主席、朱总司令致敬电"和"致第十二兵团全体官兵书"。

毛泽东主席、朱德总司令对这次起义给予很高评价，亲自发来贺电，赞扬一一〇师官兵义举，鼓励他们为解放事业再立新功。此外，中共中央、中原局、豫皖军区以及陈毅、邓子恢等单位和领导也纷纷来电来函进行慰问。留在武汉等地的一一〇师官兵家属通过组织妥善安置后，新华社和《大众日报》才接连发稿报道了起义消息。

一一〇师起义后，廖运周派可靠部属持亲笔信策动了国民党第八十五军第二十三师师长黄子华率领三个团投诚；促使第十一师第六四八团残部及八十五军部分直属团一万多人投诚。一一〇师的起义和其他国民党部队的投诚，极大地挫败了国民党军的军心士气，为全歼黄维兵团和取得淮海战场全面胜利创造了有利条件。1948年12月12日，我解放军对黄维兵团发起总攻，至15日兵团被全歼，中将司令黄维、副司令兼第八十五军军长吴绍周、第十军军长覃道善、第十八军军长杨伯涛等15名高级将领被俘。1948年12月17日毛主席发表《敦促杜聿明等投降书》，遭到拒绝后，1949年1月6日，我人民解放军发起总攻，至10日，仅仅

4 天时间，杜聿明的第二、第十三、第十六三个兵团全部被歼，杜聿明被俘，第二兵团司令邱清泉被击毙，波澜壮阔的淮海大战宣告胜利结束，解放了长江以北华中、中原地区，直逼国民党政府的首都南京，1 月 21 日蒋介石宣告"引退"。

淮海战役后，起义部队被正式编为中国人民解放军第四兵团第十四军第四十二师，廖运周任师长，李俊成任副政委，廖宜民任参谋主任，刘协侯等许多起义的骨干在师里都担任了重要职务。兹后该师参加了渡江作战，进军两广、云南以及解放西藏等战役。全国解放后廖运周曾担任沈阳炮兵学校校长、吉林省体委主任、民革中央秘书长等职，1955 年授少将衔，1966 年在北京病逝。

就在一一〇师起义不久，蒋介石为掩人耳目、稳定军心，将廖运升任师长的暂编第一师改编为第八十五军的一一〇师，划归蒋介石亲信汤恩伯节制，并派特务组织严密监视该师的行动。但蒋万万没有料到，这个一一〇师也遵照华东野战军首长的指示，在廖运周同志的支持与帮助下，于 1949 年 5 月 4 日，在浙江的义乌，在廖运升师长的率领下光荣起义。相距 5 个月零 8 天，两个一一〇师都反戈一击，对加速蒋介石在大陆的全面崩溃，具有重要的历史意义。

（本文作者为廖运周的侄女）

淮海战役中的战争指挥艺术

刘华建

2009 年 1 月 10 日，是淮海战役胜利 60 周年纪念日。在解放战争中构成战略决战的三大战役中，淮海战役有"四个最"：解放军使用兵力最少（辽沈 103 万人，淮海 60 万人，平津 100 余万人）、敌军兵力最多（辽沈约 55 万人，淮海约 80 万人，平津 50 余万人）、历时最长（辽沈 52 天，淮海 66 天，平津 64 天）、歼灭敌军数量最多（辽沈 47.2 万，淮海 55.5 万，平津 52.1 万）。

淮海战役的胜利，是人民的胜利，也是中央军委、毛泽东和总前委指挥员高超战争指挥艺术的结晶。概括起来就是：将帅同心，果断决策；知人善任，用人不疑；关照全局，主动协同；集中兵力，优势歼敌；因势而变，活用战法；注重情报，瓦解敌军；发动群众，人民战争。

一、着眼战略全局筹划战役

淮海战役，是三大战役中唯一由战区指挥员提议发起的。粟裕是向中央建议举行淮海战役的最初发起者，也是淮海战役总前委成员和战役全过程的主要指挥员之一，在战略决策和战役指挥两方面，都作出了卓越的贡献。他所指挥的部队占淮海战役人民解放军参战兵力的 70%，歼灭的国民党军占歼敌总数的 80%。毛泽东主席后来评价淮海战役时曾说，"淮海战役粟裕同志立了第一功"①。

1. 中央采纳粟裕建议，决定举行淮海战役

1948 年 9 月 24 日 7 时，济南战役尚未完全结束，粟裕致电中央军委和中原局，"建议进行淮海战役"。并提出："该战役可分两阶段。第一阶段以苏北兵团（须加强一个纵队）攻占两淮，并乘胜收复宝应、高邮，而以全军主力位于宿迁至运河车站沿线两岸，以歼灭可能来援之敌。如敌不援或被阻，而改经浦口、长江，自扬州北援，则我于两淮作战结束前后，即进行战役第二步，以三个纵队攻占海州、

连云港，结束淮海战役，尔后全军转入休整。"②

次日，刘伯承、陈毅、李达复电粟裕，"同意乘胜举行淮海战役"③。同时表示，中野采取分散歼敌的方针，争取在江汉地区歼敌一部，以吸引西边的敌人，配合华野在东边的作战。中野首长的这一态度，为后来两大野战军会师淮海，并肩作战，奠定了基础。

中央军委接到粟裕的电报后，极为重视。于25日一天之内连续两次致电粟裕，要求"望你们召集许（世友）、谭（震林）、王（建安）及其他可能到会之干部，开一次讨论行动的会议，以最后斟酌的意见电告我们审查"。"请将徐海铁路沿线及沂河区、峄台区，东海灌云连云港区、两淮区之敌情电告。"④

经过慎重考虑，中央军委于25日19时复电同意粟裕的建议，"我们认为举行淮海战役，甚为必要"⑤。并就战役具体方案充实了新的内容，要求以歼灭黄百韬兵团于新安镇、运河之线为第一作战，歼灭两淮、高宝之敌为第二作战，歼灭海州、连云港、灌云之敌为第三作战。

在短短的36个小时内，关于举行淮海战役的决心，就在中央军委和华野、中野首长的运筹帷幄下，由战役指挥员的个人建议，变为中央军委的关键决策。

2. 审时度势，"小淮海"发展成为"大淮海"

淮海战役的作战方针，有一个由小到大的发展过程。这一过程正是中央军委和前线指挥员审时度势，依据"执行有利的决战，避免不利的决战"这一重要原则，不失时机地调整与定下正确决策的生动写照。粟裕在9月24日建议发起淮海战役的电报中提出的"两个阶段"作战方案，只限于两淮、海州地区，规模较小。中央依据当时全国战局和淮海战场形势，进一步完善和发展形成了《关于淮海战役的作战方针》（即10月11日"三个阶段"作战方案），目标是"歼敌十几个旅"⑥。这就是通常

▲ 人民解放军行军中所设的宣传鼓动棚

所说的"小淮海"。

随后，战场形势发生了重大变化。辽沈战役的胜利结束，使人民解放军在总兵力上首次超过了国民党军，全国的军事形势出现了"一个新的转折点"⑦。而从徐州战场看，国民党军不断调整部署，主要兵力进一步向徐、蚌间收缩，海州、连云港地区的李延年部南撤至蚌埠，徐州守备的国民党军也出现弃城南撤的迹象。此时，我中野主力已相继攻克郑州，收复开封，正逐步逼近徐州，华野与中野两路大军由战略配合发展为战役协同已成可能。

中央军委和战区指挥员都敏锐地捕捉住了这一有利战机。11月3日，刘伯承向中央军委建议："陈邓主力似应力求首先截断徐宿间铁路，造成隔断孙兵团，会攻徐州之形势。"⑧

11月7日，中央军委致电华野和中野，提出了扩大淮海战役的设想：第一仗力争歼灭黄百韬……争取在第二仗歼灭黄维、孙元良两兵团，使徐州之敌完全陷于孤立⑨。

11月8日，粟裕向中央军委发出了《对敌可能采取方针估计与对策》的电报（即"齐辰电"），估计了蒋介石可能采取"继续在江北与我周旋，以争取时间，加强其沿江及江南及华南防御"和撤守沿江，"以图与我分江而治，俟机反攻"两种方针，提出了"抑留敌人于徐州及其周围，尔后分别削弱与逐渐歼灭之"⑩的南线决战构想。

11月9日，中央军委电示陈、邓："现在不是让敌人退至淮河以南或长江以南的问题，而是第一步歼敌主力于淮河以北，第二步歼敌余部于长江以北的问题。"并再次提出"此时我军愈坚决，愈大胆，就愈能胜利"⑪。

同日，军委复电粟裕，"应极力争取在徐州附近歼灭敌人主力，勿使南窜"。粟裕后来曾说，这一"电报虽短，但是字字千钧"⑫。

至此，中央军委果断定下了进行南线决战，歼徐州之敌于长江以北的战略决心。这就是毛主席后来讲的淮海战役的总方针，也就是通常所说的"大淮海"。

3. 随机应变，果断定下打黄维的决心

在围歼黄百韬兵团的过程中，中央军委和华野、中野指挥员都在思考下一步战局的发展，在主要打击目标的选择上，逐步形成了三种意见：一是主张先打徐州的邱清泉、李弥集团，再打南线的黄维或刘汝明、李延年集团；二是同时打黄维、刘李两集团；三是先打黄维集团。

▲ 人民解放军电话兵在攻击前检查线路，保障通讯无阻

11月11日，中央军委致电华野、中野首长，设想第二阶段"歼灭邱、李，夺取徐州"⑬。15日，中央军委在电报中进一步要求华野应争取于歼灭黄百韬兵团后，集中力量消灭邱清泉、李弥集团。

14日，以刘伯承、陈毅、邓小平为首的中野首长在研究敌我双方情况后，致电中央和华野，提出集中中野全部、华野一部歼击黄维兵团的方案。19日，刘、陈、邓再次发电，重申了首先"歼击黄维、李延年，这个步骤最为稳当"的建议。华野首长也于20日至21日三次致电总前委和中央军委，"完全同意刘陈邓指示"⑭。

中央军委根据前线指挥员建议和战场情况变化，逐步将歼敌的主要方向转移到南线。19日、21日，中央两次电示中野、华野，要求刘、陈、邓主力歼击黄维，"华野今后一个时期内的主要任务是歼灭李延年"⑮。此时，歼敌的主要方向同时有两个，一是黄维兵团，一是李延年和刘汝明兵团。

11月22日，黄百韬兵团被人民解放军全歼，战役第一阶段胜利结束。战场情况又一次出现了变化，蚌埠的刘汝明、李延年集团始终原地徘徊，迟迟不进，出现了先歼黄维兵团的有利战机。

23日，刘、陈、邓向中央军委发电，"歼击黄维之时机甚好……请粟陈张以两三个纵队对李（延年）刘（汝明）防御，至少以四个纵队参加歼黄维作战……"⑯

中央军委综合权衡战场局势，同意了前线指挥员的意见。毛泽东于24日复电刘、陈、邓："完全同意先打黄维。"并指示"望粟陈张遵刘陈邓部署，派必要兵力参加打黄维"⑰。

由此可以看出，淮海战役的第二阶段作战方针的形成，是中央军委和前线指挥员集思广益的结果，是集体智慧的结晶，充分体现了党的民主集中制原则在作战指挥上的成功运用，对战役的最终胜利起到了关键的作用。

此时，淮海战场上国民党总兵力仍有6个兵团18个军50余万人，分别集中在徐州地区（徐州"剿总"和邱清泉、李弥、孙元良 3 个兵团 8 个军 30 余万人）、蒙城地区（黄维兵团 4 个军 12 万人）、蚌埠地区（李延年、刘汝明两个兵团 6 个军 10 余万人）。如何协调三个战场关系，成为关系整个战役胜败的关键。刘伯承元帅曾风趣地形容我军这一阶段方针是"嘴里吃一个，筷子上夹一个，眼睛看一个"，即围歼黄维集团，孤立杜聿明集团，看住李延年集团。

这一阶段，是战役承上启下的阶段，也是最紧张、最激烈、最关键的阶段。华野虽不担任主攻任务，但一肩挑三副重担。粟裕主动建议派 5 个纵队参加围歼黄维兵团作战；并指挥 8 个纵队阻击徐州南下增援之敌，指挥 5 个纵队阻击蚌埠北援之敌；尔后果断战场转兵 11 个纵队，追击合围杜聿明集团。此时，兵力使用已达极限。且阻援、主攻战场相距不到 60 公里，战况紧急复杂，特别是在杜聿明集团究竟是东逃还是西撤的判断上，高度紧张，千钧一发。粟裕日夜守候在指挥部里，关注着战场态势，指挥部队作战，七天七夜没有睡觉，由于劳累过度，发作美尼尔氏综合症，不得不躺在担架上指挥。

4. 着眼战略全局，统筹各个战略方向

毛泽东主席曾指出："指挥全局的人，最要紧的，是把自己的注意力摆在照顾战争的全局上面。"[18] 全局高于局部、统率局部、决定局部，而各个局部必须服从全局，为全局的利益服务。淮海战役中，中央军委、毛主席始终从全国战局出发，统筹各战略方向，确保了在各个战场均取得最大胜利。

当淮海战役激战正酣，平津战役即将发起之际，为避免傅作义自动放弃北平、天津、张家口、唐山南撤或西撤，中央军委电令太原前线人民解放军停止进攻，固守既得阵地，待东北人民解放军入关攻击平津时，再克太原。

11 月 29 日，华北野战军开始包围张家口地区之敌，平津战役正式拉开帷幕。此时，淮海战场上黄维兵团即将被歼、杜聿明集团正在弃徐州城西撤。毛主席及时电示："为着不使蒋介石迅速决策海运平津诸敌南下……歼灭黄维兵团之后，留下杜聿明指挥之邱清泉、李弥、孙元良诸兵团（已歼约一半左右）之余部，两星期内不作最后歼灭之部署。"[19]

中央军委先后两次发电，指示华野对杜聿明集团"围而不打"，主力转入休整，养精蓄锐，尔后一举歼之。这一决策充分体现了最高统帅关照全局、统筹各方的伟大战略思想和高超指挥艺术。

战争实践证明，正是由于中央军委能够随时着眼战争全局统筹各战略区行动，保证了人民解放军能够有条不紊地大量歼灭国民党军，进而获取各个战场胜利的最大化，并最终夺取战略决战的胜利。

二、实施高效灵活、统放结合的指挥

淮海战役，开创了人民解放军两大野战军、多个建制部队大规模协同作战的先例。人民解放军参战部队有华东野战军 16 个纵队又 1 个军，中原野战军 7 个纵队，以及地方部队共 60 余万人。党中央、中央军委在统筹指挥各大战略方向的同时，非常重视发挥各级指挥员的主观能动性，把集中统一指挥与放手下级机断处置紧密结合起来，统放结合，不拘一格，围绕主要作战方向和作战重心协调各方。华东、中原两大集团服从大局，团结协作，主动配合，充分发挥了整体作战威力。

1. 迅速建立统一指挥

淮海战役发起前，粟裕于 1948 年 10 月 31 日向中央军委、陈毅、邓小平建议："此次战役规模很大，请陈军长、邓政委统一指挥。"[20] 中央军委第二天就复电同意，淮海战役统一指挥的问题迅速得到了解决，为华野、中野两大集团在战役和战术层面展开联合作战奠定了基础。

11 月 16 日，中央军委又根据战场局势变化，决定由刘伯承、陈毅、邓小平、粟裕、谭震林 5 人组成淮海战役总前委，邓小平任书记，加强统一指挥。战役实践证明，成立总前委对保证战役顺利实施并夺取最终胜利，起到了重大作用。

中央军委、毛主席对总前委和前线指挥员高度信任，给予战役指挥员充分的临机专断指挥权。战役各个阶段，中央军委先后多次在电报中指示总前委"临机处置"、"机断专行"。

（1）华野"齐辰电"发出后，11 月 7 日晚，中央军委和毛主席给粟裕等发电，完全同意华野 6 日晚呈报的战役部署，并指出："非有特别重大变化，不要改变计划，愈坚决愈能胜利。在此方针下，由你们机断专行，不要事事请示。"[21]

（2）中央在 11 月 16 日关于组成总前委的电报中明确指出："统筹的领导，由刘伯承、陈毅、邓小平、粟裕、谭震林五同志组成一个总前委……经常由刘伯承、陈毅、邓小平三人为常委，临机处置一切……"[22]

（3）战役第二阶段，中央军委 11 月 24 日电："完全同意先打黄维……情况紧急时机，一切由刘陈邓临机处置，不要请示。"[23]

中央对前线指挥员的这种高度信任，不仅在人民解放军作战史上是空前的，与同期进行的辽沈、平津两大战役相比，也有所不同。据统计，毛泽东、中央军委于三大战役期间发往各战役方向指导作战的文电，辽沈战役为 77 份（其中仅锦州一战毛泽东就亲自向林彪发出了 20 余封电报），平津战役为 89 份，而淮海战役只有 64 份，是同比最少的。

正是这种高度信任，极大地调动了战役指挥员的主观能动性，使得总前委和前线指挥员能从战场实际出发，迅速反应，机断专行，及时调整，有效应对，从而在根本上掌握了战场主动权，加速了淮海战役的进程。

2. 机动灵活，委托指挥

淮海战役参战力量多、作战空间广、战场情况变化快，战役力量经常临时组合。为保证战役指挥的集中统一，理顺指挥关系，总前委和华野、中野指挥员普遍采用了委托指挥的方式调整指挥关系，对战役的胜利起到了重要作用。

美国研究淮海战役的专家盖瑞·J·伯奇曾谈到：当时中国共产党中央军事委员会领导下的解放军采用的指挥与控制体系，类似于老毛奇在 19 世纪建立的普鲁士参谋总部。这种模式授予战场高级指挥官相当的自主权，可以根据形势需要随机应变。"老毛奇"模式，就是委托式指挥。

战役第一阶段完成对黄百韬兵团的分割包围后，为迅速围歼该敌，华野首长即委托山东兵团（辖七、九、十三纵队）统一指挥 6 个纵队组成主攻集团，委托十纵首长统一指挥 8 个纵队组成徐东阻击集团，极大地提高了指挥效率。同样，中野在围歼黄维兵团时，东、西、南三个攻击集团各辖三四个纵队，均是委托其中一个纵队首长负责指挥作战。

据统计，整个战役期间，华野山东兵团曾先后指挥过华野 16 个纵队的 14 个纵队，苏北兵团也受命指挥过 13 个纵队（含中野一个纵队），有效地弥补了指挥上的时空差，保证了对战场的整体控制。

3. 密切协同，主动配合

整个战役中，华东、中原两大野战军按照中央军委、总前委的统一指挥，服从命令，团结协作，主动配合，顾全大局，积极完成作战任务，充分发扬了团结拼搏的革命精神和整体作战的威力。

淮海战役总前委充分发挥了坚强有力的指挥中枢作用。总前委成立以后，由于五名成员多在不同方向率领部队作战，指挥位置分散，且战事紧张，时间紧迫，一直未能集中在一起。直到黄维兵团被歼的第二天，即 12 月 17 日，才在位于河南永城蔡洼村的华野前线指挥部里召开了第一次全体会议（这是整个战役期间唯一的一次全体成员会议，主要研究的是渡江作战问题）。虽然相隔千里，但总前委成员都能以大局为重，及时沟通思想，主动交换意见，在诸如决定扩大战役规模、切断徐蚌线以及打黄维等许多重大问题决策上，都能各抒己见，集思广益，经反复磋商形成一致意见，始终保持了步调一致。充分反映了老一辈革命家、军事家高度的大局意识、整体意识和相互间的信任与默契。

战役第一阶段，中野配合华野担负阻援任务。在宿县战斗预备会议上，邓小平说："为了这个目的（攻占宿县，截断津浦线——引者注），在淮海战场上，只要歼灭了敌人南线主力，中野就是打光了，全国各路解放军照样取得全国胜利，这个代价是值得的。"[24] 这样的话语，让我们想起了 1947 年 8 月，刘伯承、邓小平遵照党中央和毛主席指示，率领晋冀鲁豫野战军主力 12 万人，"下决心不要后方"，兵分三路，千里挺进大别山，直插国民党统治区心脏。经历了 4 个月艰苦卓绝的斗争，部队从 12 万人锐减到 7 万人，但调动和吸引南线国民党军 90 个旅，歼国民党军 19.5 万余人，解放县城近百座，创建了新的中原解放区，揭开了解放战争战略反攻的序幕。

这种一切从大局出发，不惜牺牲自我的精神，在淮海战场上一次次得到再现。

11 月 6 日，淮海战役打响，陈毅、邓小平主动建议举行汴（开封）徐（州）段作战，吸引敌邱清泉兵团西援，配合华野围歼黄百韬。

战役第二阶段，中野将黄维集团包围，但因重武器多在千里挺进大别山期间损失，攻坚火力不足，一时"啃不下来"。12 月 10 日，蒋纬国率领战车部队到蚌埠参战，其他战场的国民党军奉调与李延年、刘汝明合股北援，宋希濂兵团由武汉东援，被围的黄维兵团如不尽快解决，战局可能发生重大变化。粟裕及时致电中央军委"建议

▲ 黄维兵团的汽车防线

再由此间抽出一部分兵力，以求先解决黄维"。当晚命令华野参谋长陈士榘率领三纵、鲁中南纵队和特种兵纵队一部，南下双堆集参战，加快了歼敌进程。粟裕还专门规定"缴获的武器装备一支枪一粒子弹也不留，全部交给中野"㉕。

当发现徐州杜聿明集团要西撤南下解救黄维兵团，中野即将面临巨大困境时，华野先以 11 个纵队在徐州南和蚌西北顽强阻击，而后采取超越、尾追、平行追击和迂回、穿插等多种方法围追堵截，充分发扬不怕牺牲、不怕打乱建制、绝对服从命令、积极配合兄弟部队作战的协作精神，将杜聿明集团孤立包围于陈官庄地区。

从这些例证不难看出，正是人民解放军各参战部队同仇敌忾、团结协作、主动配合，广大官兵英勇顽强、不怕牺牲、连续作战，才确保了作战的最终胜利。

4. 及时获取和充分运用情报资源

知己知彼，百战不殆。淮海战役的胜利，不仅仅是军事、政治战场上的胜利，同时也是情报战线上的胜利。

党中央、中央军委综合利用战略情报指导战役全局。国民党主管作战的参谋次长刘斐中将和国防部第三厅厅长郭汝瑰中将都与我保持着秘密的情报联系，郭汝瑰更是早在 1928 年就曾加入中国共产党（后脱党，1980 年 4 月重新入党）。淮海战役期间，郭汝瑰全程参与了国民党军的决策指挥，先后向我军提供了国民党军解围双堆集计划、江防计划、京沪地区江防要图等重要情报。仅 1948 年 11 月 9 日，郭汝瑰参加蒋介石召集的黄埔官邸高级将领会议后，一次就把国民党军作战计划等 9 件绝密文件转交给中共地下党有关负责人。

国民党军的两个军用专线电台（即"重要军话台"和"次要军话台"），9 名工作人员中有 7 名是中共地下党员，"在一个比较长的时期内，直接掌管国民党最高军政机构通话的整个军话台，完全处在了地下党的控制之下"㉖。

我打入国民党军内部高层的情报人员也提供了大量情报。国民党第三绥区副司令官何基沣（1939 年入党）、张克侠（1929 年入党），都是中央直属的特别党员。早在 1946 年夏，张克侠即将徐州国民党军的军事部署写了一个详细的说明材料，转交周恩来副主席。淮海战役爆发前的一段时间，张克侠又利用职务便利，将标示有设防工事具体位置的徐州国民党军情况及工事图通过秘密渠道送到了我军手中㉗。

这些直接从国民党指挥核心获取的情报，大多具有非常重要的战略价值，为党中央、中央军委正确分析形势、判断敌情、定下决心提供了最直接的参考和最有力的支撑。

战役指挥员充分运用战役战术情报指挥作战。淮海战役中我战役指挥员情报获取主要有三种途径：一是来自中央和我地下工作者的直接传递；二是来自所属情报侦察力量的侦察；三是来自投诚起义人员和审讯战俘。

淮海战役原定于11月8日发起。6日，华野情报部门通过侦听手段获取了黄百韬可能撤退徐州集结的信息。粟裕当机立断，下令部队于当晚发起攻击。事实证明，正是这提前的两天时间，使得黄百韬最终难逃覆灭的命运。粟裕晚年曾说："如果再晚4个小时，让黄百韬窜入徐州，那仗就不好打了。"㉘

在淮海战役的最后阶段，中共地下党员萧德宣（曾在战役第一阶段率部起义）受华野派遣，重新打入徐州国民党军内部。当他获悉杜聿明要在飞机的掩护下作最后突围时，便以执行"特殊任务"为由，派人将曾被解放军俘虏过的国民党第四十四军军长的姨太太送出警戒线，把情报口头传递给了华野政治部。为我及时发起攻击，全歼杜聿明集团提供了宝贵的情报㉙。

同时，我作战部队广泛开展了捕俘立功活动，从俘虏口中获取敌军部署和当面动态，对我捕捉战机、降低伤亡、保障战斗顺利发展发挥了重要作用。

三、因敌而变，灵活运用战法

"兵无常势，水无常形"，"战胜不复，而应形于无穷"㉚。淮海战役中，华野、中野指挥员都能在总意图下，因敌因地因势而变，灵活运用作战原则，不断创新作战方法手段。

1. 坚决贯彻"集中优势兵力打歼灭战"的作战原则

"集中优势兵力打歼灭战"的思想，是我军一贯的作战指导原则，也是毛泽东人民战争战略战术思想的核心。淮海战役无论在每个阶段还是每次战斗的组织指挥上，都始终贯穿着这一指导原则。

从淮海战役敌我双方力量对比上看，总体上敌强我弱，但在每个阶段关键性的局部上，我军又都形成优势。如战役第一阶段，我集中华野7个纵队和特纵一部在碾庄圩围歼黄百韬主力4个军（兵力对比约2∶1）；战役第二阶段，中野、华野先后集中10个纵队在双堆集围歼黄维兵团4个军（兵力对比约为2.5∶1）；战役第三阶段，华野更是集中了全部的 16 个纵队在陈官庄、青龙集围歼杜聿明集团 8 个军（兵力对比约为 1.8∶1），均是以局部战场的优势保证了战役的胜利。

在具体战役指导上，我军注重灵活运用多种方法调动敌人，避强击弱、分割包围，先歼较弱之敌和突出之敌。碾庄圩战斗中，我华野先以八纵牵制敌防御东部的第六十四军，再以四纵牵制敌防御北部的第二十五军，而后集中第六、第九、第十三纵队的优势兵力各个歼灭了敌防御南部和西部战斗力较弱的第四十四军和第一百军。然后，以第三、第四、第六纵队全部和第八纵队一部从南、北、西三面强攻，歼灭战斗力最强的敌第二十五军，捣毁敌兵团指挥所，强敌变成了弱敌。

2. 正确运用和转换作战方式

粟裕在回顾淮海战役时曾说："在战役指挥上重视和掌握作战方式的转换以及由之引起的战术、技术上的变化，是一条重要经验。"[31]华野、中野指挥员从战场实际出发，把大规模的运动战和大规模的阵地战巧妙地结合起来，以运动战肢解敌人，以阵地战歼灭敌人。

战役初期，陈毅、邓小平率中野主力，对重点城镇主要采取攻坚作战（宿县战斗），而刘伯承率领的中野一部，广泛采用的是游击性的运动战形式。战役开始后，华野在运动中以侧击、尾击、截击等方式将西撤的黄百韬兵团合围后，野战村落进攻发展很不顺利。粟裕及时召开纵队首长会议，调整部署，明确作战方式由野战攻击转为近迫作业为主的阵地攻坚战。16 日，华野向黄百韬兵团发起总攻，仅 6 天就全歼其 4 个军。

战役第二阶段，中野先以运动战与阻击战相结合的方式将黄维兵团包围于双堆集地区后，攻击数日未能奏效。后借鉴华野打黄百韬时的作战经验，迅速改野战攻击为近迫作业为主的村落攻坚战法，采取大规模的"沟壕战"（双堆集战场我军挖掘的主要交通壕长达 12 万米，可以绕包围圈七圈半），利用夜暗把交通壕挖到敌军所占村庄附近，距敌军前沿阵地 30 米至 50 米处，依靠大量土工作业和火力、爆破、突击相结合，逐步夺取敌军据守的村落，缩小包围圈，将黄维兵团全歼。

当黄维兵团被围时，困守徐州的杜聿明集团企图沿津浦路南下增援黄维，合力南逃。我军以 8 个纵队的兵力，展开大规模的阵地阻击战，粉碎了国民党军的企图。

◀ 解放军进行沙盘
作业，研究战术

在南线蚌埠以北地区，我军顽强阻击由固镇北援的李延年、刘汝明兵团。该部遭我军阻击分割后，害怕被我军围歼，置黄维兵团于不顾，掉头南窜。我军当即变阵地阻击为跟踪追击，兵分两路，展开运动追击，歼其两个团，把国民党军赶到了淮河以南。

战役第三阶段，当杜聿明集团弃城西逃时，我军又是先以 11 个纵队的强大兵力，采取多层多路尾追、平行追击、迂回截击、超越拦截相结合的战法，在运动中将其包围，而后又转为大规模野战村落攻坚战，将其全歼。

指挥实践证明，战场情况是千变万化的，只有根据变化了的情况正确运用和适时转换作战样式，才能始终掌握战场主动权，克敌制胜。

3. 不断改进和创新战法手段

战争实践是检验武器装备和创新战法的最好舞台。淮海战役中，人民解放军着眼于武器装备的最新发展，创造性地运用炮兵、坦克等兵种部队，摸索发展新型作战方法，为我军的发展壮大积累了宝贵经验。

炮兵在淮海战场上发挥了重要作用。双堆集战斗中，黄维凭借武器装备优势和工事，建立了稳固的防御，自称是个啃不动的"硬核桃"。中野、华野部队集中百余门大小火炮猛烈轰击，灵活运用步炮协同战术作战，硬是砸烂了"核桃壳"。时任华野特纵司令员的陈锐霆将军曾回忆："炮兵用准确猛烈的密集炮火，摧毁了敌人的重要火力点，掩护步兵边打边前进……有效地支援步兵作战，受到步兵老大哥的赞扬。"[32]

毛主席在 1949 年的新年献词《将革命进行到底》一文中指出："自从人民解放军形成了超过国民党军的炮兵和工兵以后，国民党的防御体系，连同他的飞机和坦克就显得渺小了。"[33]

▲ 淮海战役中，解放军创造的可容纳 150 斤炸药的发射筒

华东坦克大队参加了战役全程。在战役的第一阶段，参加攻打四十四军军部战斗，国民党军指挥所倚仗集团堡负隅顽抗，在步兵 4 次炸堡未成的紧迫情况下，华东坦克大队创造性地运用坦克夜间运载爆破手爆破的方式，迅速炸毁敌军中心地堡，为全歼守备的敌军，生擒四十四军中将军长王泽浚作出了贡献（当时运载爆破手的一辆日式超轻型坦克现存放于北京军事博物馆）。在战役第三阶段，他们运用搭载步兵冲击的战术配合骑兵追歼残敌，在陈官庄、青龙集地区缴获国民党军坦克 18 辆。战后华野给予通令表彰。

同时，我军在战役过程中还充分发扬军事民主，集中群众智慧，创新作战技术和手段。比如，"对壕作业"，"以壕对壕"等适应于平原地区作战的近迫作业形式，以及被敌人称之为"大威力火炮"的抛射筒、"土飞机"、"投石雷"等各种火器，都是集中群众智慧在战役实践中创造出来的。

四、发挥政治攻势，瓦解国民党军

淮海战役开始时人民解放军参战的兵力比国民党军少，战至最后，国民党军 80 万兵力被人民解放军消灭 55.5 万，而解放军却由战初的 60 万发展为"百万雄师"。究其原因，粟裕曾这样归纳："敌人最后被解决得这样快，应该归功于政治攻势的成功。"我们此次指挥打政治仗，"证明'攻心为上'是正确的"[34]。

1. 积极策动国民党军高级将领战场起义

在淮海战役中，人民解放军始终把争取国民党军队的起义投诚工作放在重要地位。军委和毛泽东主席曾一再指示华野要将策反国民党将领作为夺取战役胜利的一个重要条件。战役各个阶段，均有国民党高级将领战场起义。

淮海战役打响的第三天（11月8日），华野指挥部即成功策划了国民党第三绥靖区副司令何基沣、张克侠率三个半师战场起义，为山东兵团南下切断东陇海线，迎头截击、包围黄百韬兵团，发挥了重要作用。毛泽东致电称，何基沣、张克侠领导的第三绥靖区起义，是淮海战役的"第一个大胜利"㉟。

战役第二阶段，11月29日，国民党第一一〇师师长廖运周（1927年入党）率部战场起义，为消灭黄维兵团创造了极为有利的条件。原黄维兵团第十八军（国民党军五大主力之一）军长杨伯涛回忆："按当时的态势，如果廖不起义，整个第八十五军集结到双堆集东南，则又是一种情况，战役会更残酷。廖师的起义也影响了第十二兵团军心，一般军师长无不泄气。"㊱

战场起义的将领和部队，很多在经过短暂的整编后又投入到了对国民党军队的战斗中，为人民解放事业作出了贡献。其中，济南战役中起义的吴化文部，在整编为华野三十五军后，参加了淮海战役，并在随后的渡江战役中一举攻克南京城，占领了总统府。这不能不说是对国民党政权的一种绝妙讽刺。

2. 开展灵活多样的阵前政治攻势

淮海战役中，我军在对国民党军实施凌厉军事攻势的同时，也展开强大的政治攻势，不断瓦解国民党军。特别是战役第三阶段，为配合平津战场作战，我军对杜聿明集团"围而不打"，进行20余天的战场休整。粟裕专门强调，这是对国民党军开展强大政治攻势"一个极好的机会"㊲。

毛泽东亲自写下《敦促杜聿明等投降书》，敦促他们"放下武器，停止抵抗"㊳。陈毅、粟裕专门起草致杜聿明、邱清泉、李弥的劝降信，劝说他们"时机紧迫，希早作抉择"㊴。

广大指战员采取劝降、释俘、发传单、送饭、送礼物等多种方法"攻心"感化国民党军。有的部队组织火线宣传队"吹箫散楚"，向国民党军演奏《白毛女》《孟姜女》等悲伤乐曲。我军某营阵地前，3天中就有193人前来投诚。投诚过来的士兵说："我们越听越难过，好几回都哭了。"

为鼓励更多的国民党军携械归降，人民解放军还公布了《对自动携械来归者奖励标准》。国民党军某山炮营几个炮车长投诚前，主动请领了18箱炮弹带给我军。

据统计，从 1948 年 12 月 16 日到 1949 年 1 月 5 日的 20 天中，国民党军相继投诚 1.4 万余人，约相当于其两个师的兵力。在人民解放军强大的政治攻势下，敌人如惊弓之鸟，人民解放军两名战士就可以抓到 200 名俘虏。河南省一个民兵担架队，在执行任务途中，手持扁担和仅有的两支土造步枪就俘虏国民党军团长以下 400 余人，缴获炮 1 门、机枪 5 挺、长短枪 200 余支、子弹万余发。

▲ 被俘的国民党军炮兵，要求加入人民解放军

3. 实施"即俘即补、即教即战"政策

"即俘即补、即教即战"是指对刚俘虏的国民党官兵进行审查筛选，经过教育补入人民解放军立即参战，这是人民解放军淮海战役中政治工作的一大创造。淮海战役开始时，华野总兵力为 42 万人，但战役结束后，人数却增加到 46 万人。这其中有很多就是补进的"解放战士"。据战后统计，整个战役中一般每平均三个俘虏中就有一人补入人民解放军。

"即俘即补、即教即战"政策使人民解放军在淮海战场的政治攻势充满了活力。许多"解放战士"在战斗中不怕牺牲，英勇杀敌，成长为我军的战斗骨干。有的战役第一阶段中被俘的国民党官兵，到了战役第三阶段已担任排长。到战役最后阶段，华野有

▲ 淮海战役兵源补充以"即俘、即补、即打"的方针，抓紧进行阶级教育，改造思想。图为华野新老战士谈心

的部队"解放战士"比例一度达到了总人数的 80%。无怪乎有人戏称，"在淮海战场上，是共产党在指挥国民党军队同国民党军队作战"。

毛主席在 12 月 22 日给东北野战军和华北局的电报中指出："……望你们仿照刘伯承、邓小平、陈毅、粟裕在徐蚌作战中即俘即查、即补即战方针，立即将最大部分俘虏补入部队……"⑩

四、发动群众，动员支前

毛主席曾经指出："战争的伟力之最深厚的根源，存在于民众之中。"⑪把广大人民群众动员和组织起来参加战争，支援战争，是淮海战役胜利的基本经验之一。为了保证人民解放军作战需要，华东、中原、华北三大解放区发动群众，掀起了轰轰烈烈的支前热潮，发动之广泛，组织之周密，规模之巨大，任务之浩繁，动用人力、物力、财力之众多，是古今中外战争史上所罕见的。据不完全统计，整个战役共动员民工 543 万余人，出动担架 20.6 万副、大小车 88.1 万辆、挑子 30.5 万副、牲畜 76.7 万头、船只 8536 只、汽车 257 辆，平均一名解放军战士有 9 个民工支援。陈毅元帅后来曾满怀深情地说："淮海战役的胜利是人民群众用小推车推出来的。"

1. 统筹战役作战与动员支前

中央军委、毛主席十分重视淮海战役的人民支前和后勤保障工作。9 月 25 日，中央军委在批准举行淮海战役的电文中就指示，应"做好有关这一战役的充分的准备工作"⑫。28 日的电文中，又进一步对各项保障工作作了部署，指出："你们必须有相当时间使攻济兵团获得休整补充，并对全军作战所需包括全部后勤工作在内，有充分之准备，方能开始行动……须准备两个月至两个半月的粮秣用品。"⑬

为做好统筹工作，周恩来副主席派总后勤部杨立三部长亲临华野 10 月 5 日召开的淮海战役任务部署会（曲阜会议），指导支前保障工作。在 11 月 16 日关于成立总前委的电报中，军委又指示中野、华野"必须准备在现地区作战三个月至五个月（包括休整时间在内），吃饭的人数连同俘虏在内，将达 80 万人左右，必须由你们会同华东局、苏北工委、中原局、豫皖苏分局、冀鲁豫区党委统筹解决"⑭。

2. 周密组织动员支前行动

各地区党政领导机关坚决贯彻执行党中央、毛主席的指示，全党动员，全民动员，全面动员，全力以赴地支援前线。中原局发出支前紧急指示，并责成豫皖苏分局组建了豫皖苏后勤司令部。华东局于 11 月 4 日改组成立华东支前委员会，统一负责华东全区的支前。华北局成立了冀鲁豫战勤总指挥部。华中工委颁发了《华中支前总动员令》。

各级政府普遍发出了支前紧急动员令，充实加强了支前领导机构，广泛发动群众，积极筹集粮草、赶做军鞋、修桥筑路，组织青壮年参军参战，组织大批运输队、担架团、民兵子弟兵团，做到"要人有人，要物有物"。

3. 充分调动人民群众支前热情

各地先后发动了各级干部两万多人带头参加支前。各级支前组织"把支前民工队当成学校办"，在民工队伍中广泛建立党团组织，开展政治教育，发起支前立功活动，部分民工被发展入党、提干，成为支前骨干，极大地激发了民工参战支前的热情，整个战役中涌现出了大批支前英雄集体和英模功臣。

淮海战役纪念馆里，陈列有一根特等支前功臣唐和恩使用过的珍贵的竹竿，上面刻满了他从家乡出发，支前足迹踏遍的山东、江苏、安徽三个省的 88 个城镇和村庄的名字，总里程近 3200 里。

毛主席曾为淮海战役纪念馆题词"人民的胜利"。

美国特使司徒雷登在离开中国前，曾对国民党军的将领们说："共产党战胜你们的不是飞机大炮，是廉洁，以及廉洁换得的民心。"

◀ 淮海战役结束后，解放军某部战士扭起秧歌，欢庆胜利

唐太宗有一句名言："以铜为镜，可以正衣冠；以古为镜，可以见兴替；以人为镜，可以知得失。"㊺这场战役已经过去60年了，但老一辈无产阶级革命家、军事家在组织、筹划和指挥战役中所体现出的卓越的战争指挥艺术，仍然是我们取之不尽、用之不竭的富贵财富。我们要在重温先辈的光辉业绩、领悟先辈的高超指挥艺术、学习他们的高尚品格中，汲取政治营养，继往开来，发扬光大。

注释：

① 李银桥：《在毛泽东身边十五年》，河北人民出版社1991年版，第117页。

②《粟裕军事文集》编辑组：《粟裕军事文集》，解放军出版社1989年版，第393页。

③④⑤ 中共江苏省委党史工作办公室编：《粟裕年谱》，当代中国出版社2006年版，第358页。

⑥《淮海战役》（第一册），中共党史资料出版社1988年版，第53页。

⑦ 中共中央文献研究室、中国人民解放军军事科学院编：《毛泽东军事文集》第五卷，中央文献出版社、军事科学出版社1993年版，第218页。

⑧ 中共江苏省委党史工作办公室编：《粟裕年谱》，当代中国出版社2006年版，第375页。

⑨ 中国人民解放军军事科学院编：《毛泽东军事文选》（内部本），中国人民解放军战士出版社1981年版，第534页。

⑩《粟裕军事文集》编辑组：《粟裕军事文集》，解放军出版社1989年版，第409—410页。

⑪ 中国人民解放军军事科学院编：《毛泽东军事文选》（内部本），中国人民解放军战士出版社1981年版，第535页。

⑫ 孙志军、粟戎生：《粟裕画传》，中央文献出版社2007年版，第206页。

⑬ 中国人民解放军军事科学院编：《毛泽东军事文选》（内部本），中国人民解放军战士出版社1981年版，第540页。

⑭ 中共江苏省委党史工作办公室编：《粟裕年谱》，当代中国出版社2006年版，第398页。

⑮ 中国人民解放军军事科学院编：《毛泽东军事文选》（内部本），中国人民解放军战士出版社1981年版，第555页。

⑯ 中共江苏省委党史工作办公室编：《粟裕年谱》，当代中国出版社2006年版，第

400—401 页。

⑰ 中国人民解放军军事科学院编:《毛泽东军事文选》(内部本)，中国人民解放军战士出版社 1981 年版，第 559 页。

⑱《中国革命战争的战略问题》，《毛泽东选集》第一卷，人民出版社 1991 年版，第 176 页。

⑲ 中国人民解放军军事科学院编:《毛泽东军事文选》(内部本)，中国人民解放军战士出版社 1981 年版，第 617 页。

⑳《粟裕军事文集》编辑组:《粟裕军事文集》，解放军出版社 1989 年版，第 416 页。

㉑ 中国人民解放军军事科学院编:《毛泽东军事文选》(内部本)，中国人民解放军战士出版社 1981 年版，第 533—534 页。

㉒ 中国人民解放军军事科学院编:《毛泽东军事文选》(内部本)，中国人民解放军战士出版社 1981 年版，第 549 页。

㉓ 中国人民解放军军事科学院编:《毛泽东军事文选》(内部本)，中国人民解放军战士出版社 1981 年版，第 559 页。

㉔ 淮海战役纪念馆:《淮海战役历史经验述论》，《军事历史》2002 年第 4 期。

㉕ 中共江苏省委党史工作办公室编:《粟裕年谱》，当代中国出版社 2006 年版，第 416 页。

㉖ 王正元:《为蒋介石接电话十二年见闻》，《江苏文史资料》第 36 辑，第 135 页。

㉗ 张克侠:《第三绥靖区部队起义经过》，《淮海战役亲历记》(原国民党将领的回忆) 中国文史出版社 1983 年版，第 148、150 页。

㉘《粟裕传》编写组:《粟裕传》，当代中国出版社 2000 年版，第 738 页。

㉙ 萧德宣:《淮海战役碾庄、陈官庄围歼战亲历记》，《徐州文史资料》第一辑，第 60—64 页。

㉚《孙子兵法·虚实篇》。

㉛ 粟裕:《粟裕战争回忆录》，知识产权出版社 2005 年版，第 446 页。

㉜ 陈锐霆:《走过百年》，中共党史出版社 2007 年版，第 166 页。

㉝《毛泽东选集》第四卷，人民出版社 1991 年版，第 1373 页。

㉞《粟裕军事文集》编辑组:《粟裕军事文集》，解放军出版社 1989 年版，第 454 页。

㉟ 中国人民解放军军事科学院编:《毛泽东军事文选》(内部本)，中国人民解放军战士出版社 1981 年版，第 550 页。

㊱杨伯涛:《第十八军从进攻到被歼》,《淮海战役亲历记》(原国民党将领的回忆),中国文史出版社 1983 年版, 第 519 页。

㊲《粟裕传》编写组:《粟裕传》, 当代中国出版社 2000 年版, 第 772 页。

㊳中共中央文献研究室、中国人民解放军军事科学院编:《毛泽东军事文集》第五卷, 中央文献出版社、军事科学出版社 1993 年版, 第 418 页。

㊴《粟裕传》编写组:《粟裕传》, 当代中国出版社 2000 年版, 第 775 页。

㊵中国人民解放军军事科学院编:《毛泽东军事文选》(内部本), 中国人民解放军战士出版社 1981 年版, 第 636 页。

㊶《论持久战》,《毛泽东选集》第二卷, 人民出版社 1991 年版, 第 511 页。

㊷中国人民解放军军事科学院编:《毛泽东军事文选》(内部本), 中国人民解放军战士出版社 1981 年版, 第 518 页。

㊸中共中央党史资料征集委员会主编:《淮海战役》(第一册), 中共党史资料出版社 1988 年版, 第 54 页。

㊹中共中央党史资料征集委员会主编:《淮海战役》(第一册), 中共党史资料出版社 1988 年版, 第 165 页。

㊺《资治通鉴》卷一百九十六《唐纪十二·太宗贞观十七年》。

（作者为江苏省军区原副司令员兼参谋长）

第三篇

历史留言

淮海被俘

文　强

1948 年 9 月中旬，我在长沙绥靖公署任内仅两个月，接到杜聿明自徐州寄来的一封长信，说校长（指蒋介石）已任命他为徐州"剿总"副总司令。徐州集中了精兵 16 个整编军，较之东北兵力雄厚。总部设前进指挥部，由他兼主任，舒适存任参谋长，要我去出任副参谋长。并说校长已经批准，望我不要推辞，兼程赴徐。

军令如山。我很快将家眷作了安顿：长子和次子托付给胞弟文健，留在长沙；妻子葛世明是浙江宁波人，她和三个较小的孩子及岳母伺机回上海，必要时可转移至香港或台湾。临行前，颂公（即程潜）邀我晚餐，他慎重地说："光亭（即

▲ 徐州"剿总"前进指挥部中将副参谋长文强

杜聿明）没有吸取东北失败的教训，仍然迷信机械化部队，得当心一败再败。我是留不住你的，此去千万小心，徐州是兵家必争之地，谨防当俘虏。"这一席肺腑之言，犹如给我泼了一瓢冷水。但我当时并不很悲观。谁知不出四个月，我果真当了俘虏。

离开长沙，在武汉停留了两天。是为了拜会幼年时的朋友、黄埔同学陈明仁将军，他当时任武汉警备司令。当得知我将去徐州后，也不无担心地说："我们都在划一条破船，前景暗淡，你要好自为之呀！"接着，我从武汉坐飞机到上海，将妻儿寓所作了安顿；再从上海赴南京，于 10 月 12 日晨，乘上向徐州进发的火车。沿途只见景物萧条，充满战时荒废离乱之苦状。车上独居一包厢，听窗外车声雨声，想到国事家事，无法入睡，似寐非寐地过了一天。

日暮时分，火车抵达徐州。总部办公室中将主任郭一予等一行人前来迎接，

安顿在前进指挥部休息。指挥部设在江苏省立师范学院大楼内。这座大楼是顾祝同的私产，顾原不同意给，后来他也知道徐州已处在风声鹤唳之中，才做个顺水人情，拨给了前进指挥部。次晨，参谋长舒适存来看我。此人不是黄埔学生，但在陆军大学将官班受过训，后来当上师长、副军长、兵团副司令、编练区司令，很受杜聿明的赏识，特地请他来担任参谋长。见面客套了一番，即随同前往学院大操场与前进指挥部全体官兵见面。这时，杜聿明已先期到达，他叫我站在他身旁，向全体官兵宣布了我的职务，及管理人事、军法、后勤的分工。仪式很快结束，杜即邀我和舒适存到他办公室密谈。在此，我了解到他们对当时战况的估计还是乐观的。认为"国军"在东北只要能守住长春、沈阳、锦州三大战略据点，就可以使共军第四野战军陷在东北，不能移师入关；华北傅作义只要能据守北平、天津、保定，就拖住了共军华北野战军的后腿；我们徐州"剿总"可以作一次决战部署，佯攻济宁，实取济南，切断共军第二野战军的联系，以巩固徐州，就能转变目前战局的被动形势。然而这一厢情愿的估计，很快就被事实打得粉碎。

1948年10月15日，正当总部实施"佯攻济宁、实攻济南"的计划，杜聿明决定亲率30万大军北向之时，蒋介石突然坐飞机来徐州，并将杜带去了北平，认命其东北"剿总"副司令兼辽热冀边区总司令，在葫芦岛指挥援锦（州）战役。徐州"剿总"总司令刘峙，有"福将"之称，他一向推崇杜聿明，说他是自己的"灵魂"，这次"灵魂"突然飞走，顿时不知所措，只好将整个行动停顿下来。这又引起了部下的一阵反感，认为刘、杜二人用兵如儿戏，"误国误民"，但也没有办法。

▲ 国民党军撤离徐州时的情形

然而葫芦岛的局面也仅支持到11月8日，为时不过半个月，就由于锦州失守、范汉杰被俘而告终。杜聿明成了送葬者，只好又匆匆赶往徐州，执行蒋介石亲自批准的"徐蚌作战计划"。

其时，共军已于11月6日发动了强大攻势。为了掩护新安镇李延年兵团撤退，刘峙命令第七兵团黄百韬出动。不料运河上仅有的一座便桥被共军破坏，人马车炮挤作一团，不战自乱，困在碾庄，顿使刘峙手足无措。杜聿明回防后，刘峙才松了一口气。杜立即组织邱清泉、李弥两个王牌兵团，并肩援黄，无奈连战两天一夜，碾庄仍然可望而不可即。我陪着杜聿明守在一座小山头上督战，上有穿梭如织的飞机轰炸扫射，下有成群的战车冲锋陷阵，也看到邱、李两兵团炮火发射的白烟火柱，可就是推进不到十里，就像钉子钉住一样再也前进不了一步。后来查明，从 11 月 6 日到 22 日止，第七兵团包括第二十五军、第六十三军、第六十四军、第四十四军、第一百军和游杂部队共 12 万人全部被歼。黄百韬自杀身死，只有二十五军军长陈士章和一位副军长逃到了徐州。淮海战役的第一阶段，就是如此结束了。

蒋介石梦想凭借"徐蚌会战"扭转战局，谁料被共军抢先一步，采取各个击破的战略，一举吞掉了主力黄百韬的 12 万人。刘峙被吓破了胆，赶快带上他的高级班底，飞离了徐州，把一个烂摊子交给了杜聿明。这时，杜聿明也看清了"徐蚌会战"计划只是纸上谈兵，决定把兵力从徐州撤出来，同时解救被困在宿县的黄维第十二兵团所部，以便集中优势兵力，凭恃淮河天险，以图东山再起。11 月 30 日，他亲自作了部署，宣布在他直接指挥下，编两个直属纵队，第一纵队由我兼任司令，所辖总部特务团、宪兵团、工兵团、通讯兵团、两个炮兵团、一个装甲兵团，跟随总部转移。第二纵队司令为谭辅烈，所辖地方武装部队、警察、铁道兵，也跟随总部转移。12 月 1 日晨，徐州大撤退开始，总部在第二、第五两个王牌兵团护卫下出西门向萧县方向进发，一时人头攒动，人马车队挤塞于途，本来是分三路撤退，后来变成了千路万路，简直成了一窝蜂，连杜聿明的坐车也无法通过，只好下车步行。这样走走停停，第一天走了不过 50 华里，第二天一整天，大军团人流仍然在萧县境内移动，一片混乱，兵找不到官，官找不到兵。好不容易在人流中发现第十三兵团的李参谋长，问他既不知司令官李弥所在地，也不知殿后的一个主力师是否驻在山头。接着又在人流中发现李弥兵团的第九军军长黄淑，他是负责殿后部队的，一问同样张口结舌。面对这种混乱局面，杜聿明只好摇头表示无可奈何。舒适存和我同乘一辆车，他仰天长叹，低声对我说："命该如此！"第三天又奔波了一天，总算是赶到了孟集宿营。这里距萧县 40 华里，深夜从梦中惊醒，忽报共军摸营来了，特务营一阵乱枪扫射，见没有反击的枪声，过去一查，原来是一个通讯兵查电话线，高喊"来了！来了！"被误听为"共军来了！"一场虚惊，直闹到东方发白。这样如惊弓之鸟的又走了两天，才到河南永城东北的青龙集，已临近陈官庄，距黄维兵团被困的双堆集不满百里了。

青龙集和双堆集相距不足百里，就是凭双脚跑，一天的急行军也可以赶到，而机械化部队则最多两个小时。然而咫尺天涯，可望而不可即。我们的 30 万大军，已被共军团团围困在以陈官庄为中心的狭长不到 20 华里的包围圈内，动弹不得；而且即将弹尽粮绝，处境万分危急。蒋介石派飞机，从 10 日起每天出动 100 到 120 架次，大规模的空投粮食弹药，但由于空投场地狭长和风向不定，至少有三分之一落在包围圈外共军阵地上。这样连投了三天，才算解了燃眉之急。不料祸不单行，自 12 日下午起，彤云密布，当晚雨雪纷飞，空投只得停止。19 日上午，天空万里无云。一架飞机空投给杜聿明一封蒋介石的亲笔信。信上开头就亲热地喊"光亭弟"，内容不过是要杜"尽忠党国，务使将士用命，有攻必克，无往不胜"一类的空话，又许了不少空头愿。杜聿明把信递给我看，叹口气说："老头子给我打气，是想给大家打气。我们只有拼到底，不辜负老头子的期望罢了。"就在空投信的第二天上午，"福将"刘峙乘专机飞临陈官庄上空发表广播讲话。他首先问候杜聿明健康，又向全体将士问好，他说："大家辛苦，是功在党国。希望再接再厉，努力奋战，有敌无我，有我无敌。大家要团结一致，同甘共苦……"也是一套空话。杜聿明在对空联络电话中致答词："我们全体将士一定遵从训示，奋斗到底，请放心吧！我们决不会使您失望。"刘"福将"飞走了。一场地对空、空对地的双簧戏演完了，但没有解决任何实际问题。从 23 日起，包围圈中听不到枪炮声，我们总觉得这不是什么好兆头。果然，25 日传来噩耗：黄维兵团在双堆集突围失败，全部被歼，黄维被活捉。这消息虽说严格保密，但到 27 日普遍传开，杜聿明垂头丧气，在掩蔽处与邱清泉对坐，一言不发，舒适存的消极情绪更露骨，自言自语地说："一切都完了，比预料的情况更糟……"我也是心绪紊乱，但对如何突出包围，仍在冥思苦索。无奈中望着漫天大雪作诗纪实如下："连年烽火月中霜，云树低迷古战场。北上援师悲末路，西征劲旅渡关乡。漫漫白雪张天幕，冷冷旌旗蔽日光。倦倚战壕穷善策，无情把酒煮牛羊。"

27 日，在包围圈中发现了一封铅印传单，是毛泽东《敦促杜聿明等投降书》，跟着，邱清泉、李弥也收到了劝降信。在包围圈中出现了这些传单，使得杜聿明大惊失色，说有共谍混入。我连忙布置搜查，哪里还有半点踪迹。为了安定军心，杜聿明决定亲自到各兵团部训话，给将校们打气、封官许愿。可在这积雪盈尺、饥寒交迫的生死关头，又能起什么作用呢？也只有邱清泉、李弥、舒适存和我陪着他在 20 华里狭长的包围圈中游荡着罢了。

1949 年元旦，蒋介石在南京发出一篇求和声明，并提出了和平谈判的五项条件。这天，飞机空投了大批载着这个求和声明的《中央日报》，官兵们争相阅读议论，都说是通篇废话，只有一句"个人更无复他求"一句是"真"话，说明蒋介石自知打不赢共产党，准备下台滚蛋了。杜聿明手捧报纸，急得团团转。他将舒适存和我喊去，又亲自打电话召来了邱清泉和李弥，强装笑脸，意味深长地说："老头子这一手策略真了不得，诸位千万别信声明里的话。咱们军队还是打字当先，好好鼓动军心士气，要争取突围一战成功。"接连几天，飞机又空投了不少罐头和大饼，但仍有三分之一投到了包围圈外，再加之机场守卫部队的抢劫、中饱，分到士兵头上已所剩无几。1 月 5 日，南京飞来一架运输机，是因在上空出现故障，强行降落检修的。杜聿明决定派舒适存同机飞南京谒蒋介石请示，并在那里坐催空投粮、弹。他对舒寄予了很大的希望，可是舒适存从此一去不复返了。

1 月 6 日，在沉寂了几天之后，共军发动了强大攻势。一时阵地上硝烟弥漫，万炮齐鸣。他们对我阵地布置了如指掌，首先猛轰李弥兵团防地的薄弱环节，不到一天一夜，李弥兵团已溃不成军。8 日夜，李弥悄悄逃到杜聿明的总部掩蔽地，抱头大哭！9 日拂晓，共军在占领一些阵地后，缩小了包围圈，开始集中火力攻击邱清泉兵团。情况紧急，杜聿明不得不将预定 10 日突围提前到 9 日下午 3 时实施。他下令总部随第二兵团部向第五军靠拢，手持拐杖，步行出发。当时到处人山人海，秩序混乱至极。总部靠拢第五军后，杜任命我为参谋长，叫我把总部临时办公摊子摆开。我选择了一条壕沟，权作办公之地，命令各处室主管不得擅离职守，带着第二处处长李剑虹等一行到第五军总部向杜聿明报告。我试探着说："我看总座就在这里与清泉兄一道，更容易贯彻命令，我去守总部，有不能解决的事情，随时在电话里向总座请示。"杜聿明听了我

▲ 全国政协文史专员黄维（前中）、李以劻（后右）、文强（后左）等合影

的话，抬头望着我说："就这样办，辛苦你们了。"哪知这是在这场战斗的最后一次见面，不久，杜就和邱清泉一道往西撤走了，直到在功德林战犯管理处，我们才重新相聚。

我回到战壕中的总部，与几个军的主官进行电话联系，到处一片求援声，我也只能反反复复地说要他们守住阵地，别无良策。半夜过后，包围圈内乱作一团。我清查身边随行的主管官员，一个也不见了，只剩下我的参谋、卫士等十来个人。一个卫士建议，突出已不可能，如果硬闯，一定死于乱枪之下，不如等待天亮再说。我们躲进了河岸边的一处石洞。我想杜聿明与王牌第五军在一起，可能已突出重围。至于自己可说毫无希望了，几次想举枪自杀，但念到妻儿是在上海，还是已到海外？四处漂泊，谁人照顾？也许天无绝人之路，还是耐心等待吧！

1月10日拂晓，枪炮声逐渐稀疏下来。我们出了洞口，犹见南京飞来的运输机，还在盲目空投粮弹，真是可笑之至。难怪共产党要称蒋介石是"运输大队长"的。天大亮后，上空弥漫着烽烟，与岚光朝气凝结在一起，一片混沌。我深知茫茫前途即将开始了，索性和十来个随从走到河边的一处沙滩上。正在胡思乱想之际，突然出现了三四个十四五岁的共军，口里高喊"缴枪不杀"，端着步枪向我们冲来。我身边的卫士正要卧倒射击，被我制止。我想，这个时候再抵抗，已经毫无意义了。按我的指示，参谋人员和卫士都放下了武器。我们成了这些小战士的俘虏。后来得知，就在这一天，淮海战役全面结束，两个月零五天时间，国民党军队被歼55.5万余人。

（作者时任国民党徐州"剿总"前进指挥部中将副参谋长。本文摘自《文强回忆录》未刊本）

双堆集战场所见

杨伯涛

一、饿兵争食，自相火并

第十二兵团被围，后方联络线断绝，陆上大规模的补给停顿。12 万人的粮食，近两千头马骡的草秣，400 多辆机动车辆和其机械转动的燃料，100 多门山野炮、榴弹炮，几百门小口径炮，千多挺轻重机关枪，近三万支步枪、冲锋枪，每天所吞吐的弹药；还有通信、卫生器材等，总计消耗量当在百吨以上。各军汽车辎重部队携带的粮弹燃料，大概够 5 至 7 日用。但因作战方针不明白交代，战斗一开始，没有人提倡节约粮弹，被围 7 天以后，粮弹剧形紧张。最初几天空投的数量，还勉强可以对付。但每况愈下，空投的数量一天天减少。到了 12 月份空投的数量更少。空投弹药受到技术条件的限制也很大，必须用降落伞投掷，有的伞坏了，落到地面的弹药都碰击变形，不能使用，而且往往打死人。联勤总部也没有那么多降落伞补充使用。各村庄所有能燃烧的东西都被当柴炭用光，空投的大米、白面粉，不能煮成熟饭，又要求联勤总部空投烧饼、馒头之类的熟食品，增加了他们和飞机的负担。

因粮弹缺乏，双堆集的混乱越来越扩大，成了一锅沸水。在开始的时候，兵站参谋长陈志轩奉黄维之命在双堆集东北空地上，设置空投场，周围树立标志，兵站人员将空投物资统一收集，再平均分配到各部队。虽然有些散失，总算不太多。可是现在士兵们饿得慌了，成群结队自动到空投场拾取，兵站人员制止不住。黄维派部队也弹压不了，秩序大乱。每个士兵手里都有枪，肚子饿，不怕威胁。加之各部队中还有派人去抢的，一包东西落下来，就有成群的人蜂拥去抢，抢不着的人，气愤不平，就将手里的枪向抢着的人丛射去，稠密的人群纷纷应声而倒，马上就有人前去拾取丢下的粮食，此时便又有人开枪了。这样一来，空投场变成第十二兵团自相残杀的一个战场。"饥兵争食，自相火并"，更加速了自身的覆亡。

▲ 陈官庄包围圈里的国民党军大小便分等级，此为"长官"厕所

另外是每当飞机凌空投下物资时，有少数随风飘扬，降落在解放军阵地内，也有降落在双方中间地带的。我方官兵对落在中间地带的物资馋涎欲滴，初则挨到夜暗偷偷摸摸去拾取，后来是不顾一切跟踪去抢，好像是向解放军进攻似的，解放军不能不开枪射击，这样亦有伤亡。

解放军真是大仁大义，对少数人徒手前去拾取粮食的，就不再开枪。但是挨饿的根本还是士兵和下级干部，至于高级将领如黄维兵团司令部及军、师长等，仍然有吃有喝。我常到阵地上视察，看到士兵用白水煮马肉当饭吃。宰军马当饭吃，我是有命令准许的。我搭讪地问他们"好吃不好吃"，士兵们瞪起眼睛答说："好吃。"我们军队上下悬殊和隔阂如此。

二、解放军的政治攻势

人民解放军对被包围中的第十二兵团，一方面以军事力量对之狠狠捶击，显示雷霆万钧的威力；另一方面展开声势浩大、多种多样的政治攻势，使国民党军队中思想游逸的人，在此生死关头，有所选择，毅然放下屠刀，重新做人，取得生路的机会。这种政治攻势，对于瓦解第十二兵团官兵的军心，收到显著的效果。我们作为被围中的国民党军将领，事关切身利害，如果"祸起萧墙"，是不堪设想的。所以最害怕解放军政治攻势软的这一手。如黄维、胡琏、覃道善和我最头痛共产党无线电台的广播，设在邯郸的共产党广播台的洪亮声音，动人心弦，我个人存在着想听又怕听的矛盾心理。凡是南京国防部掩饰惨败噤不出声的消息，相反可以在共产党邯郸广播台听到，因此有时听听共产党广播，借以获知当时发生的重大军事形势。在双堆集战场，我是当事人，四面楚歌之中，对共产党广播的声音，感到特别尖锐，惊心动魄，有时竟听不下去。不仅自己不愿收听，还怕部属收听，影响军心，因此下令禁止大家收听。结果相反，越禁止收听，越有人想听，于是偷偷听。特别是通信人员，机器在他们手里，禁他不了，许多消息都是从他们口里传出的。如黄百韬在碾庄被打死，廖运周在罗集起义，南京国防部都不曾通报，各军师干部初时不知道，消息是从电波里传出，大家窃窃私语，互相传授，不胫而走。在电波的影响下，人人眼前闪现着几条道路，凭自己选择，凡是不愿挨饿、白白丢命的官兵，径自跑向解放军投降；有的则不再打了，深藏在掩蔽部里等待解放军到来，举手缴枪。

解放军在阵地前设置高音喇叭喊话，也有很大的威力。特别是第一线官兵听得很清楚，都知道解放军优待俘虏，不杀不辱，不搜腰包，立功者受奖等类的宽大政策。有的也能听懂喇叭中宣传的国民党、蒋介石的种种罪行，启发了思想认识。如第二十三师和解放军打了十几天，听到很多消息，绝大多数人动摇，黄子华投降时，都跟着走了，没有留下一个人。

解放军在我军阵地前面，树立起一块块大门板，像城墙一样，上面写上"优待俘虏"种种标语，下级官兵看了，心里有数像吃了一粒定心丸，消除了顾虑。如 15 日晚上开始突围后，双堆集庄里很多人招呼解放军，自动缴枪。军师长发现标语，则触目惊心。

解放军的传单，也有人拾得，特别是被俘官兵被释放回来，把解放军优待俘虏的情况，描绘得有声有色，使很多人起了向往之心，战斗意志大为低落。被释放回来的俘虏，往往还捎回劝降信，记得在台儿庄、贾汪率部起义的何基沣，与黄维是陆军大学九期同学，何写给黄维一封劝降信，这封信由俘虏捎来，辗转送到我手里，我拆开一看，信中首先叙述过去同学时的情感，接着指出当前形势，分析利害，最后劝黄维认清是非，当机立断，向解放军投降，保证不咎既往，得受优待等语。我看后认为没有必要转送给黄维，立即将信撕毁了。我认为凡是放回的人，都会给别人带信，打入到我军内部，引起骚动，因此下令禁止阵地上放人进来，凡是要进来的，一律开枪射击。

解放军的广播和喊话筒，一再强调不准破坏武器，破坏者要受严厉的惩罚，这点也起

▲ 人民解放军向设诚的国民党军士兵发鞋袜及其他用品

了作用。尽管黄维、胡琏有命令有计划下达到部队破坏武器，但下面执行的人，都有顾虑，唯恐被俘后解放军追查责任。因此在破坏时，很多人是敷衍了事，大部分武器材料并没有彻底破坏。还有一部分官兵，有意识保存了自己手中的武器，我在被俘后押送后方途中，就看见有两辆战车在路上行进。

三、两个不同的世界

第十二兵团 11 月由确山出发，经过豫皖边境时，老百姓逃避一空，几乎连个带路的向导都找不到。新蔡、临泉一带，一年前第十八军曾在这里大抓壮丁补充兵额。这样老百姓见了国民党军队，自然像躲洪水猛兽一样逃避了。蒙城、永城一线，第十八军也光顾过，真有"军行所至，鸡犬为空"模样。我那时还认为黄河改道冲洗，造成一片荒凉，再加上双方拉锯战，更使人烟稀少，不全是军队纪律不好造成。这次我当了俘虏，被解放军由双堆集附近押送到临涣集集中，经过几十里路的行程，举目回顾，不禁有江山依旧，面目全非，换了一个世界之感。但见四面八方，熙熙攘攘，车水马龙，行人如织，呈现出千千万万的人民群众支援解放军作战的伟大场面。路上我们经过一些市集，我从前也打这地方经过，茅屋土舍，依稀可辨，只是那时门户紧闭，死寂无人，而这时不仅家家有人、户户炊烟，而且铺面上有卖馒头、花生、烟酒的，身上有钱的俘虏都争着去买来吃，押送的解放军亦不禁阻。还看见一辆辆大车从面前经过，有的车上装载着宰好刮净的肥猪，想是犒劳解放军的。我以前带着部队经过这些地方时，连一撮猪毛都没看见，现在怎么有了，真是怪事。通过村庄看见解放军和老百姓住在一起，像一家人那样亲切，有的在一堆聊天欢笑，有的围着一个锅台烧饭，有的同槽喂牲口，除了所穿的衣服，便衣和军装制式不同外，简直分不出军与民的界限。国民党军队每到一处，对老百姓是不信任的，有时还要加以监视。特别进入解放区，有了风吹草动，就要把老百姓集中一处监视起来，唯恐他们与解放军里应外合。我军在菏泽、钜野作战也有这样办的。

我们这些国民党军队将领，只有当了俘虏，才有机会看到这样的场面。在强烈的对照下，不能无动于衷，不能不正视铁的事实，承认共产党、解放军所在的地方，和国民党、国民党军队所在的地方，有两个世界的天壤之别。我当时就大为感慨：认为第十八军的最后败灭，非战之罪，应归咎于脱离人民群众，进而敌视人民群众，在人民群众的大海里淹没了。

四、韩庄车站的愤怒

第十二兵团的高级将领，除熊绶春阵亡，胡琏、尹俊突围漏网外，自黄维以下的军师长都做了俘虏，基本上是被一网打尽了。这时杜聿明指挥的三个兵团在陈官庄尚未就歼。负责管理我们这批俘虏的中原野战军联络部部长杨松青（黄埔军校第四期同学），曾动员我们给杜聿明、邱清泉、李弥及所属各军长写劝降信。我们处此困难时刻，有一个黄埔同学来关心，首先精神上就感到轻松多了。杨松青同学对我们照料很周到。我们都是一无所有，杨给我们每人发了一套被褥及盥洗用具，伙食是细粮，吃得相当好。在相互交谈中，态度和蔼，体现同学之谊。因此我们对他动员写劝降信，都无异议。由第八十五军参谋长陈振威起稿，我们都在上面签了字。黄维另住一室，听说他坚不签字。中原野战军政治部首长张际春（黄埔军校第一期同学）偕夫人及两个小儿女也来视察，询问我们生活情况，亲切地指着他的两个小儿女对我们说："请你们看看我这红军的孩子。"以后中原野战军首长宋任穷也来视察。不几天我们被押送到商丘。有少数解放军青年干部和我们攀谈。有一位和我交谈时，问我："你当军长有几个老婆？"我答："一个老婆。"他勃然大怒，骂我是欺骗他，说假话，认为国民党的大官都有几个老婆。有一位干部质问黄维："为什么不服从解放军命令老早投降？"黄态度傲慢，答词不逊，以致争吵起来。有一天我和黄维碰在一起，我按捺不住对他的满腹牢骚，劈头对黄说："你乃国民党的罪人，共产党的功臣也。"黄苦笑默不作声。我们到商丘火车站准备上火车转移时，一解放军干部拿出照相机，摄取我们每个俘虏的相片。轮到黄维，当镜头对正他的脸时，他就把脸转过去，引起干部冒火。火车驶至徐州以北的韩庄车站，在这停了几小时。附近有解放军的军医院，大批负伤的指战员得到了消息，抚摩伤痕，激起愤怒，齐集在车厢前，鼓噪叫喊，要看黄维、杨伯涛二人。押送干部怕出问题，起初不肯。但是人越聚越多，围着车厢不肯离开，押送干部只得出面和他们约定，不要辱骂动粗，负伤指战员同意了，遂叫黄维和我二人，到车厢门口站了一站，即转回车厢，负伤指战员始散去。火车继续行驶到了济南，黄维和一个空军驾驶员，离开我们被送到石家庄，吴绍周和我等，则被送到永年第二野战军设立的"解放军官教导团"教育改造。

（作者时任国民党军第十二兵团第十八军军长。本文摘自《杨伯涛回忆录》，中国文史出版社1996年版，第189—194页）

第五十九军起义概述

孟绍濂

第五十九军能够在贾汪地区毅然起义，是经过了长期的思想酝酿并有一定思想基础的。一方面，大多数官兵对蒋介石集团的压迫歧视和对当权主官的贪污腐化、只管自己享乐，不顾士兵疾苦的恶行深为不满；另一方面，第五十九军长期以来不满蒋介石祸国殃民的黑暗统治，早有起义的打算，先后曾同中国国民党革命委员会中央和解放军取得了联系，并在内部做了一些组织准备工作。淮海战役开始时，内部条件已大致成熟。因此，在张克侠、何基沣的共同策动下，在解放军的援助下，第五十九军终于顺利地起义了。

在抗日战争前，我曾与张克侠一起在第二十九军工作，抗日战争后，两人又同在国民党第三十三集团军干部训练班工作，张克侠为教育长，我为班副。彼此在一起接触较多，经常纵论国内外形势，特别对国民党蒋介石的独裁统治和祸国殃民的罪行以及社会上贪污腐化风气极为不满。当时我又从《文萃周报》等进步刊物中得知解放区是另一个天地，因此向往的心情也与日俱增。同时，蒋介石对非嫡系部队官兵的歧视和压迫，更激起了广大官兵的愤怒，很多人都不甘心为蒋介石反动派卖命，随着矛盾的发展和日益尖锐化，国民党军非嫡系部队要求脱离国民党反动统治的愿望也就更加强烈，只等一有机会就冲破黑暗的束缚，奔向光明的解放区。

1946 年冬，李济深等在香港筹建中国国民党革命委员会。他们由于王葆真的介绍，对我的情况也有所了解，曾派曹又民（新中国成立前夕被蒋介石反动集团杀害）到第五十九军与我联系，希望我参加"民革"发起工作，商组反蒋力量。当时我考虑蒋介石经常派所谓"联络员"到第五十九军，以了解情况为名，进行特务活动，监视第五十九军的行动。如果这时参加"民革"将更为蒋介石注意，不仅于事不利，还会引起意外，不如先做秘密党员或暂不参加，多做些实际工作更好。以后曹又民因受李济深委托要到山东解放区和某某某同志接洽有关与五十九军互取联系的问题，经我护送他通过步哨线，安全到达目的地。在这以后，某某某同志派另一同志两次化装成商人到五十九军与我联系。在接触中，一般地谈论了第五十九军的情况和有机会举行起义的问题。

为了使起义能早日实现和顺利进行，在与韩立园同志会商后，我即着手准备起义前的各项事宜。有一天我去第三十八师点名，夜间人们都睡了，该师中校参谋陆迪均、谭世麟忽然敲门。我问他们有何事，他们互相看了看，然后神情激动地说："副军长！难道你看着我们军就这样垮下去吗？！你不想想办法吗？"因为他们都是中央军校毕业，在第三十三集团军干训班又都当分队长，那时他们的思想是很顽固的，对蒋介石是忠心的，对共产党很反感。所以我听了他们这些话，就反问到："你们说这话是什么意思？现在大的方面——南京，小的方面——第三绥靖区，有谁想把国家军队搞好呢？"我为了试探他们的真实思想就提出以前在第三十三集团军干训班时发生过的事情。我说："那时你们听到教育科长连玉岗（共产党员）的讲话，就立即反映，说他讲的都是共产党那一套，要对他严加注意，现在你们怎样又说出这样的话呢？"他们表示很惭愧地说："我们那时没有看清蒋介石，现在才认清了蒋介石的真面目。"我感到他们的思想比过去似有所改变，正好利用他们在军官中做些工作，因此就有意识地对他们说："如果你们真正认识是这样，给你们俩一个任务，去各营同营长联络，你们能完成吗？"他们异口同声地答应了。

当时我还不敢对他们俩说得很明确，只是含蓄地说，叫他们同营长一级取得联系。一方面，看看这些人的思想反应如何，摸摸底以便确定对策，把营长一级的思想工作先做好，就会为以后的活动打下有利基础。另一方面，考虑到营长这一级情况不太复杂，不像团长、师长等上层人物（军长或司令官）有非亲即故的关系，比较容易接受正义的主张；另外营长这一级的身份与他们也相近，便于相互接近；团长、师长一级情况复杂，暂时还不能向他们透露，准备到以后时机成熟时再采取措施，进行工作。虽然我对他们俩说得含蓄，但他们却完全领会了我叫他们同营长联络的意图，因此他们在与各营长联络时说得较清楚，明确地提到酝酿起义的问题。经过他们两人的工作，营长一级的思想明确了，态度也表现得很好。

淮海战役开始之前，在第五十九军防线前的解放军调动频繁。我一方面把这个情况报告给第三绥靖区司令官冯治安，使他不对我军生疑，另一方面则继续做起义的准备工作。正在这时，冯治安忽然派车接我和许长林（第七十七军副军长）

去徐州研究作战计划。当时的时机是稍纵即逝的，而司令官的命令又不能不听，只好见机行事，遂电话告知何基沣副司令官后前往徐州。

到徐州第三绥靖区司令部后，冯治安立即召集副司令官张克侠、参谋长陈继淹及司令部各处长开会。会议开始后，冯说："请两位副军长来，是为了与副司令官、参谋长及参谋处各处长共同商量，搞出作战的第一方案、第二方案和第三方案。不要只搞一个方案。"我想，完成三个作战方案，绝非三两天的时间能够办到的，可是这三两天，前方的变化就无法估计，因此决心不能留在徐州。我遂故意问冯治安："总司令（一般人称冯为总司令），搞作战计划干什么？"冯说："你们不是报告敌人调动频繁吗？那不是就要有事吗？"我说："那么总司令为什么叫刘军长（振三）去上海？"冯一时无言以对。接着我说："抗战时是这样，现在仍然是这样，一有战事他就请假，总司令也就准他的假。不错，主官走了，就找二炮（该军叫副主官是扛二炮的）来代替。难道这样是应该的么？"我又接着说："现在与抗战不一样，那时看见日本鬼子就打，没话可说，现在不是这样，现在不是还有政治问题吗？要是处理不好，就会把政治问题加在身上。刘军长走了，把担子加给我，我没有话说。但把我留在徐州，再把责任加到参谋长（指第五十九军参谋长刘景岳）身上，我于心不忍！"参加会议的人见我言语激动，都默默不语。冯治安开始也是一言不发，随后他拉我到另一间会客室同我单独谈话。冯说："叫刘军长走，是因为刘军长的女人在上海要卖房子，催刘军长回去看看，不好不叫他回去。"冯还假惺惺地说："你的话很对，现在不单是战事问题，还有政治问题。报纸上不是说苏联已放弃第三国际了吗？我们要搞得好的话，还能占便宜的……"冯治安企图用这类话来安慰我，最后也不得不说："既然这样，就让许长林副军长留徐州帮助搞作战计划，不留你在徐州了。"他还答应当天送我回贾汪前线去。

经过一场斗争，我终于摆脱了留在徐州的问题。我这样做是为了免除当局的疑心，并使张克侠也能借此脱身离开徐州，与我同去贾汪前线，以便共同策划起义。临行前我又提请冯治安派绥靖区参谋长或副司令官去贾汪指挥第五十九军作战。但是我不便直接提请张克侠去第五十九军指挥作战。冯治安不同意再派人去，说何副司令官在贾汪前线指挥所，可以就近向他请示。

我在徐州时，曾把有关起义准备的情况和派人同解放军联系的情况向张克侠谈过。那天趁张克侠送我到车站的机会，我又将最近的情况和与何基沣已接触的情况都告知张克侠，并请他设法脱身离开徐州。

我当天离开徐州，连夜赶回贾汪。到军部后，我立即去见何基沣，并将与冯治安进行斗争的经过告知何。二人私相庆幸，并决定积极进行起义准备。

11月6日傍晚，何基沣电话告知我他晚饭后到指挥所。何到后，知中共已派某某某由张克侠介绍来我部工作。何与我研究安排其住在指挥所，这样可以避免商谈时出入往返之不便。华东局派人的来意，是告知即将发动淮海战役，希望于战前有所表示，这正好与我们的想法不谋而合。可是时间相当短促，虽然在营长一级已经做了一些联络启发工作，但在师长、团长中还未透露过。因而不十分了解他们对起义抱什么态度。如果能打通他们的思想，争取他们参加起义，可使起义减少阻力。于是决定我同第三十八师师长杨干三、第一八〇师师长崔振伦商谈。会谈前，是做了两种思想准备的。一是对他们晓以大义，让他们为前途着想，他们可能会同意起义；另一种是他们会有所顾虑和牵挂，下不了决心，搞不好还有不利后果。

为了加强同杨、崔商谈时的力量，预防不利情况的发生，我邀第五十九军军需处长邢泽民一同参加商谈。因为邢泽民与杨、崔两师长的关系较为密切，邢的思想也较以前有很大进步，我想借此影响杨、崔两师长。但会谈一开始就遇到困难，崔振伦说他的全家生命财产都在江南，不能不考虑。又说："副军长的朋友多，有人照顾不要紧，我就有问题了。"杨干三低着头一言不发，也表明他是不同意的。这时气氛异常沉闷，无法继续再谈。邢泽民建议把第五十九军参谋长刘景岳请来一同研究，结果刘景岳也是顾虑重重。一直谈了两三个小时，最后不欢而散。

次日晨，我向何基沣详细地汇报同杨、崔两师长商谈经过，然后研究如何促使杨、崔接受起义之举，从而使第五十九军全军比较不费周折地开到山东解放区。商谈结果，决定继续对杨、崔进行劝导，从多方面启发，使他们觉醒过来。如果实在不能说服他们，最后即施加压力。具体的做法是商得某某某的同意，请解放军向第五十九军前线部队进行压迫。

11月7日晚，由何基沣派吉普车送某某某从第一八〇师守军渡口过河与解放军接头，请解放军向第五十九军施加压力，并告知某某某，如守桥部队不让渡河受到阻拦时，就叫守军部队长打电话向我请示。

接着我继续找杨干三、崔振伦做工作。我向他俩说眼下解放军调动频繁，势必南下，我军力薄又无援军，而且后方就是中央军队，到了前进不能、后退不可的情势下，将如何处理？再则，军长不在防地，我们把军队搞垮也无脸面见刘军长啊。杨、崔两师长总是默不作声，无所表示。

此时，接到守护渡口的陈芳芝团长的电话："有某某某乘吉普车要过河，说是副军长叫他去的，是吗？"我答复："是，让他过去！"12时后，陈团长又报告说："共军由我团的左翼和第七十七军的接合部空隙徒涉渡河，向我团左后方前进中。"我令其严加注意，侦察以后的行动，暂不出兵。同时又召集杨、崔俩师长和参谋长、参谋处长等开会。我问两位师长：该怎么办？现在共军已经向我进攻了，若大部队过河，有没有把握把共军顶回去？杨、崔都认为没有把握打退共军的进攻。于是我说："既然没把握，那么必要时只好向后退，而后面是蒋介石的嫡系部队，他们会不会让我们往后退？前无进路，后无退路，若前后被夹攻，我们又该怎么办？"他们听我这么分析，都认为的确有这种可能性，表现出焦急的样子。我乘机问他们，是不是请何副司令官来商量一下，所有参加会议的人都表示同意。我即打电话请何到军部。他向大家又谈了很多情况，做了思想工作。在这种情况下，杨干三、崔振伦终于同意了起义。于是决定由何基沣、孟绍濂、杨干三、崔振伦四人

▲ 华东军区代表欢迎何基沣、张克侠两将军时的合影

署名向全军下达命令，全军向台儿庄方向转移阵地。就这样经过种种曲折，起义才终于实现。

11月8日，我打电话告知张克侠务于黄昏前到贾汪。为避免国民党军飞机的侦察，令全军于黄昏前按指定路线，分头向台儿庄方向前进。张克侠这时也由徐州到达贾汪，随第五十九军行动。何基沣电话令第七十七军过家芳师长带第一三二师一部（约两个团）及第三十七师两个营出动后，他随第七十七军行动。在向解放区前进

中，规定白天宿营，夜间行军。在宿营时，令将所有炮车、汽车及人马统统隐蔽起来，有飞机来时不准出现。在北进途中曾与解放军发生过误会，虽然没有伤亡，但乘机逃跑一部分人，思想不稳定的官兵更加混乱。因此迫切需要向官兵进行解释宣传。到达解放区兰陵附近，就暂停下来，由何基沣、张克侠和我分别同两军的官兵讲话。紧跟着中共华东局派来工作组帮助进行教育和供应等事宜，官兵思想逐渐稳定下来，同时也正常地开展军队学术科的训练。经过整编后，我们的部队又作为中国人民解放军的一部分与国民党军队作战。

（作者时任国民党军第三绥靖区五十九军副军长。本文摘自《孟绍濂先生纪念文集》，2006 年 8 月，第 72—79 页）

全歼黄维兵团战斗中的一记重拳

——记廖运周同志率部起义的前前后后

冯化雨　李戈力　鄢铸德

　　淮海战役第二阶段的重头戏是全歼黄维兵团，而在这场重头戏中，由中国共产党潜伏在国民党军达20年之久的地下党员廖运周同志率领一一〇师的战场起义，则给了黄维兵团一记重拳。起义选择在该部突围关键的时刻举行，其力量极猛，一下便把黄维打懵了，不久黄维兵团便不复存在，黄维本人也当了人民解放军的俘虏。

▲ 1948 年 11 月 29 日率部起义的廖运周将军在集结地罗集留影

　　我们几个人都是廖运周同志的老部下，有的是与廖运周同志一同起义加入人民解放军，有的是廖运周同志起义后，在他任师长的人民解放军四十二师工作，和他有直接接触。在他本人逝世后，还与他的亲属保持联系至今。我们都曾听老师长讲过一一〇师起义的情况，为纪念淮海战役胜利 60 周年，我们凑到一起，回忆我们敬爱的老师长，回忆他当年的壮举。

　　廖运周，1904 年生于安徽省淮南县，黄埔军校第五期炮科毕业，1927 年参加中国共产党并参加南昌起义，之后又受党的指派到国民党军队中从事兵运工作。

　　1947 年，当蒋介石调集重兵，向山东解放区和陕北解放区发动重点进攻时，廖运周同志就准备率部起义。陈毅同志得知后指示他：不能过早起义！搞好情报工作才是第一位的。一个国民党的主力师，师长是我们的人，能搞成这样不容易呀！我的意见，越晚起义越好。你可以参加国民党的高级军事会议，可以帮助我们很好地了解蒋介石的军事意图，对我军很有利。

1948 年 7 月，运周同志在汉口市的璇宫饭店召开了有李俊成、徐仁、廖宜民等同志参加的一一〇师地下党第一次党委会议，商定了起义的最恰当时机等事宜，会后诸同志即分头着手从思想上、组织上进行多方面的准备工作。

1948 年 11 月 23 日，淮海战役进入围歼黄维兵团（十二兵团）的第二阶段。就是在这一关键时刻，遵照刘、陈、邓首长的指示，运周同志率一一〇师于 11 月 27 日成功起义了。一一〇师起义后，与人民解放军老部队合编为第四兵团第十四军第四十二师，运周同志任师长。

淮海战役规模之大、投入兵力之多，且以弱歼强，以少胜多，实属中外战史所罕见。蒋介石集中 80 万兵力参战，人民解放军参战阵容也极强，高级指挥员中除了后来担任党中央总书记的邓小平和担任国家主席的李先念外，还有后来在 1955 年授军衔时的两位元帅、3 位大将、12 位上将。

黄维兵团是 1948 年 9 月组建起来的，它机械化程度高，所属的第十八军，是国民党军的王牌之一。此外还隶属有第十军、第十四军和第八十五军。一一〇师隶属八十五军。运周同志是个有作战经验的人，部队开抵淮海前线后，他细心观察、揣摸，逐渐明确了战局发展的趋势。他根据汉口那次会议的精神，不断筹划该如何行动的问题。

抵达淮海前线的当天下午，八十五军军长吴绍周从兵团开会回到军部所在地，马上召集师、团军官会议。会议完毕，吴绍周又留下师长们继续议事。他说：情况不妙哇！共军已向我兵团两侧迂回，要团团围住我们了。黄司令召集我们开了很长时间会，才定下了向东开往固镇地区的决心。运周同志听完向东开进的部署后立即想到：若照此行事，12 万人马一齐出动突围，黄维兵团这条大鱼就有可能破网而逃。

吴绍周下达了该军 3 个师的具体行动方案之后，又对运周说："你们师这次不随军部行动，从明天起归黄司令直接指挥，向湖沟方向开进。"他还用商量的口气问运周："你把三二八团留给我作预备队，好吗？"运周知道三二八团团长是吴绍周的亲戚，在一一〇师对起义是个大障碍，吴绍周此举正好为起义解除了难题，所以他立即表示："军座，完全可以！"

会议一结束，运周同志策马扬鞭，急回师部驻地。李俊成、廖宜民见面就问有什么情况。运周同志说："有新情况，今天就向固镇方向转移！"运周同志火速把黄维兵团转移的详情写成书面报告，交给地下党的交通员张士瑞同志，急速送交淮海前线解放军指挥员转呈刘、陈、邓首长。不幸的是人民解放军前沿部队把张士瑞误认为是国民党军特务，予以扣留，尽管他一再说明是奉一一〇师廖师长之命送重要情报的也无济于事。

张士瑞走后不久，黄维来电话要运周立即到他的司令部去。运周到后，黄维说："刚才空军侦察报告，今天下午3时敌人对我兵团包围已形成。"运周同志反问："司令有何新决策？尽管下命令，运周保证完成任务！"黄维手指地图说："我们就从这里突出去。我决定挑选4个主力师，齐头并进，趁敌立足未稳，打他个措手不及！"

运周同志听后，不由紧张起来，他深知4个师一齐出动，对人民解放军压力太大了。时间紧迫，不容多想，他当机立断大声表态说："司令决策英明，运周愿当开路先锋！"黄维在这危难之时，对他这种积极合作的姿态深为赞赏，便说："好，疾风知劲草！廖师长，我知道你是一位很有前途的指挥官。这次兵团的命运，就担在你们几个师长肩上了。"

运周同志回到师部，立即将黄维突围的新部署和使用兵力的情况，写成书面报告，派地下党员杨振海同志再次送往解放军前线指挥部。他再三叮嘱："老杨，一定要谨慎小心啊。现在是关键的时刻，你执行的又是顶顶关键的任务。此去只准成功，不准失败！"

杨振海走后，地下党委又进一步研究了起义的细节问题。他们认为4个师齐头并进，让一一〇师居中，对起义很不利，于是决定由运周同志出面设法劝说黄维改变其部署。当运周同志再次来到黄维兵团部时，几个师长正在那里为要飞机要炮兵的事争吵不休。正在为难的黄维，看到运周也来了，不由眉头更皱，便问："廖师长，你又有什么新的打算？"没想到运周却说："我觉得4个师齐头并进力量有些分散，我建议由我师首先突出去，这样3个师也就可以随后突出重围。十八军的那个主力师，应该留在司令身边作预备队，以备不时之需。"

运周的建议犹如及时雨，给黄维很大宽慰。他说："好同学，你要什么就给你什么！"运周又对黄维说："我已派出了几个便衣侦察，等有消息，马上就向司令报告！"

11 月 27 日凌晨 3 点，杨振海同志顺利地返回到一一〇师驻地。他简单地报告传递情报的经过后，着重向运周和其他几位地下党委的同志传达了我南线总指挥王近山司令、杜义德政委和作战处长贺光华研究的突围起义的具体方案。他告诉大家，邓小平政委亲自指示王司令员一定要把一一〇师接过去。王司令让我们提前行动，争取在国民党军全线突围之前把部队拉过去，以便我军腾出手来对付突围之敌。他把王司令亲自画的行军路线图交给运周。王司令要求一一〇师从人

▲ 起义的一一〇师副师长杨柳营

民解放军第十七旅的阵地上通过，开向罗集附近的大吴庄、西张庄。沿途还放上高粱秆为一一〇师作路标，队伍一定要沿着路标前进，以免偏离后误遭火力杀伤。

听了杨振海同志汇报后，运周同志对大家说："下边就看我们的了！刘协侯、金汉章同志立刻行动，将起义安排透露给杨柳营和洪炉青两人，争取他们的支持。如果遇到麻烦，就采取断然措施，对'人民服务队'的几个特务要严加监视，不能让他们得到半点儿消息。总之，我们要按照首长的指示，提前做好一切准备。"

为了防止黄维在最后时刻改变主意，运周同志又一次去见黄维，向他报告说："我已经查明了敌军阵地结合部有空隙可钻，在拂晓行动最为有利。"黄维听了很是高兴，并说道："预祝你旗开得胜，马到成功！"

运周同志从黄维那里回来，立即召集连以上军官开会宣布起义决定。他首先说："兄弟们，我们现在已经被解放军团团包围住了。"他看了看大家，接着说："我们是内部粮草已尽，外面不见救兵。摆在我们前面的，只有死路一条！"他稍停了一下又说："难道我们就硬着头皮把全师的弟兄们往死路上引吗？不能！连年内战，生灵涂炭，把老百姓早就害苦了。我们不能再为蒋介石卖命了！"他看到在场人员或喜或惊，发生着急剧变化，便接着说："共产党、解放军的所作所为，大家都清楚。"这时会场一片寂静，他对大家说："可以告诉大家，我已派杨振海同解放军联系上了，并且见到了他们南线指挥部的王司令员。解放军对我们的打算非常赞赏，我们准备今天就采取行动，你们赞成不赞成？"他的话声刚落，人群中

立刻响起一片"赞成"声。

待大家静下来，运周同志很严肃地宣布："我现在提出四项要求：第一，全师以三二九团为前卫，三三〇团为后卫，师部与直属队为本队，成四路纵队，按解放军规定的路线行进。解放军保证不向我们开枪，我也不允许任何人向解放军开枪。第二，不准任何人掉队，后面有加强连负责收容，走不动的用车拉。第三，要严守秘密，有告密者别怪我不客气。第四，不愿意走的，现在可以提出来，我不勉强。"他话音刚落，与会全体军官便高喊："我们愿意跟着师长走！"

拂晓时刻，5000 多名臂缠白色标志的一一〇师官兵，离开驻地周庄和赵庄，沿着王近山司令员指定的路线急速向前开进。两小时左右，这支起义部队顺利地通过解放军阵地，抵达指定的大吴庄一带。

一一〇师的战场起义，不仅震撼了整个国民党军十二兵团，也从精神上瓦解了这支号称王牌的机械化部队，同时对南京国民党政府也是一个不小的震动。

在人民解放军的强大攻势下，1948 年 12 月 15 日黄维兵团被全部歼灭，黄维本人和八十五军军长吴绍周，十军军长覃道善、副军长王岳，十八军军长杨伯涛以及师长王元直、尹钟岳、夏建勋、潘琦等全数被人民解放军俘获。

（作者冯化雨，时任中原野战军第四纵队十旅二十九团一营教导员；李戈力，时任华北军区第三兵团新华分社机要组长；鄢铸德，时任国民党第八十五军一一〇师卫生队中士）

跟随廖师长起义

闵金锡

1948 年 11 月 27 日拂晓，在安徽宿县双堆集、罗集地区淮海战役的战场上，我跟随原国民党军十二兵团八十五军第一一〇师师长廖运周（字冠洲）同志光荣起义。这次起义的成功是在中原野战军刘、邓等首长的关怀与亲自指挥下，在中原野战军指挥部派遣的徐仁、李俊成等同志的帮助下取得的。这对歼灭黄维兵团、夺取淮海战役第二阶段的胜利，发挥了重要作用。我当时是廖师长的警卫副官，先后跟随他有 11 年之久，对廖师长的为人和作风，特别是起义前后的情况，是比较了解的。几十年过去了，但往日的情景，依然深深地留存在我的记忆里，使我终生难忘。

一、初识廖师长

我原籍河南襄城县（现属平顶山市东高皇乡贾庄村）。父亲死时我不满 1 岁。7 岁时母亲被迫改嫁，从此我跟着外祖母生活。不久外祖母又被地主武装打伤致死。我无家可归，又无依无靠，成了流浪儿。1936 年我 19 岁时，全国抗日呼声很高，青年学生到处宣传抗日，我也受到了影响，想当兵打鬼子去。1937 年国民党军独立第四十六旅七三八团收留我当了一名被补兵，团长就是廖运周。部队归河南省主席刘峙指挥。

我在七三八团不久就当上了廖运周团长的传令兵。在这段时间内这个团与八路军接触较多。我看到八路军纪律严明，生活艰苦，抗日热情高，

▲ 淮海战役中光荣起义的一一〇师师长廖运周将军

然而对八路军的生活情况有些不理解，经常向廖团长问这问那。廖团长虽始终未直接向我暴露过身份，但他很耐心地对我解释，还问我："你知道八路军是干什么的？"我说："宣传抗日的呗。"他说，八路军的领导人是毛泽东、朱德，就是当年的红军，他们才真抗日等等。他讲这话我是深信不疑，因为在河北我亲眼看到国民党几十万军队，不打鬼子，一个劲地往后退，当兵的一边退一边骂，给刘峙送了一个外号叫逃跑的飞马将军。打正定，商震等为了保存自己的实力，不给第四十六旅增援，并断其后路，使鲍刚全旅几乎覆没。

一天晚上，天下着大雪，我随廖团长外出，又谈起八路军打仗比国民党军队勇敢的事。廖问我想不想当八路？我回答："当八路军好是好，就是过不去。"因为我认为只有在八路军队伍里，才算当八路。廖当时笑了笑，低声讲："在哪里都能当八路。"这句话我似懂非懂，也就没有在意。隔了几天，我们又一次外出，廖团长很严肃地对我说："你真想当八路吗？干八路就不能怕吃苦，还要绝对保密。老婆都不能讲，讲出去要杀头的。"我说："我没有父母，也没有讨老婆，过去吃糠咽菜，再苦我都不怕。就是把我的骨头碾碎，我也不讲出去。"廖团长听后很高兴，紧紧握着我的手，连声说："以后你就是我的同志了，我们一起干。"这话我印象极深，至今记忆犹新。那时他并没有告诉我部队内有没有共产党、八路军，只是要我多接近哪些人，注意哪些人的行动，特别提醒我注意当时旅部政治处一些人的活动。从此，廖团长对我更加亲密，有什么事，也毫无顾忌地叫我去干，我成了他的警卫、随从。廖团长叫我传达命令、送人、接人等，我也从不多问，顺从地完成任务。

二、在第一一〇师

约在 1937 年底，国民党洛阳长官部命令第四十六旅开往河南焦作。到焦作后接到部队改编的命令：规定将豫北师管区的新兵营及游击大队、东北骑兵旅及第四十六旅合并编为一一〇师，原师管区司令张轸为师长，汤恩伯的亲信吴绍周被任命为副师长。全师辖 2 个旅 4 个团，辛少亭升任三二八旅旅长，廖运周在该旅任团长。次年 2 月召开了正式成立大会，3 月即开往山东，参加台儿庄会战。全团英勇抗击日寇，廖团长负伤后也没有下火线，坚持到战斗结束，因此受到嘉奖。

台儿庄战斗后部队划归三十一集团军汤恩伯系统。不久，日寇从瑞昌进攻武汉，为保卫武汉，廖团坚守在茨巴山（瑞武公路上），与日军数次争夺，激战了一天一夜，日本鬼子尸横遍野。最后施放毒气，我们团仍坚守阵地。在陈贤小寨与日军遭遇，一阵猛打，缴获了不少武器，还有小炮、大洋马，我还拉了一匹自用。此后又参加了湖南的平江战役、湖北随（随县）枣（枣阳）战役、襄（襄阳）花（花园口）战役，以及豫南的中原、豫西的西峡口等战役。在八年抗战中，廖团始终在抗日的最前线，无论是防守还是进攻，都打得很出色，坚强的战斗意志、敢拼敢打的顽强战斗作风，受到称赞，也得到多次的奖赏。汤恩伯欲直接控制这支队伍，将张轸调走，由吴绍周接任师长，廖运周团长升任旅长、副师长，初归第十三军，后又划归第八十五军。吴绍周任第八十五军副军长后，廖即接任了第一一〇师师长。这时部队的人员、配备得到大大加强，逐步发展成为一支美式装备的半机械化部队。

在这几年中，廖运周给我的印象是：思想进步，抗日坚决，战争环境那样复杂、恶劣，仍然不忘共产党、八路军。在可能的范围内掩护同志，继续为党工作。如原豫北师管区的抗日宣传队，合并到第一一〇师后，进行抗日宣传很活跃。后来师政治部怀疑宣传队内有"异党"活动，将宣传队解散，队长黄素娥留在廖团当文书。廖怕师政治部主任陈尧（特务）暗害她，叫我保护她的安全。部队进驻临汝县时，师政治部又以清查"异党"为名，将黄素娥等30多人扣押，并送往军团部审查。当时廖团部驻临汝庙子街，距辛旅长驻地赵庄约30里路。春节时我随廖团长到辛旅长处拜年。说笑之间廖要上厕所，叫我送草纸给他。当我到厕所内时，廖团长悄悄地对我说："黄素娥被扣在军团部，你立即带两张差假证和100块钱。这有两封信，一封信交陈尧，一封信和钱交黄素娥。"并嘱咐我，"见不到黄不能交给别人"。稍停了一会，他又说："你把黄素娥送过黄河，注意安全。"我打电话叫团部传令班班长刘顺亭骑马将钱、差假证送来，廖团长已写好了信。廖亲手撕开我的棉衣把给黄的信塞在里面。我立即将塞信的军衣缝好。借口去团公干，坐了辛旅长的汽车，200多里的路程傍晚到达，找到陈尧。陈看完了廖团长的信后，即叫人把黄素娥及三个男青年带了出来。黄素娥见到我很激动，我低声对黄说："团长叫我来接你们，赶快跟我走。"我们出了寨子，才把团长的信、钱和差假证交给她。廖团长叫我们从许昌坐火车过黄河（黄河以北是游击区），所以出了寨子，我们一路小跑直奔许昌。次日，看着他们坐上了火车，我即返回团部报告。黄素娥现改名黄维，新中国成立后任山西省宣传部副部长、省科委副主任等职。

1941 年，当时已任副师长的廖运周还叫我护送过一位戴礼帽、穿长衫、戴墨镜的人。廖对我说这位教授是他的同学，父女二人去洛阳，到洛阳后有人接应。并要我保护他们的安全。我没有多问，以随从副官的身份坐汽车去洛阳。到洛阳必经龙门口，对来往行人盘查得很严，我们有第十三军的差假证，没有被搜查。但我一路上提心吊胆，因为我觉得这位"先生"不是一般的人，恐有意外发生。到洛阳后住在洛阳饭店里，晚上有一位第一战区的上尉副官来接他们。第二天我才放心地返回叶县。后来才知道这位"教授"是从延安来的记者。这样的接人、送人的事由我经办的也还有多起，我都没有问真实姓名，也不知是干什么的，时间久了，化名也忘记了。

特别是在 1942 年 10 月，廖运周刚当师长不久，蒋介石命令第一战区司令蒋鼎文、副司令汤恩伯消灭豫西地区的共产党组织。吴绍周是第八十五军军长兼豫西地区警备司令，带着廖运周的两个团进驻南召县。国民党河南省派来了省政府工作团和中央特务组织伏牛山工作团配合"清剿"，杀气腾腾，一片白色恐怖。我们部队一到南召，廖师长就叫我注意吴绍周的行动。第四天，又叫我注意师政治部的刘鹏章（科长、特务）的行动。一天，下着大雨，全城已经戒严。廖对我说："去找李勤曾，以戒严为名，把县党部干掉，文件、名单烧掉，越快越好，不能留任何痕迹。"因为时间很紧急，我找了警卫员李勤曾，告诉他"有任务"。他二话没说，跟着我一路跑步到谍报队，喊了十几个我认为可靠的人，告诉他们"跟我去抓共产党"。谍报队的副队长郑国珍也随着去了。来到县党部大门口，见县党部的人要出来，我们说戒严不准通行（规定戒严后要用伏牛山工作团发的特别通行证才能通行）。他们说，我们有特别通行证，说话中态度傲慢。本来我们就是来找事的，所以没几句话就打了起来。我们直向县党部院内冲去。我带着几个人冲到屋内，见文件就烧，砸掉电台，打烂电话。看到一些共产党的书籍，我们大喊：你们通共产党、八路军。我们带走了一些文件和书籍作证据，分批撤走。回来后，我把一卷文件交给了廖师长。事后，伏牛山工作团向吴绍周、汤恩伯告状。吴绍周派人将我抓了起来，晚上又把谍报队第二、三组的人全部关了起来，逐个审讯，最后留下我们几个人。又经过多批人多次审问，多次用刑，一直追问受谁指使，什么企图等。这件事的真正原因，只有我一人心里明白，虽然还过了电刑，但我始终没有暴露是师长的指使，最后枪毙了郑国珍，我和李勤曾等被"陪斩"。事后廖师长将我保释出来，仍回到师部。由于砸掉县党部，打乱了特务们捕人的计划，给地下党传递了信息，使他们有所警惕，尽快地转移出去。廖师长能在那样白色恐怖笼罩，又无法与地下党联系的情况下，毅然采取多种方式，机智地保护了党组织和一些共产党员，是很了不起的。廖运周同志不仅掩护中共地下党，还多次叫我去找八路军、游击队联系。因种种原因，而未能联系上。

抗战胜利后，第一一〇师进驻新乡整训。当年师改旅，廖运周任第一一〇旅旅长。中共中原局及刘伯承、邓小平等领导同志驻邯郸。1946 年夏天，邯郸方面派了徐仁同志（化名李友实）来到部队。徐穿着淡黄色的纺绸大褂，商人打扮。廖师长夫妇很热情地接待了他，告诉我说他是傅书岚——廖夫人的表弟，来看望表姐的，要住在家中。并叫我安排好生活和住宿，注意他的安全。我看师长情绪特别好，又叫我"保护李友实"，心中猜想会不会是八路军过来的人，但又不便多问。起初我们喊徐仁为李先生。他年纪很轻，爱说笑话，经常同我们闲聊，我们也愿接近他。后来徐又担任了副官。副官处主任廖宜民（共产党员）是廖师长本家兄弟。有人向我打听李副官从哪里来？与师长有什么关系？我理直气壮地告诉他们说："是太太表弟，还不能当个副官吗？"廖师长经常与廖宜民、徐仁同志一起谈话。一般情况下，都是我担任警卫。不久中原军区又派来了李俊成、张士瑞等同志。李化名郑大甫，年岁较大，师长声称他们是同学。大家始终尊称他"郑先生"。他工作老练，待人诚恳，生活简朴，经常找人谈心，官兵们都愿接近他。开始他也被安排在副官处，因为是师长同学，又很有学问，大家对他另眼看待。张士瑞被安排在谍报队当队长，以后又陆续来了一些人，杨振海同志也被派到谍报队，担任分队长，不仅能掌握国民党军的动向，而且经常穿便衣，有特别通告证，来往解放区送情报比较方便。其他同志都在副官处，有廖宜民主任，能够掩护他们开展工作。

三、起义前夕

自从邯郸中原局派了徐仁、李俊成等同志到第一一〇师以后，部队内另有一番气象。廖宜民的工作积极性很高，经常交代我要注意保密，注意保护廖师长和李俊成等人的安全，听到什么情况，立即向他或师长报告。并张罗在开封、郑州、汉口等处买了几幢房子，设置了"办事处"、"留守处"等。廖师长也在汉口买了座二层小楼设立了公馆，公馆内有秘密电台。汉口"留守处"主任白发均是廖师长老部下。郑州的"办事处"由廖宜民夫人闪晓云住守。这些地方实际是地下联络站，接待着解放区来来往往的人。后来闪晓云全家也迁到汉口。1948年夏天，又在汉口璇宫饭店租了几间客房。徐仁常住在汉口，又挂个军需的名字，有时去开封、郑州，后方留守的工作都由他负责。廖师长要与徐仁谈话，多由傅书岚出面。找李俊成时，大多通过廖宜民，以避免外人生疑。有时利用打麻将、打牌，边打边开会。因为打牌可以4个人打，几个人看，外人看见，在公馆里打麻将，是国民党军队的"家常便饭"。傅书岚也常以唱戏、打牌等方式周旋于国民党军政要员之间，利用饭余酒后摸情况，帮助徐仁等同志搜集情报，掩护他们开展工作。李俊成等同志曾说过，在国民党部队三年多时间，没有傅书岚和闪晓云等家属的掩护和帮助，站稳脚跟是有困难的。

为了使部队在关键时刻起义，廖师长和李俊成、徐仁、廖宜民等同志费尽了苦心，进行了大量的准备工作。国民党派到第一一〇师的名叫"人民服务队"的特务组织很反动，还有一部电台，直接通到军统局，并有权杀人、逮捕人。师内还有像陈振威、刘鹏章这样一些汤恩伯的亲信，必须设法把他们调出去，才能减少起义的阻力。以后廖通过关系将陈振威升官调走了，派副师长欧阳春圃和一部分"人民服务队"去后方"慰问伤员"。把赞成与支持起义的刘协侯调到参谋处，后又调到三二九团当团长，成为起义中的主力。刘在起义前夕入了党，为部队起义做了很多工作。

从1946年下半年到1948年秋，第一一〇师经常在河南、山东、湖北一带活动，成为机动部队。有一次，第一一〇师接到命令到应山以北去阻击解放军。国民党大部队跟在后面，不去不行。队伍从确山出发，到湖北的广水下车，直奔应山。由于联系失误，与解放军交上了火，打了一天，解放军主动撤走，第一一〇师就算完成任务。师部在应山的东关驻下，廖师长叫我找到徐仁、廖宜民，我们4人一行，来到一片山芋地旁的坟地里坐下。这时天已黄昏，四周静悄悄的。他们三人对面而坐。我蹲在山芋地里，听到廖师长说："怎么一天都未联系上？"徐仁说："开始番号未搞清，后来才联系上，纵队的战斗力很强。"廖宜民说："他们（指解放军）动作真快呀！"廖师长说："真出乎预料。"师长说的"出乎预料"，是指我们是坐火车来的，解放军是步行赶到的，反而赶到我们的前头，措手不及打了起来。还说了一些话，我因饿了一天，想扒些山芋吃，没有听清楚。

1948年7月，我随廖师长回到汉口。廖师长在璇宫饭店开会，让我找来了廖宜民。我知道他们要开会，也不敢远离。住了几天才回部队。

10 月底部队奉命调往枣阳、广水。不久又接到命令，第一一〇师划归第十二兵团，开赴皖北，参加徐蚌会战，部队乘车到达明光站下车，然后步行到达蒙城。11 月 24 日渡过涡河，26 日清晨到达湖沟集、双堆集。那时，十二兵团的十几万人，被解放军围困在双堆集附近的一些小村子里，村里村外到处挤满了人。武器、牲畜、伤兵也放在露天野地里。我好不容易找到两间草房，铺张小床就是师指挥所了。当天下午，我跟师长来到黄维的驻地。屋里开会，警卫人员都站在屋外，可以听到屋内乱哄哄的。有的人要大炮、坦克，有的人要飞机等。过了一会儿，听到廖师长向黄维请示突围的声音，我当时也不很在意。回到师部，没有叫我传达什么命令就休息了。由于连日行军，人疲马乏，我到警卫排，挤出了一块刚能铺下一件大衣的地方，将就着躺下了。刚想入睡，警卫员到跟前喊我，说师长叫我去接刘协侯团长。我忙喊特务连的张其来排长派人去。廖师长听到了，又叫警卫员告诉我，叫我亲自去不要派别人。我满肚子的不高兴，不得已站起来就往刘团长驻地走去。大约走了一半路程，碰见刘团长正往村里来。我有些生气地说："师长叫我来接你呢！"刘说"知道了"，一路大步流星地来到廖师长院里。我先进屋报告。廖说："请他进来。"这时我看到杨振海同志正拿着一支蜡烛，床上摆了张地图。廖师长吸着烟，拿着红蓝铅笔，正对着地图划着。后来才知道那是解放军首长送来的起义行军路线图。屋里还有一个农民打扮的人，我以为是向导，后来才知道是解放军六纵队王司令派来的武英参谋。师长抬头问我，门卫是谁，我说是席云清。师长叫我告诉席到二门口去，无论谁要进来都要向他报告。派好了警卫，由于太疲乏，我就在辎重营找了块地方睡着了。约一个多小时陈乘纯副官用手电筒照着我说："师长到处找你很长时间了。"我估计有紧急情况，跑步到了师部。廖师长有些生气地说："跑哪里去了？要误事了。"我不知误什么事，想问又不敢问。师长走到门口看看外面没有人，回头压低了声音告诉我："你的愿望实现了，我们已和解放军联系上了，部队要起义。"他还告诉我行军时的信号、路线，并专门交代说："起义时不准任何外人接近我，若有人强行接近，就打死。赶快去准备。"我又高兴又紧张，赶快到特务连第一排挑选了十几个人，都是我的老乡。告诉他们说，这次突围友军很多，为防止识别不清，发生误会，要一律左臂扎白毛巾，没有毛巾就用纱布、急救包等代替，只要是白色的都行（我和廖师长扎的是白纱布）。队伍按四路纵队行军，不得拉开距离；没有我的允许，任何人不能靠近师长，不然我就开枪。为了保护廖师长的安全，我做了充分的准备，腰里挂了 4 颗手榴弹，向警卫排要了一支带刺刀的卡宾枪；我本人一支 20 发的手枪和一支左轮。整理好随身的衣物、文件、地图等，即和廖师长、几名警卫向刘团长的村子走去，拂晓到达村头。师长向一些营、连长讲话，四周布了警戒。我站在师长跟前，师长讲了形势和前途，问大家赞成不赞成起义，大家异口同声地说："师长到哪里我们跟到哪里。"廖这才命令部队开进。在路上遇到一阵炮击，一会儿就平静了。走了不多远到解放军阵地。解放军看到一一〇师过来，向两边闪开了一个口子，队伍通过后，解放军又将口子收紧，跟着我们出来"突围"的其他国民党部队，受到解放军狠狠的打击。只听到我们背后枪炮齐鸣，如山崩海啸。这时廖师长才骑上马，沿途看到了指定用的路标、高粱秆和包谷秆。国民党飞机来了，我们在地上走，飞机在天上跟，好像为我们送行。我问师长怎么办？廖师长说，命令打开布板对空联系。布板有红、白两种，双日用红布，单日用白布为信号，打开布板表示一切正常。

中午前后，我们到达罗集附近的一个村子。这是预定集合地点，解放军六纵队、南线总指挥王近山司令及杜义德政委带领同志们在村头等候我们，和我们一一握手，表示欢迎，紧张的心情才算放下来，大家松了口气。我跟着廖师长来到村头，

▲ 1948 年 11 月 27 日，国民党一一〇师师长廖运周率部起义。图为起义部队向人民解放军中野六纵阵地开进

在一间人字形的草屋内，打开报话机即与吴绍周联系上了。吴绍周也正寻找我们。为了继续迷惑他们，廖师长向吴报告突围顺利，后来遇到阻力，伤亡很大，现在困在野地里，由于伤亡惨重，向导被打死，不知道到了什么地方。吴说快找向导指明地点，我马上派飞机掩护你们。廖师长说：找到向导再向你报告。通话以后，廖师长命令我干好两件事，一是关上全师所有的报话机，一律上交师部，停止使用。二是叫我和廖运洛（廖师长族弟）去解决"人民服务队"。至此与黄维、吴绍周的联系才彻底中断。

由于起义是以突围为掩护，很多官兵都不清楚，沿途保密工作做得也好，连"人民服务队"这帮特务也蒙在鼓里。我找到了辎重营的廖运洛同志带了几十个士兵，到"人民服务队"住房门口，把枪对着他们，要他们交出武器、电台时，他们才如梦初醒，惊慌失措地举起手来。晚上派了一辆胶轮大车拉着行李，把他们十几个人统统押往解放军军部。

部队起义后，毛主席、朱总司令以及中原野战军等单位和一些首长都打来电报祝贺，地方上的慰问团、文工团也到驻地演戏、唱歌表示欢迎慰问。民工们拉着猪肉、粉丝、大白菜、面粉等慰问我们。每人还发了400元中州币，大家是睡得香、吃得饱，心里非常高兴，像过年一样。起义后不久，部队开往漯河休整，织织学习。1949年2月，起义部队改编为人民解放军第二野战军第十四军第四十二师，廖运周为师长，廖宜民、李俊成等同志也留队工作，我当了连长。因为驻地离我原籍较近，我请假回家探亲，等到我返回漯河时，部队已离豫南下，我即留军区工作，才与廖师长分开。以后，我又调重庆军械部，虽多次要求返回四十二师，因工作需要均未能如愿。1958年我转业来到安徽。在党的教育与培养下，在廖运周等同志的帮助与关怀下，我由一个无知的流浪儿，成为一名革命战士、共产党员。

（作者时任廖运周师长警卫副官。此文写于1987年）

对——○师淮海战场起义前后的回忆

廖宜民

1948年11月下旬，淮海战役进入决战时期，国民党——○师在师长廖运周的率领下，在中野首长和六纵的协助下，有组织有计划地举行战场起义，对淮海战役的最后胜利作出了贡献。我当时是该师副官主任、地下党委成员，参与组织起义工作，前后情景记忆犹新。

抗战胜利后，——○师进入河南新乡整顿，中原局驻邯郸，成立了城市工作部（部长薄一波）和国民党军队工作室，专门做对国民党军队策反工作，工作室主任是靖任秋（原名靖大康，新中国成立后在上海工作），他是廖运周在1927年黄埔军校时的入党介绍人，当时中原局首长也知道廖运周是我党隐蔽下来的同志。中原局组织派徐仁（化名李友实）同志到——○师联系。他拿着靖大康的亲笔信和薄一波等首先签发的介绍信，经过地方秘密交通站找到廖运周。廖运周喜出望外，安排徐在自己家里住下，以他夫人的表弟相称，并介绍给我安排工作。我向徐介绍了部队的情况，人事安排、武器装备及基层官兵的厌战情绪等。另外，当时蒋介石的国防部长陈诚在新乡召开了师以上军官会议，虽然这时是1946年的6月，内战还未形成，但陈诚讲话充满火药味，主要意图是围困中原，重点进攻江苏、安徽，积极向东北空运、海运，并狂妄叫嚣要在三到六个月内消灭共产党。根据廖运周的口述我们写了一份材料，还有我和运周的党籍问题，决定由我和徐仁赶快向中原局汇报。

1946年7月初，我和徐仁同志化装到达中原局所在地邯郸。这天正是"七七"抗战纪念日，看到邯郸军民庆祝大会的盛况，心里感觉像回到家一样兴奋。我被安置在工作部一间房子里住下，过了两天，徐仁带我谒见了薄一波同志，我向他详细汇报了廖运周和我参加抗战及参加抗日同盟军，以及国民党军的一些情况，以及与党组织失去联系的苦闷心情，并表明我们愿意在党的领导下努力为党工作的决心。薄一波同志很激动地握着我的双手对我说："你们回到党内来很好，我们非常欢迎，希望你们早日把部队带回来，我一定把你们的情况向党中央汇报、备案。"关于国民党会议的情况，我写了一份书面材料，交给了首长，并转报延安，后来听说这个材料很有价值，又很适时，中央军委还表扬了我们。汇报后薄问我"要不要见刘、邓首长"，我说"首长们工作都很忙，没有时间就算了"。我又提出希望组织上增派力量，以便开展工作。第三天我和徐仁，还有刘扬（后任长春电影厂厂长）一同离邯郸回新乡（刘扬因故半途就回邯郸了），我向廖运周讲述到邯郸所见所闻，他很兴奋。不久徐仁又回了邯郸，后来才知道徐仁回去主要汇报工作，在薄一波同志亲自主持下，专门召开会议讨论了廖部工作及我和运周党籍问题。会议决议并报中共中央、中央军委批准，廖运周的党龄从1927年算起，我则由徐仁、李俊成介绍重新入党，党龄从1946年7月算起（对此我有意见，曾向组织上提出过申诉），并决定增派力量开展部队的策反工作。

徐仁回到新乡——〇师时，同来的有刘浩、李俊成、张士瑞、金克等，为了工作方便，我们研究把张士瑞安排到谍报队，金克安排到师电台搞译电，徐仁公开身份是廖运周爱人表弟，常住家里，也在副官处挂个名字，自家亲戚来往随便，又以做生意为名经常外出，也没有人怀疑（国民党军官做生意是很平常的事），李俊成（化名郑大甫）较廖师长年长，谎称是廖齐鲁大学同学，廖、李都喜欢写诗，一时搞得热乎乎的。李待人诚挚、工作老练，颇有文人风度，人称"郑先生"，别人也没有什么怀疑。其他同志都安在副官处当副官。这些"官"，不需要国民党军部批，廖师长就可以直接委任，可以与我直接接触，也便于掩护他们，开展工作有诸多方便。当时分工是这样的，刘浩同志回中原局另有任务；李俊成负责与中原军区领导联系，不常在部队；我是师直领导（副官主任、军需主任），负责师内工作；徐仁借口给师长做生意，来去自由，负责传递情报；张士瑞负责交通；廖运周负责军内指挥，收集高层情报。这样进来的同志都站住了脚，开展工作得到很多方便。徐仁外出时，有时打扮成商人，有时穿西装，有时又学生打扮（那时他27岁），不分昼夜辛勤工作。张士瑞曾一度离开部队，中央又增派侦察科长杨振海（杨大伦）来到部队，我们把他安排到侦察连当副连长。

1947年夏天，成立了地下师党委，廖运周是书记，我和李俊成、徐仁为委员，刘浩宣布为副书记，但他不住在部队，据徐仁说经常能与他联系工作。师党委的主要工作，除积极准备起义工作外，还替中原军区搜集情报，重大问题都是我和廖师长、徐仁密商，但我们很少在一起，一般都是徐仁找我，我再找运周。为了减少风险，徐、李带回来的指示也先告诉我，然后我向廖传达。没有设基层组织，也一般不做发展工作，几年中经组织批准只发展一名团长刘协侯为候补党员，刘在起义前后做了很多工作。

廖运周是全师主官，有很多事他自己不便出面，而我对师中各方各派人事都比较熟悉，曾受到军长吴绍周的排挤，与受吴绍周排挤的人同病相怜，容易接近，做争取工作有话可说；又与廖师长是本家，说话也没有顾虑，有时廖师长工作上遇到为难事，我也能帮助去做。特别是廖运周参加一些军事会议，获得国民党军的动态、情报，他不便出面，大多都由我派人出去与解放军联络。如一次了解到国民党军在山东重点进攻计划，廖师长告诉我，我即派张士瑞用两天一夜，将情报送到陈、粟首长处，为此得到首长们的表扬。另一次解放军宋时轮的十纵队在泰安，国民党调集部队企图将其合围吃掉，我派张士瑞连夜将情报送出，十纵迅速撤出，免受损失，宋司令写信来表示感谢。像这样的情况很多，使师党委的工作与解放军作战得到密切配合。

我的夫人闪晓云是回族，深明大义，忠实可靠，很支持我们的工作。她虽然知道徐仁他们的身份，但从不暴露。几乎所有从解放区来的同志都在我家暂住过，她帮他们缝缝补补、洗衣做饭，帮助收藏文件、枪支，开会时在门外放哨，从无怨言。1948年住在汉口时，家里藏有一部电台，徐仁仍住家里，收报发报也从不回避她，这也给我们的工作提供了很大方便。

1948年7月，李俊成从军区回来，我们在汉口的璇宫饭店以休假为名包了几间客房，召开了党委会议，主要有我、廖运周、徐仁、李俊成，后又开了党委扩大会，李俊成传达他带回来的中原首长的指示，指示说："部队将有大的行动，进军江南前要打个大仗；做好一切准备，迎接战斗，一一〇师要在我军接应下完成起义。"起义的心愿就要变成现实，大家心里都非常高兴。为此，我们认真分析部队的情况，我们从师直属单位分析起，一个团、一个连地排查情况，后来我们又做了分工，我和李俊成负责前方工作，徐仁负责汉口留守处，掌握敌人动向，掩护安排家属，张士瑞、杨振海仍作收集、传递情报工作。

那时部队都在豫北、陇海线中段，以及鲁南、鲁中一带，成为机动部队，与解放军一经接触，不是他们撤，就是我们对天放一通空枪，就向上级谎报，或者有意拖延行军，迟迟不进，情报工作做得很好。好像只有一次与解放军没有联系好，双方开了火，有些损失。

　　在国民党八十五军里，因军长是贵州人，军中贵州派势力很厉害，一一〇师里也有很多贵州人，很多军官受其排挤、压制，有怨言，经争取比较靠拢我们。当时师内有很多我们的老部下、亲戚、同乡，他们大多比较进步，都能跟我们走；有些人没有靠山，但有正义感，也是我们可以争取的力量；少数比较顽固的，经过研究都逐步进行了调动。中原军区派来的同志，工作积极热情，很快适应了部队生活，我们配合得都很好。

　　1948 年 10 月份，部队在随、枣地区，接到部队划归黄维十二兵团，并要立即开赴徐（州）蚌（埠）地区作战的命令，而且要立即行动。当时并不知道是参加淮海战役（国民党称徐蚌会战）。我们分析，一一〇师开到千里之外，一定要打大仗，这可能就是我们起义的好时机。但当时部队军官家属大部分都在汉口、广水一带，对南进情绪都不高，我们积极做工作，允许军官回去探亲一次，增发一个月工资和给家属们生活用品等，这样部队行动因此延缓，走走停停，直到 11 月 23 日才到达阜阳、蒙城一带。这时得知黄百韬兵团已被解放军包围，宿县已经解放，我们没有停留，即掩护十二兵团向宿县、固镇方向转移。11 月 25 日到达固镇以西双堆集附近，几万人进入几个小村庄，遍地是人。吴绍周召集会议准备组织突围，向蚌埠方向靠拢。廖运周接到转移命令后，即召集我和刘协侯（三二九团团长，候补党员）、李俊成共同研究对策，并派张士瑞将黄维计划及我们拟起义的意见报告给解放军前沿部队，并请示首长对工作的指示，还电告汉口徐仁同志，迅速安排相应措施。26 日下午黄维改变了突围计划，打算用四个师齐头并进，强行突围。必须把这一情况立即报告前沿解放军，不然黄维真可能就会跑掉。我们还提出争取突围时打头阵，举行战场起义，希望解放军给予接应。因为张士瑞未归，我们又立即派杨振海同志，化装成当地农民再去报告。老杨走后，我们迅速将打算起义的消息，透露给我们的亲信即一贯支持我们的军官，以便作好思想准备。这时廖师长又到黄维的军部，主动要求突围时打头阵，黄维很高兴，很快就同意了。26 日晚大家很着急，等待杨振海同志到来，直到 27 日凌晨，杨振海与解放军南线指挥部派来的武英才回到部队，还带来几名向导。他们传达了首长指示，说明了规定的标记和行军路线。我们又立即召开了与我们有关系的军官会议。参加人数很多，当然较顽固的和所谓"人民服务队"的特务们没有参加。廖师长在会上作了动员报告，阐明了当时形势：全军已被解放军包围，即无援兵，又无退路，不能坐以待毙等等。明确宣布我们已与解放军联系上，决定战场起义。武英公开了身份，也在会上讲了话，表示欢迎起义。当时大家喜气洋洋，表示愿意"跟师长走"。27日早晨6时多，淮北的天气刚刚破晓，浓雾还没有散去，一一〇师包括师直属队、三二九团、三三〇团等5000多人，离开了双堆集，按照预定路线向解放军的阵地前进，虽然距离六纵指挥部所在地大吴庄只有20多华里，由于部队走走停停，直到下午才到达。当我随廖师长到达大吴庄时，解放军南线指挥员王近山、政委杜义德等已在村头迎候我们多时，当时我们像见到亲人一样，一一握手，欢笑声不绝。因为解放军部队的榴弹炮不如我们一一〇师的好，所以当晚一一〇师的炮兵就参加了围歼黄维兵团的战斗，还受到嘉奖。一一〇师的三二八团在蒙城时被吴绍周要走了，未能参加起义，没能把这个团带过来，长时间我们都觉得是件遗憾的事。

▲ 高跷队连日在起义的一一〇师巡回表演

由于我们对起义工作做了周密布置，保密工作也做得好，"突围"出来后吴绍周、黄维还被蒙在鼓里，不断通过电台与廖师长联系。后来起义一周后，解放军电台广播了一一〇师起义的消息时，吴绍周目瞪口呆，如梦初醒，不久他们就全部当了俘虏。

部队起义后，中原局、中原军区很多机关以及刘伯承、邓小平、李达、邓子恢等领导都来函庆贺，派来了慰问团。毛主席、朱总司令还专门给廖师长、我和刘协侯团长发来嘉奖电，我当时的兴奋心情真是无法形容。

淮海战役结束，部队经过整编改为解放军二野四兵团第四军第四十二师，廖运周任师长，我被任命为师参谋长。当部队驻漯河时，陈赓同志要我和廖师长联名写信，送给廖师长的同族兄弟廖运升、廖运泽，叫他们立即率部队起义。信是写在一块绸布上，由廖运周三弟廖运凯和表弟蔡树藩送去。当时运升、运泽部队在安徽寿县一带，番号是颖上指挥所和第一纵队。但当廖运凯到达寿县时，运泽他们部队已经南撤。于是按照首长的指示，又派杨振海化名杨大伦，化装成商人，持我和运周亲笔信，去到江南追赶已改为一一〇师的部队，历经一月余，追到浙江义乌，才找到部队，促成了该部在义乌起义。

其后，我被调到十四军军部任设计、运输科科长，随军渡江，进军大西南。空司成立后，我又调至空军司令部任职，授中校衔。1958 年转业到南京，任南京公交运输公司经理等职。现离休，安度晚年。

一一〇师起义成功，是在党的正确指引下，刘、邓、薄一波等首长亲自关怀和派到该部同志们的指导帮助下，全师地下党同志共同努力下取得的，我只做了一些我应该做的工作。

（作者时任国民党军一一〇师师部副官主任）

怀念廖运周师长

李瑞鑫

1945 年 9 月间，身为地下党的廖运周师长率领的国民党——○师进驻河南新乡我家所在的获嘉县。为解决战士洗澡的问题，廖师长特意找到我父亲，要求把被炸坏的澡堂尽快修好，所需经费都由师部解决，并且派一名副官和父亲一起坐柜台，防止兵痞骚扰。有时廖师长会带一些人来洗澡，父亲就会提前烧好热水，打扫卫生，只接待廖师长一行人。接触了多次之后，家父感觉廖师长与一般的国民党军官不同，待人亲切随和，治军有方，就找了个机会向廖师长提起能否将我交给师长当差。廖师长看了我的个头，问了年龄，觉得我还比较老实，就把我留在身边当了勤务兵，并当着我父亲的面对我约法三章：不许抽烟、不许喝酒、不许与团里的特务连接触，否则枪毙。父亲和我听后虽然非常害怕，但为了我能有个好的发展还是决定参军。父亲还嘱咐我一定要听师长的话，好好干，不许违反军规。

抗战期间廖师长在河南一带被尊为常胜将军，当地政府和百姓为了纪念那段难忘的岁月立了一块碑，上面有八十五军军长吴绍周和——○师师长廖运周的名字。自我参军后，在太行山博比和特岗口一带，常有共产党的部队与国民党部队发生战斗，国民党部队往往不敌共产党部队，常被包围缴械。当国军不敌战败时，廖师长常被命令前去驰援。当时——○师装备精良，机械化程度很高，所到之处，往往"战无不胜"。实际上，共产党的部队被——○师打跑之前，早已将国民党军的装备吃掉，在这五六次的拉锯战中，共产党二纵的装备得到了很大的改善。

我刚到部队时，有一次，春节刚刚过完，我随师长回到狮子营，就看到很多百姓在村口跪地申冤，称——○师有个战士强奸妇女，家属和百姓非常愤怒，请求师长主持公道，惩罚歹徒。师长听说后，马上命令集合部队，当即请受害人前来指认。很快，犯事的战士就被指认出来，师长怒斥肇事者无视家法军规，说谁家没有姐妹，——○师无法容忍这样的可耻行为，更不能容忍有这样的士兵，命令立即枪毙，以正军法。看到这样的情形，来告状申冤的百姓当即被震住了，反而央求师长枪下留人，求师长念在这个战士年轻莽撞，且又是未遂，实在不必枪毙。再三央求之下，师长才下令免死，但也当众杖责了好几十下，以儆效尤。

廖师长治军严明，从不克扣军饷，驻地百姓和部队官兵对他都非常敬佩。在当时那个年代，部队克扣官兵军饷的情况比较普遍，但我们所在一一〇师却从未发生克扣军饷的事情，官兵的军饷都是按时足额发放。因此，大家工作起来都比较安心，部队也比较稳定。

参军后，开始的时候我一直跟着廖师长在部队做勤务，后来发生了一件事情，我被师长安排去家里服务。新中国成立后，廖师长才告诉我，当时是有意安排的，甚至还渲染了一些声势呢。事情是这样的：当时我们在八里营驻防，家属住在新乡，每次师长回家都是我和另外三名副官陪同。但就这次，师长却让我留在师部，没带我回家。他走后，我收拾东西时发现桌子上有块表，是他指挥炮兵时用的，他没有带走。我就帮他收到了抽屉里。第二天，师长回来后问我表在哪里，我赶紧打开抽屉去找，却怎么也找不到了。师长非常生气，把警卫、特务连的人痛骂了一顿，我还挨了两个嘴巴。之后，师长的一个副官孟现祖就走了。后来才知道，是廖师长通过组织将他输送到解放区去了，那块表也是他带走了（因为解放军的炮兵需要）。过了几天，廖师长给我放了一天假，还从副官处弄了匹马，说让我骑马回家看看，让我父亲找人给算算卦，看怎么才能找到那块表。算卦的人说，让我们往东北方向去找，应该可以找到。回来后我马上向师长进行汇报，但师长只是嘱咐我以后要多加小心，也没多说。新中国成立后，廖师长在家里将这件事的原委告诉了我，说为了这事让我受了委屈还挨了打，我这才知道了事情的真相。这件事后，师长对我更加信任，就安排我到他家里工作，从此我就离开部队，一直跟着夫人和他家里人了。

淮海战役之前，部队在信阳驻防，但家人已辗转搬到了汉口，我也随着搬到汉口。期间师长只回来过三次，汉口这边主要是夫人进行联络，但夫人在汉口接触的人我不太了解，他们谈话和打麻将时我就在门口望风，如有人来，马上想办法让大家知道。接头后，夫人会写信让我送到信阳，向师长汇报会面的情况。

淮海战役前，师长在信阳驻防，当时国共局势吃紧，各战区的军官都是不允许离开驻地的。由于廖运周师长要在武汉召开一个重要会议，也为了打消吴绍周的疑虑，能够顺利回到武汉和地下党商讨起义的部署和细节，师长只好将自己的两颗牙打掉，脸也打肿了，然后以牙病为由申请回武汉看病，吴绍周也就批准了。在治病期间，我和夫人常去他住院的私人诊所探望，连他商量起义细节的会，我也跟着去了。当时大约是六七月份，天气很热，我和他的司机耿少文一起送廖师长到汉口的璇宫饭店，在外边望风、守卫。司机耿少文一直给廖师长开车，后来才知道，其实他也是共产党员。

有一天夜里，应该是廖师长已经率部起义了，地下党突然通知我们迅速从汉口撤离，深夜 12 点我们刚到门口，马上就有一辆吉普车开过来载我们去了机场。一小时后，我们乘的飞机降落在了上海，几小时后广播里就公布了一一〇师起义的消息。

起义后的一一〇师，部队被整编为中国人民解放军二野十四军四十二师，整体未进行大的改动，包括特务连的人也基本没动，就是派了政委和连指导员来进行管理。希望回家的老兵，都发给路费进行安抚，还发了起义证书。但白崇禧派来监视廖运周的三〇九团团长陈振威则在淮海战役中被捕，关在北京第一监狱服刑。新中国成立后为了执行党的统战政策，我还陪同廖师长去探望过他。我估计他在监狱服刑期间，思想肯定发生了很大的转变，对新中国和解放军非常钦佩，我们去探望时，他提出想要一件解放军军大衣，廖师长联系后领了一件大衣送给他，陈振威很高兴。后来陈的夫人还从家乡专程来京看望过师长和夫人，这都是后话了。

话说起义之后，我们从武汉飞到上海后不久就暴露了，为了安全起见，权衡再三决定还是回北京。当时北京还在国民党的把守中，为了能顺利进城，夫人把自己的名字傅书岚改为傅任秋，作为将军夫人回北京探亲，我则伪装成国民党少校副官。为了不露痕迹，还找人对我的言行举止进行了两天的培训。

我们到北京不久，北京就解放了。入城式第二天，天刚亮，夫人还没起床，就听见有人敲门。我开门一看，原来是黄参谋长，还带着七八个警卫。我就赶紧跑到后边告诉夫人说黄参谋长来了。他的警卫员见我称他为黄参谋长就乐了，说这是我们李主任。我当时很纳闷，怎么八十五军总部的参谋长成了李主任了？黄参谋长哈哈地乐了，说："小鬼呀，咱们是当家子，我不姓黄，我姓李。"后来才知道他叫李公侠，也是地下党，北京解放时他是北京西城区军管会主任。这天早晨他送来了刘伯承将军和邓小平政委的一封电报，还有一封廖运周的电报，共两份电报。第一封电报是中央慰问家属和随行人员的，第二封是廖师长给家里的电报，告知家里自己的情况。这两份电报我在西柏坡纪念馆里见过。

　　廖老和夫人虽然为新中国的建立立下了很大的功勋，但为人非常低调，也时常提醒我们注意自己的言行，不多说，不乱说。新中国成立后我们住在西城区东斜街 25 号，周围的邻居和街道上对家里的情况都不了解，当时我曾穿过国民党军服，在街道登记的也是国民党少校副官。解放军入城式的第二天，街道通知我去二龙路开会，会后就把我和 200 多国民党流散军人集中送到了通县，进行详细调查并组织疏散，无论我怎样解释都不肯放我回家。家里见我几日不归，很是着急，最后还是通过军管会的李公侠才把我接回了家。此后，为了工作方便我就穿上了解放军的军服，成为了一名光荣的解放军战士。街道和周围的邻居都很惊讶于我的神奇变化，街坊中有个拉车的老李说，前些天他还是国民党的军官呢，怎么现在就成了解放军的小兵了。当时我和家里人也没有和他们解释这些缘由，对大家的质疑保持了沉默，这也是廖老和夫人的一贯的风格。

　　廖师长作为二野的代表之一参加开国大典后，我随同廖师长和夫人一起坐火车回到武汉。当时二野的总部就在璇宫饭店。后来廖师长要随刘邓大军挥师南下解放大西南，组织决定由我陪同廖夫人回北京参加地方工作，在征求我意见时我表示服从组织安排。刘伯承司令员夸奖我虽然没有直接参加战场起义，但是也为淮海战役贡献了自己的一份力量，还奖励我一枚淮海战役纪念章，并由邓小平政委亲自给我戴上。这是一份很崇高的荣誉，其他得到纪念章的官兵都是集体得奖，而只有我是被单独授予，并且是两位首长亲自给我颁发的。

　　新中国成立后父亲一直经营管理那个澡堂，退休后又被返聘回来，家里还因为我参加淮海起义而被评为光荣军属。从小养成的认真谨慎的工作态度，不仅帮助我顺利完成了工作，还取得了不错的成绩。1959 年，我被评为北京市卫生系统的优秀工作者，参加了国庆十周年的"群英会"，市政府还为我们这些劳模专门出版印刷了一套邮票。这些荣誉和淮海战役纪念章一样，不仅是对我工作的肯定和鼓励，也是我重要的人生财富。

（作者时任廖运周贴身警卫员）

蒋介石与徐蚌会战的失败

萧德宣

　　淮海战役是国共双方武装斗争决定全局的最大战役，也是构成横渡长江、迫使蒋介石引退、结束其独裁政权，为解放全中国打下基础的最后一战。1949 年 1 月 10 日，我完成瓦解、争取任务后，从国民党军邱清泉兵团回到华野前委指挥部时，野政敌工部长徐宗田同志高兴地对我说："好啦！蒋介石的老本一下全蚀光了！你快去后院看看刚到来的余锦源军长、谭心军长和其他一些师、团长。他们情绪不好，对我们还有疑虑，你去重申我们的政策，安定他们的情绪。你稍休息一下，准备先去南京，钟主任（即政治部钟期光同志）亲自给你下达任务。"此情此景，仍历历在目。谨将当年在淮海战役中亲历、亲见、亲闻的情况，略述如下。

　　1949 年 1 月 11 日，我复奉华野政治部党组遣派楔入国民党军工作，在南京完成渡江战略侦察任务后，于 2 月 21 日，在四川与国民党军重庆卫戍总司令王缵绪见面。王问我："徐蚌会战，我强大兵团，怎么能被几股劣势之敌歼灭殆尽？"我简单答复他说："人心齐，天下一，周有臣三千为一心，纣有臣亿万为亿万心。且其官兵不知为何而战，士气低落，被动防御，不敢机动。人马无粮秣，伤患无医药，呻吟道旁，猬集沟壑，饥寒交迫。枪炮弹药奇缺，机动车无油料、无备件，只有堆积作防御工事之用。在共军强大政治攻势和军事打击下，三五成群投降者日以千计，集体起义、投诚者有军、师长 10 人，以下官兵近 6 万余人。且整个国统区内经济崩溃，物价一日三涨，民生凋敝，民怨沸腾，民众示威游行此伏彼起，党内派系林立，'中统'与'军统'势不两立，军内中央军与杂牌军之争、嫡系与非嫡系之斗、带兵官与政工人员明争暗斗之风尤为炽烈。以此来进行大决战，焉能'令民与上同意'？焉能'可与之死、可与之生而不畏危'？"这位总司令听了我这一席话，不得不喟然叹曰："我认为共军带兵者多属草莽之徒，岂知他们还深明伐兵攻城之道，而且还长于'用间'，争取我军反戈一击，收到'胜敌而益强'的效果。我看，今后我们的日子将是凶多吉少啊！"

蒋介石的战略部署和指挥错误

蒋介石的战略部署错误：无所不备，无所不寡；战略指挥犹疑，朝令夕改，进退失据。从当时全国战场来看，蒋介石如果不把口张那么大，抓紧时机，收缩战线，实行战略撤退，或将几个大集团军集中兵力，不顾城镇得失，机动灵活，乘人民解放军不利态势同我决战，还不失为识时务者。蒋介石 1948 年 8 月 5 日在南京黄浦路官邸召开军事紧急会议时，也提出讨论过这一重点防御的方针，并作出了"撤退东北，确保华中，组建江南"的方案。但蒋介石会后立即收回这个方案。他认为放弃一些战略据点有损国际声誉，影响美国和其他国外援；更难以遏止通货膨胀和群众运动；也不相信人民解放军能打阵地战，特别是打攻坚战。辽沈战役末期，蒋介石见势不妙，他于 10 月初又再次向其国防部作战厅长郭汝瑰指示："我在华中不想重蹈楚霸王的覆辙，留冯治安两个军在徐州以北掩护，立即将黄百韬兵团撤到临淮关，邱清泉兵团撤到怀远，李弥兵团撤蚌埠。"但是蒋介石又朝令夕改，他采纳了杜聿明的建议，认为："共军攻打济南，伤亡惨重，短期难以发动攻势。白崇禧集中 3 个兵团，把刘伯承压到汉水，必能歼其主力或一部。当前亟应乘刘伯承、陈毅两军分离之际，集中 3 个兵团，打开国军被动挨打的局面，争取主动，先发制人，一举击破陈毅主力。"于是派杜聿明到徐州指挥邱清泉、李弥、黄百韬 3 个兵团，定于 10 月 15 日向华东野战军发动攻势，企图收复济南。可是蒋介石一瞬间又变卦了，当杜聿明出发去前线指挥进攻解放区，刘峙等高级将领握着杜聿明的手送行时说"祝你旗开得胜，马到功成"时，"剿总"机要参谋突然飞车赶到现场，高呼一声："委员长十万火急电报！"众皆面面相觑，刘峙看完译电稿，两手一摊，有气无力地向参谋长李树正说："那有什么办法，委座叫光亭（即杜聿明）立即去徐州机场等候，同他一道飞北平，快通知部队原地停止待命，等光亭回来再说吧！"这个突然的又一大变动，把 3 个兵团一条长龙似的死卧在陇海线上，东西 300 里，21 天无所事事。直到 11 月 6 日中野、华野两大野战军战略攻势开进完毕，发动全线进攻，开封、商丘、临沂守军已被歼灭，华野总部已推进到郯城时，黄百韬兵团还未集中。从这个事实说明导致黄百韬兵团被歼灭的导演者是蒋介石。因为他当时倾注全力指挥华北，要带杜聿明一道去北平坐镇，并错误地认为华中、华东的武装足以震慑人民解放军。还有蒋经国在上海成立"打虎队"，把孔家公子孔令侃拘捕起来了，蒋介石匆忙赶回上海去处理，贻误了战机。

黄百韬兵团的覆灭

蒋介石部署错误，指挥犹疑，导致了黄百韬全军覆没。

早在 1948 年 7 月，第九绥靖区游击支队司令王宏明（中共叛徒）报告，"共军即将大举进犯新、海、连"，同时人民解放军苏北兵团也开始在徐海公路沿线积极活动。阿湖、城头、房山时有小战斗，黄百韬多次报请"缩短防线，向徐州集结兵力，进可战、退可守"。但蒋介石认为青岛、连云港两个海上登陆点不能放弃，以利盟军登陆作战（指的是马歇尔承诺的美军登陆支援国民党军），刘峙更是为了掩护他的盐商，不愿意放弃新、海、连，同时还指派第一百军进驻阿湖、城头，策应第四十四军方面之守备战。这样，黄百韬被牵拉得更加分散无力，无所不备，则无所不寡了。

蒋介石刚愎自用而又犹疑多变，葬送了黄百韬兵团，还在于当刘、邓大军已夺取郑州、开封，陈、粟大军前锋已达台儿庄、郯城之线时，蒋介石始下令第九绥靖区和第四十四军放弃新、海、连，并决定改变原由连云港海运撤退至蚌埠增防淮河南岸的计划，令九绥靖区（包括四十四军）徒步由房山—阿湖—新安镇运河—碾庄集结待命，侧敌行军 300 里。蒋介石又犯兵家之大忌，他还命令黄百韬"派有力部队掩护九绥区转移"。于是黄百韬又不敢不派一百军和六十三军在运河东岸占领掩护阵地。这样，就迫使黄百韬延误两天时间，影响其向大许家、曹八集、大庙地区集结奋战了。

▲ 华野部队逼近陇海路东段之情形

　　正是黄百韬8日晨5时，在新安镇撤收有线电话，对各军下达紧急撤退口述命令的当晚，何基沣、张克侠在鲁南军区敌工部长杨斯德同志协助下，在贾汪、台儿庄地区率两万武装战场起义了。华野司令员粟裕同志当晚抓紧战机，立令山东兵团接替何、张防地，迅速通过这个封锁线大缺口，向津浦路东西之线扩出去，七纵直插曹八集、大许家，截断黄百韬退路；十三纵中央突破，直捣碾庄；二纵、十一纵和中野十一纵向睢宁、宿迁渗透，包围徐州；六纵、九纵从南面迂回包抄碾庄；四纵、八纵穷追猛打，咬住黄百韬撤退尾巴不放。黄百韬兵团且战且走，于9日上午9时在碾庄召开各军长会议，决定紧急应变，各军长都要求："趁共军尚未完全通过运河铁桥，其先驱部队对我之堵击、侧击是逐次到达的，力量不大，对我向心包围的部队尚未形成纵深阻击阵地，应立即集中兵力、火力冲向大许家。并通知徐州主力兵团向东夹击，对空联络台紧急呼叫派大批飞机掩护。"会议上已初步商得第四十四军王泽浚军长先派一个加强团，强行军到八义集占领掩护阵地，掩护兵团向徐州靠拢。当时这支掩护部队的指挥者就是我。约在下午1时许，我到了八义集，士兵们正在构筑阵地，突然看见一架通信机（两翼有红色绸带），直飞碾庄，绕圈三周，发射红色信号弹后，投下通信筒，又一小时，传骑军发送来王泽浚军长转黄百韬司令官手令，嘱我"立即率队返回碾庄待命"。我回到碾庄车站指挥所见到王军长。他说："敌情有了变化，共军约五六个纵队在包围三绥区的同时，分股南下，截断了去徐州的通路（何、张起义事，他们讳莫如深），委座顾虑我兵团在运动中易为敌所乘，命令我兵团在碾庄编组坚固阵地，以决战防御姿态与徐州主力兵力互相呼应，待共军粮弹缺乏，乘其疲惫，我再夹击而歼灭之。"我问："兵团会议上，各军长都无异议吗？"王说："哦！大家撕破脸闹起来了！周志道和刘镇湘（按：即一百军军长和六十四军军长），拍桌子叫骂起来了。周和我们都认为应该立即突靠徐州主力兵团，避免没有后方，孤军作战；刘则认为应服从委座指示，且该军先到碾庄，防御体系已筑好，他以为他可以以逸待劳，出一下风头，自恃他有点力量，打一仗。最后黄司令发决定：'还是固守待援。'军人服从命令嘛！"随着分秒时间的推移，铜墙铁壁的天罗地网，逐步完备，黄百韬已成瓮中之鳖，不亡何待？

　　此中刘峙也是葬送黄百韬兵团的"有功之臣"。张克侠、何基沣起义的当晚，山东兵团奉命向南急进时，刘峙总司令惊慌失措，误认为人民解放军将首先攻占徐州，遂以十万火急电令原位置于曹八集的战略预备兵团（李弥兵团）调回徐州，以致人民解放军山东兵团轻取曹八集、大许家，截断黄百韬的退路，迫使其不得不在碾庄死守。刘峙还调原位置于宿县的孙元良兵团赶来徐州协防，使中原野战军又得以乘隙占领宿县，切断徐、蚌交通补给线，对徐州形成关门打狗之势。这是蒋介石导致黄百韬和整个淮海战役失败的重大失误。不仅如此，刘峙还假报军情夸大徐州以西敌情，迟迟不让邱清泉兵团急调东援黄百韬，始终认为共军将首先夺取徐州。一直到 10 日也未执行蒋介石"以邱、孙兵团立即东调击破徐州、碾庄间共军，以解黄百韬之围"的指示，待杜聿明 11 日到徐州后，才将邱清泉兵团调到徐州准备东援黄百韬。这时，刘峙仍坚持不肯让邱兵团全力出动，要留一个军（七十四军和一个独立骑兵旅）摆在九里山，以防中野攻城。正在这时，蒋介石从南京打电话来问刘峙"支援黄百韬的攻击部署"，刘答："我们研究了，邱清泉东调，留七十四军守九里山。"蒋怒声问道："谁的主意？"刘结结巴巴地答："是……我！"蒋介石骂道："猪啰！娘希皮！你这么怕死！"刘峙不语，呆立良久，还是杜聿明在旁劝说："共军首歼黄百韬的企图已十分明显了，遵照老头子的意图办吧！我同意你留下七十四军好了。"这样延误两天时间，迟至 13 日才由李树正参谋长下达命令东援黄百韬，这时，战机已失，华野纵深阻击阵地带已固若金汤。

再次葬送了黄维兵团

蒋介石在第二阶段葬送黄维兵团的战役中，仍是主观独裁，朝令夕改。

蒋介石见襄樊失守后，即主观臆断刘、邓大军必将横渡长江，或西入四川，急令白崇禧派 3 个兵团扫荡汉水和豫西，殊知中野秘密闪开几支箭头，乘虚攻占郑州、开封，迫使蒋介石急调黄维兵团尾追中野，意在羁留并击破中野配合华野主宰淮海战役的企图。于是黄维兵团急从唐河撤返驻马店、确山集结（往返 600 里），尚未休整，即经阜阳向蒙城急进（又强行军 360 里）。该兵团到达蒙城后，探悉中野已占领宿县、符离集地区，切断了津浦、徐蚌段交通线；另有"敌军"大部尾追东来。黄维面临这一情况，拟在蒙城整补充足后，以"据点跃进"方式，以避免其通过南汝河、洪河、颍河、西淝河、涡河、浍河等地障，及来自中野的堵击、侧击、尾击的损失。该兵团曾制订了《蒙城作战计划》，要点是：在蒙城休整，补充粮弹，修理车辆，带够油料、机件后，以涡河为天然掩护，安全行军至怀远附近渡河，联系铁路正面李延年、刘汝明兵团，并肩击破宿县之敌，向徐州前进（果真如此，黄维必不会被全歼）。但蒋介石坚决不同意，并电示："仍按原定路线沿阜阳—蒙城击破当面之敌，向宿县、徐州前进，解黄百韬之围，勿借任何理由迟滞行动。"这样，蒋介石在直接驱使黄维兵团进入囊形地带迫其在"死地"中与人民解放军决战了。

其实蒋介石是懂得"卷甲而趋，日夜不处，倍道兼行，百里而争利，则擒三将军"和"无犯进止之节，无失饮食之适，无绝人马之力"这些兵法原则的。由于他辽沈一战而失东北；再战而平津危殆；决战淮海，黄百韬千钧而一发；打通徐蚌，诸兵团对而难进（南北对进会师很难）；众叛亲离，何、张义帜高举（贾汪起义）；拥兵自重，健生按兵不发（白崇禧不发救兵）……此时的蒋介石，已被打得蒙头转向，焉得不气急败坏，怒而兴师，一逞以求万一之生？

经过 30 多个小时的激战，黄维的攻势确也迅猛。中野的正面阻击线被突破后，且战且退，板桥镇也落在黄维之手。中野的二、六两纵队也逐次北撤，一纵也从涡河撤到北淝河，并直迫人民解放军浍河防线了。鉴于黄百韬已全部被歼，中野乃报中央军委调中野十一纵归建，并调华野二、七、十三纵等前来助战，但必须在浍河防线顶住三天，给华野兄弟部队南来争取时间，同时有利于人民解放军囊形地带的完成。

在双方伤亡惨重的情况下，黄维的十八军杨伯涛占领了南坪集。黄维正在欢庆之际，他的十一师报告"浍河以北共军构筑了鳞次式纵深阵地，兵力雄厚"。他还据第十军军长的报告"我军后卫察觉有共军大部队向东南运动"，复据他的副司令官兼八十五军军长吴绍周称"兵团后方蒙城被共军占领"，深知已陷囊中，急召开会议研究对策。根据各军长建议，决心改道经双堆集、湖沟向固镇李延年、刘汝明兵团靠拢，再攻宿县北上。这位国民党军的军事理论家（曾是国民党新制军官学校校长兼陆军第三训练处处长）深知"少则能逃之，不若则能避之"的道理，这比蒋介石高明一些。可是黄维的运气不好，他的逃跑计划，在派

▲ 突击队向黄维兵团核心阵地攻击

传令军官乘吉普车送八十五军的途中，碰巧被人民解放军连人带车俘获。黄维因传令军官失踪，而令整装待发的各部队"原地停止待命"，至 11 月 24 日午后 4 时，在各军长的催逼下，才令"按原计划行动"。从下达转移命令至开始行动，已延误11 个小时，如果他即使在失密的情况下，毫不犹疑，当机立断，立即转移，是可以幸免于被歼灭的。正如当时刘伯承司令员所说："黄维落到学院派的套子里了，他帮我们争取了胜利的时间。"

从黄维被全歼的过程来看，除了蒋介石应负指挥错误的首要责任，黄维犹像迟疑和私心太重，撤退部署指挥失误，也是被全歼的重要原因。

从解放军战场俘获文件中可见黄维当时撤退部署要旨：（1）以南坪集东南的十四军（熊绶春部）向东平以东浍河之线前进，沿浍河南岸占领阵地向北警戒，阻敌南下，掩护兵团转移。（2）八十五军（吴绍周部）以主力于南坪集附近占领阵地，向西北警戒，掩护十八军（杨伯涛部）和十军（覃道善部）转移，向固镇西、瓦疃集前进。（3）第十军迅速脱离敌人，沿浍河南岸同快速纵队经双堆集向固镇西北湖沟集前进。（4）十八军立即脱离敌人，随兵团部跟进。识者一眼就看出，这个脱离战场的部署是极端错误的，因为他要十四、八十五两个军掩护十八军和十军向东转移，就把时间延误了，当时十八军和十军完全有力量依靠其本身的部署安全撤离战场，无需掩护。这样，十军和八十五军亦可就当时当地自取捷径到固镇西南集结。黄维如此部署，是想让十八军和十军最先脱离战场，而且更有安全保障（这两个军是胡琏组建的，后台是陈诚，黄维是陈诚系统的骨干）。

由于时间延误，杨伯涛的八十军只走了 18 里路到双堆集，已是午后 6 时了，60 辆战车，200 多辆汽车，白天可以在田野横冲直撞，夜间，一个小水沟、一辆车出毛病，也将影响全军行动，因此决定在双堆集宿营。一夜醒来，情况大变，人民解放军以排山倒海之势，向其猛打猛冲，这样，迫使黄维不得不下令十八军和十军返转过来占领阵地掩护十四军和八十五军了，于是解放军在客观上赢得了时间以彻底包围、锁死口袋，紧缩困饿，逐点蚕食，全部聚歼黄维兵团了（这时，廖运周师起义，也是黄维被歼的一个重大因素）。

杜聿明集团被歼亦如出一辙

在战役的最后阶段，杜聿明主力 3 个兵团被全歼的主要因素，与第一、二阶段如出一辙。仍是蒋介石专制独裁的错误判断—专制独裁的错误决心—专制独裁的错误指挥；而又犹豫多变，其下属行动迟缓，上下怨尤，左右相咎，各自为政，死守防御，终与黄百韬、黄维同归于尽。

当蒋介石看到他南北会师，打通津浦线，救出

▲ 解放军对付国民党军坦克的工事

黄维同杜聿明集团，退守淮河的战略部署希望甚小；又观察到华野尽全力打黄百韬后，集结其主力于徐州东南地区对付李延年、刘汝明两兵团北上时，他想到"兵法"讲的"以迂为直"和"行千里而不劳者，行于无人之地也"的道理，于是他欣然同意杜聿明的建议："放弃徐州，从徐州西南绕道萧县、永城、涡阳，到达阜阳地区，依托淮河，保证后方供应，再向中野侧背实行反包围，以解黄维之围，然后撤守淮河南岸。"杜聿明献计后于 11 月 28 日晨 7 时离开南京起飞返回徐州前，曾向蒋介石、顾祝同要求："（1）此计划千万不可传给其他任何人知道。（2）放弃徐州后，部队在转移中千万不可动摇决心，将部队调作他用。"（这段话是邱清泉骂"国防部混蛋，老头子糊涂"时向我们亲口讲的。）

可是，杜聿明的部队于 11 月 30 日晚撤出徐州时，军民大乱，争相逃命，李弥兵团和孙元良兵团均违背命令，提前 8 或 12 小时撤退警戒，被解放军前线察觉，立即转为攻击和追击。由于军民混杂夺路而走，行动迟缓，12 月 2 日晚才到达孟集、李石林、袁圩、洪河附近宿营。翌日准备继续向永城前进时，蒋介石突然又变卦了，他以中正手启电指示杜聿明称："应速向南解决睢溪口、马庄一带约四万之敌，此乘敌分离而各个击破之良机，切勿作避战迂回之图。"这是 12 月 2 日晚的电报，杜接电后，思想斗争激烈，是遵令向南打下去歼灭睢溪口、马庄之解放军兼以解救黄维？或继续向西南脱离战场，依托淮河再救黄维？他犹豫不决，到 3 日刚吃完早餐，部队正向永城前进时，蒋介石又亲笔下达命令，空投到第二兵团七十五军队伍集结处。邱清泉立即上送杜聿明，杜这时更是慌乱不知所措（十分埋怨蒋介石反复无常），忙将要旨电话传达给各兵团司令官，并令部队原地休整待命，召

兵团司令官到总指挥部开会。下午 2 时，各兵团又召集军长、军参谋长、师长训话，传达蒋介石亲笔信。我和七十二军许亚英参谋长因途间吉普车故障，徒步最后赶到，只摘抄了邱清泉笔记要旨：……你们仍向永城去，坐视黄维兵团不救，会亡党亡国灭种，望立令各兵团南向睢溪口攻击前进，会同李延年兵团南北夹击……邱清泉问许参谋长和我："你们怎么看法？"我两人还未答话，邱抢着说："怕死的总想跑，我邱清泉不能违抗老头子的命令当逃兵，我已当场表示，我第二兵团改道向南打头阵，你们两个参谋长如何？"我两人答道："遵照钧座指示。"我回到部队一探询，才知道杜聿明召集的会议上，仅邱清泉一人逞能骂这个怕死鬼、那个怕死鬼，自愿改变决心南下打头阵，杜聿明也是被邱牵着鼻子走的。

大部队又停止休整一天，直到 3 日晚 12 时，华野主力追击部队右翼才兼程追到薛家湖，左翼才追到大回村，而且追击部队是逐次赶到的，"行百里者半九十"，短时间内亦很难编成坚固的阻击阵地带。据此，我认为：如果蒋介石不决心多变，处置犹疑；如果中途不改变任务、方向，如果不停下来休整；如果不死守防御，坚决冲出战场，则杜聿明的 3 个兵团是可幸免于全歼的。

当然，3 个兵团被全歼，杜聿明自己犹豫不决，决而多变，也是导致覆灭的一大因素。如 12 月 6 日，杜聿明和几个兵团司令官在李石林的李弥司令部会商南下打不动、共军越来越多、攻势越来越猛、包围越来越紧缩的对策时，孙元良力主突围，邱清泉这时碰了几次硬钉子后，也有点泄气，附和孙元良的"将在外君命有所不受，再打下去，前途不可思议"的论点，同意突围，他还向杜聿明说："我保证你安全突围。"于是杜聿明说："只要大家都赞成突围，我就下命令突围。"最后一致议决分头突围，到阜阳集合。当晚，杜聿明又变卦了，来电话说："暂不行动。"我用电话问邱清泉："是否有变动？"邱答："主任（杜聿明）说还要研究研究。"可是这时高楼方面炮火声、机枪声大作，据五军通报："十六兵团单独突围，大部被歼，余众约万人逃回，孙司令官带少数官兵从西逃脱。"杜聿明决心多变，以致下属各自为政，互相怨尤，导致同归于尽。吴子曰："用兵之害犹豫最大，三军之灾，生于狐疑。"蒋介石、杜聿明正是这样。

后勤腐败　情报不灵

"兵马未动，粮草先行"，这是人所共知的。国民党军的后勤，大都是为其主

▲ 向国民党军空投的物资部分落在解放军阵地上

子和后勤工作人员做生意赚钱的，他们平时与地方贪官污吏勾结，克扣军饷，盗卖军粮、服装、药品、器材等以自肥；战时则早早脱离战场，串通上级军需部门，冒领死者粮饷，毫不关心下级官兵死活。淮海战役中，黄百韬兵团下属各军后勤人员从 10 月初即全部离开防区，到南京、上海"留守"，该兵团从 11 月 1 日起，粮弹补给，完全断绝；黄维兵团从确山向东开拔时，即将兵团兵站置于武汉、南京、上海"留守处"，在蚌埠设办事机构。该兵团从 11 月 24 日至 12 月 25 日，以及杜聿明集团从 11 月 28 日起算（依靠徐州补给基地的战斗日不计），至 1949 年 1 月 10 日的补给，也都是在陆上补给断绝、空中补给极少、骡马杀尽的情况下垂死挣扎的。他们各级指挥官下达作战命令，关于"输送补给"一项，总是写个"略"字，或写"见另纸"三字，实则并未见到另外规定的条文。试查国民党军被俘官员中，能有几个兵站分监和后勤处长？能有几个军需主任？战役中人无粮、马无料、枪炮无弹药、车辆无燃料、伤患无医药、死者暴尸四野，如此后勤，其军队焉得不逃、不散、不降、不高举义帜反戈一击？兵法云："军无辎重则亡，无粮食则亡，无委积则亡。"信哉斯言！

国民党军侦察工作无广大群众支持，只凭少数"谍报"，道听途说，因而攻、防、进、退失据，每遇情况，不能及时下达决心，临机处置，丧失战机。举几个我亲见的重大事实为证：

11 月 10 日蒋介石电令刘峙立即调邱清泉兵团支援碾庄，但刘峙得到的情报是"砀山、丰县、黄口地区有共军大部"。因而刘峙拒不执行命令，还电呈蒋称"邱清泉不宜东调"（实际上那里只有解放军几千人），以致延误援救黄百韬 3 天时间。又如中野 4 个主力纵队已到涡阳、崇城地区阻击黄维兵团东进，但人民群众封锁了消息，刘峙得到的情报是：该地区没有共军野战军主力，只有一些地方武装。当黄维节节受阻，行动困难时，刘峙却连电斥责黄维"按兵不动，行动迟缓"，并报蒋介石不准黄维取道怀远依托李延年兵团并肩前进，迫使黄维硬着头皮铤而走险，导致覆灭。再如黄百韬兵团到达碾庄地区集结后拟即继续西靠徐州时，"剿总" 9 日 8 时的情报是"共军大部南下，刻已到达八义集、大许家，遮断了徐东交通"。其实我 10 日 13 时率 4 个步兵营和一个迫击炮营到达八义集占领掩护阵地，掩护黄百韬兵团主力向徐州靠拢时，并未发现"剿总"通报的上述情况。黄百韬未能及时向徐转移的原因较多，而情报误传，影响其决心、处置，应是主要因素。复据四十四军、七十二军、一一六军的政工人员谈：这一带的老百姓太坏了，大多赤化了，我们的谍报派不出去，派出去就回不来，"剿总" 20 多部电台都变成聋子瞎子了。我进入徐州跟踪寻找邱清泉兵团，路过通九里山和通马厂湖的路口时，看见一大批"剿总"的谍报，其中有一个前四十四军的政工人员叫李鹤林的和一群还乡团，他们个个愁眉苦脸，不知所措。如果说他们还有点什么作用的话，那就是靠道听途说，以毁灭他们自己的军队，或敲诈勒索老百姓，或搞投机倒把。兵法云："……不知敌之情者，不仁之至也，非民之将也，非主之佐也。"这样的军队情报，不亡何待？

（作者时任国民党军第七兵团四十四军一五〇师四四九团上校团长）

我所经历的淮海战役

徐建铭

廖运周师长于 1948 年 11 月 27 日在淮海战役中率一一〇师起义，岁月如梭，距今已 60 余年。遗憾的是老师长已于 1996 年 5 月 11 日去世（享年 93 岁）。我是廖师长起义时的骨干之一，在庆祝中华人民共和国建国 60 周年之际，特撰此文，以纪念老师长廖运周以及为共和国建立英勇献身的战友们。

一一〇师增援徐蚌会战东进行军情况

一一〇师奉命东进增援徐蚌会战，从广水乘火车北上，到明港下火车转东，沿十八军行军路线前进。开始按照以往行军惯例，派出武装（带步枪、冲锋枪）设营人员提前设置部队宿营地点，然后等部队到达后，各团营按照预先设营地点宿营。以我团为例来说明具体情况：团部、各营、各连派出设营人员，提前到团部或预先设计到达的目的地布设宿营地点。一般情况下我们团是由我带领设营人员提前出发，向师指定的宿营地进发。到达目的地后，按照村庄和实际地形分布情况（含有战斗准备的态势），分配团直、各营部队的宿营地点，并指派出警戒部队。待部队到达后，设营人员各自迎接自己的部队进入宿营地点，部队有条不紊地到达指定村庄宿营。

当部队行军过了河南省新蔡县以后，这个办法不行了。因每天都有小的战斗发

▲ 美国飞机帮助国民党军向徐州运兵

生，提前出发脱离了大部队，怕遭到解放军的袭击，太危险了。虽说是武装设营，却没战斗力，由于每天都发生小型战斗，部队行程走走、打打、停停，再走走，派出小部队去打打，大部队就得暂停（延误行军里程），所以每天都达不到师指定的宿营地。故每天的行程超不过 50 华里，甚至于超不过 40 华里。只好到宿营时师、团临时指定宿营地，这样不仅达不到预定宿营地，而且对士气和信心影响很大。部队官兵就发牢骚："我们明明是蒋介石的部队，却处处听刘伯承指挥……"

过了黄泛区之后，行军道路两边的村庄十室九空，青壮妇孺为避兵灾逃往他乡，留下老弱病残死守家园。靠近路边的房屋东倒西歪，残垣断壁留在路旁，给跟进的一一〇师的行军、宿营造成很大的困难。官兵们满腹牢骚："蒋介石打内战能打到何年何月？什么时候能让老百姓过上太平日子！跟着十八军走（按照总部命令我师是跟进十八军行军），算是倒霉透了！"

我记得刚刚跨入安徽省境内的第一天宿营，我住的隔壁有户人家，家中留下两个残疾幼儿，大的有十一二岁，是个下肢瘫痪的半瘫子；小的有八九岁，是个半痴呆的儿童。他们是怎样生活呢？家中米面全无，只有几块红薯，他们用火烧得半生不熟，这一边烧成焦炭了，那边还是生的。他俩互相争夺着向各自的嘴中塞，弄得两手脏兮兮的看不见皮肤颜色，满脸灰黯黯的。有锅台而没有锅，连口热水也喝不到嘴里。我在看他兄弟俩，老大也翻起两只没有神的白眼看着我。晚上他兄弟俩就和衣睡在锅台角的乱草中过夜，初冬的夜晚是相当的寒冷啊，他俩就这样的挣扎着。

黄维犹豫逃不出包围圈　廖运周"巧妙"跳出包围圈

根据回忆现将 11 月 25 日夜、26 日白天与 26 日夜，我所知道的情况，按时间分述如下：

1948 年 11 月 25 日中午，解放军自动放弃南坪集北撤，黄维认为解放军是被击溃，就拼命向北挺进，进入刘伯承布设的袋形阵中后，他才发觉自己已进入口袋之中（双堆集以西地区），处于北上不得，南下不得，进退两难的处境。为什么不向布袋边沿转移，总比位于口袋中心向外转移要快一些吧！为什么 26 日转移到双堆集不动了呢？

25 日夜黄维、吴绍周和军长们争吵的结果是，不管蒋老头子应允与否，认为向固镇转移是条不折不扣的生路。此夜部队调动了半夜，刚住下，我从团长住处回去休息，才跨出大门，就在我面前四五米处发现一个黑影，一闪便疾速向南，消失在黑暗中，我心中咯噔一下，这是解放军的侦察兵潜入我军驻地了吗？26日，当得知早晨送作战计划者，连车带人已被解放军抓获后，心中的疑团才解清。也因为送作战计划者被俘，计划失密，这也动摇了黄维向固镇转移的决心。实际送计划之人未被俘之前，廖师长从吴绍周那里知道了黄维向固镇转移的计划，即派"飞毛腿"张士瑞飞报刘、邓首长，加强措施，不让黄维跑掉。

26日，兵团部命一一〇师向双堆集东南方向的胡沟集方向搜索解放军情报，我团是师的前卫团，一路并未发生什么情况，我团还在胡沟集吃了顿午饭。我认为这是黄维向固镇转移的好时机。但廖师长决不让黄维乘机跑掉，他从中耍了个手腕，黄维命一一〇师返回双堆集他的身边宿营。如果是别的师向胡沟集搜索情况，恐怕黄维真有可能跑掉，全歼黄维那就麻烦多了，幸喜是一一〇师。如果26日黄维不犹豫，胡沟集东距固镇只三十多华里，西距双堆集二十来里，黄维如果决心转移是可以做到的。

26日白天和夜里，双堆集西南、西、西北等方向战斗激烈，胶住黄维不能脱离战场，让他不能向东转移，而双堆集东面并没有发生战斗（我团午后才离开胡沟集，是师长耍了个手腕），故我认为包围圈的形成（双堆集以东地区）是在26日下午与26日夜才完成的。如果黄维做到了舍小保大，放弃坦克、汽车辎重（运动不便），十军和八十五军掩护其他两军和兵团转移，黄维也许可以突出。但黄维舍不得坦克和汽车，而没有这个决心。他想全保，全保不成，却变为被全歼。

待到廖师长向他献策：他率一一〇师先突围，把十八军留在黄维身边作预备队，待突围成功，其他两师跟进，扩大战果（改变了黄维4个师齐头并进的突围计划，这是很厉害的一招）。不管吴绍周与他怎样争辩，不让一一〇师先突围，是他的主力师，可黄维却应允一一〇师可以作为主力师先突围的计划，对此，我认为是这样的：第一，把十八军留在他身边，

▲ 国民党军第三绥靖区部队举行起义签字仪式

正中黄维下怀，是求之不得的好事；第二，牺牲别的部队，既保存了自己的实力，又为自己建立了战功，也是求之不得的好事；第三，廖运周主动提出率先突围，比派遣效果好。他素有盛誉，成功率高。因此，26日夜包围圈形成后，27日晨5时廖运周以"金蝉脱壳"之术，把黄维牢牢地拴在以双堆集为中心的包围圈之内，等待被歼。

国民党军队联络方式

国民党军队上、下级的联络以电台、报话机、电话、汽车、马、人等方式互相交叉联络，下达命令或通报情况。据我了解有主次、兼用和特殊情况之别，略述之：

兵团、军、师之间，距离远以电台、报话机为主，距离近以电话为主，特殊情况用汽车传递，有时兼用。

军（有通讯营）、师之间，先以电台、报话机为主，待军向师架的电话线架通后，以电话为主，特殊情况用汽车或马传达命令或情况，也有兼用。

师（有通讯连）、团之间，先以报话机为主，等到由师向团的电话线架通后，以电话为主，有时也用马或人传送命令或情况。

团（有通讯排）、营之间，以电话为主，从团向营在没架设好电话线之前，以人传送命令或情况；营、连之间，以人来回传送命令或情况。只有在特殊的情况下，团的电话线才架到连或排。

电话线的架设，通常是军用皮线，临时放在地面上，有路口才悬起来。从军的总机架到师的总机上，师向团架设电话线，从师总机架到团的总机上，团向营架设电话线，由团总机架到营的单机上。上下级的所有单机，统统接到总机，讲话时由总机连接后才能通话。

国民党军队兵源补充

征兵 国民党军队兵源补充，实行征兵制度。部队需要补充兵源时，组成补充团的接兵班子。到指定的师管区（省时省钱）或专区、县直接征兵，拖的时间长，比较慢。这是正规的补充兵源。但被征者中夹杂着10%至20%的兵贩子。如征到张三当兵，而张三怕去当兵，就花钱雇个老兵李四，顶他的名字去应征。有人形容兵贩子："今天到部队，明天就逃跑，后天再把自己卖一次。"这些兵贩子到部队后，整天伺机逃跑，根本没打仗的准备。

连上的兵逃亡多了，没有战斗力是小事，而是怕连长当不成了就出歪点子，不是截兵就是抓老百姓顶空名字，故连上的士兵有 80% 都是张冠李戴，真名真姓的不多，打仗牺牲了，也是个"替死鬼"，阎王爷也对不上号。

截　兵　国民党军部队驻在洛阳北凤凰台，连长天天派人去截兵，无证明的不用说，就是有证明也当面撕毁或没收，带回连上顶名字。一天连长派我带两名班长，去洛阳火车站截兵。快走到火车站时，见前面有一群人围着看热闹。走近一看，是一个衣着兵不兵、民不民的青年跪在地上，给两个身穿整齐军装的军人连续磕头求饶并说："家中有八十老母，无人养活，请长官高抬贵手，放了我吧！"目睹此情，我转头对班长说："你看这缺德不缺德？今天咱们不干这缺德事，走，逛洛阳去，中午我请客。"班长小声说："回去咋交差？"我说："不干这缺德事，回去由我交代，与你无干。"从此连长再不派我去截兵。

抓　兵　是强硬的，不管你愿不愿意，没有理由拒绝，乖乖地顶个名字当兵。弄得妻离子散，好好一家人，从此不得过团圆的太平日子。

弹药补给

弹药补给，一般均从大后方用火车或汽车运到指定地点，师军械处负责联系，补给部队。不管平时或战时，每个士兵要保持一个基数的弹药，即子弹 100 发，手榴弹两枚，师带半个基数。作战时由师补发配足士兵基数，师基数消耗完之后，就由军和兵团携带的基数中补发给部队。军和兵团的基数消耗完了就是弹尽了。

粮秣补给

行军、作战时期，士兵每人携带三天伙食，一般是边吃边补，从当地粮站补给，由师、团军需处粮秣员负责补发给连队。如当地粮站空虚无粮或其他原因，便从大后方运来大米供给部队。后来由于部队调动频繁，后方补给根本跟不上去，那军纪就成了问题。部队一进村，就是"鸡飞兵跳墙，狗叫小孩哭"，士兵去捉鸡，鸡飞到墙那边去了当兵的就跳过墙追赶捉鸡，狗在狂叫不休，小孩吓得啼哭不止。另一方面是翻箱倒柜，瞧东瞅西找吃的，找不到吃的绝不罢休。一时闹得鸡犬不宁……

我师的情况与此不同，团、营长按师长的暗示"吃大户"办事。所谓"吃大户"就是"吃老财"。部队进村，从房屋院落上看，一眼就可看出哪家是大户。以班为单位开伙的班长就去他家借粮吃。主人即说："八路军来了，要分我的土地、东西，天天盼国军来，你们来了又要吃的。"班长解释说："我们正是为解救你而来，我们是一家人，你不管吃的，谁管吃的？主要是上级的粮食供应跟不上，才向你借粮，借多少我们给你打借条。"我师"吃大户"做到了不扰民，得到绝大多数群众的称赞，但只是极少数人不满意。换句话说，也就是95%以上的人满意。

（作者时任国民党第十二兵团八十五军——〇师三三〇团作战主任）

淮海战役亲历记

郑信桓

一、淮海战役开始

（一）国民党军的态势

国民政府华东"剿总"的总兵力是：冯治安兵团 4 个军在枣庄、台儿庄一线，黄百韬兵团 4 个军在海州一线，邱清泉兵团 6 个军在砀山、商丘一线，孙元良兵团 4 个军在宿县与永城之间，李弥兵团在徐州附近，程潜、李默庵、唐生智在苏北一带，胡长青、刘汝明部队在蚌埠，华中"剿总"白崇禧部的黄维兵团，向涡阳蒙城一带前进。

（二）邱清泉第二兵团在砀山宣誓

邱清泉，一生最崇拜的是拿破仑，他留学德国陆军大学时，学的是克劳塞维滋的军事理论，希特勒的战斗精神。他有一整套的军事思想和教育方法。在抗战中，昆仑关大战时是他提出用重兵攻打日寇侧背。

他身先士卒，配合友军，消灭日寇有名的坂垣师团，使昆仑关高高地飘扬着国旗，也因此被日寇炮弹炸伤，日寇称他为"邱老虎"。他作战素以小心谨慎、勇猛著称。

可是今天在砀山城北的大操场上，却使我们产生了另一种感觉。也许因为部队扩充太快，由原来一个军扩充到四个军，面对这一支新生部队，在他的心目中，产生了一种不祥的感觉。为什么大军作战，要举行宣誓呢？

宣誓的内容是这样的：

"我坚决忠于党国，绝不后退，绝不投降，绝不做俘虏。如有违背誓言，雷打火烧，此誓。"

这种誓言，不是等于暴露了自己的空虚和弱点吗？没有了必胜的信心，我心中忧虑这一无情的预兆。

我营扩充为警卫团。我被任命为警卫团团长。砀山宣誓以后，由于作战任务繁重了，邱先生命令我，将现有的警卫营和杜聿明的警卫营以及原有的工兵营，共3个营兵力，和原来的装甲车连、重迫击炮连、无线电扰乱连、卫士连，组成警卫团，我充任团长，仍兼任原警卫营营长的职务。为的是能直接掌握一支更亲密的队伍。

不久，全军奉命离开砀山县，开赴徐州东面抢飞机场，东向运河边，挽救在运河东面碾庄被解放军围攻的黄百韬兵团。

可是当我们越过飞机场，向运河边急行时，碾庄的七兵团，已经在大军渡过运河时，被解放军华野主力围攻，而遭

▲ 位于徐州市文亭街的国民党军徐州"剿总"旧址一角

消灭，黄百韬阵亡，十几万人马损失殆尽。

（三）冯治安部队投降人民解放军

在黄百韬兵团被消灭的同时，驻守徐州北面的冯治安兵团两个军，也同时投诚了人民解放军。这样徐州的"人"字形阵势，被斩去了头和左肩，徐州北面完全暴露。一片恐慌，剩下来的只是二兵团、李弥兵团、孙元良兵团了。这是一个致命的打击，此时整个华东"剿总"，已陷入四面楚歌、人心浮动的局面，再也没有主动出击的力量。

（四）刘峙的训令，告全军将士官兵书

正当徐州战事，国民党军陷入四面楚歌，人心惶惶之际，杜聿明被从东北调回来，任"剿总"副总司令，兼前线指挥官。邱清泉任副总指挥，兼第二兵团司令。这时实际的兵力，只有二兵团和李弥、孙元良3个兵团，交警总队，原"剿总"警卫团，和一些杂牌的部队。这时就接到了刘峙的训令。

他首先是说，将指挥权交给了杜聿明，希望全军将士听指挥。他说，他革命

几十年，现在已 50 多岁了，别无所求，愿与诸君共勉等语。当我奉读这一训令以后，真觉得心灰意冷，作为一个最高战场统帅，在大战前夕，没有一句鼓舞人心的言辞，便知离失败之期不远矣。

前方主力部队第五军已离开萧县向西南挺进，右边是七十军、一〇〇军，还有很多不知名的部队，这时杜先生来了。

在萧县一个村庄，召开军长以上会议。这时我作为前方指挥部警卫团长便在旁听席上负责保卫他们的安全。会上邱清泉先生提出三个方案：

第一，将部队全部重武器和多余东西、行李辎重全部不要，司令部以下人员全部轻装，每天以 120 里以上的速度，沿陇海路，靠黄河边向西急进，趁共军主力在涡河一带集中，我以脱兔之势，向郑州急进。占洛阳向潼关方向，投奔胡宗南，然后再重新装备，东出争夺中原，使共军不敢长期盘踞中原，这是上策。

第二，或者以同样方式，急奔许昌下武汉，投奔白崇禧，这是中策。

第三，是按南京统帅部命令向南坚打，这要跨过涡河、淮河，行动相当困难，必然遭到覆亡的命运，这是下策。

他又说："将在外，君命有所不受，南京统帅部这一班人是大饭桶，他们哪里知道，前方战况千变万化呢。"

但是杜长官考虑再三，认为目前有大量物资和半个国库，万一失去了，将来责任难当，还是按统帅部命令向南打，与黄维会师。最后决定强攻。

▲ 美国援助国民党军发动内战的大批武器

（五）陈庄桥头的血战

作战方针确定以后，第二兵团以第五军和七十军为主攻单位，其余 4 个军，分为左右两侧掩护。李弥兵团，在东北方向掩护。孙元良兵团，在西侧和北面掩护，与李弥兵团交接。中央是"剿总"和其余非战斗部队。前方指挥部，杜聿明、邱清泉由警卫团负责掩护，由我统一指挥跟随在第一线二〇〇师后面前进。

经过两天调整以后，第一天主力二〇〇师，抢夺陈庄南面小河桥头，兵团副司令兼七十军军长高吉人、副军长邓军林，亲率该军向桥头进攻。这是关键性的一战，当七十军攻进桥头解放军占领的村庄以后，解放军即以 3 个纵队的兵力进行反扑，双方肉搏成混战状态，天空间成百架飞机，无法助战，只能向解放军后方投掷炸弹。七十军被解放军 3 个纵队（即 3 个军，解放军的一个纵队即是一个军的编制）迫回河南。跟着第五军主力，全部开上来，大家展开白刃战，最后人民解放军用了 4 个纵队反攻，高吉人负伤，夹在鹿砦里出不来，没奈何，我们又用了一个军上去硬拼，才将高吉人救下来。经过陈庄这一仗以后，第二兵团主力第五军、七十军，战斗力大大损伤，九十六师师长周中梁负伤，副司令兼七十军军长高吉人负伤。我们拿不下陈庄，陈庄河无法过去，机械部队发挥不了威力，虽有强有力的部队，也发挥不了威力，无从施其技。

（六）孙元良兵团司令只身西走　丢下三个军无人指挥

陈庄争夺战以后，国民党军开始全面采用守势，以休养士气，调整人员。孙元良兵团，本来是四川部队，他也许看到南下前途无望。他失去了作为高级指挥官应有的职责，竟将他的部队丢下，带了少数人员，趁共军还未合围之际，向西逃窜。他部下三个军一点都不知道。

他们三个军长没办法，只好找到邱清泉司令官请求收容，邱清泉拍桌大骂孙元良是狗熊，平时只伸手要钱，不管部队生死，这算什么军人。这三个军长泪流满面，俯首听骂，我当时在场，看到这种情形，心想兵凶战危，带兵如驯虎，不是自己亲自训练出来的部队，是不可能听自己指挥的，最后邱先生仍将这三个军收留起来，编入二兵团的战斗序列。二兵团这时实际已有 9 个军的兵力，可是都不是自己的嫡系部队，战斗力如何也无从考究。

（七）我奉命收容山东学生，编为学生军一连

撤下来的山东十多所学校的男女学生，几百人跟随部队撤退，他们无依无靠，生活困难，也十分危险。这时我见这批青年十分可用，我就向邱、杜两位领导建议，将他们编为学生军连，归我指挥，由我训练，以便补充干部。他俩很同意我的意见。我立即将他们收编起来，我兼任连长，希望和他们建立感情关系，为我所用。

二、被彻底包围

（一）营以上干部集中开会，准备放毒气，一举突围南下

大约是11月中旬，攻陈庄不下，队伍重新整顿以后，一次在下午全军营长以上干部被集中宣布，这是杜长官亲自下达的命令，明天上午8点钟，用100架飞机，从早至晚向南至黄维兵团纵深100里，横宽100里，施放催泪性毒气，以营为单位，回去准备。全部官兵不准带行李，文件烧毁，每人发一件防毒面具，十条绳，只带轻武器。待飞机轰炸开始，第五军主力和七十军主力，并排跑步，向南突进，其余兵团跟进。坦克和汽车兵团，找有利地形突进。其余后勤部队，跟随主力前进，负责捉俘虏。大家即回原单位准备。

（二）天不从人愿，下了20多天大雪

也许是天意，或者是失道者寡助，我们的行为已激怒了天公。第二天8点整，试攻的炮火刚刚开始发射，天空即狂风大作，下起了鹅毛大雪。这一下不要紧，整整下了20多天，这时各部队的房屋、车辆、大炮已全被大雪盖满了。20多天，天公的脸始终是黑沉沉的。想一想，数十万人，

▲ 包围圈里的杜聿明集团，弹尽粮绝，宰杀骡马充饥

缩在这荒郊，正是当年楚霸王四面楚歌的地方。吃完了粮食，开始杀运输的骡马，轮流分吃。这时各部队和机关，将房屋拆了，自己掘掩体住在地下。没有了攻击的力量。炮没有了炮弹，炮口朝天，这不是军事力量将我们击垮，是天的惩罚。《孙子兵法》最重要的一条，军无辎重则亡，无补给则亡。国民党军已接近死亡线上，只是时间而已。

（三）空投粮弹，为争食而内攻

20多天的大雪，原来我们携带的粮食已经吃光了，人马陷入饥寒交迫的状态。大雪过后，天开始放晴，这时已接近12月初农历十一月，大约是冬至吧！我们已

经不知道时间的流逝，只知道危机迫近。

天晴过后，野外的积雪，开始融化，入夜变为薄冰，真是寸步难行。

白天开始出动，每天上百架飞机，空运粮食和弹药，真像天女散花，满天朵朵彩云，飘散空间。有些没有掩体的人，将空降的降落伞，用作帐篷。可是在临时的飞机场上，每天为了抢夺粮食，发生打死人的事。

空投下来的粮食，不够分配，每天各部队都派出人来抢粮食，真是外面解放军不攻，却是自己每天为抢夺粮食而开枪打死人。

（四）我们被壕沟困死了

战争要讲天时、地利、人和，我们三者一点也得不到。天时吗？落了20多天大雪，天不助我。地利吗？数十万大军没有补给线，没有了后方，陷入野地无法动弹。人和吗？我们得不到广大群众的拥护。我们占领的村庄，东西40华里，南北20华里，群众全部跑光，不跑的也被赶跑了。

而解放军呢？则趁着一个月的大雪天，动员了六省民工，从15岁起，至45岁止，男女数百万人，集中挖了一条4米宽、4米深的大壕沟，整整地将我们围起来。天晴了，我们的坦克曾试图攻击，可是到了沟边，望而生畏，赶快退回来。而解放军呢？却在沟内自由活动，在沟底挖好了防空洞和住的地洞宿舍。他们是走进了安乐窝。我们是一天天在望天抢粮食。这完全像《孙子兵法》上说的，不战而屈人之兵了。

（五）解放军使用了攻心战

高音喇叭日夜不停地向国民党军阵地宣讲。这段时间，应该说是太平的时刻，双方未有争夺战。国民党军呢？已陷入束手无策的状态。攻也不能，走更不得，守也不能，真是四面楚歌。当年楚霸王正是在这一带，被刘邦围困，半夜楚歌四起，8000子弟皆离散。而今天解放军，也采用了这一战法，阵地前到处架起了高音喇叭，每天唱一些思乡、悲伤的歌曲，特别是每天都读一些妻子、父母的来信，我们也不知是真是假。但那些催人泪下的词句，谁不心酸呢？事实上，我们的官兵也不知道为谁而战，我的确也想不通。每天还广播蒋、宋、孔、陈四大家族的罪证，后方物价飞涨，人民生活不堪其苦。

解放军这一仗注定胜利了，我们注定失败。当时我的内心不是没有共鸣。但是我是杜聿明、邱清泉两位先生，从抗战到现在把我从一个他们毫不相识的普通人培养成人，一直都很受信任和重用，至死我也只能为他们尽忠，我们的军队，也只能靠这点感情来维系军心和一些传统的军人气质，可是真正的士气已经消沉，毫无斗志了。

特别在第一线的官兵已饿到不能支持，有些只能将死人身上的肉偷来煮着吃。当时，每天早上解放军还将大筐大筐的包子、馒头、香烟，送到阵地由我们的士兵取来吃。虽然军官们想去禁止，但事实上连他自己也想分得一个包子。

（六）毛泽东主席送来敦促杜聿明先生投降书

我们的日子越来越不好了。这时黄维兵团已彻底被解决了，我们完全陷入孤立无援的状态。正好我从我的同学、通讯营副营长唐伯康处找到一份解放军送来的毛泽东促杜聿明的投降书，虽然这是绝密，但已在指挥所和兵团部传开了。我立即跑到杜、邱两人的地下室，他们两人现在是不可分离的整体。

我见他们正在看电报，邱先生随后说了声乱弹琴，从此谁也不敢再看了。当时我对这种情况也是漠不关心。我只能看他俩的行动，我的任务就是保护好司令部和他俩的安全。

（七）制止了一次阵前起义

时间已迫近 12 月底了，一天晚上，由西边阵地过来一参谋人员，是我们七分校十七期同学。他找着我说：他们师有可能起义，因他的副师长在开封时被俘，现在暗中回来，和师长谈。这个师本来是刘汝珍的部队，驻守商丘，在砀山归二兵团编制，军心不稳，我急忙向邱清泉先生报告。同时政治部主任也来汇报，说他接到这个情况。邱清泉当机立断，立即将这师人马换回来，靠近兵团部，另由四十五师师长崔贤文，接替他的防务。升他的原师长为七十军副军长，王屏南调去当师长。团长也换了，这样一来，稳定了这危险的局势。我因此也获得了青天白日勋章一枚。政治部申请我提升实授上校军衔。

（八）解放军炮击开始了

时间已推到 1949 年元月份，我们不知道南京因选总统已十分混乱！社会已不为社会，我们糊里糊涂地生活，人性泯灭了，只知道打仗，什么也不知道，而解放军的高音喇叭，却告诉我们，从 1949 年元月 1 日起，每天下午 5 点钟，向国民党军阵地炮击，每个村庄规定一万发炮弹，叫我们的官兵要及时躲避。天啊！这是真是假呢？每个村庄每晚一万发炮弹！可真不简单。难道是真的吗？我偏在晚上 5 点钟去巡视阵地。

当我正走在交通沟里时，那铺天盖地的炮声掩盖了一切。一时间司令部的村庄，完全被硝烟掩盖了。炮弹的爆炸声、人的哭喊声，满天血肉横飞，这时在身边落下的炮弹不下十余发，我被泥土掩盖了。职责的本能，我在炮弹的间隔时间，跑到指挥部，用电话通知各单位进入阵地，做好战斗准备。因指挥所离第一线只隔一个村庄，我这里已经迫近第一线了。这时又连炸死学生十多名，我立即跑去安抚他们。部队派人去帮学生挖掩体。这时司令部也受到了袭击，文工团炸死几个女队员，参谋人员无损伤。以后每晚大家都听从解放军安排，按时躲避。

解放军每晚进行强攻，每晚攻一个村庄。虽然没有被攻陷，但预料我们也将要逐团被消灭。预料这一场，是自己的同胞非常残酷的生死搏斗。每个人都知道后果如何，但我们是军人，职业的本能又如何去逃避呢？也不可能选择更有利的措施了。生死付之天命！从这天起我们是在渺茫的紧张中度日了。

三、突　围

（一）蒋总统下野

1949 年 1 月是决定中华民国命运的 1 月，也是我个人命运转变的 1 月。元月 9 号上午，杜聿明将军和邱清泉将军，接到蒋总统从南京发来的电报，内容是这样的：

> 光庭、汝庵两弟：
>
> 　　我已决定引退辞职，今后无法派兵救援。军人应自寻出路，不能坐而待援。
>
> 南京再见。

这就是说弹尽援绝的时候，作为军人，只能与阵地共存亡，或者突围他走，但突围谈何容易，现在每个人都知道后果如何。

国民党军从被困开始，南京也曾叫唐生智、李默庵、李明勋兵团，向宿县前进解围，叫华中"剿总"白崇禧出兵援救，但当时唐生智已准备起义，白崇禧又准备逼宫，已不听调动。蒋介石先生将最后一张王牌、在四川训练的新军，离川东调，到汉口又被白崇禧抑留，迫使蒋先生下野辞职。我们注定了溃败，留给后世战略家作为战史来讲课了，当后世军人学习战术战略的材料了。

（二）突围部署

1. 李弥兵团，在阵地东北角掩护。

2. 第五军、七十军为主力，向西北角突围，其余各军在南面掩护。10 号晚各自调整部署，计划在 11 号早晨，用 100 架飞机轰炸掩护，向西北角突围。突围成

▲ 国民党军使用的榴弹炮

功以后，向郑州过黄河铁桥，然后炸毁铁桥，再用飞机运回南京。

3.我团的任务，在下午3点钟将防务移交，率领指挥所人员和兵团部人员，5点钟到达二〇〇师阵地后方集结，紧跟二〇〇师前进。

4.接到命令以后，立即通知各处，跟随我们向西北方向前进。我带了这一班队伍，安排在二〇〇师驻的村庄后面，随时作突围准备。

（三）一轮炮弹将我埋

9号下午5点钟，我坐在村庄后面土堆上观察二〇〇师的战况，这时双方机枪声密集，炮战十分激烈，炮弹落在我们四周。我选择旁边一个炮弹坑，作应急使用，忽然听到一声怪啸，我知道炮弹就要落在我的身边，职业的习惯，我一翻身，落入弹坑里头。耳边听到一声巨响，我已被泥土覆盖了。响声过后，我从泥土中翻起，已有卫生排几个女护士重伤倒地。二〇〇师阵地前面，正喊声连天。这时传达兵跑来报告，叫我立即去接无线电话，是邱先生打来的。

电话中传来邱清泉司令的声音，叫我立即放弃司令部人员，丢掉行李，只带武器，率领全团跑步向第五军军部救援。他和杜聿明长官已经在第五军军部被解放军攻入，十分危急，现在只有卫士连在抵抗。

我接电话后，立即跑回，集中全团三个营放下全部行李，轻装跑步，边跑边装子弹。距离 40 华里，远望东北角方向，已杀声震天。我急令杜聿明先生的侄子带领他的一营，急跑在先，因杜营全部是陕北子弟，知道杜先生被围，他们勇猛前进。工兵营跟我很久，已完全知道我的意思，迅速向南边迂回。我带领主力往北边强攻。这样反复冲杀以后，在天黑前已将阵地夺回。这时解放军不知底细，见我们这样勇猛，无法支持，向后撤退了。我即按原来计划，巩固阵地。即时入见邱、杜两先生。这时在掩体部地下，只有杜聿明和邱清泉和卫士连连长，第五军军长熊笑三、参谋长等人，都不知去向。

邱清泉告诉我，当面解放军兵力不多，只有一个独立旅，因李弥带了 2000 人擅自突围，向东走了，所以留下这缺口，让共军打了进来。要求我立即派一个连的兵力，从北面绕到敌人后面，从后面向里打，打他一个措手不及，我立即答应。我将团指挥所放在离他俩 25 米的地方的墙边缺口，旁边是一个放马的一米多深的坑。

我立即派跟我最久的第一连石循书连长执行这个任务。谁知石连长连夜摸入解放军的司令部内，竟全部被捉，这一审问，知道这是杜、邱两人的指挥所，我们是警卫团，然后便集中一切炮火和力量向我们猛攻猛打。他们用必胜的态势，向我扑来，我在他们强大的炮火和兵力压迫之下，已难以支持，第一线已撤到我的指挥位置，"活捉杜聿明"、"活捉邱清泉"的喊声，响彻耳边。炮火像雨点，这时我已听不见炮声，耳边只轰隆隆的响声不断。我见情势紧张，立即跑回去，向杜、邱两位报告。在掩体内他们听到那激烈的喊杀声，便问我能支持多久。我说最多能支持一个钟头，敌人的兵力太强大了，我征求他们的意见。

我说，我们这里只是一个临时指挥所，要突围，我尚有一个连完整的兵力未有使用，180 个人，共有 180 挺轻机枪，每人附带一支冲锋枪，要突围我可以带你们两位冲出去，要守是没有办法。杜聿明问我能否守到天明，说 8 点钟有 100 架飞机轰炸。我说不可能了，要走只有趁早，趁敌人兵力未集中，我好组织兵力，迟了来不及赶不上了。邱清泉先生说，走吧总司令，胜败兵家常事，走出去再说。最后他无可奈何地点头。我交代卫士连长，保护好他们两个，听我的枪声一响，跟我突围。

（四）突围

我迅速回去组织兵力突围，这时解放军也正好准备总攻，密集的炮弹，像雨点向我们阵地落下。一颗炮弹正好打中我的指挥所位置，落在我的身旁。我的老警卫员刘玉介，山东人，是我在反攻缅甸时的中尉排长，抗战胜利后他不愿再当排长，而长期做我的随身警卫员，寸步不离我。当时我不知道危险，而他一把将我推落旁边的马坑内，炮声一响，一条大腿跌在我身上。我趁机一跃而起，大声喊冲，100多挺轻机枪一齐射击。我们趁解放军卧下的刹那，一阵喊杀声向东北方向猛冲。我不知道怎样跳过了4米多高的交通沟，有多少人跟我跳过我也不知道。这时我也不知道生死是什么东西，带着队伍向前猛冲，我也不知道后面是否跟上。渐渐冲出了战场，可是四野是一片漆黑，我不停地穿梭。

天亮了，我回头一望，天啊！怎么后面只十多个人跟着我。杜先生呢？邱先生呢？没有人答应。天啊！完了，我虽然走了出来，但我却无法将他们两人带出来。是气数吗？是失败吗？茫茫四野，包围圈内，依旧炮声隆隆，真是"时不利兮骓不逝，骓不逝兮可奈何，虞兮虞兮奈若何"！

（五）化装南逃

天苍苍，野茫茫！突出重围以后，经一夜的乱窜，我已经离开战场有20多里路了。

太阳从东边地平线上升起，露出洒向人间全是爱的光芒，我从村庄向西边阵中遥望，战地烽烟四起，炮声轰轰，密集枪声，逐渐稀疏，我预料整个战局已彻底崩溃了。我不能再带着这十多个残兵，否则只能招来更惨的结局。我只好对他们说：前途完了，大家分头各寻出路罢，自奔前程了。

我想不能穿着军服南逃，必须化装，才能走得出这解放早的地区。战地后方，静得怕人。我走进一家中等的农家，找着一个十四五岁的小孩，用了10个大洋，换来一套老人穿的破棉衣、一顶烂毡帽。我在灶边将整个人化装成一个50多岁的乡下老大爷，拿起了拾粪箩筐，叫小孩带我向津浦路宿县前进。

到达宿县，已经天黑，我不敢入城。送走小孩以后，我走到村庄边的草堆里过夜。天亮时，我不敢沿着铁路南下，向东走了10里路，再沿着南下方向前进。走了三天到达蚌埠北岸，淮河边，这时淮河铁桥已经炸断了，很多逃回来的官兵过不了河，向南大骂蒋介石、国民党不要他们等等。

我看我自己是一个要饭的装束，急忙爬上最后一列火车的顶上，随着那一些逃难的人群回到了浦口。宪兵来查要将我赶走，我真不是滋味，只好硬着头皮说明我的身份。他看我这身装束，半信半疑，也无可奈何地让我过了河。好啊，总算回到了南京！

四、二兵团收容所

（一）南京第二兵团收容所

过南京以后，我在下关找到二兵团收容站，报到，可是没有人承认我，认为我是要饭的，将我赶出来。我当时十分气愤，但回头看一下我自己，的确可笑。谁相信我这个胡子头发长长，像50多岁的人是警卫团长呢！我第一次尝到了遭人白眼的滋味，没奈何只好出来，好在我身上还有20两黄金和100多个银元。为了不让人知道我身上有钱，我在街边买了一件旧而不烂的便衣，租了一间下等的客栈，将这套烂衣服换下来。到街边剪去长发，到公共大澡堂洗了几个月来未洗过的全身。

回来后买了新的军官服、皮鞋等重新装备起来，再到收容所报到，他们见我讲明情况以后，那种点头哈腰的姿态，真使我啼笑皆非。难怪人情冷暖，世态炎凉，以前十多年时间，我是坐在高塔里过活，不知道人间的酸甜苦辣的滋味，经过这一次的"戏"的转变，才体会到"革命"二字的滋味了。

（二）苏州报到

下关收容站给我写了介绍信和通知书，我立即乘车到苏州报到，好在我身上还有钱，不然的话，真是寸步难行。留守处在苏州木渎镇，我点了名，报了到。会见了一批早负伤回来的老上级，如副军长周中梁、师长杨彩潘、政治部周亚碧、梁美玲，军医处医生陈洁，我们同学谢泽民、刘可风、周鼎、王知始，通讯营副营长唐伯康等，他们都因负伤回了苏州，还有卫士连连长都回来了。从他们带回来的真实情况，得知杜聿明先生被俘，邱清泉先生自杀了。这一打击，使我大哭了一场。我一贯是不流泪的人，这次邱先生的死使我感到痛失靠山，整整哭了一天。

回来以后，我住在我的同学谢泽民家里，吃住在一起，因他在淮海战役前就回了苏州做干训班的队长，总算有了栖身之地。

（三）结婚，我真正有了家

从1949年突围出来回到苏州木渎镇以后，住在谢泽民家里，这时开始感到孤独无聊、寂寞空虚。回忆过去的一切，如南柯一梦，十多年是一场梦醒。官没有了，钱没有了，孑然一身，28 岁了，像什么呢？

这时谢泽民的小姨子吴香兰正好在苏州读书，由于这层关系，我和她谈起了恋爱。山东历史上是出英雄好汉的地方，吴香兰是标准的山东人。由于我带的兵大部分是山东人，这一次突围，又是山东人牺牲自己的性命，救了我的命，所以我对山东人的义气永远不忘怀。我坚定不移地追她，虽然我比她大 10 岁，但由于我的真诚实意，结果使我两人同甘共苦了几十年。这也是一生最得意和幸福的地方。

结婚以后，我奉命由上海搭轮船去浙江温州接一团新兵，然后由温州带领这一团兵去福建省福州。在台湾北部与浙江交界的地方，轮船差点触礁沉没，后来被救回到福建交差，又被派去福建南平市，率领临时编成的一个团。掩护国民党由南京撤退出来后，经南平市过江，至厦门集中，再撤到台湾。

当时，我们是在南平市一座宝塔上做掩护，等撤退部队已完全过了江，我用望远镜远望河边码头，发现我爱人乘坐的团部一

▲ 国民党军战俘向指定地点集中

辆汽车走在最后，车上的人与行李都没有了，我想糟了，不知道香兰有没有跟随部队过江。

这时东边和北边两个营枪声停止了，解放军已进入了南平城。

我正想将南平市西边山上宝塔上的一营预备队撤下来，由闽江向西南方向的支流广东方向撤退，正好师部军械部送来命令，部队不准撤退，死守，否则军法处置。这下什么都完了。我签名以后，立即叫部队上山，我在最后掩护。这时大约是下午 3 点钟了，部队转向西南方向入了森林，我转而在后面指挥。上山真是步步艰难，作为一个指挥官，也只好以身作则，视死如归。这时解放军已从山脚向上攻，四周都是解放军向我们围攻，"缴枪不杀"的声音震动山谷。我随着部队逐步退入森林边沿，冲在最前面的解放军离我不到 100 米。"缴枪不杀"、"缴枪不

杀"……这时已不知生死是什么滋味了。

当我转上山冈时，在森林边伸出不少大树杈，我一时情急智生，一个转弯，我两手一攀上了一个大树的树杈上坐好，解放军的追兵只眼睛往山上看，想不到我正隐藏在他的头上被树叶遮着。这时的我真像小时候捉迷藏，大气也不敢出一声。慌忙中度过了一场危机，大概下午5点钟了，我听到他们收队的号声，天渐渐黑下来了。我大气也不敢出，又不敢走下树枝，足足在那里想了半个钟头。这时天黑了，我仰望星空，漆黑如墨，伸手不见五指，我已一天没吃饭了。我坐在树上，想着我现在又一次全军覆没，剩下自己，连自己的新婚妻子也不知死活，一种悲凉感涌上心头。天苍苍，野茫茫，我又落到如此下场。

（四）泅水过闽江

四野静下来，虫声啾啾，我估计部队全完了。如何是好，上山吗？独立难持，死路一条。过河吗？无船，必须游水，过不了就是死。真是两头为难。妻子香兰，不知到了何方。最后决定游水过江，生死付之天命了。

我摸着坑沟，顺着流水方向，慢慢向下爬，到达河边，拼了性命才爬上对岸，沿着闽江边跑了一夜，天亮时爬上山顶，遇见了第五军副军长周中良带着部队向东撤退。

爬山走了3天，在三岔路口，遇见了妻子吴香兰，这时什么都没有了，真是两手空空。

（五）福清县的官司

部队来到福清集中，师长叶敬来了，他是福建人。他在全师干部大会上，说我是临阵脱逃，丢了一团人为了老婆跑回来，要军法处置。这时我真是有冤无处诉，真是身在屋檐下，不得不低头。

（六）放弃军旅生涯，搭船回广东阳江

国民党政府是彻底失败了。南京、上海，全部解放了。

我从广播里听到说：凡是放下武器者，可以回家，不追究责任。

本来我已经上船去台湾，但是我想来想去，天涯何处是吾家？再到海外漂流，前途是什么？还是归家吧！过去的一切，算是大梦一场。为了抗战，我才拼死从戎。今天我带了妻子吴香兰回家见父母，也算尽了我做儿子的责任，算对得起十多年前，为了抗战而弃笔从戎时母亲的眼泪，父亲送我去西安时那种临别时的父子情怀。从此以后，我永远安心做一个平民百姓。今天我有幸度过了90岁的人生，

我更感激共产党宽大为怀的教育精神，也使后代子孙永远在党的教育之下，继往开来。我更感谢中国共产党、中华人民共和国对我宽大的精神，不究过去，使我有知错必改的机会，使我的后代子孙有重新做人的机会。

　　以上是我一生最大错误的经过，留给后人批判和笑骂吧！

　　　　　　（作者时任徐州"剿总"副总司令杜聿明警卫团团长）

第四篇

天地长存

淮海战役纪念地

　　淮海战役回荡天地间的呐喊、动人心魄的搏斗和令人窒息的硝烟气味已经随着时间的流逝，化成了一段历史！淮海英烈的奋勇行为也渐渐成为人们口头流传的一个个动听的故事。历史总是用心写的，历史总是用事实来讲述，或许淮海战役相对于历史长河而言有些短暂，只有66天的光景，但它却有着改写中国命运与历史的力量！或许淮海战役对于命运多舛的中国来说只是波光一现，但它却点燃起让满目疮痍的祖国获得统一、和平、再次崛起的希望，实现了华夏儿女当家做主的愿望……多少年之后，当历史的书写者将淮海战役的精彩呈现的时候，我们在品味的同时不得不感慨，先行者们为我们留下的这份刻骨铭心的历史记忆，让生活在历史中并将继续书写历史的我们永远难以割舍，难以忽略，难以忘记！

　　当淮海战役胜利结束十余天之后，参战部队之一的中原野战军便向中共中央建议兴建淮海战役烈士纪念塔，借此让世人永远铭记这次伟大而正义的战役，以此弘扬淮海将士的无畏精神，宣传淮海战役及其胜利的伟大意义……1949年1月

淮海战役烈士纪念塔园林全景图
The Panoramic Map for Garden of the Martyrs in HuaiHai Campaign

▲ 淮海战役烈士纪念塔园林北门

▲ 淮海战役烈士纪念塔园林东门

▲ 淮海战役烈士纪念塔园林南门

26日，这一建议得到批准，并确定选址在江苏省徐州市。5月31日徐州市又将地址进一步确定在云龙山东麓。建设项目为：革命烈士纪念塔、纪念堂和烈士纪念地陵园。1950年1月20日，在一片锣鼓声中，奠基典礼工作顺利进行。同年3月15日，中央人民政府内务部对全国下发了《关于各地烈士陵园、碑、塔等革命纪念建筑从缓建设的指示》，因此，徐州市人民政府暂停建塔工程。

然而，淮海战役的熠熠光辉并没有随着时间的沉淀而被人们忽视。

10年后，即1959年2月19日，江苏省人民委员会同山东、河南、安徽等省，共同协商再报国务院请求批准在江苏省徐州市兴建淮海战役烈士纪念塔。4月4日，国务院批复同意，并指示纪念塔建设筹委会由江苏、山东、河南、安徽四省推派代表组成，由江苏省主持筹建委员会工作。在建塔委员会召开的第一次会议上，又将纪念塔的塔址确定在徐州市南部凤凰山第二峰东麓，并责成南京工学院建筑系为主体，会同江苏省设计院、徐州市设计院进行规划设计。

带着全国人民的重托与期望，1960 年 4 月 5 日，淮海战役烈士纪念塔奠基典礼仪式在徐州市凤凰山东麓隆重举行。8 月 6 日，淮海战役烈士纪念塔、淮海战役纪念馆破土动工。5 年后，精心建设规划的淮海战役纪念地及其两大主体建筑淮海战役烈士纪念塔、淮海战役纪念馆全部竣工。1965 年 11 月 6 日，在淮海战役发起 17 周年纪念日，"淮海战役烈士纪念塔落成典礼"仪式在苍松翠柏的见证下，在广大市民的热切注目中热烈举行。

淮海战役烈士纪念塔、淮海战役纪念馆的建成不仅凝聚着后人对淮海战役的回忆，也倾注着后人对先烈的那份深沉而炽热的思念！从此，淮海烈士的英魂有了归宿，淮海英烈的亲属们有了祭奠的方向，

▲ 淮海战役烈士纪念塔园林自然风光

▲ 淮海战役烈士纪念塔园林一角

▲ 淮海战役烈士纪念塔园内的健身器材（局部）

活着的人对逝者的怀念也有了寄托……

　　建成伊始的淮海战役纪念地占地 77 万平方米，共分主、次两条轴线，主轴线以淮海战役烈士纪念塔和纪念地的东门相配置，次轴线以淮海战役纪念馆与纪念地的北门相配置。主次轴线相交在中心广场。时至今日，在一代代纪念地建设与管理者的精心付出与共同努力之下，纪念地内又新建了淮海战役碑林、淮海战役总前委群雕、徐州国防教育馆（徐州抗日战争纪念馆），以及淮海战役纪念馆新馆等纪念性景区，还重新开辟了一座南大门。整体布局张弛有度，气势磅礴。已被评为全国首批爱国主义教育示范基地、全国中小学爱国主义教育基地、全国重点烈士纪念建筑物保护单位，享有国家 4A 级旅游景区、国家红色旅游经典景区、江苏省重点文物保护单位、江苏省文明风景旅游区等殊荣。

（桑世波）

淮海战役烈士纪念塔

　　淮海战役烈士纪念塔的设计者是著名的建筑大师杨廷宝先生。纪念塔背靠凤凰山，高38.15米，面向朝阳，巍然屹立，直指苍穹。毛泽东主席亲笔题写的"淮海战役烈士纪念塔"九个遒劲的镏金大字，在日光的照映下放射光芒，寓示着英烈的革命精神与山河同在，与日月争辉。

　　塔顶由回形石刻花装饰，粗犷、豪迈，塔徽由五角星照耀下相交的两支步枪和松子绸带组成，庄严、肃穆。塔座的正面刻有碑文，由张爱萍将军主持撰写，陈毅元帅修改定稿，苏州市著名书法家蒋吟秋书写。碑文计767个字，生动感人，铿锵有力，书法遒劲，高度概括了淮海战役的全过程及胜利的伟大意义。纪念塔背面镌刻着中华人民共和国内务部的奠基文，隶书，镀金制作。塔座的南北两侧是两幅大型浮雕，浮雕由雕塑大师刘开渠主持创作，吸收了民间砖刻和中外石刻的艺术精华，以写实的手法，图、浮、线、

▲ 淮海战役烈士纪念塔远景

▲ 淮海战役烈士纪念塔近景

▲ 淮海战役烈士纪念塔前平台

▲ 淮海战役烈士纪念塔北侧回廊

▲ 淮海战役烈士纪念塔回廊内的《淮海战役烈士英名录》

雕相结合，刚劲朴实，画面饱满，层次清晰，气氛热烈，史诗般地再现了人民解放军作战的生动情景和人民群众奋勇支前的感人场面。塔体与塔座浑然一体，神韵无限。

纪念塔的塔基安坐在5500平方米的平台上。塔体始终处于凤凰山苍松翠柏的映衬之中，其南、北、西三面由总长度为146米的银灰色回廊拱卫。回廊尽头和转角处设有四个碑亭。南北两侧回廊内大理石壁上镶嵌着党和国家领导人的题词和3万余名烈士的姓名。同时为了纪念在战役中为国捐躯的无名烈士，两侧还各留下了四块无字石碑。西面回廊装贴着全国最大的陶瓷壁画《决战》，以强烈的艺术感染力，形象地再现了淮海战役的宏大场面。

淮海战役烈士纪念塔通体镶嵌灰色系花岗石，塔前平台可容6000人举行凭吊仪式。平台下建有长250米、宽31米、由10个平台相连的 129 级台阶。台阶由花岗石铺成，顺山势缓缓向前伸展，寓意淮海战役英烈们英勇顽强、艰苦奋斗、一往无前、前仆后继的革命精神伸向远方，伸向旭日。站在纪念塔前的平台上向前方眺望，塔前踏步的石阶已被十个平台所遮掩，进入眼帘的只有平坦的大道一直延伸、向前，启示着生活在和平年代的人们应踏着先辈所开辟的道路，努力建设我们美丽的家园，为使我国立于世界民族之林而孜孜不倦地努力奋斗！信步走下台阶到达中心广场，回头向上仰望，进入我们视线的只有一级一级的石级却看不到任何一个平台；同时无论您攀登在任何一个石级抬头仰望纪念塔，都会发现纪念塔的塔顶永远高于凤凰山的主峰，顶立于天地间。纪念塔这种独特的设计风格、独到的设计视角、精湛的设计理念，在展示我国超强的建筑设计能力的同时，也在提醒着我们建国之路的艰辛，警示着凭吊者、参观者应像先辈们一样勇往直前，坦然面对我国发展前进中的各种曲折与挫折！

淮海战役烈士纪念塔在山的托显中又巧妙地与山相融，纪念塔周围的山林、道路、花坛、绿地、水池等布局得当，草本、木本植物配置合理，层次变化错落有序，从而使淮海战役烈士纪念塔在具有纪念性建筑物的独特秉性之外，又平添了一种雄伟、壮观、厚重之感。

淮海战役烈士纪念塔是一座永远矗立于人们心间的巍巍丰碑！

（桑世波）

淮海战役纪念馆

从淮海战役纪念地的北门进入，首先映入眼帘的是一座具有浓厚明代建筑特色的重檐庑殿式琉璃瓦盝顶仿古建筑，典雅庄重，金碧辉煌，气势宏伟，这就是与淮海战役烈士纪念塔同时建起的淮海战役纪念馆。

信步走向它，会觉得原本不长的路有些遥远的意味，纪念馆的那份圣洁让你仰视，让你情不自禁想去顶礼膜拜。纪念馆的设计出自著名建筑大师杨廷宝先生之手。它建筑在面积为 9475 平方米、高 2 米的长方形平台上，平面呈"H"形。东西长 101 米，南北宽 45 米，高 16.61 米，总建筑面积为 3378 平方米。纪念馆的正立面中间部分是宽 26 米的庑殿重檐门廊，东西是各宽 22 米的暖阁，连接着宽 15 米、长 45 米的配殿。纪念馆的正厅是紫红色的大理石地面，并建有 4 根高大的大理石壁柱，像是烈士们的擎天之脊！展馆的其他部位均为彩色水磨石地坪，每个展室内都配有多个高 8 米、宽 25 米的落地门窗。展室宽阔、洁净、敞亮，犹如烈士们的心胸一般！

淮海战役纪念馆整体建筑为钢筋混凝土框架结构，外墙是做工考究的水刷石饰面，檐顶以内为大型面板平面，并做了毛毡四油防水层。纪念馆门廊上方，悬挂着陈毅元帅亲笔题写的"淮海战役纪念馆"镏金横匾。淮海战役纪念馆自建成开放以来，一直是全国人民，特别是苏、鲁、豫、皖四省人民进行革命传统教育、爱国主义教育，学习、研究淮海战役的重要课堂和基地。实践证明淮海战役纪念馆不仅是一座军事类专题性纪念馆，也是我国建筑界的"瑰宝"。

改革开放后，随着国家经济的崛起、综合国力的增

▲ 1965 年建成的淮海战役纪念馆

强，以及博物馆、纪念馆在我国文化建设工作中重要作用的凸显，为了能够充分发挥淮海战役纪念馆在全民素质教育与爱国主义教育中的作用，2003 年 5 月，中共中央办公厅批准对淮海战役纪念馆进行改扩建，2007 年 7 月 18 日淮海战役纪念馆新馆建成开放，从此，淮海战役纪念馆新馆便成为了淮海战役纪念馆的主展区。

▲ 2007 年建成的淮海战役纪念馆新馆

淮海战役纪念馆新馆位于老馆的正南部，其主体建筑平面是百米见方的正方形。馆四周由 44 根 20 米高的柱廊环绕，展馆中间为圆柱形全景画馆，朴实、宁静、现代、简洁，新、老两馆外部造型协调呼应，气度相得益彰，共同构成了气势恢宏而又和谐统一的整体，使纪念馆展区在苍松翠柏映衬下显得肃穆而又庄严。

▲ 淮海战役纪念馆战役实施厅（局部）

淮海战役纪念馆新馆建筑面积 2.56 万平方米，陈展面积 1.2 万平方米，展线长 1600 米，分为序厅、战前形势厅、战役实施厅、胜利厅、人民支前厅、缅

▲ 淮海战役纪念馆战役实施厅（局部）

▲ 淮海战役纪念馆胜利厅

▲ 淮海战役纪念馆支前厅（局部）

▲ 淮海战役纪念馆缅怀厅（局部）

怀先烈厅和全景画馆7个部分，共展出珍贵历史照片、文物等3000余件。陈展中为了更好地烘托文物与发挥展品对群众的教育作用，在陈列方法上突出了如下几个特点：

首先特别注意氛围的营造。

展馆的地面由花岗岩和塑胶交互进行装饰。战前形势厅与战役实施厅的地面以打磨后的花岗岩为主，使其特有的粗犷、张扬的气质与展览内容紧紧相扣，意在表现中国命运的多舛。战役胜利厅与支前、烈士厅的地面则以塑胶为主，与展墙的舒缓内容相匹配，借以缓解观众的参观疲劳。

展馆的展墙以灰色的水泥墙体为主基调，由一个个不规则的图形组合构成的钢丝网做展板支架，从而使这种个性化的材质与地面上下呼应，整体观之又能在变异中彰显出规整、大气的视觉冲击力。钢的材质象征着决战双方力量的较量、战争的残酷。

将灯光作为重要的辅助手段是这次陈列的重要特点。灯光与展览内容相通相融。根据内容需要，紧随展览情节、节奏的变化，适度安排灯光的亮度与柔度。

展馆也十分注意色彩的延续性和色彩的转换，根据展览内容，色彩基调从开始时的灰暗渐次过渡到结束时的明亮。不同的展厅、不同的内容在色彩上都有辅助，都可以从展板的色彩中看出变化。比如战役胜利厅，是以鲜艳明快的红色为背景色，展板又用紫红颜色略加跳出，红色的体系在展墙与版面中有跳跃，又有融合，从而使整个展厅色彩明亮，基调欢快，恰好符合胜利厅展览内容的主题思想。

▲ 淮海战役纪念馆缅怀厅（局部）

展陈中大量使用了军事地图。由于展线长、信息容量大，整条展线共用了20幅地图，有电动地图、投影地图、版面地图、互动地图等。这些大小不一的地图错落有致地安置在展线上，就像是一个个透明的景观。它深厚的渗透力与表现力可以帮助观众理解战事的发展、决战双方的战略决策、战斗方向；了解在辽阔战场上部队频繁调动的动态与作用。这种直观的陈述极便于观众对重点知识的捕捉。

灵活利用展板的疏密布置，去活跃展览内容。展馆一层的战前形势厅，展板稍显疏松，战役实施厅的展板却相对紧凑。战前形势厅展板的疏朗寓示着人民解放军的步步为营，胜券在握；战役实施厅展板的紧密寓意着战斗的紧张、惨烈与胶着，紧扣展览内容。

展线中共出现了九处场景。在每一个场景的展示中都合理配用了现代化的展示手段，如感应式枪炮声的模拟、视频播放系统等，从而将场景中的个体元素串联起来进行有机组合，复合式地展出，达到了丰富展览情节、渲染展览气氛、烘托展览内容的作用。但是，不同的场景在艺术效果与视觉效果上又各有侧重，一些场景为写实作品，比如战前形势厅的"南京总统府"、"西柏坡"，采用的是等同比例的复原陈列，从室内环境、人物神态等方面，对淮海战役发起之前国、共

▲ 淮海战役纪念馆场景：西柏坡

▲ 淮海战役纪念馆场景：南京总统府

双方高层领导者运筹帷幄的情景进行了表现与概括。战役第一阶段的"十人桥"，则侧重于光的效应。用光的作用形象地表现了在炮火轰鸣与刀光剑影下，旷野的狰狞，树木枯草的呻吟，燃起烈火的呼啸与人的心灵的哭泣。形象、逼真地表现出了被炮火击中的血红色的湖水在光的作用下，激起，又回落的动荡与不安。观者会被正在用自己的身躯在激流中架桥的战士们的高尚情操所感动，深深地为他们的安危捏一把汗。有的场景侧重于高、新技术的运用，如战役实施厅的"总前委蔡洼会议"，运用的是单面透视技术，使场景在短时间内视图富有变化，信息多元输送。人民支前一厅的场景"车轮滚滚"，重在展示声光电一体的智能技术，用声光电充分融合后的完美效果，将人民群众忙碌的支前生活在电闪雷鸣、雨雪交加的情景下逐一进行表现，栩栩如生地再现了人民群众支前的热情与艰辛。

另外，在序厅还恰当地使用了雕像，完美揭示了展览主题。雕像由一组玻璃钢材质的浮雕和铸铜材质的圆雕组成，浮雕镶嵌在序厅的墙壁上，内容来源于淮海战役的战地生活、支前生活或战斗场面的某一片断。圆雕处在序厅的中央，由浮雕环绕，表现的是人民群众与战士们不畏艰难、互相支持、勇往直前的动人情景。雕像似乎想将淮海战役的历史通过这一个个的瞬间定格在观众面前，并将他们蕴藏的力量与精神悄悄地传递给观众，感染观众，鼓舞观众。整组画面气度恢宏，生动感人；人物形象逼真，故事情节紧扣展览主题。

在淮海战役纪念馆新馆的陈展中，还有一处最杰出、经典的陈展——淮海战役全景画。全景画高19.5米，周长151米，重6吨，画面面积2945平方米，地面塑型1491平方米。全

▲ 淮海战役纪念馆序厅

景画馆一次可容纳150名观众观看。该画以淮海战役三个主战场为创作背景，以写实的艺术手法，在声光电等高科技陈展手段的支持下，生动再现了淮海战役时的原情原景：冰天雪地的战场气候，硝烟弥漫的辽阔战场，激烈血腥的奋勇搏杀，视死如归、一往无前的无畏战士，疾驰狂奔的战马等，这些情景在画里一一得以复现，呈现在观众面前，令人震撼。

不仅如此，新馆在陈展空间的利用与分配中也处处体现了人性化的设计理念。为了进一步满足观众的要求，在基本展线之中，全馆又配备了6个触摸屏，通过它们观众可以准确地了解徐州地区的风土人情，和其他景点景观的相关信息，还能获取关于淮海战役史料性的专业知识。他们的出现为缓解观众的参观疲劳，激发观众的参观热情，变被动地接收信息为主动地获取信息具有重要作用。陈列中还特别设计了一些观众参与的互动项目，以满足不同年龄与层次的观众群，如烈士名录电子书、互动地图等。

更为重要的是在纪念馆内陈展的近3000件文物中，每一件文物都有一个感人的故事，都记录着一段艰辛的战斗历程。在人民支前厅内展出的一级文物——支前小竹竿就是其中的典型。小竹竿长仅一米有余，直径约2厘米。竹竿的主人唐和恩是山东人，淮海战役的支前模范，电影《车轮滚滚》主人公耿东山的原型。1948年，在淮海战役支前队伍出发前，唐和恩从家里拿出竹竿当挂棍，运粮中它是涉水、过河、踏雪时的探路工具；行军中，它绑着树枝就可以用来防空、引路。整个支前行程3000公里，每到一处，唐和恩就将他经过的村庄、城镇的名字用针尖刻在竹竿上，密密麻麻，共88个地名，分属山东、安徽、江苏。可以说，它上

面的每个文字都是一份信念，每个文字都是情感的凝结，使每位了解它故事的观众的心都涌动澎湃。非凡来自朴素，来自简单，来自平凡，小竹竿的意义也在于此！

馆内还陈展着一台总前委使用过的电台，一级文物，灰黑色，位于战役实施厅。它就像是位饱经风霜的老者，安静地坐在展柜中，用平和的眼光注视着来来往往的观众。忆往昔，峥嵘岁月，它及时、准确地传递战场情报，接收军委指示，下达作战命令，无论战场环境如何恶劣，它略带刚性的嘀嗒声，通过电波，如利剑般地插入敌人阵地；它总是默默地祝福着每一位立功的同志，却从不过问别人的奖旗中也凝结着它的汗水……所以，它的神态自若与平和，足可以让每位观者喝彩。

诸如此类有着耐人寻味故事的文物，不胜枚举，它们陈列在纪念馆里，以自己沉甸甸的历史内涵，扩大着淮海战役在国内、国际上的影响！了解它们会令我们回味、思索、继承、奋进……

总之，淮海战役纪念馆新馆通过文物、史料的展示，已将淮海战役的全过程全方位多视角地再现。淮海战役纪念馆不仅是淮海战役的缩影，也是淮海战役的再现。

淮海战役纪念馆年接待量300余万人，每年仅仅清明前后的7天时间内，就可以接待全国各地的祭扫群众50余万人。

（桑世波）

淮海战役总前委群雕

　　历史无价，艺术无界。前人用热血与生命创造了历史，后人用智慧和情感再现着历史。淮海战役总前委群雕的建成，就是艺术对历史的再现。

　　淮海战役总前委群雕屹立在淮海战役烈士纪念塔南侧一块由苍松翠柏簇拥的广场上，与老馆的西门相对应，背靠凤凰山，面东而立，高7米，宽9.5米，由江苏美术馆的吴支超教授设计。群雕风格古朴、庄重。前有鼎式花坛作衬，后有折形碑墙烘托，将战争的残酷与和平的美好巧妙地融合。群雕的背面镌刻着毛泽东主席为中央军委起草的关于成立淮海战役总前委的电报手稿。

▲ 淮海战役总前委（左起：粟裕、邓小平、刘伯承、陈毅、谭震林）

　　群雕由70块高粱红花岗岩雕砌而成，形神兼备，栩栩如生，淮海战役总前委的五位首长身着冬季戎装，气宇轩昂，各具神韵。虽然淮海战役66天的炮火硝烟已经远去，可是，透过群雕的再现，伟人的丰功伟绩还是历历展现在人

▲ 淮海战役总前委群雕

们眼前！

刘伯承，中原野战军司令员，总前委常委。他位于群雕的正中位置，神态自若。他是五位首长中唯一的一位戴眼镜者，伟岸中流露着"中坚"，高大的身躯像一座永恒的丰碑！作战中他一贯沉稳、自信，这也总能成为他击溃对手的法宝。淮海大战中，他亲自率领刘邓大军驰骋千里，远赴淮海战场配合华野作战，为战役胜利立下了赫赫功勋……

淮海战役纪念馆里陈列展出的属于刘伯承司令员的文物只有一顶旧蚊帐，这顶蚊帐伴随着他转战南北，不仅见证了震惊中外的淮海战役，更见证了他在整个解放战争期间运筹帷幄、决胜千里的每个不眠之夜。也许，刘伯承元帅并不曾想到，当旧蚊帐给他支起一个空间的时候，其实，也已经在为祖国撑起了一片明朗的天空！

陈毅位于刘伯承的左侧，时任华东野战军司令员、政委兼中原野战军副司令员，总前委常委。群雕中他手拿香烟，凝神思索，体现了儒将的文韬武略。

陈毅元帅是一位儒将，诗人与将军的气质在他身上得到了完美统一。诗如其人，《梅岭三章》向人们展示了陈老总的那种泰山崩于前而不改其色的恢宏气度和革命乐观主义精神。淮海战役时，陈毅元帅深谋远虑，指挥若定，运筹常与文思同在。淮海战役纪念馆里展陈的是陈毅在淮海前线亲笔写作的《淮海前线见闻》："几十万，民工走不通。骏马高车送粮食，随军旋转逐西东。前线争功。担架队，几夜不曾睡。稳步轻行问伤病：同志带花最高贵，疼痛可减退？吉普车，美蒋运输来。闪闪电灯红胜火，轰轰摩托吼如雷。夜夜送千回。"

这饱含着铁与火的语言，时时都以史诗般的意蕴向世人解读着战役中军民携手共创辉煌的壮美……

邓小平位于刘伯承的右侧，时任中原野战军政委，总前委书记、常委。他双目炯炯有神，充满了对决战必胜的信心，时至今日，我们仿佛还能听到他在淮海战役发起之前的动员会上所讲的那句掷地有声的话语：为了战役的胜利，即便中野都打光了，也是值得的！淮海战场上，他和战友们众志成城，以坚定的共产主义信念，为华夏人民拨开了笼罩的密布乌云，那时候他是否会想到，30年后，在共和国重新面临危难之际，又是他创造性地运用和发展了马克思主义，再一次以开拓者的胸怀与勇气，带领全国人民走上了改革开放的致富路，让世界的目光再一次聚焦在中国这片古老而神奇的土地。

粟裕位于群雕左侧，时任华东野战军代司令员、代政委，总前委委员。他双手背后，目光坚定，显示了将军的超凡气度。粟裕有着常胜将军的美誉，《孙子兵法》已经被他掌握运用到了极致，淮海战役中他多次提出的重要建议，均被中央军委采纳，指挥人民解放军追击包围国民党军杜聿明集团时，曾七天七夜没有合眼，以致美尼尔氏综合症复发……在淮海战场上这些不同寻常的日子里，陪伴着他最多的是一张地图、一支红蓝铅笔和一张极简朴的方桌，直到后来，人们才真正地明白，许多决战决胜的蓝图就产生于这支小小的铅笔下，就摆放在这张极简朴的方桌上……

粟裕临终时，嘱托家人把自己的骨灰撒在曾战斗过的淮海大地上，与昔日的战友同眠；粟裕大将的爱人楚青同志在悼念他时写了一句词：“踏着英雄路，直上青山顶……”显然这也是我们所有后来人的心声，它折射出的不朽的革命精神将影响着世代华夏儿女。

谭震林位于群雕右侧，时任华东野战军副政委，总前委委员。他面带微笑，高瞻远瞩，洋溢着政治家的睿智和刚毅。淮海战场上，谭政委总是身先士卒，亲临一线，指挥部队取得一个又一个胜利。淮海战役纪念馆中仅存的属于谭震林在淮海战役时期使用的文物只有一个旧铁皮箱，虽然箱子已是锈迹斑斑，但透过它我们读出的不仅仅是流逝的岁月，而且还有蕴藏其中的英勇无畏、艰苦卓绝的革命精神……

在总前委的五位首长中，当年，刘伯承的年龄最大，56岁；粟裕的年龄最小，41岁；而总前委书记邓小平也只有44岁。战役中，他们积极贯彻中央军委的指示，牢牢掌握战役的主动权，率领我中原和华东野战军60万人，战胜了国民党军的80万精锐之师，最终取得了歼灭国民党军55.5万余人的辉煌胜利，在中外战争史上写下了以少胜多的光辉篇章。淮海战役总前委的名字，也从此载入了共和国的史册，融在了亿万人民的心里。

淮海战役总前委群雕兴建于1994年，落成于1997年。它的矗立给予瞻仰者以无穷力量。

（桑世波）

淮海战役碑林

　　淮海战役碑林是人们用书法的艺术形式诠释对淮海战役的理解、回忆和感叹……

　　淮海战役碑林位于淮海战役纪念塔的北侧。沿着纪念塔前的第四个平台向北转，走过一条长长的通道，穿过由两块巨石镶嵌的扇形花坛，越过一条小溪，映入眼帘的就是布局错落有致、格调清新幽雅的淮海战役碑林区。

　　淮海战役碑林占地约一万平方米，以碑亭、碑廊、碑室相连、相通、相望。建筑均采用蓝色琉璃瓦作顶，配以白色粉墙和天然基石，与掩映周围的绿色松柏相融合，相辉映。碑刻既有老一辈无产阶级革命家、军事家的墨迹，亦有新一代党和国

▲ 淮海战役碑林

家领导人的题字，还有中国人民解放军高级将领、参加过淮海战役的老战士及国内外享有盛名的学者、书法家的不凡之作，计 472 块。碑刻内容深邃，品味高雅，有怀旧，有抒情，有感慨，有寄思；分别运用行、楷、隶、篆、草等多种字体，绘制了一幅幅秀丽隽永、刚劲有力的文字画面。

淮海战役碑林是一处集知识性、艺术性、观赏性为一体的人文景区。漫步在迂回曲折的廊亭间，注视着一块块沉静的碑刻，我们会感觉到一种气度，获得一种力量，每块大小不一的碑石，每件风格迥异的作品，都是对战争与和平的演绎，都是对战役与战斗的理性回顾。在这看似沉静的氛围里，你会感到一种逼人的力度——那是子弹的痕迹，那是硝烟的形态……这，便是淮海战役碑林与其他碑林的不同之处，这便是淮海战役碑林存在的意义。

▲ 淮海战役碑林一角

淮海战役碑林由徐州市规划院设计，碑刻由苏、豫等省的能工巧匠制作镶贴，建成于 1998 年。

（桑世波）

历史的选择：碾庄

　　历史让淮海战役选择了碾庄，碾庄因淮海战役而为世人所知。碾庄，位于徐州东面，距离徐州不足 60 公里，是一个极其普通的苏北乡村。淮海战役时，碾庄曾是国民党第七兵团的指挥部，也是淮海战役的主要战场之一。

　　从碾庄的南门走入庄内，庄外围的两道宽宽的壕沟会令你产生许多遐想，时间前推些，淮海战役之前，这道道壕沟想必是保护村庄的重要设施，淮海战役时，它已演变成了国民党军的重要工事，而如今，这道道壕沟却成了我们回顾历史的重要媒介。

▲ 碾庄外的壕沟

　　踩在壕沟上窄窄的土质小桥上，似乎就是在品读历史。随便问一个村民，他们或多或少都会告诉你一些有关淮海战役的故事，可见淮海战役影响之大，它的惨烈让所有生者记忆尤深，它的悲壮使任何人也不敢亵渎！小土桥向外，隔着南门，连接着 323 省道，向内连接着碾庄的旧街——淮海战役时的主要战场。这条老街南北走向，两侧老屋林立，每间老屋身上都依然清晰可见淮海战役时弹头穿进的痕迹，这累累弹痕正是淮海战役激烈的无言佐证；这大小不一的弹孔也时时在向世人宣读着那段血与火的历史。老屋中尤为醒目的则是碾庄村 6 号，因门头上装有一个小铜牌，上写"淮海战役碾庄圩战斗黄百韬兵团指挥部旧址"。这是一个由南北两个院子组成的大户人家，当年，黄百韬兵团部就设在北侧的小院内，如今这里已经经过一番整修，旧貌换新颜，我们固然对于老屋的残砖危墙已被替换的事实有些叹惋，但是从其中我们也可以看到政府对革命遗址进行保护的行动已经开始。作为当年物证的老屋已经得到了应有的保护，我们还是欣慰的!

碾庄一战，11 天，人民解放军华东野战军共有 6 个纵队参加了与国民党 4 个军的战斗。人民解放军以 27300 余名烈士的生命换回了碾庄的新生与平静，也因于此，至今在当地老百姓口中仍流传着这样一种说法：淮海战役之后，由于碾庄有着烈士魂魄的保护，此后就再也没有发生过偷盗抢的事件。

同时，为了让当年牺牲在这块土地上的英魂能有所归宿，1958 年 6 月，邳县县委在碾庄南门的对面，即省道的另一侧，为在这次战役中牺牲的所有烈士兴建了一座陵园和纪念碑，1960 年 2 月工程竣工。陵园共占地 96 亩，其中烈士墓地 36 亩，共有 512 名英勇献身的烈士长眠在此。纪念碑碑体高 18.5 米。碑体正面由刘少奇题词"浩气长存"，碑体的左右两侧分别镌刻着陈毅、刘伯承

▲ 翻新前的黄百韬兵团指挥部旧址

▲ 翻新后的黄百韬指挥部旧址

▲ 碾庄烈士陵园的单体墓

的题词，背面雕刻着碑文。陵园建好开放后，一直是当地人们进行爱国主义教育和革命传统教育的重要阵地；纪念碑的建立，表达着后人对逝者的怀念。

碾庄是写在老一辈无产阶级革命家记忆中的名字，是写在中国革命斗争史册上的名字，是写在活着的人们心里的名字。

淮海战役是碾庄的印记，碾庄是淮海战役的重要标志。

让我们向所有流血牺牲在碾庄的先辈们致敬！

（桑世波）

▲ 碾庄烈士陵园的公墓

▲ 淮海战役碾庄圩战斗纪念馆

最深的记忆：双堆集

双堆集是淮海战役让我们记住的另一个名字，它是淮海战役第二阶段的主战场。双堆集镇位于安徽省淮北市濉溪县东南部，处于漊河与浍河之间。叫"双堆"是因为在其境内有两个土堆子，一个叫尖谷堆，一个叫平谷堆，据说它们均是新石器时期的文化遗址，也是双堆集这一平原地区的两个制高点。

驱车前往，放眼望去，一马平川，远处土色、天色浑然一体，只有偶见的河流、后退的树木在提醒着我身在前行，直至一个高高的土山出现在眼前时，我才知道要去的目的地——双堆集烈士陵园到了。尖谷

▲ 尖谷堆

▲ 平谷堆

堆就在双堆集烈士陵园内，信步登上尖谷堆，远处近处的景象尽收眼底，远望直至接到天际也看不到任何一个障碍物。这里的确是一个登高望远的好地方，是个天然屏障，所以淮海战役时期这个高地便是国、共双方争夺最激烈的地方！当年，双堆集一战，人民解放军共动用了中野及华野共 12 个纵队，与国民党军的黄维兵

▲ 双堆集纪念馆

▲ 双堆集烈士纪念碑

团苦战 11 个昼夜，最终取得了消灭国民党军一个兵团部、4 个军部、12 个师、一个快速纵队，计 11.4 万余人的辉煌战果。而主攻尖谷堆的正是中野六纵与华野七纵这两支队伍。应该说双堆集歼灭战是淮海战役中华野与中野协同作战的最好例证，是人民解放军相互支持、团结协作优良传统得以发扬的最好证明。

双堆集烈士陵园内还建有纪念碑、纪念馆、纪念塔和烈士墓。

纪念碑建在尖谷堆的旁边，由邓小平题写碑名：淮海战役烈士永垂不朽。

纪念馆是一座通过图片、史料、文物、战争遗迹等全面反映淮海战役第二阶段歼灭战全过程的专题性纪念馆。

纪念塔位于纪念馆后面，旁边便是双堆集烈士墓。墓地以公墓与单体墓两种形式向世人展示，而这大小不一的坟冢仅仅是双堆集歼灭战中牺牲烈士的部分代表，据统计，淮海战役每激战一个昼夜便有 500 余名烈士倒下，而仅仅在双堆集歼灭战的 23 天的战斗中，就有 8000 余名人民解放军献出了自己年轻宝贵的生命。由此我们可以想象，当时战斗的激烈与残酷、部队调动的紧密与频繁！诚然，如果战时时间允许、条件允许，应该不会有公墓的出现，起码应该给每个烈士做到单体逐个掩埋的安顿，显然，现在的这种殡葬方法应该是活着的战友们在当时极其仓促的情况下，为心爱的战友找到的最好归属。但是，在激烈的战场上也还有

▲ 双堆集烈士公墓、单体墓

那么多的战士牺牲后并没有得到及时的掩埋，连一个安顿的地方都没有，原因在于自己的部队已奉命转战到别处了……对于这些无名烈士，我们会让他们与这些有幸留下姓名与坟冢的烈士一样，接受我们最虔诚的尊敬、最高的敬仰与最深切的怀念！

　　淮海战役的精神不倒，淮海战役烈士的精神永存。

（桑世波）

必然的终结：陈官庄

陈官庄是淮海战役第三阶段的主战场。这是一个小村庄，位于河南省永城市东北 15 公里，311 国道北侧。1948 年 12 月 4 日，杜聿明集团 30 万人被包围在陈官庄之时，杜聿明便有过一种不祥的预感：陈官庄，"沉官之庄也"，便设法想着向外突围，最终，突围没成，还是被擒获了。当然，现在审视杜聿明的这种"直觉"，会不自觉地嘲笑他的愚昧与荒谬，但是在淮海战役时期，对于身处绝境的国民党军而言，杜聿明的这种"直觉"倒也符合实际。陈官庄一战，人民解放军共歼灭国民党军 26 万余人，把国民党军的骄傲与自负击得粉碎，使国民党政府在大陆的资本、勇气与希望损失殆尽。陈官庄一战不仅仅是淮海战役的终结，也是国民党政府灭亡前挣扎情景的写照。陈官庄对于淮海战役而言具有非凡的意义。

因此，为了永远的记忆与警示，1963 年当地政府决定筹建陈官庄烈士陵园，1975 陵园建成并对外开放。2007 年，中共永城市委、永城市人民政府决定对烈士陵园进行改扩建，并委托东南大学建筑设计研究所进行规划设计。经过近五年的建设，至今，展现给世人的陈官庄烈士陵园占地 200 余亩，园内建有纪念碑、淮海战役总前委雕像、陈官庄地区歼灭战纪念馆、单体烈士墓群、烈士公墓等多处纪念性建筑物，是一个集纪念、缅怀、瞻仰、游览于一体的革命纪念胜地。这些建筑物从南至北以"1"字形在陵园内纵向展开，步入陵园，纪念建筑物所带来的视觉冲击，似乎会把您的情感与思绪带向深远，带入那段峥嵘岁月……园内，仅在纪念馆的两侧分别建有建筑物：烈士事迹陈列馆和老纪念馆，而它们也是成对称布局，从而在视觉上也为陵园增加了厚重感。

纪念碑建在陵园的最南部，通体用花岗岩镶嵌，高 24.6 米，由周恩来题词："淮海英雄永垂千古"。纪念碑两侧建有碑廊，东侧碑廊内镶嵌着"淮海大战"浮雕，将人民解放军英勇顽强决战决胜的精神、人民群众英勇支前的生生不息的力量浓缩于此。西侧碑廊装饰着"军事家和开国上将"的大型浮雕，将 36 位中国当代人民军队军事家和 57 位开国上将的风采展现在了汉白玉材质的浮雕里。两侧浮雕对称放置，建筑面积各为730平方米。

纪念碑向北通往纪念馆的广场上，坐落着一组大型雕像——淮海战役总前委，他们分别是刘伯承、陈毅、邓小平、粟裕和谭震林。雕像高3.6米，宽5.6米，这种让所有后来者都仰而视之的高度与宽度，不自觉地会让人想起"伟"与"大"，而这尊雕像、这五位首长正是"伟大"的最好诠释！

越过雕像再向北，便是新建成的淮海战役陈官庄地区歼灭战纪念馆。馆的正立面的上部安装着一个对角六米六长的红五星和一个由原中央军委副主席迟浩田将军题写的馆标，远远观之醒目、耀眼，给人以振奋之感。纪念馆建筑面积9162平方米，一层是开放式的休息大厅，二、三层连同一个240度的半景画馆是纪念馆的主要展厅，共展出历史图片680张，文物150余件，场景20组，油画、国画50幅，雕像、蜡像80余个，在声光电高科技技术的配合与支持下，十分生动地再现了淮海战役陈官庄歼灭战的情景。

▲ 陈官庄烈士纪念碑

▲ 陈官庄地区歼灭战纪念馆

▲ 陈官庄烈士陵园的公墓（局部）

纪念馆北侧，是一块单体烈士墓地，共安葬651位烈士，每个墓地前都立有一块墓碑，上面铭刻着烈士的英名。墓地占地一万平方米，由花岗岩板道相连通，由侧柏和麦冬装点。

公墓建在单体墓地的北面，由标志碑、名录墙、烈士雕像和烈士遗骨地宫四个部分组成。标志碑高10.5米，宽5.7米，毛泽东主席的手书"为国牺牲，永垂不朽"八个金色大字正面镶嵌其中，肃穆、庄重。标志碑的外围是一面长200米的花岗岩烈士名录墙，以书卷的形式设计制作，共168页，岩石材质，可观瞻、能触摸，有强烈的视觉冲击力和心灵震撼力。名录墙共镌刻着当年在淮海战役陈官庄地区歼灭战中牺牲的华东野战军11个纵队，鲁中南、冀鲁豫等地方部队和部分支前民工共7291名烈士的英名。在名录墙前还树立有12位烈士的雕像，生动形象地展示了烈士们的英姿与风采，他们是优秀中华儿女们的典型代表。标志碑下建有600平方米的烈士遗骨地宫，计282组石棺，石棺里安放着在陈官庄地区歼灭战中牺牲的1691位烈士的遗骨。整个烈士公墓按照景点的标准设计，为了给烈士们一个良好的长眠环境，公墓内铺设了2000平方米的花岗岩广场和3000平方米的草坪，种植着常青阔叶树和春冬季花木，环境清幽、大气，是别具一格的缅怀凭吊场所。

（桑世波）

后记

经过 4 年的努力,《淮海战役史料汇编》终于与读者见面了。

为读者呈现一部集系统性、史料性、权威性、知识性于一体的淮海战役史料,充分发挥淮海战役纪念馆"存史、资政、育人"的职能,是我们编纂此书的初衷和不懈追求。4 年来,我们先后投入 40 余人参与工作。由 7 人组成的编纂班子,要将 2 万余件藏品,按主题分门别类地梳理、归纳、编排,其中的难度可想而知。多少个日日夜夜,仿佛于时光隧道中穿梭,在一件件战争遗存物中徜徉,在一篇篇硝烟弥漫的战壕里形成的文字中思索,确立主题,搭建架构,筛选,摘录,整理,编排,撰写前言、导语、注释,编配图片、图表,字字句句反复校核,成为编纂人员的工作常态。文物提取拍照扫描组,工作繁琐又需细致,审核每一件文物、史料的编号,反复对照,谨防差错。文字录入校对组,完成了 400 余万初稿文字的录入、五六遍的校核,面对大量模糊不清的原始文献,用放大镜数次逐字逐句地反复辨认。本书最终能够完稿,是集体智慧与心血的结晶,是全体编纂人员对淮海战役革命先辈的崇高敬礼。

本书能够顺利出版,也得到社会各界的支持。在此,特别感谢原中央军委副主席、国防部部长迟浩田上将为本书作序;感谢原北京军区司令员王成斌、国防大学教授徐焰、中国军事科学院军事历史与百科研究部部长曲爱国为本书申报国家出版基金所作的推荐;感谢中国军事科学院军事理论与战略研究部原部长寿晓松、政治部宣传部副部长包国俊及该院教授华国富为本书审稿;感谢国家图书馆出版社前后两任社长郭又陵、方自今的热情推动,总编辑贾贵荣的积极规划,社长助理殷梦霞的认真统筹,孙彦、于浩、李强、邓咏秋等编辑的辛勤工作;感谢江苏省委宣传部、中共徐州市委、徐州市人民政府、徐州市委宣传部、中国人民解放军第十二集团军等及参战的老首长、老战士的大力支持。

本书选用了部分公开出版的文章、图片，我们已尽力与作者或其家属联络，取得授权，但仍有极少部分无法联系上，敬请相关著作权人与本馆联系，获取稿酬，特此申明。

编　者

2013 年 3 月